Uwe Nettelbeck

KARL PHILIPP MORITZ, LESEBUCH.

KARL PHILIPP MORITZ

DIE SCHRIFTEN IN DREISSIG BÄNDEN.

Herausgegeben
von
Petra und Uwe Nettelbeck.

Uwe Nettelbeck

KARL PHILIPP MORITZ, LESEBUCH.

Verlegt bei *FRANZ GRENO,*
Nördlingen 1986.

Die Weißheit, welche Hartknopf
seine Schüler lehrte, ist einzig,
fest, und unerschütterlich;
sie heißt:

Resignation.

Karl Philipp Moritz,
15. September 1756 – 26. Juni 1793.

I.

(1) Als ich im Jahre 1784 auf der Universität zu Halle studirte, kam der Prof. Moritz dahin, theils um die Bekanntschaften der dortigen Gelehrten zu machen, theils aber auch, um mit dem daselbst Aufsehen erregenden Dr. Bahrdt über verschiedene Aufsätze zu sprechen, welche beyde in die Schrift: Revision des Erziehungswesens, herausgegeben von Campe und verschiedenen andern Pädagogen, wollten einrücken lassen. Moritz wohnte bey seinem Freunde, dem so eben erwähnten Dr. Bahrdt, vor dem Giebichensteiner Thore, in dem Gartenhause, welches dem ehemals berühmten Philosophen und Kanzler Wolf gehört hatte. Hier besuchte ich den seltsamen Moritz oft, um mit ihm über mancherley pädagogische oder andere literarische Gegenstände zu sprechen. Eine frühere Bekanntschaft hatte ich schon in Berlin mit ihm gemacht. Als ich ihn nun eines Tages nicht in seiner Stube fand, sagte Dr. Bahrdt zu mir: »Ich habe unsern Moritz selbst schon seit einigen Tagen weder gesehen noch gesprochen, denn er hält sich jetzt auf meinem Heuboden auf. — Wollen Sie ihn sprechen, so müssen Sie sich hinauf bemühen, denn herunter kommt er nicht. Sie wissen, daß er zuweilen sonderbare Launen und mancherley fixe Ideen hat, die ihm Niemand ausreden kann.«

»Bald bildet er sich ein, er habe eine Leber-, bald eine Milz-, bald eine Brust-Krankheit. Versuchen Sie es, ob Sie ihn dazu bewegen können, herunter in den Garten zu kommen.«

Ich stieg voll Verwunderung auf den Heuboden. Nur ein schwaches Seitenlicht vom Dachfenster ließ mich eine Menge Papierblätter oder gedruckte Makulatur-Bogen, die auf dem Heu umhergestreut waren, erkennen. Ich rief hierauf den Namen Moritz! laut aus, und hörte eine dumpfe Antwort, wie aus der Tiefe eines Grabes: »Was gibt's? Wer ist da?« —

Ich antworte ihm, wer ihn suche, und öffne ihm nicht nur das Bodenfenster, sondern ziehe auch einige Dachsteine in die Höhe, um die dunkle Region unter dem Dachstuhle mehr zu erhellen.

Nun sah ich einen Menschenkopf aus einem Loche im Heu mit fürchterlichen Blicken hervorragen, als wäre es Macdufs Gestalt im Macbeth über Tische, wie sie im Schauspiele erscheint.

Dieser Kopf gehörte, wie ich dessen Sprache vernahm, dem Prof. Moritz!

Sein Haar war verworren, die Miene grinsend, der Blick wild, sein Hals entblößt, und der ganze Eindruck schrecklich.

»Was wollen Sie hier?« — fragte er auf eine mich befremdende, langsame und pathetische Art.

»Sie besuchen. Ich höre, Sie sind krank.«

»Ja, das bin ich, und zwar sehr krank.«

»Warum bleiben Sie nicht auf ihrem Zimmer?«

»Ich befinde mich hier wohler — und brauche die Kräuterkur, den Heuduft. Er stärkt mich, denn er ist balsamisch. Machen Sie die Dachsteine wieder zu. Das Tageslicht ist mir zuwider. Ich liebe das Helldunkel.«

»Aber hier können Sie sich doch nicht beschäftigen?«

»Warum nicht? — Ich meditire im Heu. Drängen mich meine Gedanken zu viel, so krieche ich hervor zu meiner Lektüre, die Sie hier um mich sehen, — und lese, — Dinge, an die ich nie gedacht habe. Bald ist es ein medicinisches, ökonomisches, politisches, theologisches, philosophisches, grammatisches, oder ein anderes närrisches Blatt, und das gibt mir wieder einen andern Schwung; ich verlasse meine quälenden Gedanken, und vergesse so lange meine Krankheit. Und das ist doch gut. Finden Sie das nicht? Wie? Entweder ist es die Materie, oder die Form, die mich beschäftigt, und so ruht sich mein Geist auf einem andern Gegenstande aus, wenn ich ihn mit einer bestimmten Idee, die mich zu lange angestrengt hatte, vertausche. Abwechslung gibt Erholung und Ruhe. Ha! fing er im deklamatorischen Tone an:

Mein Schwert, das ist von Blut so roth,
Sie haben geschlagen mein Rothroß todt!«

»Finden Sie das schön? — O! das ist eine Stelle!« —

»Sie spielen doch auch Klavier?« fragte er mich hierauf.

»Ja, warum?«

»Dahinten im Winkel beym Schornstein steht eins; spielen Sie mir, was Ihnen einfällt.« —

In der That, ich fand einen alten verstimmten Klavierkasten, der durchaus keinen reinen Ton angab.

»Darauf läßt sich nicht spielen!«

»Es sind doch Töne. Jeder einzelne Ton enthält für mich schon eine ganze Musik. — Wenn ich so Stundenlang nicht das Geringste auf dem Heuboden höre, und selbst mich auch nicht einmal eine Katze besucht, dann wird mir doch bange. Ich glaube zuweilen, daß ich das Gehör verloren habe, weil ich gar nichts höre. Fange ich nun an auf dem Klaviere zu spielen, so freut es mich, daß ich noch nicht taub bin. Sie haben keine Vorstellung, wie süß und reizend ein solcher Saitenton hier in der schauerlichen Einsamkeit auf meinem großen Heu-Saale klingt!« —

»Aber das Klavier ist verstimmt!«

»Verstimmt? Nein, Sie irren sich, es hat einen akromatischen Karakter angenommen. Seine Töne sind schöne Dissonanzen. — Suchen Sie nur, am Ende werden Sie einen Ton finden, in welchen sich alle auflösen. Es ist zum Bewundern, welche dreiste Übergänge in dieser Stimmung liegen.«

»Sie wollen mich wol überreden, daß ein verstimmtes Klavier gestimmt sey?«

»Wenn Sie das nicht begreifen, dann müssen Sie mich auch für verstimmt halten, und da hätten Sie eher recht. Meine Saiten und Nerven sind wirklich abgespannt. Ich will nun länger nicht mehr leben. — Sie müssen mit mir sterben. — Haben Sie ein Messer bey sich?«

»Nein! Wozu?«

»Wir wollen uns Beyde erstechen!« —

»Dazu habe ich keine Lust, ich will noch leben.«

»Wie lange wollen Sie leben?« —

»Bis es mir nicht mehr gefällt.«

»Nun ja, — mir gefällt's nicht mehr, und wenn Sie mein Freund seyn wollen, so müssen Sie mit mir sterben; sonst sind Sie kein wahrer Freund.«

»Ich glaube aber, daß Sie auch nicht mein Freund sind, weil Sie nicht noch länger mit mir leben wollen.«

»Das Leben ist eine gemeine Prosa — aber sterben! — sterben! — das ist eine hohe Poesie!«

»Bis jetzt bin ich zum Poeten verdorben.«

»Herr! Sie müssen sterben,« sagte er hierauf mit entschlossenem Tone, und faßte mich am Halstuche.

Ich riß mich los und eilte nach der Treppe. Er verfolgte mich; aber da die Thüre auswendig zugehängt werden konnte, so rettete ich mich durch das Einketteln. Hierauf nannte er mich einen Feigen, einen Poltron, und fing an zu kapitulieren, — meinte, er habe nur gescherzt, wollte, daß ich aufmachen und wieder zu ihm kommen sollte.

»Ich kann hier verbrennen,« rief er aus, »wenn Feuer auskommt. Freund! ich beschwöre Sie, machen Sie auf.«

»Nein,« sagte ich, »Sie sind ein Held, und gehen jeder Todesart dreist entgegen.«

»Das läugne ich — denn verbrennen will ich nicht lebendig. Wir sind Freunde! Ketteln Sie auf und kommen Sie zu mir.«

Ich dankte aber für diese Einladung, zeigte mein Abenteuer dem Dr. Bahrdt an, und ließ dem kranken Moritz sagen, daß ich ihn nie mehr auf dem Heuboden besuchen würde.

Meine Kinder, sagte Dr. Bahrdt, haben ihm sonst auch da oben die Visite gemacht, aber er hat sie auf eine ähnliche Art verscheucht, und nun geht keines mehr zu ihm. Ich weiß selbst nicht, sind es delirische An- und Ausfälle, oder sollen es Experimente seyn, die er mit dem menschlichen Geiste macht. Genug, dieser Spaß geht mir zu weit, denn man weiß nicht, wo sein Scherz aufhört und der Ernst anfängt.

(2) Schwer hatte er zu kämpfen mit wirklichen und eingebildeten Übeln — denn auch seine Phantasie verursachte ihm der Leiden viel. Seine Erziehung und der Druck, unter dem er sich erst mit vieler Anstrengung hervorarbeiten mußte, bildeten ihn zum eccentrischen Menschen, und machten, daß er selbst die nachmaligen glücklichen Ereignisse seines Lebens nur halb genoß. Nur selten konnte seine vor Kummer schwer gedrückte Seele, ihrer kränklichen Hülle den Sieg abgewinnen; doch zeigen seine Werke, wovon einige den Meisterstempel tragen, einleuchtend, was er unter glücklichern Umständen hätte werden können.

(3) Er war in der That ein genialer, aber ein kränklicher und hypochondrischer Mensch. Man hat dies bei seiner Beurtheilung nicht genug in Anschlag gebracht. Unwahr gegen sich selbst, wie man ihn oft hat schildern wollen, habe ich ihn nie gefunden. Es war ihm mit allen Empfindungen, die er aussprach oder die seine Handlungen bestimmten im entsprechenden Augenblicke ernst, aber er war unstät, und daher mußte öfter sein Handeln ohne Consequenz erscheinen.

(2) Mehreren Nutzen zog er aus seinem häuslichen Studieren, und schon damals entwarf er manchen Plan zu künftigen Werken. Hätte er mehr Kraft zum Ausdauern gehabt, so würde diese Zeit goldne Früchte für ihn getragen haben; so aber verfiel er leider, nach seiner gewohnten Art, oft wieder Monate lang in den Zustand eines unbestimmten, auf keinen festen Gegenstand hingerichteten Thätigkeitstriebes, der seine Kraft gegen sich selbst kehrt, weil sie nicht nach außen zu wirken kann, und der den Wankenden und Unentschlossenen in jedem Moment seines Lebens mit sich selbst unzufrieden macht; ein Zustand, der — nach seiner eigenen Meinung — allein das würkliche Elend in der Welt hervorbringt.

In solchen Augenblicken konnte er dann Tage lang sitzen, ohne Gedanken mit einer Feder auf dem Papier kritzeln, und sich selbst über diese Verschwendung der Zeit verabscheuen, ohne doch Kraft genug zur bessern Anwendung derselben zu haben.

(3) Sein Gemüth war von einer liebenswürdigen Kindlichkeit; da er jedoch gewohnt war sich gehen zu lassen, so konnte es nicht fehlen, daß er bisweilen kindisch erschien. Die Gesellschaft stimmte ihn in der Regel zu schweigendem Ernst; regte ihn jedoch irgend etwas zur Munterkeit an, so lachte er wie ich noch kaum einen Menschen lachen gehört habe. Selbst Unbedeutendes aber ihm Neues, ja irgend ein Geräth, ein Möbel, konnte ihn zu lauten Ausbrüchen des Erstaunens und der Freude hinreißen. »Ja, das lobe ich mir! — Ja, wer so etwas auch haben könnte!« — habe ich ihn bei solchen Gelegenheiten einmal über das andere ausrufen hören.

(2) Schade nur, daß sein Äußeres und was noch mehr, seine üblen Angewohnheiten in Haltung seines Körpers, zum Theil den Eindruck wieder vernichteten, den seine Worte gemacht hatten.

»Er predigt schön und rührend, — sagte mir einst ein alter würdiger Mann — aber ansehn muß man ihn nur auf der Kanzel nicht, wenn man nicht unwillkührlich lachen will.«

Hierzu kam noch, daß er sich selten früher als ein paar Stunden vor der Predigt zu dem präparirte, was er vortragen wollte. Ja er vergaß auch wohl zuweilen, daß er zu predigen versprochen hatte und der, der ihn zur Kirche abzuholen kam, fand ihn noch unangezogen auf dem Bette liegen.

Dessen ungeachtet, und ob er gleich oftmals durch Auslassung des Vaterunsers oder durch Herunterwerfen der Bibel und dergleichen anstieß, waren doch die Kirchen immer sehr voll, wo er predigte. Der gemeine Mann hörte ihn gern, und auch denkende Menschen, die sonst nie in eine Kirche giengen, zog er an sich.

(3) Den Eindruck welchen einer unserer jungen, feinen wohlgeputzten, sprachgewandten und sprechseligen Gelehrten, das Entzücken der geistreichen Damen unserer Theezirkel, uns giebt, machte der lange Moritz mit seiner hektischen Gestalt auf diese Weise freilich nicht.

(2) Ganze Tage trieb er sich in Wind und Wetter auf dem Felde umher, schlief mehr als eine Nacht unter freyem Himmel, stillte seinen Hunger mit Wurzeln und spielte den von seinen Töchtern verstoßnen Lear oder Ugolino, wie er im Hungerthurm verschlossen, wüthend, seinen Sohn Anselmo zu Boden schlägt.

(1) Einst fand ich den Prof. Moritz fast acht Tage hintereinander immer an seinem Arbeitstische sitzen und schreiben. »Wie befinden Sie sich?« fragte ich ihn eines Tages, als er abermals wie angefesselt am Pulte saß.

»Nicht wohl. Ich habe Beklemmung in der Brust. — Ich bin sehr krank!« —

»Sie machen sich nicht genug Bewegung.«

»O nein! das kann nicht die Ursache seyn, denn ich bewege mich in meiner Stube oft bis zur Ermüdung.«

»Hinter ihrem Schreibpulte?«

»Nein! ich sage, in meiner Stube; denn vor vier Tagen habe ich mehr als 3 Rthlr. Groschen und Sechspfennig-Stücke hier umhergeworfen. So oft nun meine Aufwärterinn von mir Geld für meine Bedürfnisse verlangt, so oft muß ich aufstehen, mich bücken, und so mit vieler Mühe und Anstrengung die verlaufenen und versteckten Münzen hinter den Meubeln hervorsuchen. Ist das keine Bewegung? Ferner: Sehen Sie dort den Cubus?« — (Er hatte eine Elle im Durchmesser.)

»Ja! Wozu dient er Ihnen?«

»Zur Bewegung. Entweder trage ich ihn von einer Stelle zur andern, oder ich stelle mich darauf, und ahme die Attitüden der römischen Gladiatoren und Athleten nach. — Das alles gibt mir mehr Bewegung, als wenn ich vor das Thor gehe, oder in den Straßen umherschlendere.« —

(2) Das Neue wurde ihm alt, und ohnerachtet er im Jahre 1780 Konrektor bey der Schule des grauen Klosters wurde, war er doch nicht mehr recht mit seinem Zustande zufrieden. Das alltägliche Einerley war ihm zuwider und er machte schon damals Pläne, wie er, seiner angebohrnen Veränderlichkeit gemäß, seinen Trieb zum Reisen befriedigen wollte.

Es fehlte ihm nur dazu an Gelde. Denn ob er gleich in einem Gartenhause wohnte, und äußerst eingezogen lebte, so kostete ihm doch seine unregelmäßige und, ich möchte beynah sagen, unordentliche Lebensweise so viel, daß ein Andrer, bey gehöriger Einrichtung, weit besser hätte davon leben können. Auf seinen Anzug verwendete er sehr viel und doch war er niemals gut gekleidet, denn ein neues Kleid alle Tage, auch bey dem schlechtesten Wetter, anzuziehn, war bey ihm ganz gewöhnlich und ein schöner Pelz, den er sich eben erst gekauft hatte, mußte zugleich die Stelle des Deckbetts und des Pudermantels vertreten.

(4) Der Professor Moritz trug uns, nachdem er seine Fußreise nach England zurückgelegt hatte, wöchentlich in zwei Stunden allerlei weiß Gott nach welchem Plane aus der deutschen Sprache und den schönen Wissenschaften vor. Er kam gewöhnlich erst gegen $^3/_4$ und wir versammelten uns dann um ihn als um unsres Gleichen. Der größte Sonderling, den ich je gekannt habe. Offenbar hatte er originelles Genie und durch seine spielende Lehrart ist er uns nützlich geworden; denn wir lernten durch ihn Geschmack im eigenen Denken und Spekulieren finden; und wenn wir gleich gar keine Sachkenntnisse erhielten, so war doch sein Unterricht in formeller Hinsicht nicht vergeblich. Indessen schadete es uns wohl, daß er alle gewöhnlichen Rücksichten der guten Lebensart vernachlässigte und uns dadurch in dem Wahn bestärkte, daß das leidige Geniewesen zur Eigenschaft eines aufgeklärten schöngeisterischen Philosophen gehörte. Wenn er sich auf dem Katheder der Länge nach hinräkelte und wie aus einem Traume erwachend ein Blatt aus Theokrits Idyllen herausriß, solches einen Auszug nannte, dann an einem Blatte allerhand kraftgenieartige Bemerkungen machte, so war diese theatralische Szene freilich wohl fähig, uns in einer gespannten Erwartung zu erhalten; allein das Sentimentale, was wir dabei fühlten und annahmen, war gewiß ebenso wenig unserm Eifer im gründlichen Studieren nützlich, als das Ungeschliffene seines Äußeren unsern Sitten Vorteil brachte.

(2) Die erste Epoche meines Umgangs mit ihm fiel gerade in die Zeit seines Mißvergnügens mit seiner Lage als Konrektor.

Da kamen dann Stunden, ja ganze Tage, wo er in einem unthätigen Hinbrüten auf dem Bette lag und ganz den Ausschweifungen seiner empörten Phantasie nachhieng.

Bald wollte er zu Fuß nach Holland gehen, sich dort nach Ostindien einschiffen oder von England aus nach Amerika reisen. Das Leben eines Bootsknechts hatte dann so viele Reize für ihn, daß er Tage lang davon sprechen konnte. Der weit gereisete Ulyß, der vieler Völker Sitten, viel Städte und Länder gesehn, des Elends viel erduldet, und als Bettler sich mit andern Bettlern um einen Knochen in seiner eignen Behausung herum prügeln müssen, war dann sein Ideal.

(5) Moritz ist hier, der uns durch Anton Reiser und die Wanderungen nach England merkwürdig geworden. Er ist ein reiner trefflicher Mann, an dem wir viel Freude haben.

(6) Er gefiel sich in Rom so wohl, daß er wenige Zeit außerhalb zubrachte, und daß er sich nicht nach seinem Vaterlande sehnte. Der Himmelstrich, die schöne Natur und die Schönheit der Kunst gaben seiner Einbildungskraft einen noch höhern Schwung, und lösten seinen Geist ganz in Gefühle und in einen Zustand des Wohlbehagens auf. Seine Empfänglichkeit für Lebensgenuß und seine Sinnlichkeit ward aufgeregt; er genoß die Behaglichkeit des Schlafs und der weichlichen Ruhe, die durch das Clima so vielen Reiz erhält, in reichem Maaße; er liebte die Freuden des Gaumens, und war nicht unempfindlich gegen die Reize der Italienischen Schönen, ob er sich gleich gar nicht recht bey den Italienerinnen zu benehmen wußte. Eine große Farce für alle damahls in Rom befindliche Deutsche gab ein Liebeshandel, den er mit der Wittwe eines Schneiders, der für alle Deutsche gearbeitet und durch diese Kundschaft viel Verbindung mit ihnen

bekommen hatte, anspann und so ernstlich betrieb, daß von Heirathen die Rede war. Da der arme Schneider in einem Hospital gestorben war, so beredeten einige Künstler einen jungen Arzt, den Leichnam zu skeletiren, und dieß Skelet stellten sie dann zu anatomischen Zeichnungen in ihrem Zimmer auf. Dieß gab zu allerlei lustigen Einfällen über die *cara sposa di due Sceleti* Anlaß.

(5) Von einer sehr angenehmen Spazierfahrt, die wir an's Meer machten, und von dem Fischfang daselbst dachte ich umständlich zu erzählen, als Abends der gute Moritz herein reitend den Arm brach, indem sein Pferd auf dem glatten römischen Pflaster ausglitschte. Das zerstörte die ganze Freude und brachte in unsern kleinen Cirkel ein böses Hauskreuz.

(7) Moritz der an seinem Armbruch noch im Bette liegt, erzählte mir wenn ich bey ihm war Stücke aus Seinem Leben und ich erstaunte über die Ähnlichkeit mit dem Meinigen. Er ist wie ein jüngerer Bruder von mir, von derselben Art, nur da vom Schicksal verwahrlost und beschädigt, wo ich begünstigt und vorgezogen bin.

(5) Eben komme ich von Moritz, dessen geheilter Arm heute aufgebunden worden. Es steht und geht recht gut. Was ich diese vierzig Tage bei diesem Leidenden als Wärter, Beichtvater und Vertrauter, als Finanzminister und geheimer Secretär erfahren und gelernt, mag uns in der Folge zugute kommen. Die fatalsten Leiden und die edelsten Genüsse gingen diese Zeit her immer einander zur Seite.

(2) Oft verzweifelte er auch ganz an sich selbst, und dann brütete er über den Gedanken des Selbstmords, wozu es ihm aber wirklich an Kraft fehlte.

(5) Iphigenia in Jamben zu übersetzen hätte ich nie gewagt, wäre mir in Moritzens Prosodie nicht ein

Leitstern erschienen. Der Umgang mit dem Verfasser, besonders während seines Krankenlagers, hat mich noch mehr darüber aufgeklärt, und ich ersuche die Freunde, darüber mit Wohlwollen nachzudenken.

(2) Das Buch Hiob und vorzüglich die Stelle, wo dieser mit Gott rechtet und sich über die Ungerechtigkeit des Schicksals beklagt, war seine Lieblingslektüre.

(5) Moritz studiert jetzt die Antiquitäten und wird sie zum Gebrauch der Jugend und zum Gebrauch eines jeden Denkenden vermenschlichen und von allem Büchermoder und Schulstaub reinigen. Er hat eine gar glückliche richtige Art die Sachen anzusehn, ich hoffe, daß er sich auch Zeit nehmen wird gründlich zu sein. Wir gehen des Abends spazieren, und er erzählt mir, welchen Theil er des Tags durchgedacht, was er in den Autoren gelesen, und so füllt sich auch diese Lücke aus, die ich bei meinen übrigen Beschäftigungen lassen müßte und nur spät und mit Mühe nachholen könnte.

(2) Verdrüßlichkeit war ihm das unangenehmste Wort in der Sprache und es war sehr schwer den charakteristischen Ton, womit er es, auch in gleichgültigen Unterredungen aussprach, nachzuahmen.

(5) Unser Geselle Moritz ließ nicht ab, jetzt, in dem Kreise der höchsten Kunst und schönsten Natur, über die Innerlichkeiten des Menschen, seine Anlagen und Entwickelungen fortwährend zu sinnen und zu spinnen; deßhalb er denn auch sich mit dem Allgemeinen der Sprache vorzüglich beschäftigte.

Zu jener Zeit war in Gefolg der Herderischen Preisschrift über den Ursprung der Sprache und in Gemäßheit der damaligen allgemeinen Denkweise die Vorstellung herrschend: das Menschengeschlecht habe sich nicht von Einem Paare aus dem hohen Orient herab über die ganze Erde verbreitet, sondern zu einer gewissen merkwürdig productiven Zeit des Erdballs sei, nachdem die Natur die verschiedenartigsten Thiere stufenweis hervorzubringen versucht, da und dort, in mancher günstigen Lage die Menschenart mehr oder weniger vollendet hervorgetreten. Ganz im innerlichsten Bezug auf seine Organe sowohl als seine Geistesfähigkeiten sei nun dem Menschen die Sprache angeboren. Hier bedürfe es keiner übernatürlichen Anleitung, so wenig als einer Überlieferung. Und in diesem Sinne gebe es eine allgemeine Sprache, welche zu manifestiren ein jeder autochthonische Stamm versucht habe. Die Verwandtschaft aller Sprachen liege in der Übereinstimmung der Idee, wonach die schaffende Kraft das menschliche Geschlecht und seinen Organismus gebildet. Daher komme es denn, daß theils aus innerem Grundtriebe, theils durch äußere Veranlassung die sehr beschränkte Vocal- und Consonantenzahl zum Ausdruck von Gefühlen und Vorstellungen richtig oder unrichtig angewendet worden; da es denn natürlich, ja nothwendig sei, daß die verschiedensten Autochthonen theils zusammengetroffen, theils von einander abgewichen und sich diese oder jene Sprache in der Folge entweder verschlimmert oder verbessert habe. Was von den Stammworten gelte, gelte denn auch von den Ableitungen, wodurch die Bezüge der einzelnen Begriffe und Vorstellungen ausgedrückt und bestimmter bezeichnet werden. Dieß möchte denn gut sein und als ein Unerforschliches, nie mit Gewißheit zu Bestimmendes auf sich beruhen.

Hierüber find' ich in meinen Papieren folgendes Nähere:

»Mir ist es angenehm, daß sich Moritz aus seiner brütenden Trägheit, aus dem Unmuth und Zweifel an sich selbst zu einer Art von Thätigkeit wendet, denn da wird er allerliebst. Seine Grillenfängereien haben alsdann eine wahre Unterlage und seine Träumereien Zweck und Sinn. Jetzt beschäftigt ihn eine Idee, in welche ich auch eingegangen bin, und die uns sehr unterhält. Es ist schwer sie mitzutheilen, weil es gleich toll klingt. Doch will ich's versuchen:

Er hat ein Verstands- und Empfindungsalphabet erfunden, wodurch er zeigt, daß die Buchstaben nicht willkürlich, sondern in der menschlichen Natur gegründet sind und alle gewissen Regionen des innern Sinnes angehören, welchen sie denn auch, ausgesprochen, ausdrücken. Nun lassen sich nach diesem Alphabete die Sprachen beurtheilen, und da findet sich, daß alle Völker versucht haben sich dem innern Sinn gemäß auszudrücken, alle sind aber durch Willkür und Zufall vom rechten Wege abgeleitet worden. Dem zufolge suchen wir in den Sprachen die Worte auf, die am glücklichsten getroffen sind, bald hat's die eine, bald die andre; dann verändern wir die Worte bis sie uns recht dünken, machen neue und so weiter. Ja wenn wir recht spielen wollen, machen wir Namen für Menschen, untersuchen, ob diesem oder jenem sein Name gehöre etc. etc.

Das etymologische Spiel beschäftigt schon so viele Menschen, und so gibt es auch uns auf diese heitere Weise viel zu thun. Sobald wir zusammenkommen, wird es wie ein Schachspiel vorgenommen und hunderterlei Combinationen werden versucht, so daß wer uns zufällig behorchte uns für wahnsinnig halten müßte. Auch möchte ich es nur den allernächsten Freunden vertrauen. Genug, es ist das witzigste Spiel von der Welt und übt den Sprachsinn unglaublich.«

(2) Nur wenige seiner Sonderbarkeiten hatte Reiser während seines langen Aufenthalts in Italien abgelegt. Den größten Theil brachte er wieder mit und zeichnete sich dadurch bei mehrern Gelegenheiten von allen andern Menschen aus.

(6) Er hatte nichts als einen abgetragenen, dünnen Überrock auf dem Leibe, und es war ein halbes Wunder, daß er nicht auf dem offnen Postwagen erfroren war. So wie er von der Post abgestiegen war, kam er, weil er erfuhr, daß Göthe auf einige Tage verreist sey, noch ganz erstarrt zu einem Freunde desselben; zu diesem setzte er sich an den Ofen, und demonstrirte ihm zwey Stunden vor, daß die Einheit, die er von in ableitete, die Inheit, wo alles drinnen ist, die Grundlage aller Vernunftbegriffe ausmache.

(2) Trotz aller dieser Sonderbarkeiten aber, erwarb er sich die Freundschaft eines Jeden, der mit ihm umgieng, und wenn man auch seine Schwächen belächelte, so konnte man doch nicht umhin, den Schwachen innigst zu lieben.

(8) Mit dem untern Theil des Gesichts gleicht Moritz ganz einem Schwärmer; sein gutes Schicksal und Verstand hat ihn noch gerettet. In seinen tiefliegenden Augen ist ein fester Blick.

(9) Moritz wird noch 4 Wochen hier bleiben. Ich habe seine Schrift über bildende Nachahmung des Schönen von der Frau von Stein nach Hause genommen und nur flüchtig durchgelesen. Es ist schwer zu verstehen, weil er keine feste Sprache hat, und sich mitten auf dem Wege philosophischer abstraction in Bildersprache verirrt, zuweilen auch eigene Begriffe mit anders verstandenen Wörtern verbindet. Aber es ist voll gedrängt von Gedanken, und nur zu voll gedrängt, denn ohne einen Commentar wird er nicht verstanden werden. Von Schwärmerey ist er darinn nicht frey, und Herderische Vorstellungsarten sind sehr darinn sichtbar. Was mir und jeden Schriftsteller misfallen muß, ist die übertriebene Behauptung, daß ein Produkt aus dem Reich des Schönen ein vollendetes Rundes Ganzes seyn müsse; fehlte nur ein einziger Radius zu diesem Zirkel,

so sinke es unter das Unnütze herunter. Nach diesem Ausspruch haben wir kein einziges vollkommenes Werk, und sobald auch keines zu gewarten.

(8) Wenn wir Frauen mit Moritz allein sind, da geht es gar hübsch; er ist alsdann unser Prophet, und unsre Kenntnisse nehmen jedesmal zu.

(10) Professor Moritz war auf seiner Rückreise von Rom sechs Wochen bey mir. Ein trefflicher Mann, dessen nähere Bekanntschaft ich jedem fühlenden und denckenden Menschen wünsche.

(11) Moriz ist allerdings bis auf weitere Fußreisen in Berlin und zwar angestellt bei der Akademie der Künste, um für die jungen Künstler die Theorie der schönen Künste zu lesen. Er ist mit Göthen, der ihn sehr schäzt aus Italien zurükgereiset. Nach Berlin hat ihn der Herzog von Weimar mit gebracht. Er ist noch immer derselbe, ein wahres Genie, wahrer Sonderling. Nur in seinem Äußern hat er sich geändert. Er geht fast immer im Haarbeutel und seidenen Strümpfen. Sein Kollegium hat er in den Zimmern der Kunstakademie seit ohngefähr 3 Wochen mit ungeheurem Applausus angefangen. Er hat wohl 15–20 der angesehensten Damen zu Zuhörerinnen. Der Minister Heinitz, Graf Neal und die meisten Leute vom Hofe versäumen keine Stunde. Das Kollegium ist gewiß das glänzendste, was in Deutschland gelesen wird. Ich hörete ihn einmal. Sein Vortrag ist edel, fließend, und nur zu rednerisch. Aber die Materialien! Welch ein großes Gemisch von glänzenden Irrthümern ... Höre nur: »Ein Wesen geht in das andre über, eine niedere Organisation wird von der höheren verschlungen und veredelt. Das Thier frißt die Pflanze, der Mensch das Thier. So wird die Pflanze erst Thier, dann Mensch.« Bei diesen Worten sagte ein Hofmarschall: il est sublime! Welch

ein Gemisch von Materialismus und Monadologie. Ein wahres Monadenfressen! Dann: »Die Natur schuf den Menschen um durch ihn ihre eigene Vollkommenheit zu beobachten.« Aber neben allem diesem viel scharfsinniges, wahre Aufblize des Genies. So wenig mir Morizens Grundsätze über das Schöne gefallen, so hört' ich ihn doch gern. Seine Beredsamkeit ist hinreißend und seine glänzendste Epoche jezt da.

(12) Moriz hat mir einige sehr vergnügte Tage gemacht. So krank er war, so munter und lebhaft war sein Geist. Er hat sich in den wenigen Jahren da ich ihn nicht gesehen habe, unglaublich ausgebildet und ist in allen denen Sachen die er unternommen hat, wo nicht am Ziel, doch wenigstens immer auf dem rechten Wege. Ich habe fast alles, was ich sowohl in der Kunst als Naturlehre und Naturbeschreibung vorhabe, mit ihm durchgesprochen und von seinen Bemerkungen manchen Vortheil gezogen.

(2) So lange, bis er heirathete, wohnte er größtentheils in einem Garten, wo er, selbst von seinen Brüdern ganz abgesondert, in einem kleinen Hüttchen ein wahres Eremitenleben führte.

Nur wenige Menschen besuchten ihn hier und er sah es auch äußerst ungern, wenn er durch einen bloßen Komplimentenbesuch in seinen Arbeiten gestört wurde.

(6) Sein Gehalt und sein Erwerb war jetzt ansehnlicher als je, und seine Finanzen fingen sich daher an zu verbessern. Aber sein Aufwand vermehrte sich auch.

(2) Selten gieng er aus, und wenn er nothwendig auswärts zu thun hatte, nahm er einen Wagen, weil er sich einbildete, zu schwach zum Gehn zu seyn. Mehr als zweihundert Thaler betrug daher in einem Jahre seine Fuhrmanns-Rechnung.

(1) An einem heitern September-Abende besuchte ich meinen seit einigen Monaten verheiratheten Professor und auch Hofrath betitelten Freund Moritz in seinem Garten und neuen Stande.

Der Aufwärter meldete mich, und kam mit der Antwort zurück: Der Hr. Hofrath ersucht Sie noch eine Weile im Vorderhause zu warten, bis er Sie würde rufen lassen, denn er will Ihnen ein schönes Gemählde zeigen.

Nach einer Viertelstunde erhielt ich die Erlaubniß in den Garten zu kommen; der Aufwärter zeigte mir den Weg, welcher mich zu meinem Freunde führen würde. Sehr bald erblickte ich eine angenehme Weinlaube, vom röthlichen Abendstrahle der Sonne beglänzt, vor mir. Er selbst und seine junge Frau saßen, in ein weisses Negligé gekleidet, an einem runden Tische, und hatten einige Teller voll Obst, Weintrauben, Pflaumen, Feigen und Pfirsichen nebst einem Blumentopfe mit violetten Astern vor sich.

»Halt!« rief er mir in noch einiger Entfernung zu. »Bleiben Sie stehen.«

Hierauf schlang er den rechten Arm um den Nacken seiner Frau, hielt mit der linken ihr Angesicht, und gab ihr einen Kuß! — »Wie macht sich das?« fragte er mich hierauf. »Finden Sie das Gemählde nicht Geßnerisch? Sehen Sie, Freund! hier unter dieser Weinlaube genieße ich das Glück der Liebe! Ja! — So ist's! — Das ist nun ein schöner Moment, in welchem Sie uns hier finden. Der kommt nicht wieder! — So hätte uns ein Künstler sehen und abmahlen sollen. — Da geht sie unter, die Sonne — und taucht den schönen Moment in's Meer!« — —

(2) Hätte er nicht mit manchem Werke zu sehr ins Publikum eilen müssen und mehr Zeit für das Ausfeilen verwenden können, so würde er darinn gewiß noch viele kleine Unvollkommenheiten vertilgt haben.

(13) Die kleine Schrift von Moritz, die Herr von Humboldt sich noch auf einige Tage ausbittet, habe ich mit großem Interesse gelesen, und danke derselben einige sehr wichtige Belehrungen. Es ist eine wahre Freude, sich von einem instinktartigen Verfahren, welches auch gar leicht irre führen kann, eine deutliche Rechenschaft zu geben, und so Gefühle durch Gesetze zu berichtigen. Wenn man die Moritzschen Ideen verfolgt, so sieht man nach und nach in die Anarchie der Sprache eine gar schöne Ordnung kommen, und entdeckt sich bei dieser Gelegenheit gleich der Mangel und die Grenze unserer Sprache sehr, so erfährt man doch auch ihre Stärke, und weiß nun, wie und wozu man sie zu brauchen hat.

(2) Auch der Mangel an Büchern war ihm oft sehr hinderlich. Er konnte, ja er wollte das nicht benutzen, was Andre über diese oder jene Materie bereits geschrieben hatten und sein Scharfsinn ermattete daher zuweilen bei schon von Andern gemachten Entdeckungen.

(6) — — — man vermißt eindringenden Blick in die Natur der abgehandelten Gegenstände, deutliche Begriffe, Ordnung und Zusammenhang im Denken.

(2) Eben so sehr hielt ihn die Nothwendigkeit, oft an sechs bis acht Büchern zugleich arbeiten zu müssen, auf dem Wege zur Vollkommenheit zurück. Zu halben Bogen wurde ihm das Manuskript von den Setzern abgepreßt, und er verlor daher nicht selten den Zusammenhang.

(14) Es giebt Menschen, welche — ausgestattet mit höherem Sinn als das kräftige Talent, aber mit schwächerer Kraft — in eine heiliger offne Seele den großen Weltgeist, es sey im äußern Leben oder im innern des Dichtens und Denkens, aufnehmen, welche treu an ihm, wie das zarte Weib am starken Manne, das Gemeine verschmähend, hängen und bleiben, und welche doch,

wenn sie ihre Liebe aussprechen wollen, mit gebrochnen, verworrenen Sprachorganen sich quälen und etwas anderes sagen, als sie wollen. Ist der Talent-Mensch der künstlerische Schauspieler und froh nachhandelnde Affe des Genies, so sind diese leidenden Gränz-Genies die stillen, ernsten, aufrechten Wald- oder Nachtmenschen desselben, denen das Verhängnis die Sprache abgeschlagen. Es sind — wenn nach den Indiern die Thiere die Stummen der Erde sind — die Stummen des Himmels. Jeder halte sie heilig, der Tiefere und der Höhere! denn eben diese sind für die Welt die Mittler zwischen Gemeinheit und Genie, welche gleich Monden die geniale Sonne versöhnend der Nacht zuwerfen.

Philosophisch- und poetischfrei fassen sie die Welt und Schönheit an und auf; aber wollen sie selber gestalten, so bindet eine unsichtbare Kette die Hälfte ihrer Glieder und sie bilden etwas Anderes oder Kleineres, als sie wollten. Im Empfinden herrschen sie mit besonnener Phantasie über alle Kräfte; im Erfinden werden sie von einer Nebenkraft umschlungen und vor den Pflug der Gemeinheit gespannt.

Eins von beiden macht ihre Schöpfungstage zu unglücklichen. Entweder ihre Besonnenheit, welche auf fremde Schöpfungen so hell schien, wird über der eignen zur Nacht — sie verlieren sich in sich und ihnen geht zum Bewegen ihrer Welt, bei allen Hebeln in den Händen, der Stand auf einer zweiten ab —; oder ihre Besonnenheit ist nicht die geniale Sonne, deren Licht erzeugt, sondern ein Mond davon, dessen Licht erkältet. Sie geben leichter fremden Stoffen Form als eignen, und bewegen sich freier in fremder Sphäre als in der eignen, so wie dem Menschen im Traume das Fliegen *) leichter wird als das Laufen.

*) Eben weil er auf dem Traum-Boden die gewöhnlichen Geh-Muskeln gebrauchen will und nicht kann, in der Himmelluft aber keine Flieg-Muskeln nöthig hat.

Wiewol unähnlich dem Talentmenschen, der nur Welttheile und Weltkörper, keinen Weltgeist zur Anschauung bringen kann, und wiewol eben darum ähnlich dem Genie, dessen erstes und letztes Kennzeichen eine Anschauung des Universums: so ist doch bei den passiven Genies die Welt-Anschauung nur eine Fortsetzung und Fortbildung einer fremden genialen.

Ich will einige Beispiele unter den — Todten suchen, wiewol Beispiele wegen der unerschöpflichen Mischungen und Mitteltinten der Natur immer über die Zeichnung hinausfärben. Wohin gehört Diderot in der Philosophie und Rousseau in der Poesie? So augenscheinlich zu den weiblichen Gränzgenies; indeß jener dichtend, dieser denkend mehr zeugte als empfing*).

In der Philosophie gehört zwar Bayle gewiß zu den passiven Genies; aber Lessing — ihm in Gelehrsamkeit, Freiheit und Scharfsinn eben so verwandt, als überlegen — wohin gehört er mit seinem Denken? — Nach meiner furchtsamen Meinung ist mehr sein Mensch ein aktives Genie als sein Philosoph. Sein allseitiger Scharfsinn zersetzte mehr, als sein Tiefsinn feststellte. Auch seine geistreichsten Darstellungen mußten sich in die Wolfischen Wortformen gleichsam einsargen lassen. Indeß war er, ohne zwar wie Plato, Leibnitz, Hemsterhuys etc. der Schöpfer einer philosophischen Welt zu seyn, doch der verkündigende Sohn eines Schöpfers und Eines Wesens mit ihm. Mit einer genialen Freiheit und Besonnenheit war er im negativen Sinne ein freidichtender Philosoph, wie Plato im positiven, und glich dem großen Leibnitz darin, daß er in sein festes System die Strahlen jedes fremden dringen ließ, wie der schimmernde Diamant ungeachtet seiner harten Dichtigkeit den Durchgang jedes Lichts erlaubt, und das Sonnenlicht sogar festbehält.

*) Da auch in der Moralität die beiden Klassen des sittlichen Sinns und der sittlichen Kraft zu beweisen sind: so würde Rousseau gleichfalls in die passive zu bringen seyn.

Der gemeine Philosoph gleicht dem Korkholze, biegsam, leicht, voll Öffnungen, doch unfähig Licht durchzulassen und zu behalten.

Unter den Dichtern stehe den weiblichen Genies Moritz voran. Das wirkliche Leben nahm er mit poetischem Sinne auf; aber er konnte kein poetisches gestalten.

(2) — — — schrieb nie etwas nieder, ehe er nicht den ganzen Plan seines Werks im Kopfe ausgearbeitet hatte. Tage lang lag er unter dieser Beschäftigung ausgestreckt auf dem Sopha und wer ihn nicht kannte, hielt es für ein unthätiges Hinbrüten.

(15) Bei Tische hatten Kopf und Magen den köstlichsten Schmaus. — Ein gewisser Professor Meyer aus Berlin erzählte die Heirats- und Sterbensgeschichte des Hofrat Moritz auf eine so infam witzige und freilich mitunter selbst erfundene Manier, daß wir uns alle vor Lachen den Bauch halten mußten. — Dies weckte Goethen so nach und nach aus seiner Kälte auf. — Er saß neben mir, und wir schenkten uns wechselseitig um die Wette ein — nun fing auch er an von Moritz zu erzählen, was er in Rom für dumme Streiche gemacht hatte, und schlug mit seinem Witz, der viel feiner war, den Professor und bisweilen auch Herdern zu Boden.

(2) Er schrieb so unleserlich, daß er zuweilen Manches nach einiger Zeit selbst nicht mehr herausbringen konnte. Er war eine Plage der Setzer, die oft auch seine Korrekturen nicht zu lesen vermochten.

II.

(16) In P., einem Orte, der wegen seines Gesundbrunnens berühmt ist, lebte noch im Jahre 1756 ein Edelmann auf seinem Gute, der das Haupt einer Sekte in Deutschland war, die unter dem Namen der Quietisten oder Separatisten bekannt ist, und deren Lehren vorzüglich in den Schriften der *Mad. Guion,* einer bekannten Schwärmerin, enthalten sind, die zu Fenelons Zeiten, mit dem sie auch Umgang hatte, in Frankreich lebte.

Der Hr. v. F., so hieß dieser Edelmann, wohnte hier von allen übrigen Einwohnern des Orts, und ihrer Religion, Sitten, und Gebräuchen, eben so abgesondert, wie sein Haus von den ihrigen durch eine hohe Mauer geschieden war, die es von allen Seiten umgab.

Dieß Haus nun machte für sich eine kleine Republik aus, worin gewiß eine ganz andre Verfassung, als rund umher im ganzen Lande herrschte. Das ganze Hauswesen bis auf den geringsten Dienstboten bestand aus lauter solchen Personen, deren Bestreben nur dahin ging, oder zu gehen schien, in ihr *Nichts* (wie es die Mad. Guion nennt) wieder einzugehen, alle Leidenschaften zu *ertödten,* und alle *Eigenheit* auszurotten.

Alle diese Personen mußten sich täglich einmal in einem großen Zimmer des Hauses zu einer Art von Gottesdienst versammeln, den der Herr v. F. selbst eingerichtet hatte, und welcher darinn bestand, daß sie sich alle um einen Tisch setzen, und mit zugeschloßnen Augen, den Kopf auf den Tisch gelegt, eine halbe Stunde warteten, ob sie etwa die Stimme Gottes oder das *innre Wort,* in sich vernehmen würden. Wer dann etwas vernahm, der machte es den übrigen bekannt.

Der Herr v. F. bestimmte auch die Lektüre seiner Leute, und wer von den Knechten oder Mägden eine müssige Viertelstunde hatte, den sahe man nicht anders, als mit einer von der Mad. Guion Schriften, vom *innern Gebet,* oder dergleichen, in der Hand, in einer nachdenkenden Stellung sitzen und lesen.

Alles, bis auf die kleinsten häuslichen Beschäftigungen, hatte in diesem Hause ein ernstes, strenges, und feierliches Ansehn. In allen Mienen glaubte man *Ertödtung* und *Verleugnung,* und in allen Handlungen *Ausgehen aus sich selbst* und *Eingehen ins Nichts* zu lesen.

Der Herr v. F. hatte sich nach dem Tode seiner ersten Gemahlin nicht wieder verheiratet, sondern lebte mit seiner Schwester, der Fr. v. P., in dieser Eingezogenheit, um sich dem großen Geschäfte, die Lehren der Mad. Guion auszubreiten, ganz und ungestört widmen zu können.

Ein Verwalter, Namens H., und eine Haushälterin mit ihrer Tochter, machten gleichsam den mittlern Stand des Hauses aus, und dann folgten das niedrige Gesinde. — Diese Leute schlossen sich wirklich fest aneinander, und alles hatte eine unbegränzte Ehrfurcht gegen den Hrn. v. F., der wirklich einen unsträflichen Lebenswandel führte, obgleich die Einwohner des Orts sich mit den ärgerlichsten Geschichten von ihm trugen.

Er stand jede Nacht dreimal zu bestimmten Stunden auf, um zu beten, und bei Tage brachte er seine meiste Zeit damit zu, daß er die Schriften der Mad. Guion, deren eine große Anzahl von Bänden ist, aus dem Französischen übersetzte, die er denn auf seine Kosten drucken ließ, und sie umsonst unter seine Anhänger austheilte.

Die Lehren, welche in diesen Schriften enthalten sind, betreffen größtentheils jenes schon erwähnte völlige Ausgehen aus sich selbst, und Eingehen in ein seliges Nichts, jene gänzliche Ertödtung aller sogenannten *Eigenheit* oder *Eigenliebe,* und eine völlig uninteressirte Liebe zu Gott, worin sich auch kein Fünkchen Selbstliebe mehr mischen darf, wenn sie rein seyn soll, woraus denn am Ende eine vollkommne, selige *Ruhe* entsteht, die das höchste Ziel aller dieser Bestrebungen ist.

Weil nun Mad. Guion sich fast ihr ganzes Leben hindurch, mit nichts als mit Bücherschreiben beschäftigt hat, so sind ihrer Schriften eine so erstaunliche Menge, daß selbst Martin Luther schwerlich mehr geschrieben haben kann. Unter andern macht allein eine mystische Erklärung der ganzen Bibel wohl an zwanzig Bände aus.

Diese Mad. Guion mußte viel Verfolgung leiden, und wurde endlich, weil man ihre Lehrsätze für gefährlich hielt, in die Bastille gesetzt, wo sie nach einer zehnjährigen Gefangenschaft starb. Als man nach ihrem Tode ihren Kopf öfnete, fand man ihr Gehirn fast wie ausgetrocknet. Sie wird übrigens noch itzt von ihren Anhängern, als eine Heilige der ersten Größe, beinahe göttlich verehrt, und ihre Aussprüche werden den Aussprüchen der Bibel gleich geschätzt; weil man annimmt, daß sie durch gänzliche Ertödtung aller *Eigenheit,* so gewiß mit Gott sey vereinigt worden, daß alle ihre Gedanken auch nothwendig göttliche Gedanken werden mußten.

Der Herr v. F. hatte die Schriften der Mad. Guion auf seinen Reisen in Frankreich kennen gelernt, und die trockne, metaphysische Schwärmerei, welche darinn herrscht, hatte für seine Gemüthsbeschaffenheit so viel Anziehendes, daß er sich ihr mit eben dem Eifer ergab, womit er sich wahrscheinlich, unter andern Umständen, dem höchsten Stoicismus würde ergeben haben, womit die Lehren der Mad. Guion, in Ansehung der gänzlichen Ertödtung aller Begierden u. s. w. oft eine auffallende Ähnlichkeit haben.

Er wurde nun auch von seinen Anhängern ebenfalls wie ein Heiliger verehrt, und ihm wirklich zugetrauet, daß er, beim ersten Anblick, das Innerste der Seele eines Menschen durchschauen könne.

Zu seinem Hause geschahen Wallfahrten von allen Seiten, und unter denen, die jährlich, wenigstens einmal, dieses Haus besuchten, war auch *Antons* Vater.

Dieser, ohne eigentliche Erziehung aufgewachsen, hatte seine erste Frau sehr früh geheirathet, immer ein ziemlich wildes herumirrendes Leben geführt, wohl zuweilen einige fromme Rührungen gehabt, aber nicht viel darauf geachtet. Bis er nach dem Tode seiner ersten Frau plötzlich in sich geht, auf einmal tiefsinnig, und wie man sagt, ein ganz andrer Mensch wird, und bei seinem Aufenthalt in P. zufälliger Weise erstlich den Verwalter des Hrn. v. F. und nachher durch diesen den Hrn. v. F. selber kennen lernte.

Dieser giebt ihm denn nach und nach die Guionschen Schriften zu lesen, er findet Geschmack daran, und wird bald ein erklärter Anhänger des Hrn. v. F.

Demohngeachtet fiel es ihm ein, wieder zu heirathen, und er machte mit Antons Mutter Bekanntschaft, welche bald in die Heirath willigte, das sie nie würde gethan haben, hätte sie die Hölle von Elend voraus-gesehen, die ihr im Ehestande drohete. Sie versprach sich von ihrem Manne noch mehr Liebe und Achtung, als sie vorher bei ihren Anverwandten genossen hatte, aber wie entsetzlich fand sie sich betrogen.

So sehr die Lehre der Mad. Guion von der gänzlichen Ertödtung und Vernichtung aller, auch der sanften und zärtlichen Leidenschaften, mit der harten und unempfindlichen Seele ihres Mannes übereinstimmten, so wenig war es ihr möglich, sich jemals mit diesen Ideen zu verständigen, wogegen sich ihr Herz auflehnte.

Dieß war der erste Keim zu aller nachherigen ehelichen Zwietracht.

Ihr Mann fing an, ihre Einsichten zu verachten, weil sie die hohen Geheimnisse nicht fassen wollte, die die Madam Guion lehrte. Diese Verachtung erstreckte sich nachher auch auf ihre übrigen Einsichten, und je mehr sie dies empfand, je stärker mußte nothwendig die eheliche Liebe sich vermindern, und das wechselseitige Mißvergnügen aneinander mit jedem Tag zunehmen.

Antons Mutter hatte eine starke Belesenheit in der Bibel, und eine ziemlich deutliche Erkenntniß von ihrem Religionssystem, sie wußte z. B. sehr erbaulich davon zu reden, daß der Glaube ohne Werke todt sey, u.s.w.

In der Bibel las sie wirklich zu ganzen Stunden mit innigem Vergnügen, aber sobald ihr Mann es versuchte, ihr aus den Guionschen Schriften vorzulesen, so empfand sie eine Art von Bangigkeit, die vermuthlich aus der Vorstellung entstand, sie werde dadurch in dem rechten Glauben irre gemacht werden.

Sie suchte sich alsdann auf alle Weise loszumachen. — Hiezu kam nun noch, daß sie vieles von der Kälte und dem lieblosen Wesen ihres Mannes auf Rechnung der Guionschen Lehre schrieb, die sie nun in ihrem Herzen immerzu zu verwünschen anfing, und bei dem völligen Ausbruch der ehelichen Zwietracht sie laut verwünschte.

So wurde der häusliche Friede und die Ruhe und Wohlfahrt einer Familie lang durch die unglücklichen Bücher gestört, die wahrscheinlich einer so wenig, wie der andere verstehen mochte.

Unter diesen Umständen wurde Anton gebohren, und von ihm kann man mit Wahrheit sagen, daß er von der Wiege an unterdrückt ward.

(17) Indem Hartknopf und der Emeritus noch im tiefen Gespräch begriffen waren, hörten sie Fußtritte den Berg herauf, und wunderten sich, daß sie schon so

früh Gesellschaft bekamen — als sie von der westlichen Seite die beiden Weltreformatoren Küster und Hagebuck hinaufklimmen sahen, welche mit einem Trupp der Gellenhausischen Jugend die Sonne wollten aufgehen sehen — sie waren aber ein wenig zu spät gekommen.

Sie kamen mit viel Geräusch und Lerm, und Hartknopf und Emeritus zogen sich in eine kleine Bucht am Abhange des Hügels zurück — und überließen ihren Platz den Weltreformatoren — diese nahmen ihn denn auch feierlich in Besitz; Hagebuck ließ seine Zöglinge sich im Kreise umherstellen, und zeigte ihnen von dieser Höhe alle Herrlichkeit der Welt — darauf stellte er sich hin, und hielt eine Rede an den ganzen Erdkreis, den er aufforderte, das Licht, welches ihm nun so wohlthätig aufgesteckt würde, willig anzunehmen, und die Nacht der Vorurtheile fahren zu lassen — hierauf redete er von dem Berge die Stadt Gellenhausen an, daß sie doch ihr wahres Wohl nicht verkennen, und sich dem wohlthätigen Einfluß der allgemein sich verbreitenden Aufklärung nicht widersetzen möchte — dann redete er die Gellenhausische Jugend an, daß sie dieß erhabne Schauspiel des Aufgangs der Sonne doch recht empfinden sollten — Und nun fing er an, ein Gedicht in Hexametern auf den Sonnenaufgang vorzulesen, welches sich anhub:

O seht, wie die blitzende Sonn' im Strahlengewande
emporsteigt,
In majestätischer Pracht, ihr Völker grüßt ihr entgegen,
Jud', und Türke, und Christ, und selbst der schwärzeste Neger,
Sey von Danke belebt, daß ihm der Sonn' Antlitz
zulächelt —

Indem nun Hagebuck noch weiter fortlesen wollte, zog sich auf einmal ein trüber Nebelschleier vor die

Sonne, der schon lange im Aufsteigen begriffen war, und sie nun ereilte; dadurch war Hagebucken sein ganzes Koncept verdorben — denn das Gedicht war ganz lokal, und es sollte nun eins nach dem andern daran kommen; Hügel, Bäche und Thäler, wie sie allmälich vom Strahl der Sonne vergoldet wurden, und wie nun der Thau auf den Blumen blitzte — Das war nun alles vergeblich — der Thau blitzte nicht mehr auf den Blumen — die Spitzen der Hügel wurden nicht mehr vergoldet — Hagebuck machte eine lange Pause, und wartete, daß der Nebel sich wieder wegziehen sollte — aber der Nebel zog sich nicht wieder weg — Darüber wurde Hagebuck verdrießlich, und als ihm der alte lahme Pudel des Gastwirths Knapp, der Hartknopfen begleitet hatte, zu nahe kam, so gab er ihm mit dem Fuß einen Stoß, daß das arme schwache Thier nach einem lauten Schrei verschied — Das war also an diesem Morgen des Pudels letzter Gang gewesen —

(16) Die ersten Töne, die sein Ohr vernahm, und sein aufdämmernder Verstand begriff, waren wechselseitige Flüche und Verwünschungen des unauflöslich geknüpften Ehebandes.

Ob er gleich Vater und Mutter hatte, so war er doch in seiner frühesten Jugend schon von Vater und Mutter verlassen, denn er wußte nicht, an wen er sich anschließen, an wen er sich halten sollte, da sich beide haßten, und ihm doch einer so nahe wie der andre war.

In seiner frühesten Jugend hat er nie die Liebkosungen zärtlicher Eltern geschmeckt, nie nach einer kleinen Mühe ihr belohnendes Lächeln.

Wenn er in das Haus seiner Eltern trat, so trat er in ein Haus der Unzufriedenheit, des Zorns, der Thränen und der Klagen.

Diese ersten Eindrücke sind nie in seinem Leben aus seiner Seele verwischt worden, und haben sie oft zu einem Sammelplatze schwarzer Gedanken gemacht, die er durch keine Philosophie verdrängen konnte.

(18) Die kleine Kirche in Ribbeckenau war mit sehr vielem hölzernen Schnitzwerk und Zierrathen versehen. Unter anderen war auch vorne an der Decke über der Kanzel der heilige Geist in Gestalt einer Taube schwebend abgebildet. Die Arbeit war von Holz und bloß angeleimt.

Als Hartknopf die Kanzel bestieg, schwebte sein böser Genius über ihm.

Ganz in seinen Gegenstand vertieft, dachte er nicht an das, was über ihm war, und die Länge seines Körpers war Schuld, daß er mit der Stirne gerade gegen den einen Taubenflügel rannte, und auf die Weise die schwebende Gestalt des heiligen Geistes zum Schrecken der ganzen Gemeine herabstieß.

Da er sich nun aber dieß, als einen Zufall, der weiter keine Folgen hatte, gar nichts anfechten ließ, und mit der größten Kaltblütigkeit seine Predigt anfieng, als ob gar nichts geschehen wäre, so erschrack die Gemeine noch weit mehr.

Er hub nun seinen Spruch an: *im Anfang war das Wort, und das Wort war bei Gott, und Gott war das Wort* —

Also: im *Anfang* war das Wort, und das Wort war selbst der Anfang.

Dieß deutete er nun auf den Anfang seines Lehramts: was bei ihm wohl anders der Anfang seyn könne, als das bloße Wort, womit er anfienge? Da einmal sein Geschäft darin bestehe, seine Lippen zu bewegen, und tönende Worte hervorzubringen, statt daß andere ihre Arme zur Arbeit ausstreckten, um dem Schooß der Erde ihre Nahrung abzugewinnen, und die Frucht ihrer Mühe selbst mühsam einzuerndten.

Er stellte das nackte Wort, als den leeren Hauch der Luft, als das tönende Erz und die klingende Schelle dar, wenn Liebe es nicht beseelet. —

Liebe beseelte es aber, indem er sprach — denn er war gewilliget zu geben, wo seine Brüder nehmen; er wollte nicht für leeren Lufthauch den Zehnten von allen reichhaltigen Früchten der Erde eintauschen — er wollte den Buchstaben des Worts erst tödten, damit der Geist lebendig mache. —

Als er nun zum erstenmale das Wort *Geist* nannte, blickte die ganze Gemeine, als ob aller Augen sich verabredet hätten, auf einmal nach der leeren Stelle an der Decke über der Kanzel hin, wo die Abbildung des heiligen Geistes in Taubengestalt gewesen war. — Der grobe sinnliche Eindruck behielt von jetzt an auf einmal die Oberhand — der erste Schrecken war nun vorüber — und wie von einem bösen Dämon angehaucht, verzog sich jede Mine zu einem hönischen schadenfrohen Lächeln — und die Herzen verschlossen sich auf immer. —

Die undurchdringliche Scheidewand zwischen Licht und Finsterniß war gezogen. — Das hämische Lächeln trat zwischen die redende Liebe und den aufmerksamen Gedanken — Hartknopf fühlte sich zum erstenmale von seiner nächsten Umgebung gedrückt — er fieng während seiner Rede an, die Gesichter zu bemerken, und kein antwortender Blick begegnete seinem spähenden Auge — eine unbekannte Macht schien die Worte von seinen Lippen zu verwehen, daß sie den Weg zum Herzen nicht fanden.

(16) Da sein Vater im siebenjährigen Kriege mit zu Felde war, zog seine Mutter zwei Jahre lang mit ihm auf ein kleines Dorf.

Hier hatte er ziemliche Freiheit und einige Entschädigung für die Leiden seiner Kindheit.

Die Vorstellungen von den ersten Wiesen, die er sahe, von dem Kornfelde, das sich einen sanften Hügel hinanerstreckte, und oben mit grünem Gebüsch umkränzt war, von dem blauen Berge, und den einzelnen

Gebüschen und Bäumen, die am Fuß desselben auf das grüne Gras ihren Schatten warfen, und immer dichter und dichter wurden, je höher man hinaufstieg, mischen sich noch immer unter seine angenehmsten Gedanken, und machen gleichsam die Grundlage aller der täuschenden Bilder aus, die oft seine Phantasie sich vormahlt.

Aber wie bald waren diese beiden glücklichen Jahre entflohen!

(19) Es ist nur Zwang, der die Theile der Körper zusammenhält; ihre eigentliche immerwährende Natur ist, aufgelößt, außereinander, nicht mehr zu einem Ganzen untergeordnet, sondern sich gleich zu seyn, wie die Theile des Staubes einander gleich sind.

Darum ist des Zusammengesetzten, Organisirten so wenig, und des Auseinanderbestehenden, aufgelößten, unorganisirten Stoffes, in der Vergleichung, so erstaunlich viel.

Die Zusammensetzung ist gleichsam ein Zwang, eine Unterjochung der Theile, die wieder in ihrer natürlichen Freiheit zu seyn streben, so wie die in einen Staat zusammengezwängten Menschen, diß natürliche Freiheitsgefühl nie ganz unterdrücken können.

Das Zusammengesetzte läßt sich nie ohne Streit, Krieg, Gegeneinanderstreben denken, die *Ruhe* ist in der Auflösung, in der Gleichwerdung, in der Absonderung der Theile.

(16) Da er noch nicht acht Jahr alt war, gebahr seine Mutter einen zweiten Sohn, auf den nun vollends die wenigen Überreste väterlicher und mütterlicher Liebe fielen, so daß er nun fast ganz vernachläßiget wurde, und sich, so oft man von ihm sprach, mit einer Art von Geringschätzung und Verachtung nennen hörte, die ihm durch die Seele ging.

Woher mochte wohl dieß sehnliche Verlangen nach

einer liebreichen Behandlung bei ihm entstehen, da er doch derselben nie gewohnt gewesen war, und also kaum einige Begriffe davon haben konnte?

Am Ende freilich ward dieß Gefühl ziemlich bei ihm abgestumpft; es war ihm beinahe, als müsse er beständig gescholten seyn, und ein freundlicher Blick, den er einmal erhielt, war ihm ganz etwas sonderbares, das nicht recht zu seinen übrigen Vorstellungen passen wollte.

(17) Mögen andre für die Glücklichen sorgen, sagte Knapp zu sich selber, daß sie noch glücklicher werden, durch schöne Gemählde, schöne Statüen, und schöne Gedichte — wenn ich nur etwas dazu beitragen kann, daß die Unglücklichen nach ihrer Art ein wenig glücklicher werden, durch Gesundheit, Zufriedenheit, und Arbeit — Das große Gebäude der menschlichen Glückseligkeit müssen doch auch einige von unten angreifen, wenn es nicht einmal plötzlich zertrümmern soll.

(16) Er fühlte auf das innigste das Bedürfniß der Freundschaft von seines Gleichen: und oft, wenn er einen Knaben von seinem Alter sahe, hing seine ganze Seele an ihm, und er hätte alles drum gegeben, sein Freund zu werden; allein das niederschlagende Gefühl der Verachtung, die er von seinen Eltern erlitten, und die Scham, wegen seiner armseligen, schmutzigen und zerrißnen Kleidung hielten ihn zurück, daß er es nicht wagte, einen glücklichern Knaben anzusprechen.

So ging er fast immer traurig und einsam umher, weil die meisten Knaben in der Nachbarschaft ordentlicher, reinlicher, und besser, wie er, gekleidet waren, und nicht mit ihm umgehen wollten, und die es nicht waren, mit denen mochte er wieder, wegen ihrer Liederlichkeit, und auch vielleicht aus einem gewissen Stolz, keinen Umgang haben.

So hatte er keinen, zu dem er sich gesellen konnte, keinen Gespielen seiner Kindheit, keinen Freund unter Großen noch Kleinen.

(17) Wie es bei einem Meisterwerke, wenn es vollkommen seyn soll, fast mehr darauf ankömmt, daß der Künstler die wenigen Flecken, die etwa noch darinn sind, auszutilgen wisse, als daß er noch immer mehr neue Schönheiten hinzufügt, wodurch vielleicht das Ganze mehr verliert, als gewinnt, so scheint derjenige auch den sichersten Weg gewählt zu haben, dessen Bemühung in dem großen Meisterstücke des größten Künstlers, mehr dem entgegen zu arbeiten, wodurch das Ganze entstellt zu werden scheinet, als neue künstliche Verunzierungen zu demselben hinzuzufügen. — Denn was ist Pracht und Zierrath gegen *Reinlichkeit?* heißt doch Mundus nicht umsonst die Welt.

(16) Im achten Jahre fing denn doch sein Vater an, ihn selber etwas lesen zu lehren, und kaufte ihm zu dem Ende zwei kleine Bücher, wovon das eine eine Anweisung zum Buchstabiren, und das andre eine Abhandlung gegen das Buchstabiren enthielt.

In dem ersten mußte Anton größtentheils schwere biblische Namen, als: Nebukadnezar, Abednego, u. s. w., bei denen er auch keinen Schatten einer Vorstellung haben konnte, buchstabiren. Dieß ging daher etwas langsam.

Allein sobald er merkte, daß wirklich vernünftige Ideen durch die zusammengesetzten Buchstaben ausgedrückt waren, so wurde seine Begierde, lesen zu lernen, von Tage zu Tage stärker.

(20) Der listigere und verschlagnere Theil der Menschen hat nehmlich Mittel gefunden, dem ehrlichern und guthmüthigern, seine notwendigen Bedürfnisse auf gewisse Weise zu entreißen und abzuschneiden,

um sie ihm nur unter der Bedingung wieder zufließen zu lassen, daß er eine Zeitlang auf die natürliche Verbindung seiner Geistes- und Körperkräfte *Verzicht* thut — und wie eine blose Maschine durch die Gedanken eines andern seinen Arm ausstrecken, und seinen Fuß empor heben läßt, wie der Soldat auf das Kommandowort thun muß.

(16) Durch das Lesen war ihm nun auf einmal eine neue Welt eröffnet, in deren Genuß er sich für alle das Unangenehme in seiner wirklichen Welt einigermaßen entschädigen konnte. Wenn nun rund um ihn her nichts als Lernen und Schelten und häusliche Zwietracht herrschte, oder er sich vergeblich nach einem Gespielen umsah, so eilte er hin zu seinem Buche.

(19) Wie kann ich mich der Vorzüge freuen, die unzähligen meiner Mitmenschen geraubt sind? —

Eher kann ich mich des Gewinstes im Lotto freuen. Denn jeder begab sich hier doch *freiwillig* seiner gleichen Rechte auf den Besitz eines Vermögens, das einem andern der Zufall zuwirft.

Aber wer hat vor seiner Geburt mit dem Schicksal einen Vertrag gemacht? —

Ist etwas ungezweifelt Zufall, so ist es die Geburt, und der Zusammenhang der Dinge, in welchen der Mensch dadurch versetzt wird.

Das Schicksal der meisten Menschen ist schon gemacht, ehe sie gebohren sind.

Und was hat uns anders zu Sklaven des Zufalls erniedrigt, als die menschlichen Einrichtungen selbst, wodurch eine Generation der andern Fesseln anlegt, die immer härter werden, je näher sich die Menschen aneinander schließen.

Ist nicht die, unbeschadet ihrer Fortdauer und Fortpflanzung, höchstmögliche Vereinzelung der Menschen, vielleicht der einzige Zustand, worin sie noch glücklich seyn könnten?

(16) Schon im achten Jahre bekam er eine Art von auszehrender Krankheit. Man gab ihn völlig auf, und er hörte beständig von sich, wie von einem, der schon wie ein Todter beobachtet wird, reden. Dieß war ihm immer lächerlich, oder vielmehr war ihm das Sterben selbst, wie er sich damals vorstellte, mehr etwas Lächerliches, als etwas Ernsthaftes. Seine Base, der er doch etwas lieber, wie seinen Eltern zu seyn schien, ging endlich mit ihm zu einem Arzt, und eine Kur von einigen Monaten stellte ihn wieder her.

Kaum war er einige Wochen gesund, als ihn gerade bei einem Spatziergange mit seinen Eltern auf das Feld, der ihm sehr etwas seltnes, und eben daher desto reizender war, der linke Fuß an zu schmerzen fing. Dieß war nach überstandner Krankheit sein erster und sollte auf lange Zeit sein letzter Spatziergang seyn.

Am dritten Tage war die Geschwulst und Entzündung am Fuße schon so gefährlich geworden, daß man am vierten zur Amputation schreiten wollte. Antons Mutter saß und weinte, und sein Vater gab ihm zwei Pfennige. Dieß waren die ersten Äußerungen des Mitleids gegen ihn, deren er sich von seinen Eltern erinnert, und die wegen der Seltenheit einen desto stärkern Eindruck auf ihn machten.

An dem Tage vor der beschloßnen Amputation kam ein mitleidiger Schuster zu Antons Mutter, und brachte ihr eine Salbe, durch deren Gebrauch sich die Geschwulst und Entzündung im Fuße, während wenigen Stunden legte. Zum Fußabnehmen kam es nun nicht, aber der Schaden dauerte demohngeachtet vier Jahre lang, ehe er geheilt werden konnte, in welcher Zeit unser Anton wiederum unter oft unsäglichen Schmerzen alle Freuden der Kindheit entbehren mußte.

Bei diesem Schaden konnte er zuweilen ein ganzes Vierteljahr nicht aus dem Hause gehen, nachdem er eine Weile zuheilte, und immer wieder aufbrach.

Oft mußte er ganze Nächte hindurch wimmern und

klagen, und die abscheulichsten Schmerzen fast alle Tage beim Verbinden erdulden. Dieß entfernte ihn natürlicher Weise noch mehr aus der Welt und von dem Umgange mit seines Gleichen, und fesselte ihn immer mehr an das Lesen und an die Bücher. Am häufigsten las er, wenn er seinen jüngern Bruder wiegte, und wann es ihm damals an einem Buche fehlte, so war es, als wenn es ihm itzt an einem Freunde fehlt: denn das Buch mußte ihm Freund, und Tröster, und alles seyn.

(19) Sind die Menschen von der Natur abgewichen; wann sind sie denn davon abgewichen? als sie Häuser oder als sie Schiffe erbauten; als sie die Schrift oder als sie die Mahlerei und Musik erfanden? Wo waren die Grenzen ihrer Bestrebungen von der Natur gesetzt?

Recht und gut, kann ich doch unmöglich das alles heißen, was unter den Menschen vorgeht. — Da nun allen übrigen Dingen die Natur eine Norm, ein Gleis vorgeschrieben hat, woraus sie nicht weichen dürfen, warum hat sie denn dem Menschen nicht auch eine solche Norm, ein solches Gleis vorgeschrieben, aus welchen er zwar weichen kann, aber doch lebhaft empfindet, daß er eigentlich nicht daraus weichen sollte?

Warum empfand der, welcher das erste Eisen schmiedete, das einst Menschen tödten sollte, nicht einen geheimen Schauder, der ihn warnte, diß gefährliche Werkzeug zu vollenden?

Können wohl die Erfindungen des menschlichen Geschlechts, die zu seinem eigenen Verderben gereichen, ihm zur Last gelegt werden, gleichsam als wenn es sich zusammen beredet hätte, diese Erfindungen zu machen? Die Erfindungen sind unschuldig, denn sie sind von einzelnen, welche keinen Überblick des Ganzen hatten, und ihrem Thätigkeitstriebe folgten. —

Allein hier ist wieder die Frage: wie weit sollten sie ihrem Thätigkeitstriebe folgen? Gab es bei diesen einzelnen Menschen, die Erfinder waren, nie Grenzen ihrer Bestrebungen, die sie nach einem gewissen natürlichen Gefühl nicht hätten überschreiten sollen?

Sobald das Eisen geschmiedet war, konnte es zum Pflugschar oder zum Schwerdt gebraucht werden.

Das was zugleich nützlich und schädlich seyn konnte, war nun da.

Vorher fand keine Wahl statt; jetzt mußte der Mensch zwischen dem Guten und Bösen, zwischen dem rechten und unrechten Gebrauch des einmal erfundnen wählen, und er bestand *nicht in der Probe.*

(16) Von dem Hause, wo Antons Vater logirte, bis nach dem Gesundbrunnen und der Allee dabei, war ein ziemlich weiter Weg. Anton schleppte sich demohngeachtet mit seinem schmerzenden Fuße, das Buch unterm Arm, hinaus, und setzte sich auf eine Bank in der Allee, wo er im Lesen nach und nach seinen Schmerz vergaß, und bald nicht nur auf der Bank in P. sondern auf irgend einer Insel mit hohen Schlössern und Thürmen oder mitten im wilden Kriegsgetümmel sich befand.

Mit einer Art von wehmüthiger Freude laß er nun, wenn Helden fielen, es schmerzte ihn zwar, aber doch däuchte ihm, sie mußten fallen.

Dieß mochte auch wohl einen großen Einfluß auf seine kindischen Spiele haben. Ein Fleck voll hochgewachsener Nesseln oder Disteln waren ihm so viele feindliche Köpfe, unter denen er manchmal grausam wüthete, und sie mit seinem Stabe einen nach dem andern herunter hieb.

Wenn er auf der Wiese ging, so machte er eine Scheidung, und ließ in seinen Gedanken zwey Heere gelber und weißer Blumen gegeneinander anrücken. Den größten unter ihnen gab er Namen von seinen Helden, und eine benannte er auch wohl von sich selber. Dann stellte er eine Art von blindem Fatum vor, und mit zugemachten Augen hieb er mit seinem Stabe, wohin er traf.

Wenn er dann seine Augen wieder eröffnete, so sah er die schreckliche Zerstörung, hier lag ein Held und dort einer auf den Boden hingestreckt, und oft erblickte er mit einer sonderbaren wehmüthigen und doch angenehmen Empfindung sich selbst unter den Gefallenen.

(19) Welches ist denn nun die verbotene Frucht, von welcher wir gekostet, und die Erkenntniß des Guten und Bösen dadurch erlangt haben?

Sind es die Künste und Wissenschaften? Ist es der Handel, ist es der Ackerbau?

Sind diß Abweichungen von der Natur, die sich durch sich selbst bestrafen? Oder sind diese Abweichungen eben so natürlich, wie die Natur selbst?

Wenn sie es sind, warum ist denn in allen menschlichen Einrichtungen so viel Schiefes und Verkehrtes?

Warum ist in die menschlichen Einrichtungen *wirkliches Elend* verwebt?

Ist es denn dem freien Willen des Menschen möglich, in dieser schönen Schöpfung Gottes etwas zu verderben, so ist er ja wirklich Gott gleich, so läßt sich ja wirkliche Empörung der Geschöpfe gegen den Schöpfer, der endlichen Wirkung gegen die unendliche Ursach denken? oder vielmehr die Ursach ist denn selbst nicht mehr unendlich, weil sie durch ihre eignen Wirkungen wiederum eingeschränkt wird.

Oder ist die Freiheit der endlichen Wesen nur anscheinend? So wäre denn diß wunderbare Ganze eine aufgezogne Uhr, die von selber abläuft, und Krieg, Unterdrückung, und alle mißtönenden Zusammenstimmungen der menschlichen Verhältnisse, woraus das *wirkliche Elend* erwächst, wären also dem Schöpfer ein *wohlgefälliges Spiel.*

Und was wäre das für ein Schöpfer? Wer bebt nicht mit Schaudern vor diesem Abgrunde zurück!

(16) Als er von P. wieder nach Hause gereist war, schnitzte er sich alle Helden aus dem Telemach von Papier, bemahlte sie nach den Kupferstichen mit Helm und Panzer, und ließ sie einige Tage lang in Schlachtordnung stehen, bis er endlich ihr Schicksal entschied, und mit grausamen Messerhieben unter ihnen wüthete, diesem den Helm, jenem den Schädel zerspaltete, und rund um sich her nichts als Tod und Verderben sahe.

So liefen alle seine Spiele auch mit Kirsch- und Pflaumenkernen auf Verderben und Zerstörung hinaus. Auch über diese mußte ein blindes Schicksal walten, indem er zwei verschiedne Arten als Heere gegeneinander anrücken, und nun mit zugemachten Augen den eisernen Hammer auf sie herabfallen ließ, und wen es traf, den trafs.

Wenn er Fliegen mit der Klappe todt schlug, so that er dieses mit einer Art von Feierlichkeit, indem er einer jeden mit einem Stücke Meßing, das er in der Hand hatte, vorher die Todtenglocke läutete. Das allergrößte Vergnügen machte es ihm, wenn er eine aus kleinen papiernen Häusern erbauete Stadt verbrennen, und dann nachher mit feierlichem Ernst und Wehmuth den zurückgebliebenen Aschenhaufen betrachten konnte.

Ja als in der Stadt, wo seine Eltern wohnten, einmal wirklich in der Nacht ein Haus abbrannte, so empfand er bei allem Schreck eine Art von geheimen Wunsche, daß das Feuer nicht sobald gelöscht werden mögte.

Dieser Wunsch hatte nichts weniger als Schadenfreude zum Grunde, sondern entstand aus einer dunklen Ahndung von großen Veränderungen, Auswanderungen und Revolutionen, wo alle Dinge eine ganz andre Gestalt bekommen, und die bisherige Einförmigkeit aufhören würde.

(19) Aber freilich, *wenn alle Menschen Schafe gehütet hätten,* so wären sie zwar an sich wohl ganz glücklich ge-

wesen. Aber was wäre denn aus unsrer Geschichte geworden? Wo hätten wir von Schlachten zu Land' und zur See, von eroberten Städten, von Feldherrntugenden, von Heldenmuth und Tapferkeit, von Bündnissen und Staatsverfassungen zu hören und zu lesen bekommen?

Dieser Welt von Ereignissen, die nun auf dem Schauplatz und in der Geschichte eine so angenehme Wirkung auf unsre Einbildungskraft thut, wären wir dann verlustig gegangen.

Wo hätte dann der Stoff zu einer *Iliade,* zu einer *Aeneide* herkommen sollen?

Armselige Welt, die dann geblieben wäre,
Ohne Schwerdt und Helm.
Ohne Schlachten,
Ohne Kriegsrüstungen,
Ohne Blutvergießen,
Ohne Trauerspiele,
Ohne Geschütz und Bomben,
Ohne Schanz' und Bollwerk,
Ohne stehende Kriegsmacht,
Ohne Könige, ohne Fürsten!

Wahrlich um so viele große und majestätische Dinge, sich zusammenzudenken, verlohnt es sich doch wohl noch der Mühe, *unglücklich* zu seyn.

Alle diese großen Dinge müssen ja doch einen Zweck haben. — Was wären denn die Bomben, wenn keine Glieder dadurch zerschmettert, und die Schwerdter, wenn nicht Menschen dadurch getötet würden?

Das veredelt ja eben die Werkzeuge der Zerstörung, daß sie das Edelste auf Erden in solcher Menge zernichten und zerstören.

Wenn Tausende an einem Tage vor dem Schwerdtstreich fallen, das ist doch etwas *Großes.*

Und das *Große* wollen wir ja; unsre Seele will ja erweitert seyn, unsere Einbildungskraft will viel umspannen.

Wenn also dieser Zweck nur erreicht wird, so mag darüber zu Grunde gehn, was da wolle; das Zugrundegehen ist eben so etwas tragisches, die Seele erschütterndes, dessen Anblick wir uns sehr gerne gefallen lassen, sobald es nur uns selber nicht mit betrift. Wir alle sind im Grunde unsers Herzens kleine *Neronen,* denen der Anblick eines brennenden Roms, das Geschrei der Fliehenden, das Gewimmer der Säuglinge gar nicht übel behagen würde, wenn es so, als ein *Schauspiel,* vor unsern Blicken sich darstellte.

Den Zweck haben wir also erreicht: unsre Gedanken sind erweitert; wir sind den Göttern gleich geworden; aber unsre neuen Ideen haben wir uns nicht sowohl durch *Bauen,* als durch Zerstören geschaffen. Da wir nicht Schöpfer werden konnten, um Gott gleich zu seyn, wurden wir *Zernichter;* wir schufen *rückwärts,* da wir nicht vorwärts schaffen konnten. Wir schufen uns eine Welt der Zerstörung, und betrachteten nun in der Geschichte, im Trauerspiel, und in Gedichten unser Werk mit Wohlgefallen.

Denn da allein kann es noch überblickt, und mit Wohlgefallen betrachtet werden. In der Wirklichkeit, oder in dem wirklichen Entstehen, beschäftigt es so viele Hände, und so viele Gedanken im Kleinen, daß das eigentliche *Große* gar nicht mehr in Betracht kommen kann —— Das *Große* schaft sich erst nachher die zusammenfassende Phantasie.

Das ist nun die phantastische Größe, des *Gott gleichseyn wollen,* wornach wir streben. —

Um uns ein eingebildetes Gut zu schaffen, unterziehen wir uns *wirklichen Übeln.* —

So eine gebaute Stadt mit ihren Thürmen und Pallästen ist doch schön, wenn sie nun da steht; so etwas fällt doch gut ins Auge ——

Ach das übertünchte Grab, mit seinen vergoldeten Leichensteinen!

Inwendig nagen der Neid, die Habsucht, die quälende

Unzufriedenheit, die um sich freßende *Vergleichungssucht,* an dem verwesenden Leichnam des entseelten Menschenglücks.

Verpestete Kerker, Zuchthäuser, Behausungen des Elends, mit Todtengerippen und Unsinn erfüllte Tempel, mühevolle Werkstätte, wo täglich das Rad des Ixion auf und nieder gewälzt wird! Sammelplätze unsinniger Vergnügungen, um von unsinnigen Arbeiten auszuruhen! Freistätte viehischer Wollust! fürchterliche *Glücksräder,* die den Lohn der Mühe verschlingen, und ihn wieder aus ihren Rachen speien, um die Faulheit zu krönen, und des Fleißes zu spotten. Und vor allen jenes fürchterliche *Glücksrad,* das sich unaufhörlich dreht; aus welchem ein jeder schon bei der Geburt sein Looß zieht, das ihn entweder zur *Eins* bei der *Null,* oder zur *Null* bei der *Eins* bestimmt. Wenige giebt es hier der Gewinste, und der Verluste unzählige; damit — o des Wahnsinns! — der Gewinn, der auf einen einzigen fällt, desto größer sey. Tausende *wollen* Sklaven seyn, damit *nur einer* herrsche.

Und was ist denn nun das am Ende für ein herrliches Werk, was uns durch alle diese Aufopferungen entstanden ist?

Wo duftet denn nun die Blume, die aus diesem unreinen Schutt emporsprießt?

Ist es der Gedanke, den ich denke?

O dieser Gedanke ist mit Bitterkeit erfüllt: er ist eine wurmstichige Frucht von dem einladenden Baume im Garten.

(16) Selbst der Gedanke an seine eigne Zerstörung war ihm nicht nur angenehm, sondern verursachte ihm sogar eine Art von wollüstiger Empfindung, wenn er oft des Abends, ehe er einschlief, sich die Auflösung und das Auseinanderfallen seines Körpers lebhaft dachte.

(21) Das Pflanzenreich giebt dem Menschen Nahrung und Kleidung —

Das Thierreich giebt dem Menschen Nahrung und Kleidung —

Das Mineralreich giebt ihm trennende und zusammenfügende Werkzeuge, Sicherheit, Vertheidigungsmittel.

Der Mensch zerstört das Thierreich und Pflanzenreich —

Das Mineralreich, dem die Natur keine eigentliche Bildung und Form gegeben hat, wird nicht von dem Menschen zerstört, aber es zerstört den Menschen, indem es zu seinem eigenen Verderben von ihm gebildet wird —

Helm, Schild —
Schwerdt, Kugel, Pfeil —

Stahl schützt gegen Stahl —

Helm und Schild schützen Kopf und Brust gegen Schwerdt und Pfeil —

Aber weder gegen die Gewalt der zerschmetternden Bombe, noch der Kugel von Blei, die durch die Macht des angezündeten Pulvers aus dem tödtenden Rohre gejagt wird. —

Darum halten Helm und Schild in unsern Tagen den Tod und die Zerstörung nicht mehr zurück, sondern sind als eine unnütze Last des Kriegers hinweggeworfen —

Die zerstörenden Werkzeuge haben über die schützenden die Obermacht gewonnen —

Mit der erhöhten Kraft der Zerstörung hat die Erhöhung der beschützenden Kraft nicht gleich Schritt gehalten. —

Bogen und Pfeil ist hinweggeworfen, und das tödtende Feuerrohr an seine Stelle getreten. —

Helm und Schild ist auch hinweggeworfen, aber an seine Stelle ist nichts getreten.—

Das Eisen rächt an dem Menschen die zerstörte Thier- und Pflanzenwelt —

Die weiche Wolle des Schafes kleidet ihn —

Die Stämme des Baumes geben ihm, ob er sie gleich abgehauen hat, eine bequeme Wohnung, und schützen ihn vor Wind und Regen. —

Aber das Eisen, das er selbst zu seinem Verderben geschmiedet hat, zerschmettert und tödtet ihn —

Es ist das nützlichste und gefährlichste Werkzeug in der Hand des Menschen — *Zerstörung* bleibt immer sein vorzüglichster Zweck. —

Durch die Axt fällt der Baum —

Durch das Beil der Stier —

Durch die Säge wird die innerste Zusammensetzung des Baumes zerstört.

Durch das Messer die ganze innere Zusammensetzung des Thiers aufgelößt, und aus ihren festesten Fugen gebracht —

Durch die Sense fallen Ähren — Der Mensch zerstört durch das Eisen die Thier- und Pflanzenwelt — um eine andre Schöpfung von seiner eignen Arbeit daraus hervorgehen zu lassen. —

Bald *beneiden* sich die Menschen untereinander diese neue von ihnen selbst hervorgebrachte Schöpfung. Daraus entsteht Krieg und Streit — Eben das gefährliche Werkzeug, wodurch diese Schöpfung hervorgebracht wurde, zerstört sie wieder —

Die glühende Kugel verwandelt Palläste in Schutthaufen —

Die Spitze des Eisens kehrt sich gegen den Menschen selbst — und weil er damit die Ordnung der Natur zerstörte, so zerstört es ihn wieder.

Der Mensch, der diese wunderbare Verkettung der Dinge, ihr In- und Gegeneinanderwirken, ihr Entstehen und wieder Vernichtetwerden, im Ganzen genommen überschauet, weiß am Ende kein Resultat daraus zu ziehen — Die mancherlei Beziehungen und Verhältnisse der Dinge untereinander wirken wieder auf seine Denkkraft, und setzen sie unwillkührlich in Thätigkeit —

Er sinnt, und sinnt, indem er glaubt auf etwas zu stoßen — allein es ist beinahe, als ob durch alles das die Fiebern seines Gehirns nur sollten in Bewegung gesezt werden; denn am Ende ist die ganze Frucht seines Nachdenkens — ein *Ideenspiel.*

(16) Schon als Kind, wenn alle etwas bekamen, und ihm sein Antheil hingelegt wurde, ohne dabei zu sagen, es sey der seinige, so ließ er ihn lieber liegen, ob er gleich wußte, daß er für ihn bestimmt war, um die Süßigkeit des Unrechtleidens zu empfinden, und sagen zu können, alle andre haben etwas, und ich nichts bekommen! Da er eingebildetes Unrecht schon so stark empfand, um so viel stärker mußte er das wirkliche empfinden.

(21) Daß ich denke und den Werth meines Daseyns fühle, will ich nicht dem Zufall danken, der mir gerade unter dem Theile des Menschengeschlechts einen Plaz anwieß, der sich den *gesitteten Theil* nennt — ich stelle mich auf die unterste Stufe, worauf mich der Zufall versetzen konnte, und gebe keinen von meinen Ansprüchen auf die Rechte der Menschheit nach. Ich fordre so viel Freiheit und Muße, als nöthig ist, über mich selbst, über meine Bestimmung, und meinen Werth als Mensch, zu denken.

Eins der größten Übel, woran das Menschengeschlecht krank liegt, ist die schädliche Absonderung desselben, wodurch es in zwei Theile zerfällt, von welchen man den einen, der sich erstaunliche Vorzüge vor dem andern anmaßt, den *gesitteten Theil* nennt.

Dieser Theil scheint sich für den Zweck der Schöpfung, und alle übrige Menschen für untergeordnete Wesen zu halten, die deswegen im Schweiß ihres Angesichts die Erde bauen, damit es Rechtsgelehrte, Staatsmänner, Priester, Künstler, Dichter und Geschichtschreiber geben könne, von deren geistigen

Beschäftigungen, und verfeinerten Vergnügungen, jene Bebauer des Feldes nicht einmal die Nahmen wissen.

Aber auch selbst in den gesitteten Ständen betrachtet immer ein Theil den andern mehr als bloß brauchbare und nüzliche Wesen — so denkt man sich immer einen Theil von Menschen, als ob er bloß um des andern Willen da wäre — dieß geht ins Unendliche fort, und warum denn nun zulezt alle da sind, bleibt unausgemacht.

(16) Wenn oft der Himmel umwölkt und der Horizont kleiner war, fühlte er eine Art von Bangigkeit, daß die ganze Welt wiederum mit eben so einer Decke umschlossen sey, wie die Stube, worin er wohnte, und wenn er dann mit seinen Gedanken über diese gewölbte Decke hinausging, so kam ihm diese Welt an sich viel zu klein vor, und es däuchte ihm, als müsse sie wiederum in einer andern eingeschlossen seyn, und das immer so fort.

(21) Schon als Knabe laß Almansor mit einem geheimen Vergnügen die Verzeichnisse von den Schriftstellern und Dichtern seines Vaterlandes.

Von seiner frühesten Kindheit an hatte er schon durch ihre Werke seinen Geist genährt; er fühlte innige Hochachtung und Liebe mit Bewunderung verknüpft gegen diese erhabenen Lehrer seiner Jugend, und konnte zuweilen dem Gedanken nicht widerstehen, sie für Wesen höherer Art zu halten.

Was Wunder, daß bei ihm der geheime Wunsch entstand, wo möglich dereinst in diesem glänzenden Zirkel der besten Köpfe seiner Nation einen Zutritt zu gewinnen; und daß von nun an alle sein Streben dahin ging, sich den Weg zu diesem großen Ziele zu bahnen.

Er übte sich also unablässig in der Kunst, seine Gedanken durch wohlgewählte Worte auszudrücken, und sie auf die Weise beständig in das anpassendste Gewand der Sprache zu kleiden. —

Alles was der Mensch mit Ernst will, gelingt ihm. —

Almansor hatte seine Jünglingsjahre noch nicht vollendet, als er schon seinen Nahmen in den Verzeichnissen der Schriftsteller seines Vaterlandes erblickte.

Aber ach, wie hatte seit seinen Knabenjahren ihre Anzahl sich vermehrt! — Die erhabenen Lehrer seiner Jugend verloren sich mit unter der ungeheuren Menge, wie die glänzenden Sterne der Nacht, wenn ein dicker Nebel sie dem Auge verbirgt.

Obgleich die Sterne so hell, wie vormals schimmern, so ist der Nebel doch dem Auge näher, und hält ihren sanften Glanz zurück. —

Almansor staunte über die Wuth zu schreiben, die sich aller seiner Zeitgenossen bemächtigt hatte, und schämte sich, daß er sich unter ihrer Zahl befand.

Der süße Traum seiner Jugend war nun zum Theil erfüllt — er hatte sich einen Zutritt zu den Zirkeln der Gelehrten erworben. — Aber wie sehr fand er sich in seinen Erwartungen betrogen! — statt jener Wesen höherer Art, die seine Knabenphantasie ihm einst vorgemahlt hatte, fand er nicht gerade das Gegentheil von dem, was er erwartet hatte? nein! — aber er fand das wirklich Edle und Schöne in Gesinnungen und Handlungen bei den meisten unter solch einem Schwall von kleinen Kunstgriffen, sich einen Nahmen zu machen, von unaufhörlichen ängstlichen Bemühungen, sich einander den Rang abzulaufen, von niedriger Eifersucht und kindischer Eitelkeit, versteckt, daß er es nicht mehr der Mühe werth fand, es darunter hervorzusuchen: ihm ekelte vor der Schriftstellerwelt, in deren Geheimnisse er nun einen Blick gethan hatte.

Die große Natur, dachte er, ist immer gut und schön, im Winter und im Frühling, im Sturmwind und im Sonnenschein — was suche ich denn so ängstlich und mühsam, nach dem, was mir so nahe liegt? —

Almansor schöpfte nun täglich Nahrung für seinen Geist aus dem Anblick der Morgensonne, und der grünen Bäume, Kräuter und Pflanzen, die ihre reizende Gestalt in seinem Auge spiegelten. Von dem grünen Teppich der Wiese hob er sein gestärktes Auge zu dem sanften Blau des Himmels empor — und fühlte sich wieder größer und edler in der großen und edlen Natur.

Seine Hypochondrie, die ihm noch aus seiner Schriftstellerepoche anklebte, verlor sich allmälig — im leichtern Kreislauf rollte sein Blut wieder durch seine Adern. —

Kaum fühlte er sich nun an Seele und Körper völlig froh und heiter, so wandelte ihn — wer hätt' es denken sollen? — seine Sucht zum Schreiben wieder an.

Ein gefährlicher Rückfall, wenn er nicht Kraft genug hatte, zu widerstehen! —

Er hatte nicht Kraft genug zu widerstehen — Er schrieb, aber während daß er schrieb, verfeinerten sich seine Gedanken, erweiterte sich sein Gesichtskreis — denn die große Natur war seine Lehrerin, seine Führerin geworden — nicht mehr das zweideutige Lob, nach dem er einst begierig haschte, sondern die Größe seines Gegenstandes begeisterte ihn — durch jede Anstrengung, womit er einen würdigen Ausdruck für einen edlen Gedanken suchte, vervollkommnete sich sein Geist; auch veredelten sich die Neigungen seines Herzens; denn er bestrebte sich, zu nützen, und zu bessern.

(16) Er machte sich nemlich eine große Sammlung von Kirsch- und Pflaumenkernen, setzte sich damit auf den Boden, und stellte sie in Schlachtordnung gegen einander — die schönsten darunter zeichnete er durch Buchstaben und Figuren, die er mit Dinte darauf mahlte, von den übrigen aus, und machte sie zu Heerführern — dann nahm er einen Hammer, und stellte mit zugemachten Augen das *blinde Verhängnis* vor, indem er den Hammer bald hier, bald dorthin fallen ließ — wenn

er dann die Augen wieder eröfnete, so sah er mit einem geheimen Wohlgefallen die schreckliche Verwüstung, wie hier ein Held und dort einer mitten unter dem unrühmlichen Haufen gefallen war, und zerschmettert da lag — dann wog er das Schicksal der beiden Heere gegen einander ab, und zählte von beiden die Gebliebenen.

(22) Was mich darüber beruhiget, daß ich die gegenwärtige Sündfluth von Büchern noch mit einem neuen Buche vermehren will, ist dieses, daß ich Fakta, und kein moralisches Geschwätz, keinen Roman, und keine Komödie liefere, auch keine andern Bücher ausschreibe.

III.

(6) So merkwürdig dieser Mann durch die Schicksale seines Lebens war, eben so merkwürdig war er durch das Excentrische seines Charakters, der noch eine besondere Beleuchtung verdient.

Die Natur hatte den Kern in eine äußerst ungenießbare, harte und undurchdringliche Schale gelegt. Sein Körper war unvollkommen organisirt. Sein Gesicht plump und mit Negerzügen; sein Mund breit; sein Auge und Blick todt und geistlos. Die Ausbildung seines Geistes war nicht von der Art, um auf die Veredelung seiner Körperbildung einen sehr merklichen Einfluß zu haben. Sein Temperament war das melancholische. Die Grundlage seines Charakters war eine schwache Lebenskraft und überhaupt Schwäche aller Vermögen, die Einbildungskraft ausgenommen, welche sehr lebhaft war. In seinen Trieben und Kräften war aber etwas ungemeines und in seiner Art zu empfinden und zu phantasiren ein eigner Ton. Wie seine Anlagen, so die Ausbildung derselben. Er ließ sich durch seine Erziehung, durch Menschen, durch Schicksale und Verhältnisse bearbeiten. Seine Neigungen waren schwankend und unbestimmt; seine Thätigkeit nicht gleichförmig; seine Anstrengung des Geistes gering. Die Grundsätze, die er sich erwarb, waren nicht zusammenhängend und entwickelt; es fehlte ihnen an Festigkeit, Stärke und Gewißheit; sie hatten einen schwachen Einfluß auf die Beherrschung der Neigungen, welche vielmehr selbst größtentheils seine Grundsätze erzeugten oder ihnen ihre Richtung gaben. Er folgte daher meist niedern Maximen der Eitelkeit, der Ruhmsucht, der Begierde Aufsehen zu erregen, in seinen Handlungen. Zur Einheit, Selbständigkeit und Unabhängigkeit des Charakters konnte er sich nicht erheben: daher der Mangel an reinem Gehalt und an sittlicher Würde in seinem Wirken und Seyn. Ob nun gleich sein Kopf nicht wohlgeordnet, sein Gefühl nicht regelmäßig, sein Wille oder Charakter schwach war, so darf man sich doch von seinen höhern Geisteskräften keinen zu schlechten Begriff machen, da er bey dem allen einen so gestaltlosen oder verunstalteten Stoff noch so bearbeitete, daß er als Mann mit seinen Talenten, Kenntnissen und seiner vielfachen Betriebsamkeit sich auszeichnete. Und doch war sein Körper, seine schwache Gesundheit, seine erste Erziehung und Verbildung gar nicht vortheilhaft für eine solche Ausbildung, die freylich auch erst spät und nicht blos durch Selbsthätigkeit, sondern mit durch äußere günstigere Eindrücke erfolgte.

Seine Charakterschwäche, oder, wenn man es recht streng nehmen will, Charakterlosigkeit sehen wir allerdings durch seine erste Erziehung sehr befördert. Durch seine frühe körperliche Leiden ward er gewöhnt, sich bey den Eindrücken des Schmerzes ruhig zu verhalten, ohne ihnen Widerstand entgegen zu setzen; durch Mangel an gegebenem Reiz, seine Denkkraft zu üben, war er nur immer begierig Stoff aufzunehmen, ohne ihn zu gestalten oder selbst welchen hervorzubringen; durch eine übel verstandne Bemühung der Seinigen, den eignen Willen des Knaben zu brechen, wurde sein Begehrungsvermögen abgestumpft; endlich ward ihm sogar unbedingt das leidende Verhalten und völlige Hingeben in die Einwirkungen von oben als Bedingung der Gottseligkeit anempfohlen. So ward der Grund zu einem leidenden Charakter gelegt, der sich sein ganzes Leben hindurch von Eindrücken beherrschen ließ, und der unbeständig und schwankend von einer Neigung zur andern, von dem einen Äußersten zu dem entgegen gesetzten überging, je nachdem die Eindrücke auf seine Sinne und seine Phantasie wirkten. Diese Empfänglichkeit für alle Eindrücke hatte denn auch in ihm eine gewisse Weichlichkeit und Empfindlichkeit erzeugt, welche sich in seinem ganzen Wesen ausdrückte und auch dadurch verrieth, daß er sich gern für gekränkt und beleidigt halten mochte, um nur Ursache zu haben, sich unglücklich zu fühlen.

Es ist schon bemerkt worden, daß die Maxime der Eitelkeit und des Wunsches, Aufsehen zu erregen, bey ihm herrschend war. Ihr scheint jede andre untergeordnet gewesen zu seyn. Spuren davon zeigen sich schon in seiner ersten mystischen Erziehung. Die Aufmerksamkeit, die ihm Hr. v. Fleischbein und der alte Candidat bewiesen; der Werth, den sie auf seine Fortschritte in der Mystificirung seiner Begriffe und in der Befolgung solcher Grundsätze legten, scheint ihm die ersten hohen Ideen von sich beygebracht zu haben, und er suchte die gute Meinung von sich auf dem Wege, auf dem er sie gewonnen hatte, ferner zu erhalten und sich bey diesen Personen, so wie auch bey seinen Eltern, dadurch in Ansehen zu setzen. Da aber die Sprache, die Vorstellungen und Grundsätze eines Mystikers einem kleinen Knaben unmöglich natürlich seyn können: so suchte er in sich nur jene Art zu denken und zu fühlen zu erkünsteln, und wurde sowohl in seinen auf Gott gerichteten Gesinnungen, als vor seinen Eltern und Bekannten, ein Heuchler, indem er bald fromme Gefühle und Gedanken vorgab, die er nicht hatte; bald sich selbst anklagte, ohne von seinem Gewissen dazu getrieben zu werden, bald Reue äußerte, die er nicht fühlte. Dieß alles gab ihm eine gewisse Wichtigkeit. Man nahm sich seines Seelenzustandes an; man hatte Mitleid mit ihm; man tröstete, ermunterte, unterstützte ihn. Eitelkeit mit Affectation und Heucheley gemischt nahm er in die verschiedenen Lagen seines Lebens mit hinüber, ob sie sich gleich nach Maaßgabe der Umstände und der verschiednen Alter seines Lebens sehr verschieden äußerte. Als Kind bildete er sich etwas darauf ein, wenn er das Lied im Gesangbuche in der Kirche so gut wie die Erwachsnen aufschlagen konnte; in Braunschweig wünschte er confirmirt zu seyn, um recht oft zum Abendmal zu gehen, und dadurch die Aufmerksamkeit des Pastor P. auf sich ziehen zu können. Er nahm bald eine schwermüthige Mine an, bald affectirte er Würde in seinem Gang und in seiner Sprache, welches alles dann desto mehr gegen sein ihm natürlicheres und daher durchschimmerndes oder oft wiederkehrendes, rohes und unbehülfliches Äußere abstach. Wie ihn mehrere Jahre der Beruf eines Volkslehrers unwiderstehlich anzog, weil er ihn als ein Theater ansah, auf dem er alle seine Talente auslegen könnte: so wurde in der Folge die wirkliche Schaubühne der Gegenstand seiner höchsten Wünsche; er kannte keinen größern Sieg seiner Eitelkeit, als hier sich öffentlich zeigen zu dürfen, und keine größere Demüthigung, kein widrigeres Schicksal, als von dieser Ehre ausgeschlossen zu werden. Zu schwach und zu weichlich, um durch wirkliche Verdienste, Kenntnisse und Wissenschaften sich einen Namen zu erwerben, suchte er wenigstens durch den Schein den Abgang der Wirklichkeit zu ersetzen. Indem ihn seine Eitelkeit verleitete, sich im Äußern die Manier ausgezeichneter Menschen oder der Helden im Schauspiel und in den Romanen anzueignen, und sein Kopf durch das Lesen von Romanen und Schauspielen mit überspannten Vorstellungen und idealisirten Charakteren angefüllt ward, so wurde es ihm am Ende ganz leicht und geläufig, im wirklichen Leben eine beliebige Rolle eine zeitlang zu spielen und sowohl andre, als sich selbst damit zu täuschen. Er führte sein ganzes Leben als eine Art von Drama durch; nur, daß es diesem an Einheit der Handlung fehlte.

Nachdem er sich theils durch Glück, theils durch seine Talente aus dem Staube zu einem gewissen Glanze des Lebens und Namens emporgeschwungen hatte, wurde er noch eitler und stolzer. Hätte er sich mehrere Welt und Menschenkenntniß erworben gehabt, so würde er seiner Hauptleidenschaft wenigstens ein gefälligeres Gewand zu geben gesucht haben; statt dessen affectirte er öffentlich mit seinem Wesen und verdarb alles vollends dadurch, daß er bald die Rolle des Bedeutenden, bald naiven Mannes, bald des originellen Sonderlings, bald des Kranken oder Verzweifelnden spielte. Der feyerliche Ton, den er oft mitten in einer heitern Laune annahm, die eben so feyerliche Stille, in welcher er sich gemeiniglich in Gegenwart größerer Köpfe verschanzt hielt; sein Lob und sein Tadel; seine ganze Lebensweisheit trug das Gepräge der hohen Idee an sich, die er von sich selbst hatte. Er wurde durch seine Gabe zu erzählen leicht der Ton angebende in der Gesellschaft; aber er hielt sich nicht gern in solchen Gesellschaften auf, wo es ihm nicht gelang, zu glänzen oder das erste Wort zu führen. Als man ihn einmal in Berl. fragte, warum er in dieser Zeit wie ein Einsiedler fern von seinen Freunden und Bekannten lebe, antwortete er sehr lakonisch: In meiner einsamen Stube habe ich immer Recht! Da ihm nach einer in Braunschweig gehaltnen Gastpredigt die Hoffnung zur Erlangung der dortigen Predigerstelle verschwand, weinte er bitterlich; dagegen trat er zu derselben Zeit wie im Triumph aus Jerusalems Hause, als dieser große Mann nach seiner Gewohnheit auch ihm reichlichen Weihrauch gestreut hatte. Er ließ sich gern auf seinen Reisen auf den Kanzeln hören, und fühlte sich geschmeichelt, wenn auch die ungebildetsten Menschen seine Kanzelgaben lobten; eben so sehr prunkte er mit seinem Talent zu erzählen und zu declamiren. Gern wäre er Rector in Hannover geworden, um, wie er sagte, auf eben der Schule zu triumphieren, wo er einst demüthiger Chorist war.

Um Menschen für sich zu stimmen, erlaubte er sich selbst die kleinlichen Mittel der unwahrsten Schmeicheley. Es war ihm sehr wichtig, Aufsehen zu erregen und von sich reden zu machen. Zu einem Mitherausgeber des Magazins zur Erf. Seelenkunde sagte er: »Wir müssen vornehmlich dahin sehen, erschreckende und Schauder erweckende Aufsätze aufzunehmen, weil solche Bücher großes Aufsehen machen und von allen gern gelesen werden!« Aus demselben Gesichtspunkte betrachtete er auch fremdes Verdienst. Von einem berühmten Vielschreiber sagte er: »Die Verleger reißen sich um seine Schriften. Dieß ist genug, was ich von diesem großen Mann erzählen kann!« — »Ich sehe es gern, sagte er ein anderes Mahl, wenn die Leute von mir reden; ists auch nicht immer das Beste; ein thätiger Mann muß alles wieder gut zu machen wissen, wenn sein Name angetastet wird.« In der That suchte er vor allen, es koste was es wolle, sich durch seine Ideen und Eigenthümlichkeiten auffallend zu machen. Ob sie Eindruck zu seinem Vortheil machten, schien ihm eine untergeordnete Rücksicht zu seyn; nichts desto weniger wußte seine Eitelkeit auch hieraus Nahrung zu ziehen. An der Wahrheit selbst nahm er ein schwaches Interesse, um davon sehr angegriffen zu werden, wenn das, was er für Wahrheit hielt, sich nicht als solche geltend machen konnte. Glaubte er, daß sein Ruhm einmahl einzuschlafen anfange, so suchte er ihn auf die erste beste Weise wieder zu wecken. In dieser Rücksicht hatte er einmahl den Einfall, in seiner neugemietheten schönen Wohnung in Berlin ein ziemlich beträchtliches Faß mitten in seinem Wohn- und Audienzzimmer aufzustellen, worin er all seine Handschriften aufgehäuft hatte. Natürlich wunderte sich Jedermann, der in das Zimmer trat, über das Faß und fragte, was es bedeute; worauf denn Moritz die nöthige Auskunft gab und sich im Geist freute, wie nun bald in ganz Berlin die Nachricht von diesem erfindungsreichen Manuscriptenbehältnisse erschallen würde. Eitelkeit ist überall ein Zeichen eines schwachen Geistes, aber vorzüglich dann, wenn man die Befriedigung derselben durch das Kleinliche, Sonderbare und Abenteuerliche sucht, worauf Moritz hauptsächlich hinarbeitete. Es ist nicht möglich, bey seinen Sonderbarkeiten überall zu unterscheiden, was davon auf Rechnung seiner Idiosynkrasie und seiner sonderbar spielenden Einbildungskraft, und was dagegen auf Rechnung seiner Sucht, ein Sonderling zu scheinen, zu setzen sey. Beides findet sich in seinem Charakter gemischt. Nur noch ein Beyspiel zu dem, was schon darüber vorgekommen ist. In seiner frühern Berliner Periode bekam er einmahl die Wuth, sich durch körperliche Übungen, Reiten, Fechten und Tanzen, Gewandheit und durch diese, wegen der von ihm geglaubten Wechselwirkung zwischen Körper und Geist, Seelenstärke zu verschaffen. Wo er ging und stand, balancirte er und übte sich in steifen Schritten und Festhalten des Körpers auf einem Fuße. Einst steht er in seiner Wohnung früh vor dem Camin, und übt sich gleichfalls im Stehen auf einem Fuße. Plötzlich fällt ihm ein, beide Füße in die Luft zu strecken, und so fällt er platt vor sich auf die Nase, und stößt sich mit den Füßen gewaltig an das Camin. Nun erhebt er ein lautes Geschrey und Wehklagen, er habe beide Beine gebrochen, und er will nicht aufstehen, bis ein Wundarzt gehohlt wird, der bey der Besichtigung alles in Ordnung findet, aber, der Einreden seines eingebildeten Kranken müde, endlich ein Fliegenpflaster auf die Waden legt, und so den Wimmernden und Fluchenden verläßt. Moritz ließ eine Einladung zu Mendelssohn auf diesen Abend absagen, weil er beide Beine gebrochen habe. Moses besucht ihn selbst und bringt ihn endlich durch Spott dahin, daß er sich entschließt, mit ihm zu gehen! —

Endlich gehört es auch unter die Kategorie der theatralischen Eitelkeit, daß er ein Vergnügen daran fand, oftmahls daheim oder in der Fremde den Schwächlichen und Kranken zu spielen und Leute, die ihn nicht genau kannten, damit zu täuschen. Sein Athem wurde ihm dann kurz; er konnte nicht zehn Schritte gehen, ohne auszuruhen; man hörte fast nichts als ein schwergeathmetes Ja oder Nein von ihm. Nur wenn Bekannte seine Aufmerksamkeit durch ein Gespräch über einen seiner Lieblingsgegenstände zu fesseln wußten, vergaß er seine Rolle und sprach und handelte ganz als gesunder Mensch, bis es ihm einfiel, daß er aus seiner Rolle gekommen war. Er hielt die Menschen, selbst die achtungswürdigsten, für so schwach und eitel, als er selbst war. Oft glückte ihm freylich ein Benehmen, das darauf berechnet war, sonst aber von keiner individuellen Menschenkenntniß geleitet wurde. Er trieb es aber damit bis zum Lächerlichen. So glaubte er einen Heirathsplan bei den vorsichtigsten und verständigsten Menschen durchsetzen zu können, wenn er an dem Orte, wo sie wohnten, mit eigner Equipage und Livreebedienten erschiene, und hoffte in Jahresfrist mit dieser Pracht zu Stande zu kommen. Als er früher an demselben Orte, in welchem ihm jedes Gäßchen bekannt seyn konnte, in eben der Absicht war, that er keinen Schritt ohne den Lohnbedienten. — Er glaubte viel damit zu wirken! Einem jungen Manne, der an einem erst erscheinen sollenden Werke arbeitete, eröffnete er die Aussicht, Mitglied der Berliner Akademie der Wissenschaften zu werden, um sich seines Einflusses bey einer gewissen Angelegenheit zu versichern; Moritz sah gewiß die Unausführbarkeit dieses Plans; dennoch glaubte er, ohne die geringste Wahrscheinlichkeit, die Eitelkeit eines angehenden Schriftstellers würde das Abenteuerliche übersehen.

Lächerlich gemacht zu werden, konnte er am wenigsten vertragen. Das Auffallende an seinen Sitten, seine Unkunde in den alten Sprachen, seine vom gewöhnlichen Gange sich weit entfernenden philosophischen

Speculationen machten ihn oft in seiner An- und Abwesenheit zum Ziele des Spottes. Er fühlte dieses und deutete es vorzüglich in mißmüthigen Anfällen sehr übel. Während der Mißhandlung konnte er sich das Ansehen geben, als finde er Wohlgefallen daran oder fasse nur den treffenden Witz des Spottes, nicht die höhnende Beziehung auf sich. Doch überwältigte ihn auch oft die Wahrheit des Tadels oder seine harte Einkleidung stark, vorzüglich wenn dieser ihn in der Gestalt der Ironie, die er nicht verstand und also zuerst für Beystimmung und Beyfall genommen hatte, überraschte. Man weiß Beyspiele, daß er sich in solchen Fällen des Weinens nicht enthalten konnte.

Moritz fand in manchen Perioden seines Lebens vielen Geschmack am gesellschaftlichen Leben. Demungeachtet war er für die vertraulichere Geselligkeit und für die eigentliche Freundschaft wenig geeignet. Es fehlte ihm an Standhaftigkeit, Sicherheit und Uneigennützigkeit in der Freundschaft. Am meisten fühlte er sich noch zu solchen Menschen hingezogen, die in seine schwärmerischen Ideen mit eingingen oder durch Ähnlichkeit der Schicksale mit ihm verwandt waren. Er konnte nicht so leicht sich mit einem Freunde identificiren; er wußte Anhänglichkeit und Liebe eines Andern für sich nicht zu schätzen. Dankbarkeit war ihm ganz fremd, in dem Grade, daß er sie auch für Dienste, die er geleistet hatte, nicht verlangte. Nicht einmahl der Gedanke hatte Reiz für ihn, für Andre gewirkt und ihnen wesentliche innre oder äußere Vortheile verschafft zu haben. Dennoch fand er verschiedne thätige Freunde, die sich seiner mit Rhat und Tath annahmen.

Ideale von Freundschaft waren in seiner Phantasie. Mendelssohn und Göthe schienen ihm von Jugend auf die Männer, mit welchen in engste Gemeinschaft zu kommen ihm die höchste Erdenseligkeit dünkte. Was ihm Göthe in der Folge ward, wie sehr ihn Moritz anbethete, mit welcher Innigkeit er an ihm hing, ist schon oben gesagt worden. Sein zweytes Ideal war Mendelssohn, den er fast wie einen Genius in menschlicher Hülle verehrte, obgleich Mendelssohns Bescheidenheit und Liebe zu einer gemäßigten Denkart Moritzen nie erlaubte, seine Vergötterung ihm selbst oder in Druckschriften zu äußern. Keine Schwäche wollte er an diesem wirklich ächten Weltweisen erblicken, und er erklärte oft, gewiß nicht im Geiste des Mendelssohnschen Systems, er würde an Tugend und Wahrheit verzweifeln, wenn er je Mendelssohns Wandel unsittlich finden würde. Aber das Ideal, das er sich so in einem lebenden Menschen schuf und versinnlichte, wirkte auf ihn nicht wohlthätig zurück; er suchte sich nicht zu ihm hinauf zu schwingen; es war ihm nicht Muster, das er zu erreichen suchte. Selbst den Beyfall des so von ihm idealisirten Menschen suchte er nicht durch große Bestrebungen zu erhalten. Welcher Moritzischen Schrift, die während seiner Bekanntschaft mit Mendelssohn geschrieben wurde, merkte man es an, daß ihr Verf. Mendelssohns Kopf und Herz fast anbetete? Seiner Phantasie mochte es immer als ein großer Genuß vorschweben, einst Mendelssohns Lob zu erhalten. Sie sahen sich oft, ohne daß zwischen diesen äußerst ungleichen Menschen ein großer Ideenwechsel statt finden oder Mendelssohn irgend eine Art Wohlgefallen an dem vorzüglich damahls in seinem Denken und Leben, excentrischen Moritz haben konnte; der große Weise überließ die Wahl der sogenannten Hausfreunde mit wenigen Ausnahmen seiner Familie. Machte Moritz aber gleich für sich selbst einen so geringen Gebrauch von seinem nähern Umgang mit einem solchen Manne, so wußte er sich doch in den Augen Andrer durch ihn viel Ansehen zu verschaffen. Mendelssohns frühere Schicksale gaben ihm Stoff zu anziehenden Erzählungen; mit Mendelssohns Urtheilen wußte er andre Berliner Gelehrte bey gesellschaftlichen Streitigkeiten oft zum Stillschweigen zu bringen; mit einer Artigkeit von

Mendelssohn glaubte er sich vor bittern Spott andrer bey literärischen Zusammenkünften schützen zu können. Als Mendelssohn starb, wagte es Moritz erst, bald als sein Freund, bald als sein Vertheidiger, bald als sein Verehrer vor dem Publicum aufzutreten. Übrigens verdient als ein Charakterzug von Moritz angeführt zu werden, daß, als ihm der ganz unvermuthete Tod Mendelssohns von einem Freunde gesagt wurde, er gleich zu klagen anfing, »einer seiner liebsten Plane sey ihm wiederum zerstört; seine Freundinn, von der schon die Rede war, sey auf dem Wege, sich durch ihn als denkende Frau ganz auszubilden und selbst in der Metaphysik sich auszuzeichnen; er habe sie, wenn sie es zu einer gewissen Höhe gebracht hätte, Mendelssohnen zuführen wollen, dessen Lob sein und ihr Werk gekrönt haben würde. Nun sey diese Aussicht dahin!«

Moritz fand mehr Beyfall bei den Weibern, als bey den Männern. So wenig ein Mann, dessen Gesichtsbildung nicht empfehlend, dessen Aussehen schwindsüchtig war, der im Anzug und in allem, was feine Sitten heißt, oft einem Cyniker ähnelte, auf die Sinnlichkeit wirken konnte: so vielen Eindruck machte er auf die Phantasie durch die Rolle eines Sonderlings und naiven Mannes, die er spielte; durch seine höchst komische Art mit Weibern zu tändeln und zu philosophiren; durch seine Gutmüthigkeit, welche ihn zum Colifichet der Damen brauchbar machte, und durch sein Erzählen und Declamiren schöner Gedichte. Seine Erzählungen waren Poesie. So wie er anfing in Wärme dabey zu kommen, so belebte sich sein sonst mattes und todtes Auge mit einem Feuer, das man unwiderstehlich fand.

Für wahre Liebe war Moritz nicht gemacht. Seine Einbildungskraft gerieth leicht in Flammen, aber sein Herz blieb kalt. Er liebte nur sich in andern, und war keiner völligen Hingebung an den geliebten Gegenstand, keiner großen Aufopferungen, keiner Beständigkeit fähig. Was jene Venetianerinn zum Rousseau sagte: Laß die Weiber, und studire Mathematik! — konnte man mit gleichem Rechte auf Moritz, der so viele Berührungspunkte mit dem Genfer Philosophen hat, anwenden. Empfindungen, die auf das Geschlecht oder auf Liebe Beziehung hatten, entwickelten sich sehr spät in dem schwach empfindenden Knaben. Zum ersten Mahl machte während seines Aufenthalts beym Hutmacher in Braunschweig ein junges, schwarz gekleidetes Frauenzimmer, die mit blassem Gesicht und der Mine der Andacht zum Altar trat, um das Abendmahl zu genießen, einen Eindruck auf seine Sinne, der sich ihm bisweilen in der Phantasie wieder darstellte. Während seiner Schuljahre lebte er die meiste Zeit in einem solchen (selbst verschuldeten) Mangel und Druck, daß er wenig von liebenden Trieben, welche mehr den Wohlstand und eine gewisse Freyheit vom Druck begleiten, empfand. Er gähnte daher, wenn ihn sein Freund Reiser mit seinen Liebesabenteuern unterhielt, und die Leidenschaft Werthers für seine Lotte war ihm, so sehr er auch dieses Buch schätzte, doch etwas ganz fremdes und unbekanntes. Dagegen soll er doch, wie Klischnig S. 153 wenigstens angiebt, nicht ganz mit einem selbstischen Genusse unbekannt geblieben seyn, der durch seine Natur und die Art der Befriedigung der Begier das Mitgefühl und wahrhaft liebende Triebe zu zerstöhren pflegt. In seinem männlichen Jahren faßte er oft den Gedanken zu heirathen, und seine Phantasie riß ihn von einer flüchtigen Neigung zur andern fort. Seine Zuneigung schwankte immer hin und her. Ein schöneres Mädchen besiegte ihn von Neuem, wenn auch schon ein minder schönes ihn vorher in augenblicklichen Fesseln hielt. Sein Herz war ganz der Vasall der sinnlichen Eindrücke, die seine Einbildungskraft ausmahlte. Ausgebildetere Begriffe von Weiblichkeit und dem Glück einer Ehe hatte er nicht; daher kam er durch die bloße Gestalt eines Frauenzimmers, die er etwa auf der Straße sah, leicht zu dem Entschluße sie zu heirathen. Einst verliebte er sich sterblich in ein Mädchen, dem er auf der Straße begegnet war. Er hatte keine Ruhe, bis ein Freund ihm Gelegenheit verschaffte, mit ihr in Gesellschaft zu kommen. Sie spielte eine stumme Rolle. Ach wenn sie doch spräche! sagte M. seinem Freunde mit einem tiefen Seufzer ins Ohr. Endlich hörte er sie sprechen. Ach, wenn sie doch nicht gesprochen hätte! rief er jetzt aus, und damit endigte sich dieser beginnende Roman. Er war zu flüchtig und zu wenig sinnlich, um sich sehr abzuhärmen, wenn ihm Plane dieser Art scheiterten. Daß seine Leidenschaft für eine verheirathete gutgesinnte und vernünftige Frau, die ihn zu leiten wußte, sehr vortheilhaft auf ihn wirkte, ist schon erwähnt worden. Auch seine zärtlichen Abenteuer in Italien scheinen, wenn gleich Klischnig das Gegentheil zu verstehen giebt, blos bey dem Genuße des Ideenspiels und der Einbildungskraft stehen geblieben zu seyn; wenigstens wird seine Keuschheit von seinem vertrautesten Freunde in Rom fest behauptet. Daß er nie ein glücklicher Ehemann werden würde, hatten ihm mehrmals verständige Eheweiber geweissagt, und die Erfahrung würde das noch mehr bestätigt haben, als sie es wirklich schon bestätigt hat, wenn er länger gelebt hätte.

Noch bleibt uns übrig, der Geschichte seiner Cultur und Aufklärung und seiner literärischen Arbeiten zu gedenken. In seinem ganzen Studiren war nichts planmäßiges und durchdachtes; keine gleichförmige und ebenmäßige Ausbildung seiner Geisteskräfte zu einem Ganzen; er beschäftigte sich jedesmahl mit dem, worauf ihn die Umstände hinstießen. Diese hatten ihn zu einer, gar nicht im Verhältnisse mit den übrigen Gemüthsvermögen stehenden Ausbildung seiner Einbildungskraft geführt. Denn er las größtentheils Werke der Phantasie; beschäftigte sich fast ausschließend als Jüngling mit Dichtkunst und insonderheit mit der dramatischen, und hatte Umgang mit jungen Leuten von gleichen Neigungen. Witz und Geistesgegenwart fehlte ihm gänzlich, und er fürchtete Männer, die beißenden Witz hatten und dabey nicht den Willen, seiner zu schonen. Gesellschaften, in denen er einen berühmten Philosophen für die Welt finden konnte, vermied er daher. Durch seinen Beruf als Schullehrer scheint er auf genauere Entwicklung der Begriffe geführt worden zu seyn, vielleicht auch auf seine Sprachforschungen, in denen er wirklich viel Scharfsinn bewies. Was er las oder hörte, faßte er leicht ins Gedächtniß und besaß die Gabe, sich auch das Fremde glücklich anzueignen und es mit seinen eignen Ideen zu verweben*). In der Ausbildung seiner Vernunft blieb er verhältnismäßig am weitesten zurück; seine Vernunftbegriffe waren nicht entwickelt, noch auf allgemeine Grundsätze zurück geführt; seine Überzeugungen über die wichtigsten Angelegenheiten der Menschheit, über Gott, Unsterblichkeit und Frey-

*) Desto mehr ist es zu bedauern, daß er in seinen männlichen Jahren so wenig las, am seltensten Werke, die anstrengendes Nachdenken erforderten. Wahrheit zu erforschen und seine eigne Denkkraft auszubilden, erkannte er zwar in der Theorie als Lebenszwecke an, von denen er viel zu sprechen wußte; aber sie sezten ihn nicht in den Enthusiasmus, daß er geringe Mühseligkeiten übernommen hätte, um die Untersuchungen Anderer zu faßen und zu prüfen. Er, der sich zum Bearbeiter und Reformator des empirischen Gebiets der Philosophie aufwarf, hatte gar kein Interesse für irgend eine Erscheinung am literärischen Horizont der Philosophie. Nicht allein der Inhalt der Kantischen Schriften blieb ihm fremd, sondern er würdigte auch die weniger Studium erfordernden und seiner Art zu räsonniren nicht durchaus fremden Schriften eines Tetens, Eberhards, Platners, Feders, Garves u. a. kaum eines flüchtigen Anblicks, ob er sich gleich große Begriffe von den Fortschritten, die man diesen Männern zu verdanken habe, machte. Nur Trägheit und Mangel an Interesse konnte ihn in den Jahren, in denen er noch kein Vielschreiber war, vom Lesen dieser Geisteswerke abhalten. Eben so wenig kannte er die großen englischen Seelenbeobachter, Home, Hume, Gerard u.s.w. Nur Beattie's Grundlinien der Psychologie gab er mit Anmerkungen 1791 heraus.

heit, waren sehr schwankend und unsicher; in seine aufgeklärte Denkungsart mischte sich von Zeit zu Zeit etwas von seinen frühern mystischen, von abergläubischen und schwärmerischen Ideen. Seine sittlichen Grundsätze waren nicht berichtigt und geläutert genug. Das Sittliche hatte nur dann Reiz für ihn, wenn es ihm in Bildern des Schönen, Großen und Erhabenen vorschwebte. Er hatte zwar auch wie alle Menschen, in denen das sittliche Gefühl nicht erstickt ist, seine Zeiten des Kampfes mit sich selbst, und der Unruhe über seinen Seelenzustand; ja seine herrschende Unzufriedenheit hatte vielleicht mit ihren Grund in dem dunklen Bewußtseyn nicht zweckmäßig genug angewendeter Anlagen und Kräfte; aber es fehlte ihm an festen Stützen haltbarer Grundsätze und an Geistesstärke und Stetigkeit, um großen Gewinn für das Leben aus erneuerten guten Vorsätzen und Entschließungen zu ziehen. Vielmehr suchte er sich oft selbst, welches der Tod aller wahren Besserung ist, Entschuldigungs- und Rechtfertigungsgründe seiner Handlungsweise zu erklügeln, oder schob gar die Schuld von dem, was er sey und thue, auf die Verkettung der Umstände und auf eine eiserne Nothwendigkeit.

Die Schriftstellersucht quälte ihn von Jugend auf, weil er sie als Mittel betrachtete, Ruhm und Beyfall dadurch zu erwerben und sich den Weg zu den glänzenden Zirkeln großer Männer zu bahnen. Werke der Einbildungskraft und des Geschmacks waren es einzig, die ihn zu diesem Ziele recht früh leiten sollten. Sobald er mit diesen Ideen umging, nahm seine Phantasie bey jedem Eindruck, der auf seine Empfänglichkeit gemacht wurde, die Richtung, den itzigen Zustand wieder ausser sich darzustellen und in Schrift und Worte einzukleiden. Mannichfaltige Schriften gingen in seinen männlichen Jahren aus seiner Feder. Sie sind alle ziemlich treue Spiegel und Abdrücke seines Geistes, und er scheint überall, bey aller angenommenen Farbe, selbst, wo er mit sich liebäugelt oder Gefühle und Grundsätze ausstellt, die er nicht hat, deutlich durch. Die Phantasie herrscht überall, wo sie nur einigermaßen Boden gewinnen kann. Man vermißt bey ihm einen großen Reichthum und eine Fülle von Ideen; er dreht sich in einem nicht allzu weiten Kreise von Bildern, Ansichten und Vorstellungsarten herum, die mit verschiednen Schattirungen und Wendungen, oft auch mit denselben Worten, zurückkehren. In seinen Schriften ist es ihm mehr um die Einkleidung und die Form, als um die Sache und den Gehalt zu thun. Die Ornamente, eine Nebensache und bloßes Mittel, behandelt er als Zweck und als Hauptsache. Die Form und Sprache hat seinen Schriften den Beifall erworben, den sie vor den Schriften vieler gelehrteren und größeren Köpfe erhalten haben. Er hatte seiner für das Schöne empfänglichen Einbildungskraft nach, schon ein natürlich feines Gefühl für Anmuth der Darstellung und für Wohlklang in der Sprache, und sein frühes häufiges Lesen der Werke des Geschmacks der deutschen Classiker hatte ihm eine große Fertigkeit erworben, richtig und schön zu schreiben. Die Überzeugung, daß die Schrift am meisten wirkt, was sie wirken soll, welche durch eine schöne Form anzieht, mochte dieses Streben noch mehr befördert haben. Dennoch muß man gestehen, daß er durch seine Vielschreiberey zuletzt selbst von der gehörigen Aufmerksamkeit auf seinen Styl abgeführt wurde, und daß er vornehmlich in seinen spätern Schriften die Richtigkeit des Ausdrucks und die Kunst der Zusammensetzung auf eine Art vernachläßigte, die einem Manne, der so viel über Sprache und Styl geschrieben, und oft gezeigt hatte, wie gut er schreiben könne, keine Ehre macht. Sein schriftlicher Vortrag zeichnete sich vorzüglich außer einer schönen Mahlerey und einer süßen Modulation der Sprache, durch eine edle Einfalt, Natürlichkeit und Wahrheit aus, die er unstreitig den Leiden des jungen Werthers verdankte, nach welchen er sich seine Sprache gebildet hat. Ein Originalgenie, wozu ihn einige haben machen wollen, war er wohl nicht. Wenn man abrechnet, wie viel bey ihm manierirt und erkünstelt war, um den Schein des Originellen und Ungewöhnlichen hervorzubringen, so läßt sich das ihm Eigenthümliche in seiner Art zu denken und zu phantasiren wohl als das Resultat seines Geistes ansehen, in welchem ein seltsames Gemisch von mystischen und vernünftigen, von hellen und klaren und von dunkeln und unbestimmten Ideen, von Begriffen aus der wirklichen und aus der Idealwelt beysammen war, ein Chaos, dem Vernunft und Urtheilskraft keine Einheit gegeben hatten, sondern das nur nach den Gesetzen der Einbildungskraft zu einem seltsamen Ganzen verbunden war.

Als den Grundsatz seiner literärischen Ausbildung gab er an, daß er alle Jahre sich in etwas Neues, in ganz neue Fächer einstudire. Allein ob es gleich wahr ist, daß er sich nach und nach in gar mancherley Fächer warf, so war dieß doch nicht Folge überdachter Maximen, sondern Wirkung des Zufalls, der Umstände und der Laune. Sich in etwas einstudiren und darüber schreiben, war aber bey ihm Eins, und sein Talent, allem, was er angriff, ein Kleid nach eigner Phantasie anzuziehen, erleichterte ihm jene Methode zu studiren, und über Dinge, die ihm selbst noch neu oder nicht gründlich bekannt waren, zu schreiben. Er war allerdings ein Mann von Talenten. Da aber seine Geistesgaben nicht unter die außerordentlichen gerechnet werden können, so hätte es für ihn Gesetz seyn müssen, sich mit den Wissenschaften in ihrem größern Umfang nur in so weit bekannt zu machen, als es die Vernunft und das dem Menschen aufgegebene Ziel einer allseitigen Cultur erfordert, aber nicht in so vielfältigen Zweigen aufzutreten. Dieses war Schwäche des Charakters, der sich nicht auf einem Hauptfache festhalten ließ; Eitelkeit, die alle Wege zu glänzen aufsuchte; Eigennutz, der den

Einladungen der meistbietenden Buchhändler nicht widerstehen konnte. Wirklich verstand er es, mehrere Buchdruckereyen zugleich zu beschäftigen. Seine Lage nöthigte ihn, sich nicht nur ein Publicum, sondern auch Geld zu verschaffen. Er versicherte in seinen letzten Jahren, er erlaube sich nicht eher einzuschlafen, bis sein Bogen voll und 6 bis 7 Thaler verdient wären. Er ging bei seinen schriftstellerischen Unternehmungen nicht von dem großen Zweck aus, das Reich der Wahrheit und der Aufklärung zu erweitern, sondern er berechnete nur den Gewinn für seinen Ruhm und für seinen Beutel! Wenn er ein Buch herausgeben wollte, so brütete er auf seinem Bette und auf seinen Spaziergängen leider zu wenig über das Ganze, sondern arbeitete vielmehr nur die einzelnen Partien aus. An ein Ganzes dachte er selten; noch seltner brachte er es zu Stande.

IV.

(16) Es fing schon an, dunkel zu werden, als Anton mit seinem Vater über die großen Zugbrücken, und durch die gewölbten Thore in die Stadt B . . . einwanderte.

Sie kamen durch viele enge Gassen, vor dem Schlosse vorbei, und endlich über eine lange Brücke in eine etwas dunkle Straße, wo der Hutmacher L. einem langen öffentlichen Gebäude gegenüber wohnte.

Nun standen sie vor dem Hause. Es hatte eine schwärzliche Aussenseite, und eine große schwarze Thür, die mit vielen eingeschlagenen Nägeln versehen war.

Oben hing ein Schild mit einem Hute heraus, woran der Name L. zu lesen war.

Ein altes Mütterchen, die Ausgeberin vom Hause, eröffnete ihnen die Thür, und führte sie zur rechten Hand in eine große Stube, die mit dunkelbraun angestrichnen Brettern getäfelt war, worauf man noch mit genauer Noth eine halb verwischte Schilderung von den fünf Sinnen entdecken konnte.

Hier empfing sie denn der Herr des Hauses. Ein Mann von mittlern Jahren, mehr klein als groß, mit einem noch ziemlich jugendlichen aber dabei blassen und melancholischen Gesichte, das sich selten in ein andres, als eine Art von bittersüßen Lächeln verzog, dabei schwarzes Haar, ein ziemlich schwärmerisches Auge, etwas feines und delikates in seinen Reden, Bewegungen und Manieren, das man sonst bei Handwerksleuten nicht findet, und eine reine aber äußerst langsame, träge und schleppende Sprache, die die

Worte, wer weiß wie lang zog, besonders wenn das Gespräch auf andächtige Materien fiel: auch hatte er einen unerträglich intoleranten Blick, wenn sich seine schwarzen Augenbraunen über die Ruchlosigkeit und Bosheit der Menschenkinder, und insbesondre seiner Nachbaren, oder seiner eignen Leute, zusammenzogen.

Anton erblickte ihn zuerst in einer grünen Pelzmütze, blauem Brusttuch und braunen Kamisol drüber, nebst einer schwarzen Schürze, seiner gewöhnlichen Hauskleidung, und es war ihm beim ersten Blick, als ob er in ihm einen strengen Herrn und Meister, statt eines künftigen Freundes und Wohlthäters gefunden hätte.

Seine vorgefaßte innige Liebe verlosch, als wenn Wasser auf einen Funken geschüttet wäre, da ihn die erste kalte, trockne, gebieterische Miene seines vermeinten Wohlthäters ahnden ließ, daß er nichts weiter, wie sein Lehrjunge seyn werde.

Die wenige Tage über, daß sein Vater da blieb, wurde noch einige Schonung gegen ihn beobachtet; allein sobald dieser abgereist war, mußte er eben so, wie der andre Lehrbursch, in der Werkstatt arbeiten.

Er wurde zu den niedrigsten Beschäftigungen gebraucht; er mußte Holz spalten, Wasser tragen, und die Werkstatt auskehren.

So sehr dies gegen seine Erwartungen abstach, wurde ihm doch das Unangenehme einigermaßen durch den Reiz der Neuheit ersetzt. Und er fand wirklich eine Art von Vergnügen, selbst beim Auskehren, Holzspalten, und Wassertragen.

Seine Phantasie aber, womit er sich alles dies ausmalte, kam ihm auch sehr dabei zu statten. — Oft war ihm die geräumige Werkstatt, mit ihren schwarzen Wänden, und dem schauerlichen Dunkel, das des Abends und Morgens nur durch den Schimmer einiger Lampen erhellt wurde, ein Tempel, worin er diente.

Des Morgens zündete er unter den großen Kesseln das heilige belebende Feuer an, wodurch nun den Tag über alles in Arbeit und Thätigkeit erhalten, und so vieler Hände beschäftiget wurden.

Er betrachtete dann dies Geschäft, wie eine Art von Amt, dem er in seinen Augen eine gewisse Würde ertheilte.

Gleich hinter der Werkstatt floß die Oker, auf welcher eine Fülle oder Vorsprung von Brettern zum Wasserschöpfen hinausgebauet war.

Er betrachtete dies alles gewissermaßen als sein Gebiet — und zuweilen, wenn er die Werkstatt gereinigt, die großen eingemauerten Kessel gefüllt, und das Feuer unter denselben angezündet hatte, konnte er sich ordentlich über sein Werk freuen — als ob er nun einem jeden sein Recht gethan hätte — seine immer geschäftige Einbildungskraft belebte das Leblose um ihn her, und machte es zu wirklichen Wesen, mit denen er umgieng, und sprach.

Überdem machte ihm der ordentliche Gang der Geschäfte, den er hier bemerkte, eine Art von angenehmer Empfindung, daß er gern ein Rad in dieser Maschine mit war, die sich so ordentlich bewegte: denn zu Hause hatte er nichts dergleichen gekannt.

Der Hutmacher L. hielt wirklich sehr auf Ordnung in seinem Hause, und alles gieng hier auf den Glockenschlag: Arbeiten, Essen, und Schlafen.

Wenn ja eine Ausnahme gemacht wurde, so war es in Ansehung des Schlafs, der freilich ausfallen mußte, wenn des Nachts gearbeitet wurde, welches denn wöchentlich wenigstens einmal geschahe.

Sonst war das Mittagessen immer auf den Schlag zwölf, das Frühstück Morgens, und das Abendbrod Abends um acht Uhr, pünktlich da.

Dies war es denn auch, worauf bei der Arbeit immer gerechnet wurde — so verfloß damals Antons Leben: des Morgens von sechs Uhr an rechnete er bei seiner

Arbeit aufs Frühstück, das er immer schon in der Vorstellung schmeckte, und wenn er es erhielt, mit dem gesundesten Appetit verzehrte, den ein Mensch nur haben kann, ob es gleich in weiter nichts, als dem Bodensatz vom Kaffee, mit etwas Milch, und einem Zweipfennigbrodte bestand.

Dann gieng er wieder frisch an die Arbeit, und die Hoffnung aufs Mittagessen brachte wiederum neues Interesse in die Morgenstunden, wenn die Einförmigkeit der Arbeit zu ermüdend wurde.

Des Abends wurde Jahr aus, Jahr ein, eine Kalteschale von starkem Biere gegeben. Reiz genug, um die Nachmittagsarbeiten zu versüßen.

Und dann vom Abendessen an, bis zum Schlafengehen, war es der Gedanke an die baldbevorstehende sehnlichgewünschte Ruhe, der nun über das Unangenehme und Mühsame der Arbeit, wieder seinen tröstlichen Schimmer verbreitete.

Freilich wußte man, daß den folgenden Tag der Kreislauf des Lebens so von vorn wieder anfieng. Aber auch diese zuletzt ermüdende Einförmigkeit im Leben, wurde durch die Hoffnung auf den Sonntag wieder auf eine angenehme Art unterbrochen.

Wenn der Reiz des Frühstücks, und des Mittags- und Abendessens nicht mehr hinlänglich war, die Lebens- und Arbeitslust zu erhalten, dann zählte man, wie lange es noch bis auf den Sonntag war, wo man einen ganzen Tag von der Arbeit feiern, und einmal aus der dunklen Werkstatt vors Thor hinaus in das freie Feld gehen, und des Anblicks der freien offnen Natur genießen konnte.

O, welche Reize hat der Sonntag für den Handwerksmann, die den höheren Klassen von Menschen unbekannt ist, welche von ihren Geschäften ausruhen können, wenn sie wollen. —

»Daß deiner Magd Sohn sich erfreue!« — Nur der Handwerksmann kann es ganz fühlen, was für ein großer, herrlicher, menschenfreundlicher Sinn in diesem Gesetze liegt! —

Wenn man nun auf einen Tag Ruhe von der Arbeit schon sechs Tage lang rechnete, so fand man es wohl der Mühe werth, auf drei oder gar vier Feiertage nach einander, ein Drittheil des Jahres zu rechnen.

Wenn selbst der Gedanke an den Sonntag oft nicht mehr fähig war, den Überdruß an dem Einförmigen zu verhindern, so wurde durch die Nähe von Ostern, Pfingsten, oder Weihnachten der Lebensreiz wieder aufgefrischt.

Und wenn dies alles zu schwach war, so kam die süße Hoffnung an die Vollendung der Lehrjahre, an das Gesellenwerden hinzu, welche alles andere überstieg, und eine neue große Epoche ins Leben brachte.

Weiter ging nun aber auch der Gesichtskreis bei Antons Mitlehrburschen nicht — und sein Zustand war dadurch gewiß um nichts verschlimmert.

Nach einer allgütigen und weisen Einrichtung der Dinge hat auch das mühevolle, einförmige Leben des Handwerkmannes, seine Einschnitte und Perioden, wodurch ein gewisser Takt und Harmonie hereingebracht wird, welcher macht, daß es unbemerkt abläuft, ohne seinem Besitzer eben Langeweile gemacht zu haben.

Aber Antons Seele war durch seine romanhaften Ideen einmal zu diesem Takt verstimmt.

Dem Hause des Hutmachers grade gegenüber war eine lateinische Schule, die Anton zu besuchen vergeblich gehofft hatte — so oft er die Schüler heraus- und hineingehen sahe, dachte er mit Wehmuth an die lateinische Schule, und an den Konrektor in H. zurück — und wenn er gar etwa vor der großen Martinsschule vorbeigieng, und die erwachsenen Schüler herauskommen sahe, so hätte er alles darum gegeben, dies Heiligthum nur einmal inwendig betrachten zu können.

Einmal eine solche Schule besuchen zu dürfen, hielt er zwar bei seinem jetzigen Zustande beinahe für unmöglich; demohngeachtet aber konnte er sich einen schwachen Schimmer von Hoffnung dazu nicht ganz versagen.

Selbst die Chorschüler schienen ihm Wesen aus einer höhern Sphäre zu seyn; und wenn er sie auf der Straße singen hörte, konnte er sich nicht enthalten, ihnen nachzugehen, sich an ihrem Anblick zu ergötzen, und ihr glänzendes Schicksal zu beneiden.

Wenn er mit seinem Mitlehrburschen in der Werkstatt alleine war, suchte er ihm alle die kleinen Kenntnisse mitzutheilen, welche er sich theils durch eignes Lesen, und theils durch den Unterricht, den er genossen, erworben hatte.

Er erzählte ihm vom Jupiter und der Juno, und suchte ihm den Unterschied zwischen Adjektivum und Substantivum deutlich zu machen, um ihn zu lehren, wo er einen großen Buchstaben, oder einen kleinen setzen müsse.

Dieser hörte ihm denn aufmerksam zu, und zwischen ihnen wurden oft moralische und religiöse Gegenstände abgehandelt. Antons Mitlehrbursche war bei diesen Gelegenheiten vorzüglich stark in Erfindung neuer Wörter, wodurch er seine Begriffe bezeichnete. So nannte er z. B. die Befolgung der göttlichen Befehle, die *Erfülligkeit Gottes* — Und indem er vorzüglich die religiösen Ausdrücke des Hrn. L. von Ertötdung, u.s.w. nachzuahmen suchte, gerieth er oft in ein sonderbares Galimathias.

Mit vorzüglichem Nachdruck wußte er sich einiger Stellen aus den Psalmen Davids, worinn eben keine sanftmüthigen Gesinnungen gegen die *Feinde* geäußert werden, zu bedienen, wenn er glaubte, durch die Haushälterin oder jemand anders, angeschwärzt und verläumdet zu seyn.

So waren fast alle Hausgenossen mehr oder weniger

von den religiösen Schwärmereien des Hrn. L. angesteckt, ausgenommen der Geselle. Dieser warf ihm, wenn er ihm manchmal zuviel von Ertödtung und Vernichtung schwatzte, einen solchen tödtenden und vernichtenden Blick zu, daß Hr. L. sich mit Abscheu wegwandte, und still schwieg.

Sonst konnte Hr. L. zuweilen stundenlange Strafpredigten gegen das ganze menschliche Geschlecht halten. Mit einer sanften Bewegung der rechten Hand theilte er dann Segen und Verdammniß aus. Seine Miene sollte dabei mitleidsvoll seyn, aber die Intoleranz und der Menschenhaß hatten sich zwischen seinen schwarzen Augenbraunen gelagert.

Die Nutzanwendung lief denn immer, politisch genug, darauf hinaus, daß er seine Leute zum Eifer und zur Treue — in seinem Dienste ermahnte, wenn sie nicht ewig im höllischen Feuer brennen wollten.

Seine Leute konnten ihm nie genug arbeiten — und er machte ein Kreuz über das Brod und die Butter, wenn er ausgieng.

Dem Anton, der ihm vielleicht nicht gnug arbeiten konnte, verbitterte er sein Mittagessen durch tausend wiederholte Lehren, die er ihm gab, wie er das Messer und die Gabel halten, und die Speise zum Munde führen sollte, daß diesem oft alle Lust zum Essen vergieng; bis sich der Geselle einmal nachdrücklich seiner annahm, und Anton doch nun in Frieden essen konnte. —

Übrigens aber durfte er es auch nicht wagen, nur einen Laut von sich zu geben, denn an allem, was er sagte, an seinen Mienen, an seinen kleinsten Bewegungen, fand L. immer etwas auszusetzen; nichts konnte ihm Anton zum Danke machen, welcher sich endlich beinahe in seiner Gegenwart zu gehen fürchtete, weil er an jedem Tritt etwas zu tadeln fand. — Seine Intoleranz erstreckte sich bis auf jedes Lächeln, und jeden unschuldigen Ausbruch des Vergnügens, der sich in Antons Mienen oder Bewegungen zeigte: denn hier konnte er sie einmal recht nach Gefallen auslassen, weil er wußte, daß ihm nicht widersprochen werden durfte.

Während der Zeit wurden die ganz verblichnen fünf Sinne an dem schwarzen Getäfel der Wand wieder neu überfirnißt — die Erinnerung an den Geruch davon, welcher einige Wochen dauerte, war bei Anton nachher beständig mit der Idee von seinem damaligen Zustande vergesellschaftet. So oft er einen Firnißgeruch empfand, stiegen unwillkührlich alle die unangenehmen Bilder aus jener Zeit in seiner Seele auf; und umgekehrt, wenn er zuweilen in eine Lage kam, die mit jener einige zufällige Ähnlichkeiten hatte, glaubte er auch, einen Firnißgeruch zu empfinden.

Ein Zufall verbesserte Antons Lage in etwas.

Der Hutmacher L . . . war ein äußerst hypochondrischer Schwärmer; er glaubte an Ahndungen und hatte Visionen, die ihm oft Furcht und Grauen erweckten. Eine alte Frau, die zur Miethe im Hause gewohnt hatte, starb, und erschien ihm bei nächtlicher Weile im Traume, daß er oft mit Schaudern und Entsetzen erwachte, und weil er dann wachend noch fortträumte, auch ihren Schatten in irgend einer Ecke seiner Kammer noch zu sehen glaubte. Anton mußte ihm von nun an zur Gesellschaft seyn, und in einem Bette neben ihm schlafen. Dadurch wurde er ihm gewissermaßen zum Bedürfniß, und er wurde etwas gütiger gegen ihn gesinnt. — Er ließ sich oft mit ihm in Unterredungen ein, fragte ihn, wie er in seinem Herzen mit Gott stehe, und lehrte ihn, daß er sich Gott nur ganz hingeben solle; wenn er dann zu dem Glück der Kinder Gottes auserwählt wäre, so würde Gott selbst das Werk der Bekehrung in ihm anfangen und vollenden, u.s.w. — Des Abends mußte Anton, ehe er zu Bette ging, für sich stehend, leise beten, und das Gebet durfte auch nicht allzu kurz seyn — sonst fragte L . . . wohl, ob er denn schon fertig sey, und Gott nichts mehr zu sagen habe? — Dies war für Anton eine neue Veranlassung zur Heuchelei und Verstellung, die sonst seiner Natur ganz entgegen war. — Ob er gleich leise betete, so suchte er doch seine Worte so vernehmlich auszusprechen, daß er von L... recht gut verstanden werden konnte — und nun herrschte durch sein ganzes Gebet nicht sowohl der Gedanke an Gott, als vielmehr, wie er sich durch irgend einen Ausdruck von Reue, Zerknirschung, Sehnsucht nach Gott und dergleichen wohl am besten in die Gunst des Hrn. L... einschmeicheln könnte. — Das war der herrliche Nutzen, den dies erzwungne Gebet auf Antons Herz und Charakter hatte.

Doch aber fand Anton auch zuweilen im einsamen Gebete noch eine Art von heimlichen Vergnügen, wenn er in irgend einem Winkel der Werkstatt kniete, und Gott bat, daß er doch eine einzige von den großen Veränderungen in seiner Seele hervorbringen mögte, wovon er seit seiner Kindheit schon so viel gelesen und gehört hatte. Und so weit gieng die Täuschung seiner Einbildungskraft, daß es ihm zuweilen wirklich war, als gienge etwas ganz besonders im Innersten seiner Seele vor; und sogleich war auch der Gedanke da, wie er nun diesen seinen Seelenzustand etwa in einem Briefe an seinen Vater oder den Hrn. v. F. einkleiden, oder ihn Hrn. L... erzählen wollte. Es waren also dergleichen eingebildete innere Gefühle immer eine süße Nahrung seiner Eitelkeit, und das innige Vergnügen, was er darüber empfand, wurde vorzüglich durch den Gedanken erweckt, daß er doch nun *sagen* könnte, er habe ein solches göttliches, himmlisches Vergnügen in seiner Seele empfunden — es schmeichelte ihm immer sehr, wenn erwachsene und bejahrte Leute seinen Seelenzustand für so wichtig hielten, daß sie sich darum bekümmerten. Das war der Grund, daß er sich so oft einen abwechselnden Seelenzustand zu haben einbildete, um dann etwa dem Hrn. L... klagen zu können, daß er sich in seinem Zustande der Leere, der Trockenheit befinde, daß er keine rechte Sehnsucht nach Gott bei sich verspüre, u.s.w., und sich alsdann den Rath des Hrn. L . . . über diesen Seelenzustand ausbitten zu können, der ihm denn auch immer mit vieler für ihn schmeichelhafter Wichtigkeit ertheilt ward.

Ja es kam gar einmal so weit, daß über seinen Seelenzustand mit dem Hrn. v. F. korrespondirt, und ihm eine Stelle in dem Briefe des Hrn. v. F., die sich auf ihn bezog, gezeigt wurde. Was Wunder, daß er auf diese Weise veranlaßt wurde, sich durch allerlei eingebildete Veränderungen seines Seelenzustandes, in seinen eignen Augen sowohl, als in den Augen andrer, bei dieser Wichtigkeit zu erhalten, da er als ein Wesen betrachtet wurde, bei dem sich eine ganz besondre Führung Gottes offenbarte.

Er bekam nun auch eine schwarze Schürze, wie der andre Lehrbursche, und anstatt, daß ihn dieser Umstand hätte niederschlagen sollen, trug er vielmehr vieles zu seiner Zufriedenheit bei. Er betrachtete sich nun als einen Menschen, der schon anfing, einen gewissen Stand zu bekleiden. Die Schürze brachte ihn gleichsam in Reihe und Glied mit andern seines Gleichen, da er vorher einzeln und verlassen da stand — er vergaß über die Schürze eine Zeitlang seinen Hang zum Studiren; und fing an, auch an den übrigen Handwerksgebräuchen eine Art von Gefallen zu finden, der ihn nichts eifriger wünschen ließ, als dieselben einmal mitmachen zu können. — Er freute sich innerlich, so oft er den Gruß eines einwandernden Gesellen hörte, der das gewöhnliche Geschenk zu fordern kam; und keine größere Glückseligkeit konnte er sich denken, als wenn er auch einmal als Geselle so einwandern, und dann, nach Handwerksgebrauch, den Gruß mit den vorgeschriebnen Worten hersagen würde. —

So hängt das jugendliche Gemüth immer mehr an

den Zeichen, als an der Sache, und es läßt sich von den frühen Äußerungen bei Kindern, in Ansehung der Wahl ihres künftigen Berufes, wenig oder gar nichts schließen. — Sobald Anton Lesen gelernt hatte, fand er ein unbeschreibliches Vergnügen darin, in die Kirche zu gehen; seine Mutter und seine Base konnten sich nicht gnug darüber freuen. Was ihn aber in die Kirche trieb, war der Triumph, den er allemal genoß, wenn er nach dem schwarzen Brette, wo die Nummern der Gesänge angeschrieben waren, hinsehen, und etwa einem erwachsenen Menschen, der neben ihm stand, sagen konnte, was es für eine Nummer sey: und wenn er denn eben so, und oft noch geschwinder, als die erwachsenen Leute, diese Nummern in seinem Gesangbuche aufschlagen, und nun mitsingen konnte. —

Die Zuneigung des Hrn. L . . . gegen Anton schien itzt immer größer zu werden, jemehr dieser nach seiner geistlichen Führung ein Verlangen bezeigte. — Er ließ ihn oft bis um Mitternacht an den Gesprächen mit seinen vertrautesten Freunden Theil nehmen, mit denen er sich gemeiniglich über seine und anderer Erscheinungen zu unterhalten pflegte, welche zuweilen so schaudervoll waren, daß Anton mit berganstehendem Haare zuhorchte. Gemeiniglich wurde erst spät zu Bett gegangen. Und wenn der Abend mit solchen Gesprächen zugebracht war, so pflegte L . . . am folgenden Morgen beim Aufstehen wohl zu fragen, ob Anton die Nacht nichts vernommen, nichts in der Kammer gehen gehört habe?

Manchmal unterhielt sich auch L . . . des Abends mit Anton allein, und sie lasen dann zusammen etwa in den Schriften des *Taulerus, Johannes vom Kreutz,* und ähnlichen Büchern. — Es schien, als ob zwischen ihnen eine dauerhafte Freundschaft entstehen würde. Anton faßte auch wirklich eine Art von Liebe gegen L . . ., aber diese Empfindung war immer mit etwas Herben untermischt, mit einem gewissen Gefühl von Ertödtung und Vernichtung, welches durch L . . . s bittersüßes Lächeln erzeugt wurde.

Indeß blieb Anton jetzt von harten und niedrigen Arbeiten, mehr wie sonst, verschont. L . . . ging zuweilen mit ihm spatzieren; ja er nahm ihm sogar einen Klaviermeister an. — Anton war entzückt über seinen Zustand, und schrieb einen Brief an seinen Vater, worin er demselben auf das lebhafteste seine Zufriedenheit bezeigte.

Nun hatte aber auch Antons Glück im L . . . schen Hause den höchsten Gipfel erreicht, und sein Fall war nahe. Alles sahe ihn mit neidischen Augen an, seitdem ihm der Klaviermeister gehalten wurde. Es wurden hier Kabalen, wie an einem kleinen Hofe, gespielt; man verläumdete ihn, man suchte ihn zu stürzen.

So lange L . . . gegen Anton hart und unbillig verfahren war, genoß er des Mitleids und der Freundschaft aller übrigen Hausgenossen; sobald es aber schien, als ob dieser ihm seine Freundschaft und Vertrauen zuwenden würde, nahm in eben dem Maße ihre Feindschaft und Mißtrauen gegen ihn zu. Und sobald es ihnen nur gelungen war, ihn wieder zu sich herunter zu bringen, und man es so weit gebracht hatte, daß der Klaviermeister wieder abgedankt war, hatte man auch weiter nichts mehr gegen Anton: man war sein Freund, wie zuvor.

Nun hielt es aber nicht schwer, ihn der Gewogenheit eines so argwöhnischen und mißtrauischen Mannes, wie L . . . war, zu berauben; man durfte nur einige lebhafte Äußerungen von ihm erzählen; man durfte Hrn. L . . . nur auf verschiedne wirkliche Fehler der Nachläßigkeit und Unordnung, die Anton an sich hatte, bei jeder Gelegenheit aufmerksam machen, um seinen Gesinnungen bald eine andre Richtung zu geben. Dieß wurde denn von der Haushälterin, und den übrigen Untergebenen sehr gewissenhaft gethan. — Indeß dauerte es doch noch einige Monate, ehe man völlig seinen Zweck erreichte. Während welcher Zeit L... sogar Antons Klaviermeister zu bekehren sich Mühe gab, welcher ein sehr rechtschaffner und frommer Mann war, aber Hrn. L...s Meinung nach, sich Gott noch nicht ganz hingegeben hatte, und sich nicht leidend gnug gegen ihn verhielt.

Dieser Mann mußte denn auch oft bei Hrn. L... speisen, verdarb es aber am Ende dadurch, daß er sich zu viel Butter auf das Brod schmierte; auf diesen Umstand machte die Haushälterin Hrn. L... aufmerksam, um dadurch ihren Zweck zu erreichen, dem Klavierspielen Antons ein Ende zu machen, damit er nicht mehr über die andern Hausgenossen erhoben wäre.

Anton hatte überdem nicht viel Genie zur Musik, und lernte folglich nicht viel in seinen Stunden. Ein paar Arien und Choräle waren alles, was er mit vieler Mühe fassen konnte. Und die Klavierstunde war ihm immer eine sehr unangenehme Stunde. Auch wurde ihm die Applikatur sehr schwer, und L... fand immer an der Figur seiner weitausgespreiteten Finger etwas auszusetzen.

Indeß gelang es ihm doch einmal, wie dem David beim Saul, den bösen Geist des Hrn. L... durch die Kraft der Musik zu vertreiben. Er hatte ein kleines Versehen begangen, und weil die Neigung des Hrn. L... gegen ihn schon anfing, sich in Haß zu verwandeln, so hatte dieser ihm des Abends vor dem Schlafengehen eine harte Züchtigung dafür zugedacht. Anton merkte dies an allem wohl. Und als die Stunde heranzunahen schien, faßte er den Muth, einen Choral, den ersten den er gelernt hatte, auf dem Klavier zu spielen, und dazu zu singen. Dies überraschte Hrn. L..., er gestand ihm, daß grade diese Stunde zu einer nachdrücklichen Bestrafung bestimmt gewesen wäre, die er ihm nun schenkte.

Anton erdreistete sich nun sogar, ihm einige Vorstellungen wegen der anscheinenden Abnahme seiner

Freundschaft und Liebe gegen ihn zu thun, worauf L . . . ihm gestand, daß seine Zuneigung gegen ihn freilich so stark nicht mehr sey, und daß dieses nothwendig an Antons verschlimmertem Seelenzustande liegen müsse, wodurch gleichsam eine Scheidewand zwischen ihm und seiner ehemaligen Liebe gezogen wäre. Er habe die Sache Gott im Gebet vorgetragen, und diesen Aufschluß darüber erhalten.

Dies war nun sehr traurig für Anton, und er fragte, wie er es denn anzufangen habe, um seinen verschlimmerten Seelenzustand wieder zu verbessern? — Seinen Weg in Einfalt zu wandeln, und sich ganz Gott zu überlassen, war die Antwort, sey das einzige Mittel, seine Seele zu retten. — Weiter wurden keine nähern Anweisungen ertheilt. Hr. L . . . hielt es nicht für gut, Gott gleichsam vorzugreifen, der sich selber von Anton abgezogen zu haben schien. — Die nachdrücklich ausgesprochnen Worte aber, *seinen Weg in Einfalt zu wandeln,* hatten darauf Bezug, daß ihm Anton seit einiger Zeit zu klug zu werden anfieng, zu viel sprach und vernünftelte, und überhaupt, wegen der Zufriedenheit mit seinem Zustande, zu lebhaft wurde. — Diese Lebhaftigkeit war ihm der gerade Weg zu Antons Verderben, der nach dieser Heiterkeit in seinem Gesichte nothwendig ein ruchloser, weltlichgesinnter Mensch werden mußte, von dem nichts anders zu vermuthen stand, als daß ihn Gott selbst in seinen Sünden dahin geben würde. —

Hätte Anton seinen Vortheil besser verstanden, so hätte er itzt durch ein niedergeschlagenes, misantropisches Wesen, vorgegebene Beängstigungen und Beklemmungen seiner Seele noch alles wieder gut machen können. Denn nun würde L . . . geglaubt haben, Gott sey im Begriff, die verirrte Seele wieder zu sich zu ziehen. —

Aber weil L . . . den Grundsatz hatte, daß derjenige, welchen Gott bekehren wolle, auch ohne sein Zuthun bekehrt werde; und daß Gott erwählet, welchen er will, und verwirft und verstocket, welchen er will, um seine Herrlichkeit zu offenbaren — so schien es ihm gleichsam gefährlich, sich in die Sache Gottes zu mischen, wenn es etwa den Anschein hatte, als ob einer wirklich von Gott verworfen wäre.

Mit Anton hatte es nun, seinen lebhaften und weltlich gesinnten Mienen nach, bey dem Herrn L . . . würklich beynahe diesen Anschein. — Die Sache war ihm so wichtig gewesen, daß er darüber mit Hrn. v. F. korrespondirt hatte. Und nun zeigte er Anton wiederum in dem Briefe des Hrn. v. F. eine Stelle, die ihn betraf; und worin der Hr. v. F. versicherte, allen Kennzeichen nach *habe der Satan seinen Tempel in Antons Herzen schon so weit aufgebauet, daß er schwerlich wieder zerstört werden könne.* —

Das war wirklich ein Donnerschlag für Anton — aber er prüfte sich, und verglich seinen jetzigen Zustand mit dem vorhergehenden, und es war ihm unmöglich, irgend einen Unterschied dazwischen zu entdecken; er hatte noch eben so oft, eingebildete göttliche Rührungen und Empfindungen, wie sonst; er konnte sich nicht überzeugen, daß er ganz aus der Gnade gefallen, und von Gott verworfen seyn sollte. Er fing an der Wahrheit des Orakelspruchs von dem Hrn. v. F. an zu zweifeln.

Dadurch verlohr sich seine Niedergeschlagenheit wieder, die ihm sonst vielleicht aufs neue den Weg zu der Gunst des Hrn. L . . . würde gebahnt haben, dessen Freundschaft er nun durch seine fortgesetzten vergnügten Mienen vollends verscherzte.

Die erste Folge davon war, daß ihn L . . . aus seiner Kammer entfernte, und er wieder bei dem andern Lehrburschen schlafen mußte, der nun anfing wieder sein Freund zu werden, weil er ihn nicht mehr beneidete; die andre, daß er wieder anfangen mußte, mehr wie mals die schwersten und niedrigsten Arbeiten zu verrichten, wobei er immer in der Werkstatt bleiben mußte, und nur selten zu Hrn. L . . . in die Stube kommen durfte. Der Klaviermeister wurde nur noch deswegen beibehalten, weil L . . . das angefangne Werk der Bekehrung in ihm vollenden, und also statt einer verlohrnen Seele Gott wieder eine andre zuführen wollte.

Der Winter kam heran, und jetzt fing Antons Zustand wirklich an, hart zu werden: er mußte Arbeiten verrichten, die seine Jahre und Kräfte weit überstiegen. L . . . schien zu glauben, da nun mit Antons Seele doch weiter nichts anzufangen sey, so müsse man wenigstens von seinem Körper allen möglichen Gebrauch machen. Er schien ihn jetzt wie ein Werkzeug zu betrachten, das man wegwirft, wenn man es gebraucht hat.

Bald wurden Antons Hände durch den Frost und die Arbeit zum Klavierspielen gänzlich untauglich gemacht. — Er mußte fast alle Woche ein paarmal des Nachts mit dem andern Lehrburschen aufbleiben, um die geschwärzten Hüte aus dem siedenden Färbekessel herauszuholen, und sie dann unmittelbar darauf in der vorbeifliessenden Oker zu waschen, wo zu dem Ende erst eine Öffnung in das Eis mußte gehauen werden. Dieser oft wiederholte Übergang von der Hitze zum Frost, machte, daß Anton beide Hände aufsprangen, und das Blut ihm heraussprützte.

Allein statt daß dieses ihn hätte niederschlagen sollen, erhob es vielmehr seinen Muth. Er blickte mit einer Art von Stolz auf seine Hände, und betrachtete die blutigen Merkmale daran, als so viel Ehrenzeichen von seiner Arbeit; und so lange diese harten Arbeiten noch für ihn den Reiz der Neuheit hatten, machten sie ihm ein gewisses Vergnügen, das vorzüglich im Gefühl seiner körperlichen Kräfte bestand; zugleich gewährten sie ihm eine Art von süßem Freiheitsgefühl, das er bisher noch nicht gekannt hatte.

Es war ihm, als wenn er nun auch sich selbst etwas mehr nachsehen könne, nachdem er eben so wie die andern gearbeitet, und des Tages Last und Hitze wie sie getragen hatte. Unter den beschwerlichsten Arbeiten empfand er eine Art von innerer Werthschätzung, die ihm die Anstrengung seiner Kräfte verschafte; und oft würde er diesen Zustand kaum gegen die peinliche Lage wieder vertauscht haben, worin er sich beim Genuß der strengen und alle Freiheit vernichtenden Freundschaft L . . . s befand.

Dieser aber fing jetzt an, ihn immer härter zu drükken: oft mußte er in der bittersten Kälte den ganzen Tag über, in einer ungeheitzten Stube Wolle kratzen. Dies war ein klüglich ausgesonnenes Mittel des Hrn. L . . ., um Antons Arbeitsamkeit zu vermehren: denn wenn er nicht vor Kälte umkommen wollte, so mußte er sich rühren, so viel nur in seinen Kräften stand, daß ihm Abends oft beide Arme wie gelähmt, und doch Hände und Füße erfroren waren.

Diese Arbeit machte ihm wegen ihrer ewigen Einförmigkeit sein Loos am bittersten. Besonders, wenn manchmal seine Phantasie dabei nicht in Gang kommen wollte; war diese hingegen durch den schnellern Umlauf des Bluts einmal in Bewegung gerathen, so flossen ihm oft die Stunden des Tages unvermerkt vorüber. Er verlohr sich oft in entzückenden Aussichten. Zuweilen sang er seine Empfindungen, in Recitativen, von seiner eignen Melodie. Und wenn er sich besonders von der Arbeit ermüdet, seine Kräfte erschöpft, und von seiner Lage gedrückt fühlte, mochte er sich am liebsten in religiösen Schwärmereien, von *Aufopferung, gänzlicher Hingebung,* u. s. w. verlieren, und der Ausdruck *Opfersaltar* war ihm vorzüglich rührend, so daß er diesen in alle die kleinen Lieder und Recitative von seiner Erfindung mit einwebte.

Die Unterhaltungen mit seinem Mitlehrburschen (dieser hieß August) fingen nun wieder an, einen neuen Reiz für ihn zu bekommen, und ihre Gespräche wurden vertraulich, da sie nun einander wieder gleich waren. Die Nächte, welche sie oft zusammen durchwachen mußten, machten ihre Freundschaft noch inniger. Am allervertraulichsten wurden sie aber, wenn sie zusammen in der sogenannten Trockenstube saßen. Dieses war ein in die Erde gemauertes, oben mit Backsteinen zugewölbtes Loch, worin gerade ein Mensch aufrecht stehen, und ohngefähr zwei Menschen sitzen konnten. In dieses Loch wurde ein großes Kohlenbecken gesetzt, und an den Wänden umher, die mit Scheidewasser bestrichnen Hasenfelle aufgehangen, deren Haar hier weichgeheizt wurde, um nachher zu den feinern Hüten als Zuthat gebraucht zu werden.

Vor diesem Kohlenbecken und in diesem Dunstkreise saßen Anton und August in dem halbunterirdischen Loche, in welches man mehr hineinkriechen als hineingehen mußte, und fühlten sich durch die Enge des Ortes, der nur durch die Gluth der Kohlen schwach erleuchtet wurde, und durch das Abgesonderte, Stille und Schauerliche dieses dunklen Gewölbes, so fest zusammengeschlossen, daß ihre Herzen oft in wechselseitigen Ergießungen der Freundschaft überströmten. Hier entdeckten sie sich die innersten Gedanken ihrer Seele; hier brachten sie die seligsten Stunden zu.

L . . . war, wie der Hr. v. F. und alle seine Anhänger, ein Separatist, der sich nicht zu Kirche und Abendmahl hielt. So lange also die Freundschaft zwischen ihm und Anton gedauert hatte, war dieser fast gar in keine Kirche in B . . . gekommen. Jetzt nahm ihn August des Sonntags mit in die Kirche, und sie gingen immer in andre, weil Anton ein Vergnügen daran fand, die verschiedenen Prediger nach einander zu hören. —

Nun saßen Anton und August einmal um Mitternacht zusammen in der Trockenstube, und sprachen über verschiedene Prediger, die sie gehört hatten, als der letztre dem Anton versprach, ihn künftigen Sonntag mit in die B . . . kirche zu nehmen, wo er einen Prediger hören würde, der alles überträfe, was er sich denken und vorstellen könnte. Dieser Prediger hieß P..., und August konnte nicht aufhören, zu erzählen, wie er oft durch die Predigten dieses Mannes erschüttert und bewegt sey. Nichts war für Anton reizender, als der Anblick eines öffentlichen Redners, der das Herz von Tausenden in der Hand hat. Er hörte aufmerksam auf das, was August ihm erzählte. Er sahe schon im Geist den Pastor P... auf der Kanzel, er hörte ihn schon predigen. Sein einziger Wunsch war, daß es nur erst möchte Sonntag seyn!

Der Sonntag kam heran. Anton stand früher, wie gewöhnlich, auf, verrichtete seine Geschäfte, und kleidete sich an. Als geläutet wurde, hatte er schon eine Art von angenehmen Vorgefühl dessen, was er nun bald hören werde. Man ging zur Kirche. Die Straßen, welche nach der B...kirche führten, waren voller Menschen, die stromweise hinzueilten. — Der Pastor P... war eine Zeitlang krank gewesen, und predigte nun zum erstenmale wieder: das war auch die Ursach, warum August nicht gleich zuerst mit Anton in diese Kirche gegangen war.

Als sie herein kamen, konnten sie kaum noch ein Plätzchen der Kanzel gegenüber finden. Alle Bänke, die Gänge und Chöre waren voller Menschen, welche alle einer über den andern wegzusehen strebten. Die Kirche war ein altes Gothisches Gebäude mit dicken Pfeilern, die das hohe Gewölbe unterstützten, und ungeheuren langen, bogigten Fenstern, deren Scheiben so bemahlt waren, daß sie nur ein schwaches Licht durchschimmern ließen.

So war die Kirche schon von Menschen erfüllt, ehe der Gottesdienst noch begann. Es herrschte eine feierliche Stille. Auf einmal ertönte die vollstimmige Orgel, und der ausbrechende Lobgesang einer solchen Menge von Menschen schien das Gewölbe zu erschüttern. Als der letzte Gesang zu Ende ging, waren aller Augen auf die Kanzel geheftet, und man bezeigte nicht minder

Begierde, diesen fast angebeteten Prediger zu sehen, als zu hören.

Endlich trat er hervor, und kniete auf den untersten Stuffen der Kanzel, ehe er hinauf stieg. Dann erhob er sich wieder, und nun stand er da vor dem versammleten Volke. Ein Mann noch in der vollen Kraft seiner Jahre — sein Antlitz war bleich, sein Mund schien sich in ein sanftes Lächeln zu verziehen, seine Augen glänzten himmlische Andacht — er predigte schon, wie er da stand, mit seinen Minen, mit seinen stillgefalteten Händen.

Und nun, als er anhub, welche Stimme, welch ein Ausdruck! — Erst langsam und feierlich, und dann immer schneller und fortströmender: so wie er inniger in seine Materie eindrang, so fing das Feuer der Beredtsamkeit in seinen Augen an zu blitzen, aus seiner Brust an zu athmen, und bis in seine äußersten Fingerspitzen Funken zu sprühen. Alles war an ihm Bewegung; sein Ausdruck durch Minen, Stellung und Gebehrden überschritt alle Regeln der Kunst, und war doch natürlich, schön, und unwiderstehlich mit sich fortreißend.

Da war kein Aufenthalt in dem mächtigen Erguß seiner Empfindungen und Gedanken; das künftige Wort war immer schon im Begriff hervorzubrechen, ehe das vorhergehende noch völlig ausgesprochen war; wie eine Welle die andere in der strömenden Fluth verschlingt, so verlohr sich jede neue Empfindung sogleich in der folgenden, und doch war diese immer nur eine lebhaftre Vergegenwärtigung der vorhergegangenen.

Seine Stimme war ein heller Tenor, der bei seiner Höhe eine ungewöhnliche Fülle hatte; es war der Klang eines reinen Metalls, welcher durch alle Nerven vibrirt. Er sprach nach Anleitung des Evangeliums gegen Ungerechtigkeit und Unterdrückung, gegen Üppigkeit und Verschwendung; und im höchsten Feuer der Begeisterung redete er zuletzt die üppige und schwelgerische Stadt, deren Einwohner größtentheils in dieser Kirche versammlet waren, mit Nahmen an; deckte ihre Sünden und Verbrechen auf; erinnerte sie an die Zeiten des Krieges, an die Belagerung der Stadt, an die allgemeine Gefahr zurück, wo die Noth alle gleich machte, und brüderliche Eintracht herrschte; wo den üppigen Einwohnern, statt ihrer jetzo unter der Last der Schüsseln seufzenden Tische, Hunger und Theurung, statt ihrer Armbänder und Geschmeide, Fesseln drohten. — Anton glaubte einen der Propheten zu hören, der im heiligen Eifer das Volk Israel strafte, und die Stadt Jerusalem wegen ihrer Verbrechen schalt. —

Anton ging aus der Kirche nach Hause, und sagte zu August kein Wort; aber er dachte von nun an, wo er ging und stund, nichts als den Pastor P... Von diesem träumete er des Nachts, und sprach von ihm bei Tage; sein Bild, seine Mine, und jede seiner Bewegungen hatten sich tief in Antons Seele eingeprägt. — Beim Wollekratzen in der Werkstatt, und beim Hütewaschen beschäftigte er sich die ganze Woche über mit den entzückenden Gedanken an die Predigt des Pastor P..., und wiederholte sich jeden Ausdruck, der ihn erschüttert, oder zu Thränen gerührt hatte, zu unzähligen malen. Seine Einbildungskraft schuf sich dann die alte majestätische Kirche, und die lauschende Menge, und die Stimme des Predigers hinzu, welche itzt in seiner Phantasie noch weit himmlischer klang. — Er zählte Stunden und Minuten bis zum nächsten Sonntage.

Dieser kam; und ist je ein unauslöschlicher Eindruck auf Antons Seele gemacht worden, so war es die Predigt, die er an dem Tage hörte. — Die Anzahl von Menschen war wo möglich noch größer, als am vorigen Sonntage. — Vor der Predigt wurde ein kurzes Lied gesungen, worin die Worte des Psalms vorkommen:

»Herr, wer wird wohnen in deiner Hütte? wer wird »bleiben auf deinem heiligen Berge?

»Wer ohne Wandel einher gehet und recht thut, und »redet die Wahrheit von Herzen.

»Wer mit seiner Zungen nicht verläumdet, und sei- »nem Nächsten kein Arges thut, und seinen Nächsten »nicht schmähet.

»Wer die Gottlosen nichts achtet, und ehret die Got- »tesfürchtigen: Wer seinem Nächsten schwöret, und »hälts.

»Wer sein Geld nicht auf Wucher giebt, und nimmt »nicht Geschenk über den Unschuldigen. Wer das »thut, der wird wohl bleiben.

Durch dies kurze und erschütternde Lied wurde man gleichsam voll Erwartung dessen, was da kommen sollte. Das Herz war zu großen und erhabnen Eindrücken vorbereitet, als der Pastor P... mit feierlichem Ernst in seiner Miene, wie ganz in sich versenkt, auftrat, und ohne Gebet und Eingang, mit ausgestrecktem Arm, zu reden anhub und sprach:

»Wer nicht Witwen und Waisen drückt; wer nicht heimlicher Verbrechen sich bewußt ist; wer seinen Nächsten nicht mit Wucher übervortheilet; wem kein *Meineid* die Seele belastet; der hebe voll Zutrauen seine Hände mit mir zu Gott empor, und bete: Vater unser! u.s.w.

Und nun las er das Sonntagsevangelium von Johannes dem Täufer, wo dieser gefragt wird, ob er Christus sey? »und er *bekannte* und *läugnete* nicht, und er bekannte, ich bin nicht Christus! —« Von diesen Worten nahm er Gelegenheit vom *Meineide* zu predigen, und nachdem er die Worte des Evangeliums mit einer etwas gedämpften, feierlichern Stimme gelesen hatte, hub er nach einer Pause an:

Weh dir, der du gewissenlos
Gott, deinen Herrn verläugnet!
Was trägst du deine Stirne blos,
Die schwarzer Meineid zeichnet? —

Mit dieser Stirne logst du Gott,
Sein heilger Nahme war dir Spott,
Wie tief bist du gefallen!
Weh dir, vor Gottes Angesicht
Tritst du — er kennet deiner nicht —
Unglücklichster von allen,
Die einer Mutter Brust gesäugt —
Verzweifle nicht — vielleicht, vielleicht,
Daß einst nach deiner Thränen Menge,
Die Flamm' in deinem Busen löscht,
Und Reue, mit der Jahre Länge,
Die Schuld von deiner Seele wäscht.
Der du die Frevelthat begannst,
O gieb, wenn du noch weinen kannst,
Die Hoffnung nicht verlohren —
Gott wendet noch sein Angesicht,
Er will den Tod des Sünders nicht,
Sein Mund hat es geschworen. —

Diese Worte, mit öftern Pausen, und dem erhabensten Pathos gesprochen, thaten eine unglaubliche Wirkung. — Man athmete, da sie geendigt waren, tiefer herauf; man wischte sich den Schweiß von der Stirn. — Und nun wurde die Natur des Meineides untersucht, seine Folgen in ein schreckliches und immer schrecklicher Licht gestellt. Der Donner rollte auf das Haupt des Meineidigen herab, das Verderben nahte sich ihm, wie ein gewapneter Mann, der Sünder erbebte in den innersten Tiefen seiner Seele — er rief, ihr Berge fallet über mich, und ihr Hügel bedecket mich! — Der Meineidige erhielt keine Gnade, er wurde von dem Zorn des Ewigen vernichtet. —

Hier schwieg er, wie erschöpft — ein panisches Schrecken bemächtigte sich aller Zuhörer. — Anton rechnete in der Eile die Jahre seines Lebens hindurch, ob er sich nicht etwa eines Meineids schuldig gemacht habe.

Aber nun begann der Zuspruch — dem Verzweifelnden wurde Gnade und Verzeihung angekündigt — wenn er zehnfach büßte, was er Wittwen und Waisen entrissen; wenn er sein ganzes Leben hindurch seine Schuld mit Thränen der Reue und guten Werken wieder abzuwaschen suchte.

Die Gnade wurde dem Verbrecher nicht so leicht gemacht; sie mußte durch Gebet und Thränen errungen werden. Und jetzt war es, als wolle er sie durch sein eignes Gebet und Thränen vor allem Volk vor Gott erringen, indem er sich selbst an die Stelle des seelenzerknirschten Sünders setzte. —

Dem Verzweifelnden wurde zugerufen: knie nieder in Staub und Asche, bis deine Knie wund sind, und sprich: ich habe gesündiget im Himmel und vor dir — und so fing sich ein jeder Periode an mit: ich habe gesündigt im Himmel und vor dir! und dann folgte nach der Reihe das Bekenntniß: Wittwen und Waisen hab' ich unterdrückt; dem Schwachen hab' ich seine einzige Stütze, dem Hungrigen sein Brod genommen — so ging es durch das ganze Register der Frevelthaten. — Und jeder Periode schloß sich dann — Herr, es ist möglich, daß ich noch Gnade finde! —

Alles zerschmolz nun in Wehmuth und Thränen — Der Refrain bei jedem Perioden that eine unglaubliche Wirkung — es war, als wenn jedesmal die Empfindung einen neuen elektrischen Schlag erhielt, wodurch sie bis zum höchsten Grade verstärkt wurde. — Selbst die zuletzt erfolgende Erschöpfung, die Heiserkeit des Redners (es war, als *schrie* er zu Gott für die Sünden des Volks) trug zu der allgemeinen um sich greifenden Rührung bei, die diese Predigt verursachte; da war kein Kind, das nicht sympathetisch mitgeseufzt und mitgeweint hätte.

Drittehalb Stunden waren schon, wie Minuten verflossen — plötzlich hielt er inne, und schloß nach einer Pause mit denselben Versen, womit er begann. — Mit erschöpfter gedämpfter Stimme las er nun die öffentliche Beichte, das Sündenbekenntniß, und die darauf erfolgende angekündigte Vergebung ab; darauf betete er für diejenigen, welche zum Abendmahl gehen wollten, worinn er sich mit einschloß, und dann sprach er mit aufgehabenen Händen den Segen. — Der Abfall der Stimme bei diesem allen gegen den Ton, welcher in der Predigt herrschte, hatte viel Feierliches und Rührendes.

Anton ging nun nicht aus der Kirche, er mußte erst den Pastor P... zum Abendmahl gehen sehen. — Alle Schritte desselben waren ihm nun heilig. Mit einer Art von Ehrfurcht trat er auf den Fleck, wo er wußte, daß der Pastor P... gegangen war. — Was hätte er itzt darum gegeben, daß er schon zum Abendmahl hätte mitgehen dürfen! Er sahe nun den Pastor P... zu Hause gehen, dessen Sohn, ein Knabe von neun Jahren, neben hergieng. — Seine ganze Existenz hätte Anton darum gegeben, um dieser glückliche Sohn zu seyn. — Wenn er nun den Pastor P... sahe, wie er mit der Gemeine, die ihn von allen Seiten umwallte, über die Straße ging, und immer von beiden Seiten denen, die ihn grüßten, freundlich dankte, so war es, als ob er um sein Haupt einen gewissen Schimmer erblickte, und unter den übrigen Sterblichen ein übermenschliches Wesen dahin wandeln sahe, — sein höchster Wunsch war, durch sein Hutabnehmen, nur einen seiner Blicke auf sich zu ziehen — und als ihm das gelungen war, eilte er schnell nach Hause, um diesen Blick gleichsam in seinem Herzen zu bewahren.

Den folgenden Sonntag predigte der Pastor P... des Mittags von der Liebe gegen die Brüder, und so Seelenerschütternd seine Predigt wieder den Meineid gewesen war, so sanftrührend war diese; die Worte flossen nun wie Honig von seinen Lippen, jede seiner Bewegungen war anders, sein ganzes Wesen schien sich nach dem Stoff, wovon er predigte, verändert zu haben. Und doch war hiebei nicht die mindeste Affektation. Es war ihm natürlich, sich mit allen seinen Gedanken und Empfindungen, die der Stoff seiner Rede veranlaßte, zu verweben.

Diesen Vormittag hatte Anton mit erstaunlich langer Weile dem andern Prediger dieser Kirche zugehört — er gerieth ein paarmal in eine Art von Wuth gegen ihn, da sich alles anließ, als ob er jetzt Amen sagen würde, und er dann von neuem in dem alten Tone wieder anfing. Jetzt war es mehr wie jemals Antons größte Qual, einer solchen langweiligen Predigt zuzuhören, da er sich nicht enthalten konnte, beständig Vergleichungen anzustellen, nachdem er sich einmal die Predigt des Pastors P... als das höchste Ideal, gedacht hatte, welches ihm von jedem andern unerreichbar schien.

Als die Vormittagspredigt vorbei war, so war die Reihe an den Pastor P... die Einsegnung beim Abendmahl zu verrichten, welche Anton nun zum erstenmal von ihm hörte. — Und nun, in welcher ehrwürdigen Gestalt erschien er ihm itzt! er stand im Hintergrunde der Kirche vor dem hohen Altare, und sang die Worte: Danket dem Herrn, denn er ist freundlich und seine Güte währet ewiglich — mit einer so himmelerhebenden Stimme, und einem so mächtigen Ausdruck, daß Anton sich in dem Augenblick in höhere Regionen verzückt glaubte — auch war ihm dies alles wie etwas, das hinter einem Vorhange, im Allerheiligsten, geschahe, wozu sich sein Fuß nicht nahen durfte! — Ein sehr junges Frauenzimmer, die schwarz gekleidet, mit blassen Wangen, und einer Miene voll himmlischer Andacht zum Altar hinzu trat, machte zuerst auf Antons Herz einen Eindruck, den er bisher noch nicht gekannt hatte. Er hat dies junge Frauenzimmer nie wieder gesehen, aber ihr Bild ist nie in seiner Seele verloschen.

Nun hatte seine Phantasie ein neues Spiel. — Die Idee vom Abendmahl war jetzt diejenige, womit er zu Bette ging und aufstund, und womit er sich den ganzen

Tag über, wenn er bei seiner Arbeit allein war, beschäftigte; dabei schwebte ihm immer der Pastor P ... im Sinne, mit seiner sanften, schwellenden Stimme, und seinen gen Himmel gehobnem Auge, das von mehr als irdischer Andacht erleuchtet schien. Zuweilen drängte sich denn auch in seiner Phantasie das Bild des schwarz gekleideten jungen Frauenzimmers, mit der blassen Farbe und andachtsvollen Miene, wieder vor.

Durch diß alles wurde seine Einbildungskraft so begeistert, daß er sich itzt für den glücklichsten Menschen unter der Sonne würde gehalten haben, wenn er den künftigen Sonntag hätte zum Abendmahl gehen dürfen. Er versprach sich eine so überirdische himmlische Tröstung beim Genuß des Abendmahls, daß er schon im voraus Freudenthränen darüber vergoß; wobei er zugleich ein gewisses sanftes beruhigendes Mitleid mit sich selber empfand, das ihm nun alles bittre und unangenehme seiner Lage versüßte, wenn er bedachte, daß ihn doch als Hutmacherbursche einmal niemand dieses Trostes würde berauben können. Alle vierzehn Tage wenigstens nahm er sich dann vor zum Abendmahl zu gehen, wenn er erst so weit wäre — und dann schlich sich ganz geheim in diesen Wunsch die Hoffnung mit ein, daß durch diß öftere zum Abendmahlgehen der Pastor P... ihn vielleicht am Ende bemerken würde: und dieser Gedanke war es wohl vorzüglich, welcher bei ihm die unaussprechliche Süßigkeit in diese Vorstellungen brachte. So lag auch hier die Eitelkeit im Hinterhalt verborgen, wo sie mancher vielleicht am wenigsten vermuthet hätte.

Das war ihm unmöglich zu glauben, daß er immer so, wie jetzt, würde verkannt, und vernachläßiget werden. Gewissen romanhaften Ideen nach, die er sich in den Kopf gesetzt hatte, mußte es sich etwa einmal fügen, daß ein edler Mann, der auf der Straße ihm begegnete, etwas auffallendes an ihm bemerkte, und sich dann seiner annehme. — Eine gewisse schwermüthige melancholische Miene, die er zu dem Ende annahm, glaubte er, würde am ersten diese Aufmerksamkeit erregen. — Darum affektirte er sie nun oft noch in höherm Grade, als sie ihm natürlich war. — Ja oft war er schon beinahe im Begriff, wenn ihm die Phisiognomie irgend eines vornehmen Mannes Zutrauen einflößte, ihn geradezu anzureden, und ihm seine Umstände zu entdecken. — Der Gedanke schreckte ihn aber immer wieder zurück, daß ihn dieser vornehme Mann vielleicht für närrisch halten möchte.

Zuweilen sang er auch, wenn er auf der Straße ging, mit einer gewissen klagenden Stimme, einige von den Liedern der Mad. Guion, die er auswendig gelernt hatte, und worinn er Anspielungen auf sein Schicksal zu finden glaubte; und dann dachte er, weil zuweilen in den Romanen, durch ein solches klagendes Lied, das einer singt, Wunderdinge gewürkt werden, würde es auch ihm vielleicht gelingen, dadurch, daß er die Aufmerksamkeit irgend eines Menschenfreundes auf sich zöge, seinem Schicksal eine andere Wendung zu geben.

Für den Pastor P... ging seine Ehrfurcht viel zu weit, als daß er es je hätte wagen sollen, ihn anzureden. — Wenn er nahe bei ihm stand, so überfiel ihn ein Schauder, als ob er sich in der Nähe eines Engels befände. —

Er konnte es sich entweder gar nicht denken, oder suchte den Gedanken mit Fleiß zu vermeiden, daß dieser Pastor P... wie andre Menschen aufstände, und zu Bette ginge, und alle natürlichen Handlungen, wie sie, verrichtete. Sich ihn im Schlafrock und der Nachtmütze vorzustellen, war ihm ganz unmöglich — oder er flohe vielmehr vor diesem Gedanken, als wenn dadurch eine Lücke in seiner Seele wäre hervorgebracht worden. Besonders war ihm das Bild von der Nachtmütze ganz etwas Unausstehliches, so oft es ihm bei dem Pastor P... einfiel; es war, als ob dadurch eine Disharmonie in alle seine übrigen Vorstellungen käme.

Nun fügte es sich aber einmal, daß Anton gerade in der Kirchenthüre stand, als der Pastor P . . . herein trat, und in *platdeutscher* Sprache zu dem Küster sagte, daß sie nachher noch ein Kind zu taufen hätten.

Würkte je ein Kontrast lebhaft auf Antons Seele, so war es dieser — den Mann, welchen er sich nie anders, als mit jenem feierlichen Herzerschütternden Tone, zu dem versammelten Volke redend, gedacht hatte, zuerst *platdeutsch*, wie der simpelste Handwerksmann mit dem Küster, über eine so feierliche Sache, als die Taufe war, sprechen zu hören; und das in einem Tone, der nichts weniger als feierlich war, und womit man einem sagen würde, er solle ja nicht vergessen, das Waschbecken zu bringen.

Durch diesen einzigen Vorfall wurde Antons Abgötterei gegen den Pastor P. . . einigermaßen herabgestimmt. Er betete ihn etwas weniger an, und liebte ihn desto mehr.

Indes hatte er sich sein Ideal von Glückseligkeit völlig von dem Pastor P. . . abstrahirt — Er konnte sich nichts Erhabeners und Reizenderes denken, als, wie der Pastor P. . ., öffentlich vor dem Volke reden zu dürfen, und alsdann, so wie er, manchmal gar *die Stadt mit Nahmen* anzureden — Diß letzte hatte insbesondre für ihn etwas Großes und Pathetisches — so daß er sich oft ganze Tage über in seinen Gedanken beständig mit dieser Anrede beschäftigte — und sogar, wann er etwa, um Bier zu holen, über die Straßen ging, und ein paar Jungen sich balgen sahe, nicht unterlassen konnte, im Geiste die Worte des Pastor P. . . zu wiederholen, und die ruchlose Stadt vor ihrem Verderben zu warnen, wobei er zugleich den Arm drohend in die Höhe hob. — Wo er ging und stand, haranguirte er in Gedanken für sich selber, und wenn er dann in recht heftigen Affekt gerieth, so hielt er die Predigt gegen den Meineid.

So schwebte er eine Zeitlang in diesen angenehmen

Phantasien hin, die ihn das Wollekratzen in der kalten Stube, das Hütewaschen im Eise, und den Mangel des Schlafs, wenn er oft mehrere Nächte hindurch wachen mußte, fast ganz vergessen ließen. — Die Stunden entflohen ihm zuweilen während der Arbeit wie Minuten, wenn es ihm gelang, sich in den Charakter eines öffentlichen Redners hinein zu phantasiren.

Allein, sey es nun, daß diese unnatürliche Überspannung seiner Seelenkräfte, oder die für seine Jahre zu große Anstrengung seines Körpers zur Arbeit, ihn zuletzt niederwerfen mußte — er ward gefährlich krank. Seine Pflege war nicht die beste. Er phantasirte im Fieber, und lag oft ganze Tage allein, ohne daß sich jemand um ihn bekümmerte.

Endlich arbeitete doch seine gute Natur sich durch: er ward wieder hergestellt. — Eine gewisse Trägheit und Niedergeschlagenheit blieb aber demohngeachtet von dieser Krankheit zurück — und der menschenfreundliche Herr L . . . hätte ihm beinahe durch eine seiner sanften Ermahnungen ein tödtliches Recidiv verursacht.

Es war eines Abends in der Dämmerung, da L . . . in einem dunklen abgelegenen Gemache sich eines warmen Kräuterbades bediente, wobei ihm Anton zur Hand seyn mußte. Da er nun in diesem Bade schwitzte, und große Angst ausstund, so sagte er zu Anton mit einer Stimme, die ihm durch Mark und Bein drang: Anton! Anton! hüte dich vor der Hölle! — und dabei sah er starr in eine Ecke hin. —

Anton zitterte bei diesen Worten, ein plötzlicher Schauder lief ihm durch den ganzen Körper. Alle Schrecken des Todes überfielen ihn, — denn er zweifelte nicht im geringsten, daß L . . . in diesem Augenblick eine Erscheinung gehabt habe, wodurch ihm Antons Tod angedeutet sey; und das habe ihn zu dem fürchterlichen Ausruf: Hüte, ach! hüte dich vor der Hölle! bewogen.

L ... stieg nach diesem Ausruf plötzlich aus dem Bade, und Anton mußte ihn zu seiner Kammer leuchten. Mit bebenden Knien ging er vor ihm her: und L ... schien ihm blasser als der Tod auszusehen, da er von ihm wegging.

Ist nun je mit wahrer Andacht und Heftigkeit zu Gott gebetet worden, so geschahe es itzt von Anton, so bald er allein war; er warf sich in einen Verschlag bei der Werkstätte, nicht auf die Knie, sondern aufs Angesicht nieder, und flehte zu Gott, und bat ihn, wie ein Missethäter über den schon der Stab gebrochen ist, um sein Leben — nur um eine Frist zur Bekehrung, wenn er ja sterben solle — denn ihm fiel ein, daß er mehr als zwanzigmal auf der Straße gelaufen, gesprungen, und muthwillig gelacht hatte — und nun lagen alle die Qualen der Hölle auf ihm, welche er dafür ewig würde erdulden müssen. — Hüte, ach, hüte dich vor der Hölle! gellte noch immer in seinen Ohren, als ob ein Geist aus dem Grabe ihm diese Worte zugerufen hätte — und er fuhr fort eine volle Stunde nacheinander zu beten, und würde die ganze Nacht nicht aufgehört haben, wenn er keine Linderung seiner Angst verspürt hätte; — aber so wie seine Brust einen ängstlichen Seufzer nach dem andern ausstieß, und endlich seine Thränen flossen, schien es ihm, als sey ihm von Gott Erhörung seiner Bitte gewährt — der nun lieber, wie dort bei den Niniviten, einen Propheten wolle zu Schanden werden lassen, als daß er eine Seele verderben ließe. — Anton hatte sein Fieber weggebetet, worinn er wahrscheinlich wieder zurückgefallen seyn würde, wenn seine empörten Geister nicht diesen Ausweg gefunden hätten. — So heilt oft eine Schwärmerei, eine Tollheit die andere — die Teufel werden ausgetrieben durch Beelzebub.

Anton wurde nach dieser Ermattung durch einen ruhigen Schlaf erquickt, und stand am andern Morgen wieder gesund auf — aber der Gedanke an den Tod erwachte wieder mit ihm — höchstens glaubte er, sey ihm eine kleine Frist zur Bekehrung gegeben, und nun müsse er sehr eilen, wenn er noch seine Seele retten wolle.

Das that er denn auch, so sehr er konnte; er betete des Tages unzähligemal in einem Winkel auf seinen Knien, und erträumete sich zuletzt dadurch eine feste Überzeugung von der göttlichen Gnade, und eine solche Heiterkeit der Seele, daß er sich oft schon im Himmel glaubte, und sich nun manchmal den Tod wünschte, ehe er wieder von diesem guten Wege abkommen möchte.

Aber es konnte nicht fehlen, daß bei allen diesen Ausschweifungen seiner Phantasie, die Natur ihren Zeitpunkt wahrnahm, wo sie wieder zurückkehrte — und dann die natürliche Liebe zum Leben, um des Lebens willen, in Antons Seele wieder erwachte. — Dann war ihm freilich der Gedanke an seinen bevorstehenden Tod sehr etwas Trauriges und Unangenehmes, und er betrachtete diese Augenblicke, als solche, wo er wieder aus der göttlichen Gnade gefallen sey, und gerieth darüber in neue Angst, weil es ihm nicht möglich war, die Stimme der Natur in sich zu unterdrücken.

Jetzt empfand er doppelt alle die traurigen Folgen des Aberglaubens, der ihm von seiner frühesten Kindheit an, eingeflößet war — seine Leiden konnte man, im eigentlichen Verstande, die *Leiden der Einbildungskraft* nennen — sie waren für ihn doch würkliche Leiden, sie raubten ihm die Freuden seiner Jugend. —

Von seiner Mutter wußte er, es sey ein sicheres Zeichen des nahen Todes, wenn einem beim Waschen die Hände nicht mehr rauchen — nun sahe er sich sterben, so oft er sich die Hände wusch. — Er hatte gehört, wenn ein Hund im Hause mit der Schnautze zur Erde gekehrt, heule, so wittre er den Tod eines Menschen; — nun prophezeite ihm jedes Hundegeheul seinen Tod. Wenn sogar ein Huhn wie ein Hahn krähete, so war das ein untrügliches Zeichen, daß bald jemand im Hause sterben würde — und nun ging hier gerade ein solches unglückweißagendes Huhn auf dem Hofe herum, welches beständig auf eine unnatürliche Weise wie ein Hahn krähte. — Für Anton klang keine Todtenglocke so fürchterlich, als dieses Krähen; und dieses Huhn hat ihm mehr trübe Stunden in seinem Leben gemacht, als irgend eine Widerwärtigkeit, die er sonst erlitten hat.

Oft schöpfte er wieder Trost und Hoffnung zum Leben, wenn das Huhn einige Tage schwieg — sobald es sich dann wieder hören ließ, waren alle seinen schönen Hoffnungen und Entwürfe plötzlich gescheitert.

Da er nun so schon mit lauter Todesgedanken umging, fügte es sich, daß er das erstemal nach seiner Krankheit wieder zu dem Pastor P... in die Kirche kam. Dieser stand schon auf der Kanzel, und predigte über — *den Tod.*

Das war für Anton ein Donnerschlag; denn da er nun einmal gelernt hatte, nach dem, was ihm von einer *besondern göttlichen Führung* in den Kopf gesetzt war, alles auf sich zu beziehen — wem anders, als ihm sollte nun wohl die Predigt vom Tode gehalten werden? — Mit nicht mehr Herzensangst kann ein Missethäter sein Todesurtheil anhören, als Anton diese Predigt — der Pastor P... fügte zwar Trostgründe gegen die Schrekken des Todes hinzu, aber was verschlug das alles gegen die unnatürliche Liebe zum Leben, die, trotz aller Schwärmerei, wovon Anton den Kopf vollgepfropft hatte, dennoch bei ihm die Oberhand behielt.

Niedergeschlagnes und betrübtes Herzens ging er zu Hause, und vierzehn Tage lang machte ihn diese Predigt melancholisch, die der Pastor P..., wenn er gewußt hätte, daß sie noch auf zwei Menschen solche Würkung, wie auf Anton thun würde, wahrscheinlich nicht würde gehalten haben.

So war Anton nun in seinem dreizehnten Jahre,

durch die besondre Führung, die ihm die göttliche Gnade, durch ihre auserwählten Werkzeuge hatte angedeihen lassen, ein völliger Hypochondrist geworden, von dem man im eigentlichen Verstande sagen konnte, daß er in jedem Augenblick *lebend starb*. — Der um den Genuß seiner Jugend schändlich betrogen wurde — dem die zuvorkommende Gnade den Kopf verrückte. —

Aber der Frühling kam wieder heran, und die Natur, die alles heilet, fing auch hier allmälig an, wieder gut zu machen, was die Gnade verdorben hatte.

Anton fühlte neue Lebenskraft in sich; er wusch sich, und seine Hände rauchten wieder — es heulten keine Hunde mehr — das Huhn hörte auf zu krähen — und der Pastor P... hielt keine Todespredigten mehr. —

Anton fing wieder an, des Sonntags für sich allein spatzieren zu gehen, und einmal fügte es sich, daß er, ohne es erst selbst zu wissen, gerade an das Thor kam, wo er von ohngefähr anderthalb Jahren mit seinem Vater zuerst von H... eingewandert war. Er konnte sich nicht enthalten, hinaus zu gehn, und die mit Weiden bepflanzte breite Heerstraße zu verfolgen, die er damals gekommen war. Sonderbare Empfindungen entwickelten sich dabei in seiner Seele. — Sein ganzes Leben von jener Zeit an — da er zuerst die Schildwache auf dem hohen Walle hin und hergehend erblickte, und sich allerlei Vorstellungen machte, wie nun die Stadt inwendig aussehen, und wie das L...sche Haus beschaffen seyn würde? — stand jetzt auf einmal in seiner Erinnerung da. — Es war ihm, als ob er aus einem Traume erwachte — und nun wieder auf dem Flecke wäre, wo der Traum anhub; — alle die abwechselnden Scenen seines Lebens, die er diese anderthalb Jahre hindurch in B... gehabt hatte, drängten sich dicht ineinander, und die einzelnen Bilder schienen sich nach einem größern Maßstabe, den seine Seele auf einmal erhielt, zu verkleinern. —

So mächtig wirkt die Vorstellung *des Orts,* woran wir alle unsre übrige Vorstellungen knüpfen. — Die einzelnen Straßen und Häuser, die Anton täglich wieder sahe, waren das Bleibende in seinen Vorstellungen, woran sich das immer abwechselnde in seinem Leben anschloß, wodurch es Zusammenhang und Wahrheit erhielt, wodurch er das Wachen vom Träumen unterschied — —

In der Kindheit ist es insbesondere nöthig, daß alle übrigen Ideen sich an die Ideen des Orts anschließen, weil sie gleichsam in sich noch zu wenig Konsistenz haben, und sich an sich selber noch nicht fest halten können.

Es fällt daher auch würklich in der Kindheit oft schwer, das Wachen vom Traume zu unterscheiden; und ich erinnere mich, daß einer unserer größten jetztlebenden Philosophen, mir in dieser Rücksicht eine sehr merkwürdige Beobachtung aus den Jahren der Kindheit erzählet hat.

Er war wegen einer gewissen bösen Angewohnheit, die bei Kindern sehr gewöhnlich ist, oft mit der Ruthe gezüchtigt worden. Es hatte ihn aber, wie es auch gewöhnlich ist, immer sehr lebhaft geträumet, er habe sich an die Wand gestellt, und ... Wenn er sich nun manchmal bei Tage zu dem Ende wirklich an die Wand gestellt hatte; so fiel ihm die harte Züchtigung ein, die er so oft erlitten hatte, — und er stand oft lange an, ehe er es wagte, einem dringenden Bedürfniß der Natur ein Gnüge zu thun, weil er befürchtete, es möchte wieder ein Traum seyn, für den er wieder eine scharfe Züchtigung erwarten müßte — bis er sich erst allenthalben umgesehen, und dann auch in *Ansehung der Zeit* zurückgerechnet hatte, ehe er sich völlig überzeugen konnte, daß er nicht träume.

Auch pflegt man des Morgens beym Erwachen oft noch halb zu träumen, und der Übergang zum Wachen wird allmälig dadurch gemacht, daß man erst anfängt, sich zu orientiren, und wenn man denn nur erst einmal den hellen Schein des Fensters gefaßt hat, so ordnet sich nach und nach alles übrige von selber.

Daher war es sehr natürlich, daß Anton, nachdem er schon einige Wochen in B . . . im L . . . schen Hause war, des Morgens noch immer glaubte, er träume, wenn er schon wirklich wachte, weil der Stift, woran er sonst, immer des Morgens beym Erwachen, die Ideen vom vorigen Tage sowohl als von seinem vorigen Leben anknüpfte, und wodurch sie erst Zusammenhang und *Wahrheit* erhielten, nun gleichsam verrückt war; weil die *Idee des Orts* nicht mehr dieselbe war.

Ist es also wohl zu verwundern, wenn die Veränderung des Orts oft so vieles beiträgt, uns dasjenige, was wir uns nicht gern als wirklich denken, wie einen *Traum* vergessen zu machen?

In spätern Jahren, und insbesondre, wenn man viel gereist ist, verliert sich diß Anschließen der Ideen an den Ort in etwas. Wo man hinkömmt, sieht man entweder Dächer, Fenster, Thüren, Steinpflaster, Kirchen und Thürme, oder man sieht Wiese, Wald, Acker, oder Heide. — Die auffallenden Unterschiede verschwinden; die Erde wird sich überall gleich. —

Wenn Anton in B . . . auf der Straße ging, so war es ihm besonders des Abends im Anfange der Dämmerung, manchmal plötzlich wie im Traume. — Auch pflegte sich diß bei ihm zu ereignen, wenn er in irgend eine Straße ging, die ihm eine entfernte Ähnlichkeit mit einer Straße in H . . . zu haben schien. — Dann däuchte ihm einige Augenblicke sein Zustand in H . . . wieder gegenwärtig; die Scenen seines Lebens verwirreten sich untereinander.

Bei seinen Spatziergängen fand er nun immer einen besondern Reiz darin, Gegenden in der Stadt aufzusuchen, wo er noch gar nicht gewesen war. Seine Seele erweiterte sich dann immer, es war ihm, als ob er aus dem engen Kreise seines Daseyns einen Sprung gewagt hätte; die alltäglichen Ideen verlohren sich, und große angenehme Aussichten, Labyrinthe der Zukunft eröffneten sich vor ihm.

Allein es war ihm noch nie gelungen, sein ganzes Leben in B . . . mit allen seinen mannichfaltigen Veränderungen in einen einzigen vollen Blick zusammen zu fassen. Der Ort, wo er sich jedesmal befand, erinnerte ihn immer stark an irgend einen einzelnen Theil desselben, als daß noch für das Ganze in seiner Denkkraft Platz gewesen wäre; er drehete sich mit seinen Vorstellungen immer in einem engen Cirkel seines Daseyns herum.

Um von dem Ganzen seines hiesigen Lebens ein anschauliches Bild zu haben, war es nöthig, daß gleichsam alle die Fäden abgeschnitten wurden, die seine Aufmerksamkeit immer an das *Momentane,* Alltägliche und Zerstückte desselben hefteten; und daß er zugleich in den Standpunkt wieder versetzt wurde, aus welchem er sein Leben in B . . . betrachtete, ehe er es anfing, da es noch wie eine dämmernde Zukunft vor ihm lag.

In diesen Standpunkt wurde er nun gerade versetzt, da er zufälligerweise aus dem Thore ging, durch welches er vor ohngefähr anderthalb Jahren, auf der breiten mit Weiden bepflanzten Heerstraße herein gekommen war, und die Schildwache auf dem hohen Walle hatte hin und her gehen sehen.

Dieser Ort mußte es gerade seyn, der ihn durch die plötzliche Erinnerung an tausend Kleinigkeiten gerade in den Zustand wieder zu versetzen schien, worin er sich unmittelbar vor dem Anfange seines hiesigen Lebens befand. — Alles, was dazwischen lag, mußte sich nun in seiner Einbildungskraft zusammendrängen, wie Schatten ineinander gehen, einem Traum ähnlich werden. Denn sein jetziges *Dastehen* auf der Brücke, und *den hohen Wall hinaufsehen,* wo die Schildwache stand, schloß sich dicht an sein *Dastehen* und *den hohen Wall hinauf sehen* vor anderthalb Jahren an. Die Vergangenheit, alle die Scenen des Lebens, das Anton in B . . . geführet hatte, stellte er sich jetzt wieder vor, wie er sie sich damals vor anderthalb Jahren noch als zukünftig gedacht hatte, und die zu lebhafte Vorstellung und Wiedererinnerung des Orts, machte, daß die Erinnerung an den Zwischenraum der Zeit, welche unterdeß verflossen war, verlosch, oder schwächer wurde — anders wenigstens läßt sich wohl schwerlich das Phänomen jener sonderbaren Empfindung erklären, die Anton damals hatte, und die ein jeder wenigstens einigemale in seinem Leben gehabt zu haben sich erinnern wird.

Mehr als zehnmal stand Anton auf dem Punkte, nicht wieder in die Stadt zurückzukehren, sondern gerade den Weg vor sich hin, wieder nach H . . . zu gehen, wenn ihn nicht der Gedanke an Hunger und Kälte wieder zurückgeschreckt hätte.

Aber von dem Tage an, blieb der Vorsatz fest bei ihm, im L . . . schen Hause nicht länger mehr zu bleiben, es koste auch, was es wolle. Er wurde daher auch gegen alles gleichgültiger, weil er sich vorstellte, daß es nun nicht mehr lange dauern würde. — L . . . selbst fing nun an, seiner so überdrüßig zu werden, daß er endlich nach H . . . an Antons Vater schrieb, dieser möchte seinen Sohn, mit dem nichts anzufangen wäre, nur immer wieder abholen.

Nichts hätte für Anton erwünschter seyn können, als die Nachricht, daß sein Vater ihn nun mit nächsten wieder zu Hause holen würde. — In eine Schule, schloß er, müsse er doch in H . . . auf alle Fälle geschickt werden, ehe er zum Abendmahl zugelassen würde, und dann wollte er sich schon so auszeichnen, daß man aufmerksam auf ihn werden solle. — So sehr er vorher nach B . . . zu kommen gestrebt hatte, so sehr verlangte ihn jetzt nach H . . . wieder zurück, und er wiegte sich nun aufs neue in angenehmen Träumen von der Zukunft ein.

Ohngeachtet seiner harten Lage aber waren ihm dennoch viele Dinge in B . . . sehr lieb geworden, so daß sich in seine angenehmen Hoffnungen oft eine Wehmuth mischte, die ihn in eine sanfte Melancholie versetzte. — Oft stand er einsam an der Oker, und sahe irgend einem vorbeifahrenden kleinem Kahne nach, so weit er ihn mit den Augen verfolgen konnte — dann war es ihm oft plötzlich, als habe er einen Blick in die dunkle Zukunft gethan, aber wenn er eben das angenehme Blendwerk fest zu halten glaubte, so war es auf einmal verschwunden.

Er suchte sich nun an allen Gegenden der Stadt, die er bisher auf seinen Spaziergängen des Sonntags besucht hatte, gleichsam noch einmal zu letzen, und nahm von einer nach der andern wehmüthig Abschied, so wie er sie nie wieder zu sehen hoffte.

Er hörte von dem Pastor P. . . noch verschiedne Predigten, worinn manche einzelne Stellen nie aus seinem Gedächtnis gekommen sind. —

Ganz außerordentlich rührte ihn in einer Predigt vom Leiden Jesu, der immersteigende Affekt, womit der Pastor P. . . die Worte sagte: mitleidsvoll sieht er auf seine Mörder herab, und betet und betet, und betet — Vater, vergieb ihnen, denn sie wissen nicht, was sie thun!

Und in einer Predigt über die Beichte, welche über das Evangelium vom Aussätzigen gehalten wurde, der sich *dem Priester zeigen sollte,* die Anrede an die Heuchler, die alle äußeren Gebräuche der Religion gewissenhaft beobachteten, und doch ein feindseliges Herz im Busen tragen, und wo sich jeder Periode anfing, mit: ihr kommt in den Beichtstuhl, ihr zeiget euch dem Priester, aber er kann in euer Herz nicht schauen, u.s.w. — Dann wurde in dieser Predigt auch oft ein Ausdruck wiederholt, der für Anton außerordentlich rührend war, dieser klang ihm, als: *ihr kommt in den Heben.* — Das letzte Wort nehmlich, was immer verschlungen wurde, so daß er es nicht recht verstehen konnte, klang ihm wie *Heben,* und diß Wort oder dieser Laut rührte ihn bis zu Thränen, so oft er wieder daran dachte.

Eben so reizend klang ihm der Ausdruck, der sehr oft in den Predigten des Pastors P... vorkam. *Die Höhen der Vernunft* — diß hatte aber seine besondern Ursachen, deren Entwickelung nicht unnütz seyn wird. Das Chor in der Kirche, wo die Orgel war, und die Schüler sangen, schien ihm immer etwas für ihn unerreichbares zu seyn; sehnsuchtsvoll blickte er oft dahin auf, und wünschte sich keine größere Glückseligkeit, als nur einmal den wunderbaren Bau der Orgel, und was sonst da war, in der Nähe betrachten zu können, da er diß alles jetzt nur in der Ferne anstaunen durfte. — Diese Phantasie war mit einer andern verwandt, die er noch aus H... mitgebracht hatte — schon dort war ein gewisser Thurm für ihn immer ein äußerst reizender Gegenstand gewesen; er betrachtete ihn mit Entzücken und beneidete oft die Stadtmusikanten, die oben auf der Gallerie standen, um des Morgens und Abends hinunter zu blasen.

Stundenlang konnte er diese Gallerie betrachten, die ihm von unten so klein schien, daß sie ihm nicht bis an die Knie reichen würde, und über welche doch kaum die Köpfe der blasenden Stadtmusikanten hervorragten; und vollends das Zifferblatt, welches nach der Versicherung verschiedner Leute, die oben gewesen waren, so groß seyn sollte, wie ein Wagenrad, und ihm doch nicht größer, als irgend ein Rad in einem Schiebkarren vorkam. — Dies alles erregte seine Neugierde im höchsten Grade, so daß er oft ganze Tage lang mit nichts, als dem Gedanken und dem Wunsch umging, diese Gallerie und diß Zifferblatt einmal in der Nähe betrachten zu können.

Nun konnte man auf dem Thurme in H... durch die Schallöcher, welche über der Gallerie offen standen, auch die Glocken treten sehen; und Anton verschlang beinahe mit seinen Augen dieses ihm ganz neue Schauspiel, da er die große metallne Maschine, die den alles erschütternden Klang verursachte, unter den Füßen der ganz klein scheinenden Leute, die in dieser Höhe standen und auf die Balken traten, wechselweise in die Höhe steigen sahe.

Es war ihm, als habe er in das innerste Eingeweide des Thurms geblicket, und als habe sich ihm das geheimnißvolle Triebwerk, des wunderbaren Schalles, den er so oft mit Rührung vernommen hatte, nun in der Ferne enthüllt — Allein seine Neugierde wurde hierdurch nur noch mehr erregt, statt befriedigt zu werden — er hatte nur die eine Hälfte der Glocke, die sich mit ihrer ungeheuren Wölbung empor hub, und nicht ihren ganzen Umfang gesehen — von der Größe dieser Glocke hatte er von Kindheit an gehört, und seine Einbildungskraft vergrößerte das Bild in seiner Seele noch zu unzähligenmalen, so daß er sich davon die romanhaftesten und ausschweifendsten Ideen machte.

Bei seinen Schmerzen nun, die er am Fuße erduldete; bei aller Bedrückung von seinen Eltern, worunter er seufzte; was war sein Trost? was war der angenehmste Traum seiner Kindheit? was sein sehnlichster Wunsch, über den er oft alles vergas? — — Was anders, als die nahe Beschauung des Zifferblatts und der Gallerie am neustädtischen Thurme in H . . ., und der Glocken, die darinn hingen.

Länger als ein Jahr hindurch versüßte ihm diß Spiel seiner Phantasie die trübsten Stunden seines Lebens — aber ach, er mußte H . . . verlassen, ohne seines sehnlichsten Wunsches gewährt zu werden. — — Doch das Bild vom neustädtischen Thurme wich nie aus seinen Gedanken, es verfolgte ihn nach B . . ., und schwebte ihm dort oft in nächtlichen Träumen auf hohen Treppen in tausend labyrinthischen Krümmungen vor, wo er den Thurm hinauf stieg, auf der Gallerie stand, und mit unaussprechlichem Vergnügen das Zifferblatt am Thurme betastete, und dann inwendig nicht nur die große Glocke, sondern noch unzählige andre kleinere, nebst mehr wunderbaren Dingen dicht vor Augen sahe, bis er etwa mit dem Kopfe an den unübersehbaren Rand der großen Glocke stieß, und erwachte.

So oft nun der Pastor P... von den *Höhen der Vernunft* sprach, so dachte Anton mit Entzücken an die Höhen seines geliebten Thurms, an die Glocke darinn und an das Zifferblatt, — und dann auch an das hohe Chor, worauf die Orgel in der B... Kirche stand — dann erwachte auf einmal alle seine Sehnsucht wieder und der Ausdruck: *die Höhen der Vernunft*, preßte ihm Thränen der Wehmuth aus den Augen.

Der eigentliche abhandelnde Theil von den Predigten des Pastor P..., wo derselbe mit erstaunlicher Geschwindigkeit sprach, war für Anton freilich verloren, weil er ihm mit seinen Gedanken unmöglich folgen konnte. In der Hoffnung aber auf den ermahnenden Theil hörte er ihn dennoch mit Vergnügen an — es war ihm dann, als wenn sich nun erst die Wolken zusammen zögen, die bald in ein wohlthätiges Gewitter oder einen sanften Regen ausbrechen würden.

Nun ging er aber einmal mit dem Gedanken in die Kirche, die Predigt des Pastor P... zu Hause *aufzuschreiben,* und auf einmal war es, als ob es, indem er zuhörte, in seiner Seele Licht wurde, seine Aufmerksamkeit hatte eine neue Richtung erhalten — vorher hatte er mit dem Herzen zugehört, jetzt hörte er zum erstenmale mit dem Verstande zu — er wollte nicht nur durch einzelne Stellen erschüttert werden, sondern das Ganze der Predigt fassen, und nun fing er an, den abhandelnden Theil eben so interessant als den ermahnenden Theil zu finden. — Die Predigt handelte von der Nächsten-Liebe, wie glücklich die Menschen seyn würden, wenn jeder das Wohl aller übrigen, und alle übrige das Wohl jedes einzelnen zu befördern suchten. — Nie ist ihm diese Predigt mit allen ihren Abtheilungen und Unterabtheilungen aus dem Gedächtniß gekommen, die er mit dem Vorsatz hörte, um sie aufzuschreiben, welches er that, sobald er zu Hause kam, und den August, dem er es nun vorlas, sehr dadurch in Verwundrung setzte.

Das Aufschreiben dieser Predigt hatte gleichsam eine neue Entwickelung seiner Verstandeskräfte bewirkt. — Denn von der Zeit fingen seine Ideen an sich allmälig untereinander zu ordnen — er lernte selbst für sich über einen Gegenstand nachzudenken — er suchte die Reihe seiner Gedanken wieder außer sich darzustellen, und weil er sie niemanden sagen konnte, so machte er schriftliche Aufsätze, die denn freilich oft sonderbar genug waren. — Denn hatte er vorher mit Gott mündlich gesprochen, so fing er nun an, mit ihm zu korrespondiren, und schrieb lange Gebete an ihn, worinn er ihm seinen Zustand schilderte.

Er fühlte sich jetzt um so mehr zu schriftlichen Aufsätzen gedrungen, weil es ihm gänzlich an aller Lektür fehlte — denn L . . . hatte ihm schon lange kein Buch mehr in die Hände gegeben, ausgenommen *Engelbrechts, eines Tuchmachergesellen zu Winsen an der Aller Beschreibung von dem Himmel und der Hölle,* welches er ihm geschenkt hatte. —

Einen ärgern Aufschneider kann es nun wohl in der Welt nicht mehr geben, als dieser Engelbrecht gewesen seyn muß, von dem man geglaubt hatte, daß er wirklich todt wäre, und der nun, nachdem er sich wieder erholt hatte, seiner alten Großmutter weiß machte, er sey wirklich im Himmel und in der Hölle gewesen; diese hatte es dann weiter erzählt, und so war diß köstliche Buch entstanden.

Der Kerl entblödete sich nicht zu behaupten, er sey mit Christo und den Engeln Gottes bis dicht unter den Himmel geschwebt, und habe da die Sonne in die eine, und den Mond in die andre Hand genommen, und am Himmel die Sterne gezählt.

Demohngeachtet waren seine Vergleichungen zuweilen ziemlich naiv, — so verglich er z. B. den Himmel mit einer köstlichen Weinsuppe, wovon man auf Erden nur wenige Tropfen gekostet hat, und die man alsdenn mit Löffeln essen könne — und die himmlische Musik war eben so weit über die irdische Musik erhaben, als ein schönes Konzert über das Geleier eines Dudelsacks, oder über das Tüten eines Nachtwächterhorns.

Und was ihm für Ehre im Himmel wiederfahren war, davon konnte er nicht genug rühmen.

In Ermangelung besserer Nahrung mußte sich nun Antons Seele mit dieser losen Speise begnügen, und wenigstens wurde doch seine Einbildungskraft dadurch beschäftigt, — sein Verstand blieb gleichsam neutral dabei — er glaubte es weder, noch zweifelte er daran; er stellte sich das alles bloß lebhaft vor.

Indeß ging jetzt L . . . s Unwillen und Haß gegen ihn häufig bis zu Scheltworten und Schlägen; er verbitterte ihm sein Leben auf die grausamste Weise; er ließ ihn die niedrigensten und demüthigendsten Arbeiten thun. — Nichts aber war für Anton kränkender, als wie er zum erstenmale in seinem Leben, eine Last *auf dem Rücken*, und zwar einen Tragkorb mit Hüten bepackt, über die öffentliche Straße tragen mußte, indem L . . . vor ihm herging — es war ihm, als ob alle Menschen auf der Straße ihn ansähen.

Jede Last, die er vor sich, oder unter dem Arme, oder an den Händen tragen konnte, schien ihm vielmehr ehrenvoll zu seyn, als daß er glaubte, sie mache ihm Schande. — Nur daß er itzt gebückt gehen, seinen Nacken unter das Joch beugen mußte, wie ein Lastthier, indeß sein stolzer Gebieter vor ihm herging, das beugte zugleich seinen ganzen Muth darnieder, und erschwerte ihm die Last tausendmal. Er glaubte sowohl vor Müdigkeit als vor Schaam in die Erde sinken zu müssen, ehe er mit seiner Bürde an den bestimmten Ort kam.

Dieser bestimmte Ort, war das Zeughaus, wo die Hüte, welche Kommisarbeit waren, abgeliefert wurden. — Nicht sehnlicher hatte sich Anton gewünscht, die Glocken und das Zifferblatt auf dem neustädtischen Thurm in H . . ., als diß Zeughaus, inwendig zu sehen, vor welchem er so oft, ohne seinen Wunsch befriedigen zu können, vorbei gegangen war. Aber wie sehr wurde ihm itzt diß Vergnügen versalzen, da er es in solchem Zustande zu sehen bekam.

Diß Tragen auf dem Rücken schwächte seinen Muth mehr, als irgend eine Demüthigung, die er noch erlitten hatte, und mehr als L . . . s Scheltworte und Schläge. Es war ihm, als ob er nun nicht tiefer sinken könne; er betrachtete sich beinahe selbst, als ein verächtliches, weggeworfenes Geschöpf: Es war diß eine der grausamsten Situationen in seinem ganzen Leben, an die er sich nachher, so oft er ein Zeughaus sahe, lebhaft wieder erinnerte, und deren Bild wieder in ihm aufstieg, so oft er das Wort *Unterjochung* hörte.

Wenn ihm so etwas begegnet war, so suchte er sich vor allen Menschen zu verbergen; jeder Laut der Freude war ihm zuwider; er eilte auf das Plätzchen hinter dem Hause an die Oker hin, und blickte oft Stundenlang sehnsuchtsvoll in die Fluth hinab. — Verfolgte ihn dann selbst da irgend eine menschliche Stimme, aus einem der benachbarten Häuser, oder hörte er singen, lachen, oder sprechen, so däuchte es ihm, als treibe die Welt ihr Hohngelächter über ihn, so verachtet, so vernichtet glaubte er sich, seitdem er seinen Nacken unter das Joch eines Tragkorbes gebeugt hatte.

Es war ihm denn eine Art von Wonne selbst in das Hohngelächter mit einzustimmen, daß er seiner schwarzen Phantasie nach über sich erschallen hörte — in einer dieser fürchterlichen Stunden, wo er über sich selbst in ein verzweiflungsvolles Hohngelächter ausbrach, war der Lebensüberdruß bei ihm zu mächtig, er fing auf dem schwachen Brette, worauf er stand, an zu zittern und zu wanken. — Seine Knie hielten ihn nicht mehr empor; er stürzte in die Fluth — August war sein Schutzengel; er hatte schon eine Weile unbemerkt hinter ihm gestanden, und zog ihn beim Arm wieder heraus — es waren demohngeachtet mehr Leute dazu gekommen — das ganze Haus lief zusammen, und Anton wurde von dem Augenblick an, als ein gefährlicher Mensch betrachtet, den man, so bald, wie möglich, aus dem Hause fortschaffen müsse. — L . . . schrieb den Vorfall sogleich an Antons Vater, und dieser kam vierzehn Tage darauf mit unmuthsvoller Seele, nach B . . ., um seinen mißrathenen Sohn, in desses Herzen sich, nach dem Urtheil des Hrn. v. F. . . ., der Satan einen unzerstörbaren Tempel aufgebauet hatte, nach H . . . wieder abzuholen.

Er hielt sich noch ein paar Tage bei dem Hutmacher L . . . auf, während welcher Zeit Anton noch mit verdoppeltem Eifer, in Gegenwart seines Vaters, alle seine Geschäfte verrichtete, und eine Beruhigung darinn suchte, noch zuletzt alles zu thun, was in seinen Kräften stand. Von der Werkstatt, von der Trockenstube, vom Holzboden, und von der B . . . Kirche nahm er nun in Gedanken Abschied — und seine allerangenehmste Vorstellung, wenn er wieder nach H . . . kommen würde, war, daß er dann seiner Mutter von dem Pastor P . . . würde erzählen können.

Je näher die Abschiedsstunde herannahte, desto leichter wurde ihm ums Herz. — — Er sollte nun bald aus seiner engen drückenden Lage herauskommen. — — Die weite Welt eröfnete sich wieder vor ihm.

Von August war der Abschied zärtlich, von L . . . kalt wie Eis — es war an einem Sonntag Nachmittage, bei trübem Himmel, da Anton mit seinem Vater wieder aus dem L . . . schen Hause ging, — er blickte die schwarze Thüre mit den großen eingeschlagenen Nägeln noch einmal an, und wandte ihr getrost den Rücken, um wieder aus dem Thore zu wandern, vor welchem er vor kurzem noch einen so interessanten Spaziergang gemacht hatte. — Die hohen Wälle der Stadt, und der Andreas-Thurm waren bald aus seinem Gesicht verschwunden, und er sahe nur noch den Brocken in der Ferne mit Schnee bedeckt, in trüber Dämmrung sich in den dicht aufliegenden Wolken verlieren.

V.

(24) Moritz kam im Jahre 1782 von seiner Fußreise nach England zurück und setzte seinen vormaligen Umgang mit mir fort. Aus der Höle zu Castelton brachte er eine, mit einem kurzen Husten verbundene Engbrüstigkeit mit, die mich vor seiner Brust fürchten ließ. Ich machte ihm Vorstellungen über Vorstellungen, daß er sich zu einer förmlichen Kur entschließen solle, aber er war nicht dazu zu bringen. Nicht einmal einen Aderlaß konnte ich von ihm erhalten, ungeachtet ich ihm die Gefahr eines hitzigen Fiebers oder Blutsturzes sehr oft und sehr lebhaft vormahlte. War ihm aller Arzneygebrauch zuwider, so hatte er vor dem Aderlassen eine wirkliche Furcht. Nächst dem Gange mit offener Brust und dem kalten Baden gehörte zu den Affektationen des damals graßirenden Geniewesens, an welchem Moritz nicht wenig litt, auch der Abscheu vor dieser blutigen Operation. Man hielt sie für naturwidrig.

Eines Tages werde ich zwischen zwey und drey Uhr schnell nach der Scharnstraße gerufen, wo Moritz hingefallen seyn und sich im Blute wälzen soll. Ich fliege hin und finde ihn in der Stube eines Wundarztes, die ganz voll Blut war, mit einem der heftigsten Bluthusten, einer Leiche gleich, auf Stühlen liegend. Zur Ader war ihm schon gelassen, ich besorgte Arzneyen, veranstaltete das Wegbringen nach seiner nicht weit entfernten Wohnung auf die sanfteste Weise, verordnete daselbst das Gehörige und empfahl vorzüglich Stille und Ruhe.

Den andern Morgen eile ich hin zu Moritz, finde seine Thüre verschlossen und höre mit Erstaunen von seinen Hausleuten: daß er sich geputzt, weggefahren, sich in einer Schule als Lehrer einführen läßt, eine öffentliche Rede hält und des Mittags beym Rath *Büsching* zu Gaste ist.

Den folgenden Tag fand ich ihn ohne Blutauswurf, aber mit starkem Fieber und heftigem Husten. Kaum konnte ich ihn einige Tage auf der Stube halten. Die Zufälle ließen auf verordnete Mittel ein wenig nach, und Moritz war nicht mehr zu treffen.

Es verstrichen Wochen, ohne daß ich Moritz zu sehen bekam. Endlich ward ich zu ihm gerufen und fand ihn im erbärmlichsten Zustande. Bleich und abgemattet lag er da, mit anhaltendem festen, beynahe erstickendem Husten und einem kleinen, überaus schnellen Pulse, der zuweilen einen Schlag aussetzte. Sein Athem war höchst schwierig, seine Nächte schlaflos, des Morgens schwamm er in Schweiß, er war ein Schwindsüchtiger im ansehnlichen Grade. Der schlimmste unter seinen Zufällen aber war die stürmische Unruhe in seiner Seele, eine Folge seiner übertriebenen Furcht vor dem Tode. Immer den Puls unter seinen Fingern, fuhr er auf, so wie er das Aussenbleiben eines Schlages verspürte, das er für das Zeichen eines Polypen im Herzen hielt. Bald weinte er wie ein Kind, bald declamirte er in Prosa und in Versen wider sein Schicksal, wider sein Verhängniß schwindsüchtig zu seyn und sterben zu müssen.

Ich suchte ihn durch tröstendes Zureden zu besänftigen und entwarf meinen Kurplan, der auch ziemlich gut einzuschlagen schien. Nach fünf bis sechs Tagen löste sich der Husten, und die Respiration wurde freyer; aber bey dem mindesten Gefühl von Erleichterung entsprang Moritz gleich allen meinen strengen Verordnungen. Der anhaltende Wirbel in seinem Gemüthe, verbunden mit seiner physischen Unmäßigkeit, verdarben in einer Stunde alles, was ich mit der behutsamsten Sorgfalt in vielen Tagen durch meine Arzneyen vor mich gebracht hatte. Ich konnte sicher darauf rechnen, wenn ich ihn in der Mittagsstunde überraschte, ihn gerade bey den Schüsseln zu finden, die ich ihm Tages vorher auf das nachdrücklichste verboten hatte.

Nach einigen Wochen verschlimmerte sich sein Zustand sehr merklich. Sein Auswurf wurde eiterig und häufig, das Fieber heftiger und anhaltender, und das Aussetzen des Pulses stellte sich öfter ein. Mit dieser Verschlimmerung wuchs immer das Toben in seiner Seele. All mein freundschaftliches Zureden, all mein Versichern: daß seine Krankheit nicht tödlich sey, und er bey ruhigem Verhalten und genauer Befolgung meiner Vorschriften binnen kurzem hergestellt seyn werde, war vergebens. So wie ein Anfall von Husten kam oder er das Wegbleiben eines Pulsschlages bemerkte, lief er wild in der Stube umher, schimpfte in prächtigen Hexametern auf seinen Tod, auf die Kunst, und höhnte mich mit meinen schmeichelnden Hoffnungen, deren Eitelkeit er so deutlich fühlte.

Am schlimmsten waren die Nächte, wo er, ohne Zerstreuung, sich ganz mit sich selbst beschäftigte, nachdem er eine erträglichere oder peinlichere Viertelstunde hatte, sich ruhig oder tobend verhielt, immer zwischen der Hoffnung, die ich, zu dem er das größte Zutrauen hatte, ihm machte, und der Furcht, die ihm sein leidender Zustand einjagte, hin und her geschleudert wurde, schlaflos sich umher wälzte, und dadurch das Fieber mächtig unterhielt, welches ich daher mit den bewährtesten und unfehlbarsten Mitteln nicht herunterstimmen konnte.

So quälte mich Moritz Monatelang. Ich änderte Vorschriften, wechselte Heilmethoden, wendete bald Drohungen, bald Bitten an, alles vergebens. Das Fieber, das seine Quelle mehr im Gemüthe als im Körper hatte, war nicht zu bekämpfen, und ich sah es mit Gewißheit in kurzer Zeit die Maschine aufreiben. Ich befand mich in einer der mißlichsten Lagen. Moritz war mein Freund, den ich sehr liebte, er war mein Kranker, der das auffallendste Vertrauen in mich setzte, ich hielt mich versichert, dieselbe Krankheit bey jedem andern überwinden zu können, und mußte gerade bey ihm, wegen der Hindernisse, die er selbst mir in den Weg legte, auf diese Künstlerfreude Verzicht thun. Ich schlug ihm oft einen andern Arzt vor, davon wollte er nichts wissen; ich drohte, ihn zu verlassen, dann bat er wehmüthig, versprach alles und hielt das geringste kaum einige Stunden. Endlich ward ich verdrüßlich, mißmuthig, machte meine vergeblichen Besuche mit Widerwillen, sprach oft bey ihm fast gar nicht und beantwortete seine Declamationen blos mit Seufzern und Achselzucken. Ich war entschlossen, den Unbändigen aufzugeben und mich seiner Besorgung zu entledigen.

Aber der Zufall wollte es anders. Als ich eines Tages zu Moritz ins Zimmer kam, fand ich ihn steif und leichenartig ausgestreckt auf dem Bette liegen. Auf meinen Eintrittsgruß sah er mich starr an, ohne ihn durch irgend eine Miene zu erwiedern. Um seinem Lager saß ein Besuch von drey bejahrten Männern, seinen alten Freunden, einem Hofpostsecretair, einem Kriegesrath und einem Schullehrer, die mich höflich bewillkommten, und deren Gesicht, wie nach einer eben aufgehörten erschütternden Scene, Mitleid und ein nachdenkendes Erstaunen verrieth. Dieß Benehmen, muß ich gestehen, brachte mich einige Augenblicke ausser Fassung. Eine gewisse gravitätische Tücke oder vielmehr tückische Gravität war Moritzen zwar nicht fremde, ich war ihrer an ihm in gesunden Tagen gewohnt, besonders wenn ihm irgend ein paradoxes Geschmacksurtheil hartnäckig widersprochen oder irgend ein auffallender Quersprung in seiner Lebensweise von seinen Freunden warm und mit erheblichen Gründen widerrathen wurde. Bey jedem andern Menschen zeigte ein ähnliches Betragen unter den nehmlichen Umständen oft blos einen übermäßigen Stolz, einen über alle Einsichten anderer erhabenen Eigendünkel an; bey ihm war es die Folge zweyer sich lebhaft widersprechender Gemüthszustände: des Gefühls von wirklichem Unvermögen, seine Behauptungen und Vorsätze durch klare und deutliche Gründe zu verfechten, (denn er war überhaupt mehr Geschmacks- als Vernunftmensch und selbst die guten Wahrheiten, deren er manche entdeckte, entstanden und reiften in ihm mehr durch Empfindung als durch eigentliches Nachdenken) und der übergroßen Genügsamkeit mit sich selbst, des hartnäckigsten Zutrauens zu den Eingebungen seines Gemüths und des so sehr schwankenden zu allem Überlegten, Vernunftmäßigen, welches diese Eingebungen nicht begünstigte. Aber in seiner gegenwärtigen Lage war mir diese anmaßende hautaine Gebehrde unerklärbar. Von jenen moralischen Veranlassungen glaubte ich nicht, daß eine da war, und wenn ich sonst in seine Stube trat, konnte ich nie zu Wort kommen, er war immer der erste, der sprach, und der lauteste.

Indessen sammelte ich mich bald, und ging mit einer etwas erzwungenen Heiterkeit auf ihn zu, nahm seine rechte Hand in die meinige, während daß ich mit der linken den aussetzenden unregelmäßigsten und zugleich aufgebrachtesten Puls fühlte. Moritz lag immer ganz stille ohne sich zu rühren. »Nun wie geht es, lieber Moritz? die Nacht war wohl sehr unruhig?« darauf riß er mir die Hand weg, verzog den Mund in ein leichtes höhnisches Grinzen und drehte sich schnell auf die linke Seite nach der Wand zu. Ich rüttelte ihn ein wenig, indem ich in einem weichen, sanften Tone meine Frage wiederholte; umsonst, ich bekam keine Antwort. Nun entfernte ich mich vom Bette, mit einem tiefen Seufzer, und fragte den Schullehrer bey Seite: was denn das wäre? woher dieser ungewöhnliche Starrsinn? und ob Moritz in diesem stillen Zustande schon lange vor meiner Ankunft war? Er erzählte mir auf eine ruhige Weise: daß er eine sehr schlimme Nacht gehabt, oft wegen des Herzpochens und Hustens habe aufstehen und herumlaufen müssen, und erst gegen Morgen eine halbe Stunde Schlaf gefaßt habe. Nicht lange nachher fuhr er plötzlich nach dem Pulse: »das ist schrecklich! rief er, nicht ein Schlag wie der andere, das Blut stemmt sich gegen den großen Polypen, und es wird, muß bald vollendet seyn.« Wir redeten ihm alle zu: er möchte das Pulsfühlen unterlassen. »Kein Mensch, sagte ich, nicht der beste Arzt kann seinen eigenen Zustand selbst beurtheilen, wir sind über unsere physische Verfassung keine gültigere Richter, als über unsere moralische.« Er möchte, baten wir ihn, ruhig, geduldig und folgsam den Gang seiner Krankheit abwarten, seinem Arzt, der zugleich sein Freund ist, sich völlig überlassen und an seine Verordnungen von ganzer Seele glauben. »Pah! glauben!« rief er mit einer bittern Lache. »Ja, ja, versetzte der Kriegsrath, es ist eine gar wichtige Sache der Glaube an die Kräfte der Arzneyen, die man verschluckt! sein Einfluß auf die Wiederherstellung ist erstaunlich.« »Versichern Sie mich dessen, sezte ich scherzend hinzu, nur halb so groß auf die Seeligkeit und ich melde mich morgen beym Pater Schornstein.«*) »Ich höre schon, fiel uns Moritz ein, Sie sprechen, meine Herren, gerade wie Herz.« »Und Herz, erwiederte ich, wie er muß.« »Nein! schrie er, nicht wie er muß! Er muß die Wahrheit sagen und die sagt er nicht. Schon sechs ganzer Wochen vertröstet er mich mit dem Besserwerden von Tag zu Tag, und ich merke nicht die mindesten Spuren davon. Wenn ich mich so zuweilen eine Viertelstunde erleichtert glaube, dann stellt sich meine Hoffnung zum Gesundwerden mit den lachendsten

*) Ein katholischer Geistlicher in Berlin.

Farben dar, Herz hat doch wohl recht, denke ich, und auf der Stelle durchlaufe ich Plane von funfzigerley Arbeiten, die ich in meinem Kopfe seit langem aufbewahre; aber ehe ich mich es versehe, ist meine Beängstigung, mein Husten, mein intermittirender Puls wieder da, ich fühle die Unmöglichkeit meiner Fortdauer und wüthe für Ärger über meine thörichte Aussichten, zu denen mich das glatte Handwerksgeschwätz verleitete. Ach Herz weiß es so gut und muß es wohl besser wissen, als ich, daß ich unwiederruflich verlohren bin. Er kann keinen Polypen des Herzens kuriren, warum sagt er mir das nicht? warum behandelt er mich wie ein Kind, wie einen läppischen Weichling, für den ihm bange ist, daß er aus Furcht zu sterben sterben werde? Es ist kein Polyp, sagt er immer; aber ha! ha! fühlen Sie nur den Puls, fühlen Sie nur! — in dem Augenblick traten Sie hinein.«

Einige Minuten Nachdenken brachten in mir das Resultat hervor, daß es unmöglich sey, dem heftigen Fieber zu steuern und meinen Freund zu retten, ohne ihn vorher aus dem zerrüttenden Zustand zwischen Furcht und Hoffnung mit Gewalt zu reissen, und daß ich ihn, da das Gefühl seiner Krankheit und seine lebhafte schwärmende Phantasie allen meinen aufrichtigen Versicherungen von Gefahrlosigkeit Trotz bieten, vielmehr von der gewissen Gefahr zu überzeugen suchen müsse. Ich muß ihn in die Fesseln der Furcht schlagen, da er sich an dem sanften Bande der Hoffnung nicht leiten lassen will; ich muß durch die Verkündigung seines gewissen Todes eine vollkommene Resignation auf jeden Gedanken von Wiedergenesung in ihm erregen, und indem ich seine Furcht vor dem Tode ab- und nur auf die Art des Todes hinlenke, eine völlige Ergebenheit in mich und meine kunstmäßigen Verordnungen in ihm bewirken.

Es herrschte einige Minuten eine vollkommene Stille im Zimmer, während welcher ich, den Kopf auf die rechte Hand, den Arm auf das Fenster gelehnt, nachdenkend stand. Nun griff ich langsam nach meinem Hute, machte eine Bewegung zum Weggehen, indem ich vernehmlich leise, halb mir selbst, halb den Anwesenden sagte: Was soll ich hier machen? Ich bin hier nichts nütze. In dem Augenblicke wirft Moritz sich plötzlich aus seiner horizontalen Lage in eine quer über das Bette sitzende Stellung, und so wie ich ihm nahe kam, streckte er den Arm mir entgegen, und fragte mich mit einer Art Heftigkeit: Wollen Sie mir denn den Puls nicht fühlen?

Ich. (langsam mit einer verdrüßlichen Ernsthaftigkeit, indem ich nachläßig meine Finger an den Puls legte) ich habe ihn heute schon gefühlt.

Er. Nun wie ist es?

Ich zuckte die Achsel ohne einen Laut von mir zu geben.

Er. Wird es nun nicht bald besser werden? In einigen Wochen muß doch endlich der Schleim von der Brust weg? — Sie sind wohl verdrüßlich, oder gar böse?

Ich holte einen tiefen Seufzer, legte den Arm zurück auf seinen Schooß, ging wieder an das Fenster und nahm meine vorige Stellung an.

Er. Wunderbar, daß es mit der Krankheit gar nicht fort will!

Ich. (mit einem bittern Lächeln) Wunderbar? ja freylich sehr wunderbar, daß es Krankheiten giebt, die nicht geheilt werden können! Fahren Sie nur so acht Tage mit mir zu den Lagern der Elenden, und Sie werden einen andern Begriff vom Wunderbaren bekommen.

Er. (etwas erschrocken) nicht geheilt werden können? — also meine Krankheit kann nicht geheilt werden? Und Sie sagten doch immer — hier stockte er, warf seine Mütze auf die Erde und kratzte sich sehr heftig mit beyden Händen den Kopf.

Ich stand immerfort ganz stille vertieft am Fenster.

Er. (nach einer langen Pause) Und Sie sagten doch immer so hübsch: seyn Sie nur ruhig, es wird schon gehen.

Ich. (kalt und gelassen) ich habe es geglaubt, und wären Sie ruhig gewesen, es wäre gegangen.

Er. (nach einer lauten bittern Lache) Ich hätte Ihnen glauben und ruhig seyn sollen, da mein intermittirender Puls, mein Fieber, mein Husten, mein Herzklopfen jede beginnende Ruhe zerstiebten?

Ich blieb gelassen in meiner Stellung. Nach einer langen Pause, während welcher Moritz wie ein halb Wahnsinniger mit den Händen heftig gestikulirte, ohne einen Ton hervorzubringen, schrie er endlich: nun was sagen Sie? woran denken Sie?

Ich. (immer im vorigen Tone) An den letzten Gedanken von der Möglichkeit Ihrer Genesung, und eben bin ich mit ihm fertig geworden.

Er. Nun?

Ich. Auch dieser ist endlich verschwunden. Es ist vorbey, ich denke hin, ich denke her, umsonst, Sie sind nicht zu retten.

Er. (erschrocken) Wie? Was?

Ich. Ja, meine Kunst, die Kunst überhaupt ist zu Ende, es ist nichts mehr zu machen.

Er. Ich muß also sterben? ich muß sterben?

Ich. (indem ich meinen Kopf in die Höhe richtete und die Achsel zuckte) ja wohl, Sie müssen sterben.

Er. (nach einer kurzen Zwischenzeit mit Heftigkeit aufspringend) Das ist doch unerhört!

Ich. (gleichfalls mit einiger Heftigkeit) Unerhört? wie so? unerhört, daß jemand an einer unheilbaren Krankheit stirbt? daß Sie daran sterben ist freylich bis jezo unerhört; wenn Sie daran gestorben seyn werden, wird es in Ansehung Ihrer unerhört seyn, dieß gilt von jedem andern gestorbenen in Ansehung seiner, und ist sehr natürlich, denn man kann nur einmal sterben, aber auch unerhört überhaupt, daß man an einer Krankheit, wie die Ihrige ist, stirbt? — daß man daran nicht stirbt möchte ich schier für unerhörter halten.

Er. (gleichsam tief nachdenkend in der Stube herumlaufend) Das ist doch schrecklich!

Ich. (im vorigen Tone) Schrecklich? für wen? für die Welt? glauben Sie, daß durch Ihren Tod in dieser eine große Veränderung entstehen werde? wird die Sonne nicht mehr so hell scheinen? werden die Staaten minder friedlich mit einander leben? wird die Handlungsweise der Menschen eine große Zerrüttung leiden? wahrlich, da irren Sie sich sehr. Der Welt ist der Tod keines Menschen schrecklich, und vollends keines Menschen von unserm Schlage. — Also schrecklich für Sie? für Sie? wann wähnen Sie denn dieses Schreckengefühl zu haben? Nach dem Tode etwa, wenn Sie sich so als todt denken werden? — Und jezo leben Sie ja noch! Und wie wollen Sie denn auch diesem Schrecklichen, wie Sie es nennen, überhaupt entgehen? wird es, wenn nicht jezo, nicht irgend einmal doch kommen?

Er. Ich bin aber noch so jung!

Ich. Possen! jung oder alt! Jung und alt unterscheiden sich gewiß wenig durch die Menge Jahre, die noch zu leben sind, denn diese ist ja so zufällig, so unbestimmt; ihr eigentlicher Unterschied besteht in der Menge Jahre, die man verlebt hat, und was kann die Anzahl dieser beym vernünftigen Manne in den lezten Tagen für Einfluß auf seine Bereitwilligkeit zu sterben haben? Das Verlebte ist nicht mehr da, ist für uns als wäre es gar nicht da gewesen; was hindert, daß wir uns jeden Tag, daß Sie sich in dem gegenwärtigen Augenblick die Vorstellung machen, schon siebenzig Jahre gelebt zu haben? — Oder glauben Sie etwa, daß, wenn Sie diese siebenzig Jahre wirklich gelebt hätten, Ihr Hang zum Fortleben, Ihr Abscheu vor dem Sterben minder seyn würde? O wie sehr irren Sie, mein Freund! Ja, wenn es mit dem Verlangen nach Leben so wie mit einem von den übrigen Trieben wäre, deren Gegenstand die Erhaltung oder die Annehmlichkeit dieses Lebens ist, und die immer durch jede Befriedigung auf eine Zeitlang gesättigt werden, so ließ sich, wie oft bey diesen, auch bey ihm ein Genug, eine Übersättigung, eine gänzliche Zernichtung seiner Erregbarkeit denken; aber der Trieb nach dem Leben, wenn er einmal, durch die Vernunft uneingeschränkt, ganz sich selbst überlassen da ist, ist auf das Leben selbst gerichtet und mit demselben inniglich verbunden, seine anhaltende Genugthuung mit jedem Augenblick ist ihm keine Befriedigung für den folgenden, das Genossene stumpft ihn nicht ab für das zu genießende, wie die Feder immerfort den Zeiger zur neuen Stunde treibt, unbekümmert der Stunden, die er schon gewiesen hat, so kommt in seinem Streben nach Weiterleben das Verlebte gar nicht in Anschlag und er kann nie aufhören als mit dem Leben selbst. — Diese Unmäßigkeit liegt, wie Sie sehen, in dem Wesen dieses sonderbaren Triebes, und wer hat mehr Gelegenheit ihre Allgemeinheit in der Erfahrung bestätigt zu finden, als der Arzt? Immer habe ich diesen Trieb, die Sucht zu leben da am stärksten beobachtet, wo ihnen am längsten Genüge geleistet worden war; je älter die Menschen werden, desto fester klammern sie sich an das Leben an, desto heftiger sträuben und krümmen sie sich, wenn sie es verlassen sollen; die Jugend hingegen sah ich sehr oft mit kraftvoller Resignation dem Tode entgegengehen. Kraft, die dem Alter mangelt, wird freylich dazu erfordert; aber der Vernunft kann und muß es an dieser nie fehlen. Ohne weitläufige Betrachtungen über den Unwerth, das Qualvolle, die Nichtigkeit dieses Lebens oder über die Fortwanderung in ein besseres unbekanntes anzustellen, darf sie zur Schwächung dieses Triebes ihm immer nur die Unmöglichkeit seiner vollständigen Befriedigung vorhalten, darf sie dem Menschen nur vorzeigen, wie es ihm, da er das Leben doch nicht ewig behalten kann, ganz gleich seyn muß, aus welchem Punkte in dem Kreise des unendlichen Zeitmeeres er von demselben abgestoßen wird. — Und wenn ich diese Vernunftkraft Ihnen, lieber Moritz, nicht zutrauen soll, wem sonst?

Er. (etwas ruhiger und gerührt) Aber ich habe noch nicht weise gelebt!

Ich. So sterben Sie weise! (nach einer Pause) Glauben Sie, beym Sterben zeigt sich die Weisheit am ächtesten und schönsten; im Leben sind wir nur selten sicher, ob wir sie in ganzer Masse oder nur einen dünnen Überzug von ihr vor uns haben. — Haben Sie das letzte Stück von Iselins Ephemeriden der Menschheit gesehen? Ich habe es vor einigen Tagen in Händen gehabt. Ach! wie haben mich deine letzten Zeilen, guter, großer Mann, entzückt, gerührt und in Thränen der Bewunderung gesetzt! da du mit kalter Ruhe, mir nichts, dir nichts, den Beschluß deines unsterblichen Werkes wegen des nahen Beschlusses deines Lebens verkündigst! Ha, lieber Moritz, das ist wahre Weisheit! Ich weiß, Sie werden sagen: Iselin ist ein siebenziger; aber noch einmal, was haben die vergangenen Jahre mit dem gegenwärtigen Gefühle vom Verluste der künftigen für Verbindung? — Noch einmal, fügen Sie zum Anfange Ihres Lebens noch fünfzig frühere Jahre hinzu; setzen Sie den Tag ihrer Geburt in das Jahr 1712, wie kann die Erinnerung an jenen verflossenen Genuß Ihre Begierde nach dessen Fortdauer herunterstimmen? Kann, wenn bey guter Verdauung Ihr Magen zum drittenmal des Tages nach Speisen verlangt, die Erinnerung, daß Sie schon zweymal gegessen haben, den Hunger besänftigen? — Nein, seyen Sie versichert, die Vernunft, die ein zwanzigjähriges Leben nicht mit Gleichgültigkeit aufgeben läßt, vermag es gewiß eben so wenig und wohl noch weniger in Ansehung eines hundertjährigen!

Während dieser letzten Anrede schlich Moritz sich

langsam nach dem Bette, setzte sich nieder, sah mich aufmerksam an, und wiederholte einmal ziemlich vernemlich mit einer Miene von Staunen und Rührung die Worte: *so sterben Sie weise!* Nun fiel er mit dem Kopfe rücklings an die Wand, wurde zusehends blaß, schien beklommen und sah starr gegen den Balken. Seine drey Freunde, nicht weniger erschrocken, sahen mich bedeutend an und wollten Etwas, sie wußten nicht was, hervorbringen; ich aber blieb in meiner Fassung. Indessen ging mir sein Zustand durch Mark und Bein, meine Augen standen unter Wasser, und ich mußte alle meine Kräfte zusammennehmen, um mich als operirenden Wundarzt zu denken.

(2) Er hatte zwar beständig einen trockenen Husten gehabt und über Brustschmerzen geklagt, auch hin und wieder etwas Blut ausgeworfen. Da dies indessen keine weitere Folgen hatte, so brauchte er nichts dagegen, und glaubte daß die strenge Diät, die er stets hielt, seine völlige Wiederherstellung bewürken würde.

Auf einmal aber und ohne die geringste nähere Veranlassung bekam er ein starkes Blutspeien und die Umstände schienen gefährlich. Was wurde dabei nicht alles gebraucht? Lachenknoblauch, Isländisches Moos und eine ungeheure Menge von Pillen, Tropfen und Latwergen wurden verschluckt — aber alles ohne Erfolg.

Come what come may,
time and the hour runs through the roughest day! *)

war zwar sein Wahlspruch. Allein aus Liebe zum Leben unterwarf er sich doch gern allen Vorschriften des Arztes und verlangte nicht nach der Kühle des Grabes, die er in seinen Gedichten sonst so sehnlich herbeiwünschte.

---

*) Komm auch, was da kommen mag,
Stund' und Zeit läuft durch den rauhsten Tag!
Shakespear.

(6) Seine Freunde, die ihn besuchten, nöthigte er, ihre Pulsschläge zu zählen. Sie mußten auf gegebene Zeichen zugleich mit ihm anfangen und aufhören, und aus der Ähnlichkeit oder Verschiedenheit der Zahl der Pulsschläge wähnte er Licht über seine Gesundheit zu erhalten.

(24) Gegen Abend war ich da. Moritz lag auf dem Bette, empfing mich mit einem freundlichen Lächeln und sein Gesicht zeigte eine triumphierende Selbstgenügsamkeit wegen seiner Ruhe. Er hatte einen zweystündigen sehr süssen Schlaf genossen, war in einer gelinden Ausdünstung und hatte einen etwas schnellen aber weichen und krampffreyen Puls, auch behauptete er, dessen Aussetzen seit einer Stunde nicht gespürt zu haben. Er erzählte mir, wie fleißig er eingenommen und wie mäßig er gegessen. Er fühle sich zu schwach, um an seine Papiere zu denken, auch habe er alles Interesse an dem Bettel verlohren. Es ist auch recht gut, sagte er, dieß Zeug verleitet nur zu neuen Attachements, und ich habe jezo, Dank sey es Ihnen, nur ein einziges: *an dem großen Detachement*. Wir unterhielten uns eine Stunde lang von den gleichgültigsten Dingen, und ich sagte, gute Nacht.

Zu meinem Erstaunen fand ich den andern Morgen meinen Kranken verändert. Er hatte vier Stunden feste und ununterbrochen geschlafen, sein Puls hatte wenig Fieberhaftes, und sein Auswurf ging äußerst leicht. Er sah so heiter aus, daß mir bange wurde für die Erneuerung seiner Hoffnung und Neigung zum Leben. Um dieser zuvorzukommen, stimmte ich nicht ohne vielen Zwang meine Miene zur Traurigkeit und Niedergeschlagenheit herunter und suchte den düstern Ton unter uns zu erhalten. Nachdem ich ihn, seinen Puls in meiner Hand, einige Minuten mit einem starren und mitleidigen Blicke angesehen, setzte ich mich ihm zu Kopfe und holte einen tiefen Seufzer. Wie ist es? sagte

Moritz, Sie sind mißmuthig, wohl meines Zustandes halber?

Ich. Pah! auch bin ich selbst sehr übel. Mein Kopf quält mich heute wieder entsetzlich. Ach! hätte er mir in meinem Leben nur den zehnten Theil der Freuden gewährt, als er mir Leiden verursacht hat, welch ein Kerl wäre ich der Welt gewesen!

Er. Sie werden doch an diesem Leiden nicht sterben?

Ich. Ha! ein schöner Trost! wir sprechen uns, lieber Moritz. Wer weiß, wie bald ich Sie einhole! Moritz hob den Kopf seitwärts in die Höhe und sah mich mit thränenden Augen eine Weile bedeutend an.

Ich. Nun genug. Sie fühlen sich wohl schwach?

Er. Sehr.

Ich. Aber doch frey von Schmerzen?

Er. Vollkommen.

Ich. So ist es recht. Es geht alles gut, Sie verstehen mich schon, lieber Moritz.

Er. Aber wunderbar ist es doch, daß das Aussetzen des Pulses so ganz aufgehört.

Ich. Eine Folge der übergroßen Schwäche.

Er. Und der Auswurf leicht und das Athmen so viel freyer.

Ich. Ist Ihnen das nicht lieb? halte ich nicht mein Versprechen? Fahren Sie nur fort mit Ihren Arzeneyen und überlassen Sie das Übrige mir. Ich sehe Sie heute noch, wenn es mir mein Kopf erlaubt.

Ich kam noch spät des Abends hin, fand ihn feste schlafend mit wenigem Fieber und ziemlich freyem Athem.

Den folgenden Morgen verkündigten mir sein Aussehen und alle Symptomen den wirklich mit starken Schritten Genesenden. Er fühlte sich nach einem ruhigen Schlaf minder schwach und sein Puls war fast ohne Fieber. Seine Heiterkeit fing in der That an, mich wegen eines Rückfalles der Hoffnung, die ich jezo noch für zu früh hielt, zu ängstigen. Ich sprach daher wenig, that sehr besorgt und besuchte ihn diesen Tag viel öfterer, als sonst. Alle zwey Stunden war ich bey ihm, fühlte den Puls und empfahl, ohne mich lange aufzuhalten, Ruhe, Diät und Arzeneymittel sehr ernstlich.

Und so hatte ich noch verschiedene Tage mich mit äusserster Mühe durchzuwinden, um Moritzens Gemüth in der Stimmung zu erhalten, in welche ich es versetzt hatte. Aber endlich ging es nicht länger. Seine Besserung schritt so schnell und sein Gefühl davon war so ächt, daß ich, ohne verdächtig zu werden, meine Rolle nicht länger fortsetzen konnte. Ich gab sie auf, aber sehr allmählich.

Als ich den achten Tag nach dem verkündeten Todesurtheil zu ihm kam, fand ich ihn in Beinkleidern und Schlafrock, frisirt, die Feder in der Hand am Tische sitzen. Was machen Sie? fragte ich, Sie haben sich ja geputzt?

Er. Ja, ich befinde mich leicht und wohl, ich habe die ganze Nacht nicht gehustet. Hören Sie, lieber Herz, ich halte für möglich, daß ich nicht sterbe.

Ich. I nun, wir wollen sehen.

Dieses *I nun, wir wollen sehen* wiederholte ich täglich, aber immer mit einem Tone, der täglich mehr Zuverläßigkeit in dieses *wollen sehen* setzte, bis es endlich so klang als, wir sehen wirklich. Ich ließ nun Moritzens Hoffnung wachsen, seine alte Liebe zum Leben war wieder in ihrer größten Stärke da, seine medizinische Folgsamkeit nahm allmählich ab, und ich konnte nicht mehr mit Eifer auf dieselbe dringen.

Noch acht Tage später fand ich ihn bey meinem Besuche nach seiner Art sehr geputzt mit gravitätischen Schritten die Stube auf und ab gehen. Sein Ansehen wohl, Fieber und Husten waren verschwunden, seine Kräfte hergestellt, er gehörte nicht mehr unter die Categorie von Kranken. In einem Anfalle von Entzücken fiel er auf mich zu und zerdrückte mich fast für Zärtlichkeit. Nun, sagte er, bin ich nicht weise gestorben?

VI.

(23) Unter allen übrigen Dingen hat der Mensch sich selber seiner eignen Aufmerksamkeit vielleicht noch am allerwenigsten werth gehalten. Blos weil das dringendste Bedürfniß der Krankheit ihn dazu nöthigte, fing er an, seinen Körper genauer kennen zu lernen. Weil er dieses Bedürfniß bei den Krankheiten der Seele nicht so lebhaft empfand, so vernachläßigte er auch die Kentniß dieses edelsten Teiles seiner selbst. Tausend Verbrecher sahen wir hinrichten, ohne den moralischen Schaden dieser, von dem Körper der menschlichen Geselschaft abgesonderten Glieder unserer Untersuchung wert zu halten. Da diese doch ein eben so wichtiger Gegenstand für den moralischen Arzt und für den nachdenkenden Philosophen, als für den Richter ist, welcher die traurige Operation veranstalten muß.

Wie nahm die Entzündung in dem schadhaften Gliede almählich zu? Wie hätte dem Übel noch beizeiten vorgebeugt, der Schaden noch geheilt werden können? An welcher Nachläßigkeit im Besichtigen oder Verbinden lag es, daß er so weit um sich grif, bis kein Rettungsmittel mehr fruchten wolte? In welchem Dorn hatte sich der gesunde Finger gereizt? welcher kleine unbemerkte Splitter war darin stecken geblieben, der nach und nach ein so gefährliches Geschwür erweckte?

Wie weit mannichfaltiger, verderblicher, und um sich greifender als alle körperlichen Übel, sind die Krankheiten der Seele! Wie weit unentbehrlicher, als alle Arzneikunde für den Körper, wäre dem menschlichen Geschlechte eine Seelenkrankheitslehre, die es noch nicht hat! Vielleicht deswegen noch nicht hat, weil eine solche wohlthätige Wissenschaft die ganze Aufmerksamkeit des menschlichen Geistes eine lange Reihe von Jahren hindurch erfordert; weil sie noch tausendmal mehr Beobachtungen und Erfarungen, als die Arzneikunde, voraussezt; weil die besten Köpfe, welche ein Jahrhundert hervorbringt, sich dazu verbinden müßten; weil diejenigen, welche bisher den Krankheiten der Seele eigentlich entgegen arbeiten solten, dieselben größtenteils durch den Schleier einer nur alzuoft misverstandnen Religion betrachteten, wodurch ihre Augen so dunkel wurden, daß sie die so mannichfaltig verschiednen Gebrechen der Seele mit einem einzigen algemeinen Namen benanten, und beständig ein einziges Universalmittel dagegen anpriesen, wodurch das Übel oft noch grösser ward, um sich nur nicht die Mühe geben zu dürfen, über den jedesmaligen Zustand des Kranken, und über die innere Natur und Beschaffenheit der Krankheit selbst genauere Untersuchungen anzustellen.

Gäbe es doch wahre moralische Ärzte, welche so wie die phisikalischen, sich mehr mit Individuis beschäftigten, und von ihren Heilungsarten, zum algemeinen Besten, öffentliche Berichte abstatteten! Aber leider gibt es viele moralische Quacksalber, welche die einzige Universalarznei aller Krankheiten der Seele erfunden zu haben glauben, und sie mit grossem Geschrei und in einem Schwall von Worten zu Markte bringen, um dem staunenden Pöbel ein Blendwerk zu machen.

Was ist unsre ganze Moral, wenn sie nicht von Individuis abstrahirt ist? Der Grundriß eines Gebäudes im Sande, den ein kleines Lüftchen zerstört, ein ohngefährer Umriß ohne innern Gehalt, eben so wie alle Pädagogik, die sich nicht auf eigne spezielle Beobachtungen und Erfarungen gründet.

Aus den vereinigten Berichten mehrerer sorgfältiger Beobachter des menschlichen Herzens könnte eine *Erfarungsseelenlehre* entstehen, welche an praktischen Nuzen alles das weit übertreffen würde, was unsre Vorfahren in diesem Fache geleistet haben.

Freilich hält sich der Mensch für zu wichtig, an dem Menschen selber moralische Experimente zu machen; aber es kömt ja hier nicht auf den Namen sondern auf die Sache an. Man macht ja diese Experimente nicht, um ihrer selbst willen, oder blos um etwa einen Saz aufzuklären, sondern vorzüglich um einem Individuum unmittelbar dadurch nüzlich zu werden; gelingt dies leztere nun, so hat man ja einen doppelten Vorteil erreicht.

Aber wenn es nicht gelingt, wenn es die entgegengesetze Wirkung thut? — Muß man nicht bei Krankheiten, wo das Leben eines Menschen auf dem Spiele steht, eben dies befürchten, und oft zu verzweifelnden Mitteln schreiten, wenn sonst keine Hofnung mehr übrig ist. Sagt nicht ein Vater von seinem ausgearteten Sohne: dies lezte wil ich noch an ihm versuchen, und wenn das nicht hilft, dann muß ich ihn aufgeben, und ihn seinem Schicksale überlassen!

Wer aber wird solche traurige Beobachtungen, die er an Kindern, Verwandten oder Freunden gemacht hat, öffentlich drucken lassen, und dadurch jene Unglücklichen noch der öffentlichen Schande aussezen? — Wenn der Nuzen, welcher dadurch erreicht werden kann, das Wohl der Menschheit betrift, wer wolte sich da wol weigern, ein solches Opfer zu bringen? schonen wir doch nicht unserer Körper nach dem Tode, sondern lassen dieselben zum Besten der Menschheit öfnen, um zu untersuchen, wo der Siz der Krankheit war. Dann dürfen ja auch nur die Fakta ohne die Namen der Personen erzält werden, ob es gleich in sehr wichtigen Fällen besser wäre, wenn auch diese als Belege der Wahrheit mit angeführt würden.

Befürchtet man, daß es eine widrige Wirkung thun würde, wenn manche Personen ihre eigene Geschichte gedruckt lesen solten; könte man denn nicht auch Stof genug von solchen Personen hernehmen, welche nicht zur lesenden Welt gehören? Ein Prediger auf dem Lande von seinen Pfarrkindern? ein jeder Vorgesezter von seinen niedrigern Untergebnen? Könten nicht der Schulmann, der Prediger, der Offizier, der Jurist zu einem solchen Werke wichtige Beiträge liefern? Schon die Geschichte der Missethäter und der Selbstmörder, was für einen reichen Stof bietet sie dar? Die Geschichte wohlhabender in den Bettelstand gerathener Leute, und solcher, die sich aus einem niedern Stande empor geschwungen haben. Die lezten Stunden grosser Männer, so wie der Aufsaz von Sulzern im deutschen Museum, und das, was Leisewiz von Lessings Tode schreibt. Eigne wahrhafte Lebensbeschreibungen oder Beobachtungen über sich selber, wie Stillings Jugend und Jünglingsjahre, Lavaters Tagebuch, Semlers Lebensbeschreibung, und Rousseaus Memoiren, wenn sie erscheinen werden. Die Beßrungsgeschichte von Jünglingen und Erwachsenen in jedem Alter. Die Art und Weise, wie es jemanden gelungen ist, irgend einen besondern Fehler, als Zorn, Hochmut oder Eitelkeit abzulegen. Der Rückfall in diese Fehler. Gelungene oder mißlungene Versuche rechtschafner Schullehrer und Erzieher an einzelnen Subjekten. Nachrichten alter Schulmänner von den merkwürdigen Schicksalen ihrer ehemaligen Schüler, die sie in ihrer Jugend genauer kennen gelernt haben. Die Geschichte der Wahnwizigen und Schwärmer. Auffallende gute Handlungen, wie die von dem hiesigen Teichmann, mit der genauen Prüfung derselben. Auffallende böse Handlungen, wie die von Rousseau, worüber im deutschen Merkur vortrefliche Abhandlungen stehn. Auffallende oder stille Tugenden. Auffallende oder verborgene Fehler. Nebeneinanderstellung verschiedener

Personen aus der Geschichte, und ihr Verhalten in beinahe ähnlichen Fällen. Karaktere und Gesinnungen aus vorzüglich guten Romanen und dramatischen Stücken, wie die Shakespearschen, welche ein Beitrag zur innern Geschichte des Menschen sind. Vorzüglich aber Beobachtungen aus der wirklichen Welt, deren eine einzige oft mehr praktischen Werth hat, als tausend aus Büchern geschöpfte.

Alle diese Beobachtungen erstlich unter gewissen Rubriken in einem dazu bestimten Magazine gesamlet, nicht eher Reflexionen angestelt, bis eine hinlängliche Anzal Fakta da sind, und dann am Ende dies alles einmal zu einem zweckmäßigen Ganzen geordnet, welch ein wichtiges Werk für die Menschheit könte dies werden! das wäre noch der einzige Weg, wie das menschliche Geschlecht durch sich selber mit sich selber bekanter werden, und sich zu einem höhern Grade der Vollkommenheit empor schwingen könte, so wie ein einzelner Mensch durch Erkentniß seiner selbst volkomner wird. Wie wird nicht schon durch Schlözers Briefwechsel, durch die Ephemeriden der Menschheit u. s. w. die Welt mit sich selbst bekanter, warum solte nicht eben dieses auch durch ein Magazin der *Erfarungsseelenkunde* geschehen können? das würde alsdann einmal ein algemeiner Spiegel werden, worin das menschliche Geschlecht sich beschauen könte. Und wenn dieser Beobachtungsgeist nur einmal rege würde, und eine dauerhafte Richtung auf diesen wichtigen Gegenstand der menschlichen Erkenntniß behielte, was für wichtige Fortschritte könnten nicht in wenigen Jahren gemacht werden, wenn ein jeder in seinem Zirkel Beobachtungen anstelte, und dieselben zum algemeinen Besten bekant machte.

In dieses *Magazin* könte zuerst vieles gesamlet werden, was hin und wieder in Büchern zerstreut ist, und grade hieher gehört. Dann müßten aber schlechterdings nur wirkliche Fakta darin abgedruckt werden, und wer sie einsendete, müßte der Versuchung widerstehn, Reflexionen einzuweben, so würde es sich vielleicht von selber fügen, daß mehrere nach und nach eingesandte Fakta einen bisher zweifelhaften Saz endlich bestätigen, oder einen andern einschränken, oder wiederum einen fälschlichen behaupteten ganz aufheben könten.

Wer siehet nicht ein, daß Lavaters Physiognomik immer ein vortreflicher Beitrag zu einer *Erfarungsseelenlehre* bleiben wird, und daß diesselbe vielleicht nur darauf wartet, in ein grösseres Ganze eingeschoben zu werden, um ihre völlige Nuzbarkeit zu zeigen? Einige vortrefliche Aufsäze von Lichtenberg im Göttingschen Magazin sind ebenfalls ein wichtiger Beitrag; so wie verschiedene Aufsäze in deutschen Museum, Merkur, den Ephemeriden der Menschheit, Schlözers Briefwechsel, Meißners Skizzen, Zöllners Lesebuch für alle Stände u. s. w.

Wer wird nicht gern einer so wichtigen Wissenschaft, als die *Erfarungsseelenkunde* ist, seinen Zol abtragen? — Kömt eine solche Wissenschaft zur Vollkommenheit, so wird man einmal die Kentniß des menschlichen Herzens mehr aus der ersten Quelle, als aus Erdichtungen schöpfen können. Das Nachbeten und Abschreiben in den Werken des Geistes wird aufhören, und der Dichter und Romanenschreiber wird sich genöthigt sehn, erst vorher *Erfarungsseelenlehre* zu studiren, ehe er sich an eigene Ausarbeitungen wagt.

Auch das blosse Magazin dieser Wissenschaft würde auf die Art schon ein Werk seyn, das dem Seelsorger, dem Richter, dem Arzt, und vorzüglich dem Schriftsteller des menschlichen Herzens unentbehrlich wäre. Selbst dieses Magazin könte wechselweise durch wichtige Reflexionen und wichtige Fakta wachsen. Und wenn dann dies Werk von den besten Köpfen Deutschlands unterstüzt würde, bis zu welcher Volkommenheit könte es gebracht werden! keine Nazion hätte dann vielleicht ein ähnliches aufzuweisen. Diese Wissenschaft würde sich auf die Weise almählich selber bilden, und wie fest würde dies Gebäude werden, wo die Lücken nicht durch leere Spekulazionen zugestopft, sondern durch Thatsachen ausgefült würden!

Welch eine Glückseligkeit wäre es, die Vollendung eines solchen Werks zu erleben! — Es ist fast schändlich, daß man bis izt noch Schneckenhäuser und Spinnen beinahe mehr als den Menschen seiner Aufmerksamkeit wert gehalten hat!

Aber wie sol ein solches Werk jemals vollendet werden? — Dann ist es vollendet, wenn alle Ausnahmen bemerkt sind, wenn die Fakta sich immer so einfinden, daß sie keine Ausnahmen mehr von der Regel machen. — Das System der Moral, das wir besizen, kan immer als ein ohngefährer Grundriß betrachtet werden, damit man doch nicht ganz aufs Ohngefähre hin arbeitet; aber man muß dies System auch so schwankend wie möglich nehmen; blos einige Punkte festsezen, aber noch nicht von einem Punkte zum andern Linien ziehen, sondern nun warten, bis diese Linien gleichsam sich selber ziehen.

Möchten sich doch viele finden, deren Geist ihr ganzes Leben hindurch die beständige Richtung behielte, nur den Menschen zu beobachten! Möchten doch viele solche ihre Kräfte vereinigen, und zum Besten der Menschheit tausend andere nüzliche und angenehme Kentnisse aufopfern, die ihnen zu dem eigentlichen Studium des Menschen die Zeit rauben!

Wer sich zum eigentlichen Beobachter des Menschen bilden wolte, der müßte von sich selber ausgehen: erstlich die Geschichte seines eignen Herzens von seiner frühesten Kindheit an sich so getreu wie möglich entwerfen; auf die Erinrungen aus den frühesten Jahren der Kindheit aufmerksam sein, und nichts für unwichtig halten, was jemals einen vorzüglich starken Eindruck auf ihn gemacht hat, so daß die Erinrung daran sich noch immer zwischen seine übrigen Gedanken drängt. Dabei müßte er aber ja nicht etwa die Spuren seines Genies, oder dasjenige, was schon in ihm steckte, in den frühesten Begebenheiten seines Lebens oder in seinen kindischen Handlungen suchen wollen. Er müßte auf sein gegenwärtiges wirkliches Leben aufmerksam sein: die Ebbe und Fluth bemerken, welche den ganzen Tag über in seiner Seele herscht, und die Verschiedenheit eines Augenblicks von dem andern; er müßte sich Zeit nehmen, die Geschichte seiner Gedanken zu beschreiben, und sich selber zum Gegenstande seiner anhaltendsten Beobachtungen zu machen; ohne alle heftigen Leidenschaften müßte er nicht sein, und doch die Kunst verstehn, in manchen Augenblicken seines Lebens sich plözlich aus dem Wirbel seiner Begierden herauszuziehen, um eine Zeitlang den kalten Beobachter zu spielen, ohne sich im mindesten für sich selber zu interessiren. Von dem Leben der Menschen, deren Geschichte beschrieben ist, kennen wir nur die Oberfläche. Wir sehen wol, wie der Zeiger an der Uhr sich dreht, aber wir kennen nicht das inre Triebwerk, das ihn bewegt. Wir sehen nicht, wie die ersten Keime von den Handlungen des Menschen sich im Innersten seiner Seele entwickeln. Dies bemerken wir nur so selten bei uns selber, geschweige denn bei andern. Damit ist aber nicht ausgemacht, daß wir es nicht bemerken könten. Dies ist eben noch das unbearbeitete Feld. Tausend Beobachtungen, die man hier schon gemacht hat, sind blos von der Oberfläche genommen, und nicht aus dem Innersten der Seele heraus gehoben. So mancher, der über seine Seele nachdachte, that es vielleicht erst in einem Alter, wo schon seine Leidenschaften ruhiger waren, und eine dunkle algemeine Zurückerinnerung war die Grundlage seiner Beobachtungen. Wenige nahmen sich vielleicht nur die Zeit, ihre Seele zu beobachten, da sie noch grade in der größten Wirksamkeit und Thätigkeit begriffen war.

Freilich scheint es mit einer widrigen Idee bei andern Menschen verbunden zu sein, Beobachtungen über sich selber anzustellen; und man kan den Gedanken nicht gut vermeiden, daß man seiner eignen Person eine zu grosse Wichtigkeit beilegt, indem man grade selber der Gegenstand dieser Beobachtungen sein wil. — Aber kan es denn ein andrer sein? können wir in die Seele eines andern blicken, wie in die unsrige? und opfern wir uns nicht beinahe eben so auf, wenn wir, andern zum Besten, den Zustand unsrer Seele zergliedern, wie derjenige, der nach seinem Tode andern Menschen durch die Zergliederung seines Körpers nüzlich wird? Kan man sich aber z. B. in einer unzufriedenen Stunde nur einmal so sehr über sich selbst erheben, daß man über seine eigne Unzufriedenheit reflektirt, so ist diese Reflexion gewiß weit interessanter, als wenn sie erst einige Tage nachher angestelt wird, weil mit der Unzufriedenheit selbst auch ihr Bild, welches sie in der Seele zurückließ, größtentheils wieder verschwunden ist. Getreue Gemälde, die man sich selber von seiner eignen Seele entwirft, verdienen immer die größte Aufmerksamkeit.

So müßte nun der Menschenbeobachter von sich selber ausgehen, und dann könten seine Beobachtungen nach und nach zu Gesicht, Sprache, und Handlungen von Kindern, Jünglingen, Männern und Greisen übergehn. Von der geheimen Geschichte seiner eignen Gedanken müßte er durch Gesicht, Sprache und Handlung auf die Seele andrer schließen lernen. Keine Wendung im Ausdruck, kein oft gebrauchtes *Apropos,* kein oft angebrachtes *was ich doch sagen wolte?* keine Wiederholung einer und eben derselben Sache, oder gar eines und eben desselben Worts müßte ihm unwichtig scheinen, oder seiner Aufmerksamkeit entgehn: denn zuweilen sind solche oft wiederholte unbedeutend scheinende Ausdrücke im Reden, ein getreues Bild von der Schnelligkeit oder Langsamkeit, Beständigkeit oder Unstetigkeit, Ordnung oder Unordnung, im Denken und Handeln bei solchen Personen. *Aufmerksamkeit aufs Kleinscheinende* ist überhaupt ein wichtiges Erforderniß des Menschenbeobachters, und dann die Übung in der *Nebeneinanderstellung des Successiven,* weil der ganze Mensch blos aus successiven Äusserungen erkant werden kan. Nun wird aber dasjenige in der Nebeneinanderstellung oft zur Harmonie, was einzeln genommen, mißtönen würde: dies trift auch bei dem Menschen ein. Welche Harmonie muß der höchste Verstand vernehmen, indem alles neben einander steht, und zugleich tönet, was uns auf einander zu folgen und einzeln zu tönen scheinet! etwas Ähnliches wird vielleicht einmal das Resultat von allen neben einander gestelten Bemerkungen des Menschenbeobachters sein. Dieser muß aber freilich auf viele andre angenehme und nüzliche Kentnisse Verzicht thun. Das Studium des Menschen muß sein ganzes Leben hindurch, und in allen Verhältnissen seines eignen Lebens seine Hauptbeschäftigung sein. Vor jedem Hang, sich in eine idealische Welt hinüber zu träumen, muß er sich äusserst hüten; er muß in keine idealische, sondern in seine eigne wirkliche Welt immer tiefer einzudringen suchen.

Aber wer gibt dem Beobachter des Menschen immer Kälte und Heiterkeit der Seele dazu, alles was geschieht, so wie ein Schauspiel zu beobachten, und die Personen, die ihn oftmals kränken, wie Schauspieler? Ja, wenn er nur nicht selber mit im Spiele begriffen wäre, und wenn nur kein solcher Rollenneid statt fände? — — Aber was sol einer denn thun, wenn er von Menschen oder von seinem Schicksal unterdrückt wird, und nun nicht weiter kan? was bessers und edlers, als sich hinaus versezen über diese Erde, und über sich selber, gleichsam als ob er ein andres von sich selber verschiedenes Wesen wäre, das in einer höhern Region aller dieser Dinge lächelt — und auf die Art über sich selber, über seine eignen Klagen und Beschwerden — lächeln — das alles wie ein Schauspiel zu betrachten —

welche Wonne, welch eine Erhebung zum alles umfassenden Schöpfer des Weltals!

So bald ich also sehe, daß man mir selber keine Rolle geben wil, stelle ich mich vor die Bühne, und bin ruhiger, kalter Beobachter. So bald mir mein eigner Zustand beschwerlich wird, höre ich auf, mich für mich selber so sehr zu interessiren, und betrachte mich als einen Gegenstand meiner eignen Beobachtung, als ob ich ein Fremder wäre, dessen Glücks- und Unglücksfälle ich mit kaltblütiger Aufmerksamkeit erzälen hörte.

In keinem Verhältnisse des Lebens ist die Beobachtung seiner selbst und der Menschen um uns her etwas Unangenehmes oder Beschwerliches. Es ist vielmehr ein Trost und eine Zuflucht vor unserm eignen Kummer.

Und fehlet es uns wohl in irgend einem Stande an Gelegenheit, Beobachtungen über den Menschen anzustellen? Möchten doch Leute aus ganz verschiedenen Ständen, diese Arbeit unter sich vertheilen, und ein jeder nur erst einige Personen, mit denen sein Stand oder sein Amt ihn in die genaueste Verbindung sezt, zum Ziele seiner Beobachtungen machen? – Aber auf die Art wäre ja niemand vor den spähenden Blicken seines besten Freundes sicher, wenn dieser ihn gerade zum Ziele seiner Beobachtungen macht? — Und was schadet dieses denn? — Solten nicht vielmehr zwei Freunde selber jeder in den andern wie in einen Spiegel blicken, um desto genauer mit sich selber bekant zu werden? Wäre es nicht gut, wenn sie sich selber ihre Gedanken einer über den andern mittheilten, und auf diese Weise einen desto wichtigern Beitrag zu der *Erfarungsseelenkunde* lieferten, je strenger und unparteiischer sie sich gegen einander enthült hätten, und die Beobachtungen des einen von dem andern geprüft wären.

Freilich hat der Menschenbeobachter noch viele Hindernisse zu überwinden, er muß durch den Vorhang der sogenannten guten Lebensart, durch den Vorhang der Lebensklugheit, und durch den Vorhang der Selbstgefälligkeit oder Gefälligmachung seiner selbst bei andern durchblicken, ehe er in das Innerste des Herzens dringen kan.

Besonders ist die Verstellung aus einer falschen Art von Gefälligkeit am allerhäufigsten. So groß ist die Begierde, auch oft nur auf eine Viertelstunde lang, einem andern mit dem man jezt grade redet oder umgehet, besser zu gefallen, daß man, die Zeit über, seine Meinungen und Gesinnungen ganz verläugnet, um in die Meinungen und Gesinnungen des andern einstimmen zu können. Im Grunde ist dieses Eitelkeit oder Selbstgefälligkeit, denn wir gefallen uns immer doppelt, indem wir zu gleicher Zeit einem andern zu gefallen glauben. Beinahe ein jeder zeigt sich in einem etwas andern Lichte, sobald er glaubt, daß er bemerkt wird, und sobald ihm daran gelegen ist, in den Gedanken eines andern auf eine vorteilhafte Weise zu existiren.

Auch die Nachahmungssucht unter uns ist ein grosses Hinderniß des Beobachters. Man legt nach und nach seinen originellen Karakter ab, und sezt sich aus hie und da abgerissenen Lappen eines andern zusammen. Dies macht die Menschen oft so unwahr, daß man sie selber beinahe gar nicht mehr reden hört oder handeln sieht. Diese Nachahmungssucht scheint aber daher zu entstehen, weil eine grosse Eigenschaft des Menschen, der Stolz eines jeden auf sein eignes individuelles Dasein, so sehr unter uns verloschen ist. Die Menschen drücken sich einander ihr Gepräge auf, und jeder verliert dadurch sein eignes. Man solte die Wertschäzung seiner selbst und den Stolz auf sein eigenthümliches Dasein, auch bei dem geringsten Tagelöhner zu erwecken suchen, so würde ein Stand den andern nicht so niederträchtig nachahmen.

Die Nachahmungssucht erstreckt sich gar so weit,

daß man Ideale aus Büchern in sein Leben hinüber trägt. Ja nichts macht die Menschen wohl mehr unwahr, als eben die vielen Bücher. Wie schwer wird es dem Beobachter, unter alle dem, was durch das Lesen von Romanen und Schauspielen in den Karakter gekommen ist, das Eigne und Originelle wieder hervorzusuchen! Anstatt Menschen, o Wunder! hört man jezt Bücher reden, und siehet Bücher handeln. Leute, die wenig Romane gelesen haben, sind noch immer der leichteste Gegenstand für den Menschenbeobachter. Man lebt und webt jezt in der Bücherwelt, und nur so wenige Bücher führen uns noch auf unsere wirkliche Welt zurück. Man sollte auch den geringsten Individuis nur ihre Wichtigkeit erst begreiflich machen, so würde ein ganz anderer Geist unter das Volk kommen. So ein Buch, wie *Lienhardt* und *Gertrud* ist gerade zu diesem Endzweck eingerichtet, und kann vielleicht eines der nüzlichsten Produkte unsers Jahrhunderts sein.

Insbesondere ist es noch der äusserste Zwang in der Jugend, welcher die Verstellung am meisten befördert; und alle Vortheile, welche man durch den Zwang erreicht, können das niemals aufwiegen, was der Mensch dadurch auf sein ganzes künftiges Leben an Wahrheit verliert.

Auch sogar der innre Zwang oder die Überwindung unsrer selbst kann uns unwahr machen, so bald wir glauben, daß dieselbe bemerkt wird. Drum ist es gut, sich lieber jemanden allein, als in Gegenwart anderer in dieser Selbstüberwindung üben zu lassen, und ihn sich seinen Freunden mit den Fehlern, die er nun einmal noch an sich hat, zeigen zu lassen, wie er ist. Um immer wahr zu bleiben, solte man sich sogar der Verstellung aus Höflichkeit oder aus Freundschaft nur im höchsten Nothfal bedienen, weil die Fertigkeit, welche man sich dadurch erwirbt, so gefärlich ist.

Bei Kindern geht die Verstellungskunst größtentheils so weit noch nicht; denn da dieselbe eine Fertigkeit ist, so kann sie freilich erst durch Übung und Anstrengung erlernt werden, und wenn man Zwang vermeidet, so kann man ihr bei Kindern noch am ersten entgegen arbeiten, ob sie gleich auch bei einigen schon tiefe Wurzel gefaßt hat, und man diesem Laster mehr als Mutwillen und offenbarer Bosheit entgegen arbeiten muß, wenn es nicht einreissen soll. Denn dies macht eben die Scheidewand zwischen den Gedanken des Lehrers und des Schülers; dieser Vorhang muß erst aufgezogen werden, damit der erstere seinen stärksten Feind in der Seele des Jünglings zuerst entdecken, den erst überwinden, und dann mit aller Macht in dieselbe eindringen kan, bis dem reinen Strom der Wahrheit sich kein Damm mehr entgegen sezt.

Daß das Gepräge der Seele von dem Gesichte des Menschen schon so früh verwischt wird, daß sein Ton und seine Mienen schon so früh die selige Übereinstimmung mit Gedank' und Empfindung verlernen, das ist die Frucht der Üppigkeit und Verfeinerung, der auswendig gelernten Verbeugungen, lächelnder Blicke, und künstlichen Wendungen in den unbedeutendsten Ausdrücken der Höflichkeit.

Es ist traurig, daß mit den Gesezen der Höflichkeit, welche dem Leben einige Vorteile gewähren, besonders in grossen Städten, das beinahe unvermeidliche Übel verknüpft ist, daß der Mensch in seiner frühesten Jugend schon verstimt, und vielleicht auf sein ganzes künftiges Leben unwahr gemacht wird. Das Kind lernt schon leere Danksagungen und Glückwünsche stamlen, bei denen es nichts empfindet; es lernt sich verstellen, ehe es noch weiß, daß es Verstellung giebt, und daß Verstellung ein Laster ist; es lernt in einerlei leerem Komplimententone seinem Vater mit einem Handkusse, und seinem Schöpfer mit gefalteten Händen danken; und wann die Zunge noch lallet, sind die Worte schon gekünstelt, und hören auf, natürlicher Ausdruck der Empfindung zu sein. Dadurch wird almählich der dichte Vorhang gewebt, welchen am Ende der Blick des bildenden Beobachters, oder des beobachtenden Bildners, der Herzen nicht mehr durchdringen kan.

Wie viel Gelegenheit hat aber dem ohngeachtet ein Schulmann, Beobachtungen über den Menschen anzustellen. Er, welcher unmittelbar auf den Verstand und das Herz wirken, und nicht eher ruhen sol, bis er die Frucht seiner Wirkungen siehet! Freilich hat der Erzieher den Vorzug, daß er seine Subjekte beständig beobachten kan, da dem Schulmann dieses nur wenige Stundenlang möglich ist. Aber der Schulmann hat wiederum den Vorteil, der Mannigfaltigkeit der Subjekte.

Als ich meine Lehrstelle am grauen Kloster antrat, machte ich mir schon einen Plan, solche Beobachtungen bei meinen Schülern anzustellen. Ich entschloß mich, ein eignes Journal hierüber zu halten, welches ich auch gethan, und es bis jetzt fortgesezt habe. Man samlet tägliche Beobachtungen, dacht' ich, über das Wetter, und den Menschen solte man dessen nicht werth achten? Weil ich nun, nach unserer Einrichtung, sowohl in den untern, als in einigen höhern Klassen unterrichten muß, so sind diejenigen, bei welchen ich Beobachtungen anstelle, dem Alter, der Fähigkeit, der Erziehung, und dem Stande nach sehr unterschieden, welches mir also nach Wunsch zu statten komt.

Bei meinen Beobachtungen habe ich mir folgenden Plan gemacht: Ich suche an einem jungen Menschen, den ich zum erstenmale sehe, sogleich das Auffallende zu bemerken: denn was einem oft beim ersten Anblick auffällt, das übersieht man hernach schon leichter, wenn man mit dem Subjekte bekannter geworden ist, und sich an sein Gesicht, an seine Mienen u.s.w. gewöhnt hat. Freilich kan man sich beim ersten Anblick oft sehr in einer Person irren, allein dieser Irthum selbst hat nachher seine Vortheile; man muß nur nicht gleich im Anfange etwas festsetzen, sondern sich nur gleichsam erst einen ohngefähren Grundriß zu seinen künftigen Beobachtungen entwerfen. Auch kömt dieses noch zu statten, daß man gegen denjenigen, welchen man zum erstenmale sieht, gemeiniglich weder ein böses noch ein gutes Vorurteil gefaßt hat, und also seinen Beobachtungen am besten trauen kan. Das Unterscheidende in der Gesichtsbildung, das mit dieser etwa Übereinstimmende im Tone, im Gange, und jeder körperlichen Bewegung; Alter, und Erziehung, in so fern ich von dem Stande seiner Eltern, oder aus andern Nachrichten auf diesselbe schliessen kan, sind mir zuerst merkwürdig. Dann werde ich erst das Zutrauen des jungen Menschen zu gewinnen suchen, um auf besondere an ihn zu richtende Fragen, unzurückhaltende und aufrichtige Antworten zu bekommen. Ich gebe auf sein Betragen Acht, wenn sich die Gelegenheit eräugnet, ihm wegen Mutwillen oder Nachläßigkeit ernsthafte Verweise zu geben, oder ihn wegen seines Fleisses, oder seiner Ordnung zu loben. Wenn ich diese Bemerkungen ohngefähr eine Woche lang in mein Buch eingetragen habe und sie dann zusammen nehme, so kömt oft gerade das Facit heraus, was ich nach wahrscheinlichen Gründen vermuthet hatte.

Auf diese Weise habe ich mir eine Tabelle von dem abstechendsten Karakter entworfen, wo die Namen eben in einiger Entfernung neben einander stehn, und wo ich unter einem jeden die täglichen Bemerkungen eintrage. Es ist ein Vergnügen, diese Karakteren da neben einander figuriren zu sehn, und ihre Nüancen bis in die kleinsten körperlichen Bewegungen, und bis zum Minenspiele zu verfolgen.

Indem bei diesem Anblick die Mannigfaltigkeit in den Werken Gottes meiner Seele immer anschaulicher wird, erhebt sich oft mein ganzes Herz. Welch ein Abstand vom Menschen bis zum Wurme, vom Wurme bis zum leblosen Steine! und dann wieder von den weisesten unter den Menschen bis zum wilden Bewoner der Wüste; und unter dieser kleinen Anzahl von aufkeimenden, werdenden Menschen, die ich vor mir sehe, welch eine Verschiedenheit! Vom Lebhaftesten unter diesen bis zum Trägsten; von der feinsten Organisation bis zur gröbsten; vom feurigsten Blick bis zum kältesten; und von der aufstrebendsten Stärke bis zur hinfälligsten Schwäche — und doch dies alles nur verhältnismässige Begriffe — jeder ist gut, und kan gut sein, in seiner Art. — Der Allerunterste auf der Staffel der Menschheit bliebe doch noch immer ein Meisterstück auf Erden, wenn er der einzige in seiner Art wäre.

Dieser Gedanke versöhnt mich wieder, so oft ich mich mit einem Gesichte, das ich vor mir sehe, nicht recht vertragen kan. — Blos weil wir durch das Beßre verwöhnt sind, ist uns das Gute zu schlecht. Die Würde der Menschheit ganz zu fühlen, das hat mir oft Mut und Stärke gegeben, Haß und Verachtung gegen manchen in meiner Brust zu unterdrücken, gegen den sich meine ganze Seele empörte, so oft ich ihn sahe; durch diesen Gedanken gelingt es mir, ein Herz mit gleicher Liebe, einer so sehr untermischten Anzal zu eröfnen, wie ich sie oft vor mir sehe. Ich suche meine Gedanken zu gewönen, daß sie nicht besser und gut, mit gut und böse verwechseln: das giebt mir oft Trost und Beruhigung, wenn mein Herz mich gerade mit dem Theile der Menschen entzweien wil, auf den ich wirken sol.

Um auf die einzelnen Subjekte mehr zu wirken, stelle ich es denselben frei, mir schriftlich ihre Gedanken zu eröfnen, um mich um Rath zu fragen, oder mir von ihren Beschäftigungen Nachricht zu geben, auch es mir ohne Rückhalt zu schreiben, wenn jemand glauben solte, daß ich ihm, vielleicht ohne mein Wissen, Unrecht gethan habe. Denn so lange bei einem jungen Menschen das Gefühl noch in der Seele lebt, daß er glaubt, sein Lehrer thue ihm auf irgend eine Weise Unrecht, so lange wird der erstre auf sein Herz auch nicht im mindesten wirken können. Und doch ist nichts leichter, als besonders unter einer grossen Anzal junger Leute einem Einzelnen Unrecht zu thun.

Vermittelst dieser Art von Korrespondenz, die ich mit meinen Schülern unterhalte, ist es mir gelungen, mit jedem Einzelnen bekant zu werden, und auf die Individua zu wirken. Bei einigen unter denselben ist es mir gelungen, den Schleier der Verstellung ganz hinweg zu ziehen, bei andern, wenigstens durch diesen Schleier hindurch zu blicken.

Ich glaube gewiß, daß viele Schulmänner eben solche, und noch beßre Beobachtungen wie ich über einzelne Subjekte angestellt und niedergeschrieben haben; es käme also nur darauf an, daß sie dieselben auch zum algemeinen Besten bekant machten, und sie in ein zu veranstaltendes *Magazin der Erfarungsseelenkunde* mit einrückten; dadurch würde dieses zugleich eines der wichtigsten Werke für die Pädagogik werden. Ich zweifle nicht, daß ein jeder, der den Wert der Menschheit fühlt, zu der Entstehung und Beförderung eines solchen Werks, das Seinige beitragen werde; und hoffe daher, nicht ohne Grund, daß meine Aussichten zu einer *Erfarungsseelenlehre* vielleicht bald erfüllet werden können.

Zu dieser Hofnung berechtiget mich noch mehr das aufmunternde Versprechen verschiedner würdigen Gelehrten hier in Berlin, die sich erbieten, mir zu einem *Magazin einer Erfarungsseelenkunde,* wovon das erste Stück vielleicht bald erscheinen wird, Beiträge zu liefern. Herr Moses Mendelssohn hat mir selber seine Gedanken über den Plan zu diesem Werke mitgetheilt, und die Veränderung der Bennenung *Experimentalseelenlehre,* welche ich anfangs gewählt hatte, in *Erfarungsseelenkunde* angeraten. Ausser ihm darf ich noch als Beförderer dieses Unternehmens nennen: den H. Dr. Markus Herz, die Herren Prediger Zöllner und Löfler, den Herrn Dr. Biester, Herrn Direktor Gedicke, Herrn Professor Zierlein, Herrn Doktor und Stadtphysikus Pihle, Herrn Kammergerichtsreferendarius von Schuckmann, welche alle selbst Beiträge liefern werden, und theils schon geliefert haben. Je mehrere Gelehrte aus verschiedenen Fächern, und Personen aus verschiedenen Ständen an diesem Werke arbeiten, desto volkomner kan es werden. Um desto mehr wäre zu wünschen, daß auch auswärtige Gelehrte sich zu der Beförderung eines so wichtigen Unternehmens vereinigten, und das *Magazin der Erfarungsseelenkunde* mit ihren gütigen Beiträgen unterstüzten. Doch wozu bedarf es hier noch einer Aufforderung, da die Sache selbst laut genug redet, um jeden Menschenkenner und Menschenfreund für sich einzunehmen, und auf seinen thätigen Eifer Anspruch zu machen!

(16) Um sich zuweilen dem Geräusch, das ihn umgab, zu entziehen, scheute er manchmal weder Regen noch Schnee, sondern machte des Abends, wenn es dunkel wurde, und er sicher war, daß er von niemanden gesehen, noch von irgend einem Menschen würde angeredet werden, einen Spatziergang auf dem Walle, um die Stadt; und bei diesen Spatziergängen war es, wo sich sein Geist immer etwas wieder ermannte, und ein Funke von Hoffnung, sich aus seinem schrecklichen Zustande herauszuarbeiten, in seiner Seele wieder emporglimmte. —

Wenn er dann auf den Straßen, die an den Wall grenzten, in den Häusern Licht angesteckt sahe, und sich nun dachte, daß in jeder erleuchteten Stube, deren in einem Hause oft so viele waren, eine Familie, oder sonst eine Gesellschaft von Menschen, oder ein einzelner Mensch lebte, und daß eine solche Stube also in dem Augenblick die Schicksale und das Leben und die Gedanken eines solchen Menschen, oder einer solchen Gesellschaft von Menschen in sich faßte; und daß er auch nun nach dem vollendeten Spatziergange in eine solche Stube wieder zurückkehren würde, wo er gleichsam hingebannt, und wo der eigentliche Fleck seines Daseyns wäre; so brachte dieß bei ihm zuerst eine sonderbare *demüthigende* Empfindung hervor, als sey nun sein Schicksal, unter diesem unendlichen verwirrten Haufen sich einander durchkreuzender, menschlicher Schicksale gleichsam *verlohren*, und werde dadurch klein und *unbedeutend* gemacht. — Dann erhoben aber auch eben diese *Lichter in den einzelnen Stuben* in den Häusern am Walle, zuweilen seinen Geist wieder, wenn er einen Überblick des Ganzen daraus schöpfte, und sich aus seiner eigenen kleinen einengenden Sphäre, wodurch er sich unter allen diesen im Leben unbemerkten und unausgezeichneten Bewohnern der Erde mitverlohr, herausdachte, und sich ein besonders ausgezeichnetes Schicksal prophezeite, wovon die süße Vorstellung, indem er dann mit *schnellen* Schritten vorwärts ging, ihn aufs neue mit Hoffnung und Muth belebte.

Eine Reihe erleuchteter Wohnzimmer in einem *fremden* ihm unbekannten Hause, wo er sich eine Anzahl Familien dachte, von deren Leben und Schicksalen er eben so wenig, als sie von den seinigen wußte, hat nachher beständig sonderbare Empfindungen in ihm erweckt — *die Eingeschränktheit des einzelnen Menschen ward ihm anschaulich.*

Er fühlte die Wahrheit: man ist unter so vielen Tausenden, die sind und gewesen sind, nur *einer*.

Sich in das ganze Seyn und Wesen eines andern hineindenken zu können, war oft sein Wunsch — wenn er so auf der Straße zuweilen dicht neben einem ganz fremden Menschen herging — so wurde ihm der Gedanke der *Fremdheit* dieses Menschen, der gänzlichen *Unbewußtheit* des einen von dem Nahmen und Schicksalen des andern, so lebhaft, daß er sich, so dicht es der Wohlanstand erlaubte, an einen solchen Menschen andrängte, um auf einen Augenblick in seine Atmosphäre zu kommen, und zu versuchen, ob er die Scheidewand nicht durchdringen könnte, welche die Erinnerung und

Gedanken dieses fremden Menschen von den seinigen trennte. —

Noch eine Empfindung aus den Jahren seiner Kindheit ist vielleicht nicht unschicklich hier heran gezogen zu werden — er dachte sich damals zuweilen, wenn er andere Eltern, als die seinigen hätte, und die seinigen ihn nun nichts angingen, sondern ihm ganz gleichgültig wären. — — Über den Gedanken vergoß er oft kindische Thränen — seine Eltern mochten seyn, wie sie wollten, so waren sie ihm doch die liebsten — und er hätte sie nicht gegen die vornehmsten und gütigsten vertauscht. — Aber zugleich kam ihm auch schon damals das sonderbare Gefühl von dem *Verlieren unter der Menge,* und daß es noch so unzählich viele Eltern mit Kindern, außer den seinigen gab, worunter sich diese wieder verlohren. — —

So oft er sich nachher in einem *Gedränge* von Menschen befunden hat, ist eben dieß Gefühl der *Kleinheit, Einzelheit,* und fast dem *Nichts gleichen Unbedeutsamkeit* in ihm erwacht — — Wieviel ist des mir gleichen Stoffes hier! welch eine Menge von dieser *Menschenmasse,* aus welchen Staaten und Kriegsheere, so wie aus Baumstämmen Häuser und Thürme gebauet werden! — Das wären ohngefähr die Gedanken, die damals ein dunkles Gefühl in ihm hervorbrachten, weil er sie nicht in Worte einzukleiden, und sie sich nicht deutlich zu machen wußte.

Einmal da vier Missethäter auf dem Rabensteine vor Hannover geköpft wurden, ging er unter der Menge von Menschen mit hinaus, und sahe nun vier darunter, welche aus der Zahl der übrigen ausgetilget und zerstückt werden sollten. — Dieß kam ihm so klein, so unbedeutend vor, da der ihn umgebenden *Menschenmasse* noch so viel war — als ob ein Baum im Walde umgehauen, oder ein Ochse gefällt werden sollte. — Und da nun die Stücken dieser hingerichteten Menschen auf das Rad hinaufgewunden wurden, und er sich selbst, und die um ihn her stehenden Menschen eben so *zerstückbar* dachte — so wurde ihm der Mensch so nichtswerth und unbedeutend, daß er sein Schicksal und alles in dem Gedanken von thierischer *Zerstückbarkeit* begrub — und sogar mit einem gewissen Vergnügen wieder zu Hause ging, und seinen *Haarteig* auf dem Wege verzehrte — denn es war damals gerade sein schreckliches Vierteljahr, wo er manche Tage bloß von diesem Teige lebte. — Nahrung und Kleidung waren ihm gleichgültig, so wie Tod und Leben — ob nun eine solche bewegliche Fleischmasse, deren es eine so ungeheure Anzahl gibt, auf der Welt mehr umher geht, oder nicht! — Dann konnte er sich nicht enthalten, sich immer an den Platz der zerstückten und in Stücken auf das Rad gewundenen hingerichteten Missethäter zu stellen — und dachte dabei, was schon Salomo gedacht hat: *Der Mensch ist wie das Vieh; wie das Vieh stirbt, so stirbt er auch.* —

Wenn er von dieser Zeit an ein Thier schlachten sahe, so hielt er sich immer in Gedanken damit zusammen — und da er es bei dem Schlächter auch so oft zu sehen Gelegenheit hatte, so ging eine ganze Zeitlang sein bloßes Denken dahin — den Unterschied zwischen sich und einem solchen Thiere, das geschlachtet wird, auszumitteln. — Er stand oft Stundenlang, und sah so ein Kalb, mit Kopf, Augen, Ohren, Mund, und Nase an; und lehnte sich, wie er es bei *fremden Menschen* machte, so dicht wie möglich an dasselbe an, oft mit dem thörichten Wahn, ob es ihm vielleicht möglich würde, sich nach und nach in das Wesen eines solchen Thieres hineinzudenken — es lag ihm alles daran, den Unterschied zwischen sich und dem Thiere zu wissen — und zuweilen vergaß er sich bei dem anhaltenden Betrachten desselben so sehr, daß er wirklich glaubte, auf einen Augenblick die *Art des Daseyns* eines solchen Wesens empfunden zu haben. — Kurz, wie ihm seyn würde, wenn er z. B. ein Hund, der unter Menschen lebt, oder ein anderes Thier wäre — das beschäftigte von Kindheit auf schon oft seine Gedanken. — Und da er sich nun den *Unterschied zwischen Körper und Geist* gedacht hatte, so war ihm nichts wichtiger, als zugleich irgend einen wesentlichen Unterschied zwischen sich und dem Thiere aufzufinden, weil er sich sonst nicht überreden konnte, daß ein Thier, welches ihm in seinem Körperbau so ähnlich war, nicht eben so wie er einen Geist haben sollte. —

Und wo blieb nun der Geist nach der Zerstörung und Zerstückelung des Körpers? — Alle die Gedanken von so vielen tausend Menschen, die vorher durch die Scheidewand des Körpers bei einem jeden von einander abgesondert waren, und nur durch die Bewegung einiger Theile dieser Scheidewand einander wieder mitgetheilt wurden, schienen ihm nach dem Tode der Menschen in eins zusammenzufließen — da war nichts mehr das sie absonderte und von einander trennte — er dachte sich *den übrig gebliebenen und in der Luft herumfliegenden Verstand eines Menschen, der bald in seiner Vorstellungskraft zerflatterte.* —

Und dann schien ihm aus der ungeheuren Menschenmasse wieder eine so ungeheure unförmliche *Seelenmasse* zu entstehen — wo er immer nicht einsahe, *warum gerade so viel und nicht mehr und nicht weniger da wären, und weil die Zahl ins Unendliche fortzugehen schien, das einzelne endlich fast so unbedeutend wie nichts wurde.*

Diese *Unbedeutsamkeit,* dieß *Verlieren unter der Menge,* war es vorzüglich, was ihm oft sein Daseyn lästig machte.

Nun ging er einmal eines Abends traurig und mißmuthig auf der Straße umher — es war schon in der Dämmerung, aber doch nicht so dunkel, daß er nicht von einigen Leuten hätte gesehen werden können, deren Anblick ihm unerträglich war, weil er ihnen ein Gegenstand des Spottes und der Verachtung zu seyn glaubte. —

Es war eine naßkalte Luft und regnete und schneiete durch einander — seine ganze Kleidung war durchnetzt — plötzlich entstand in ihm das Gefühl, *daß er sich selbst nicht entfliehen konnte.*

Und mit diesem Gedanken war es, als ob ein Berg auf ihm lag — er strebte sich mit Gewalt darunter empor zu arbeiten, aber es war, als ob die *Last seines Daseyns* ihn darnieder drückte. —

Daß er einen Tag wie alle Tage *mit sich aufstehen, mit sich schlafen gehen* — bei jedem Schritt sein verhaßtes Selbst mit sich fortschleppen mußte. —

Sein Selbstbewußtseyn mit dem Gefühl von *Verächtlichkeit* und *Weggeworfenheit* wurde ihm eben so lästig, wie sein Körper mit dem Gefühl von Nässe und Kälte; und er hätte diesen in dem Augenblick eben so willig und gerne wie seine durchnetzten Kleider abgelegt — hätte ihm damals ein gewünschter Tod aus irgend einem Winkel entgegen gelächelt. —

Daß er nun unabänderlich *er selbst* seyn *mußte,* und kein anderer seyn *konnte;* daß er in sich selbst eingeengt, und *eingebannt* war — das brachte ihn nach und nach zu einem Grade von Verzweiflung, der ihn an das Ufer des Flusses führte, welcher durch einen Theil der Stadt ging, wo dasselbe mit keinem Geländer versehen war. —

Hier stand er zwischen dem schrecklichsten Lebensüberdruß, und der instinktmäßigen unerklärlichen Begierde fortzuathmen, kämpfend, eine halbe Stunde lang, bis er endlich ermattet, auf einem umgehauenen Baumstamm niedersank, der nicht weit vom Ufer lag. Hier ließ er sich noch eine Weile gleichsam der Natur zum Trotz vom Regen durchnetzen, bis das Gefühl einer fieberhaften Kälte, und das Klappern seiner Zähne ihn wieder zu sich selbst brachte, und ihm zufälliger Weise einfiel, daß er den Abend bei seinem Wirth dem Fleischer frische Wurst zu *essen* bekommen würde — und daß die Stube sehr warm *geheitzt* seyn würde. — Diese ganz sinnlichen und thierischen Vorstellungen frischten die Lebenslust in ihm aufs neue wieder an — er vergaß sich, so wie er sich nach der Hinrichtung der Missethäter vergessen hatte, ganz als Mensch, und kehrte in seinen Gesinnungen und Empfindungen als *Thier* wieder heim.

Als *Thier* wünschte er fortzuleben; als Mensch war ihm jeder Augenblick der Fortdauer seines Daseyns unerträglich gewesen.

(22) Mir scheinen die *unpersönlichen Zeitwörter* in jeder Sprache vorzüglich zu psychologischen Bemerkungen Stoff zu geben; weil sie die erste Empfindung ausdrükken, nach welcher jemand irgend etwas nicht für eine *freie* Handlung, die von ihm abhängt, sondern für etwas von dem Willen des Menschen *unabhängiges* hält.

Nun aber liegt wohl in dem ersten Ausdruck der Empfindung zuweilen mehr Philosophie, als in dem feinsten und kältesten Räsonnement des gebildeten Philosophen. In diesem Betracht muß uns die Sprache heilig, und insbesondre die einzelnen Wörter derselben, in Ansehung ihrer Entstehung, und ihres innern Gehalts, höchst wichtig seyn.

Einige Philosophen scheinen freilich zu viel und nicht das Rechte, andre aber auch wieder zu wenig in der Sprache zu suchen; im Grunde ist sie doch das einzige, woran wir uns halten können, um in das innre Wesen unsrer eignen Begriffe, und eben dadurch in die Kenntniß unsrer Seele tiefer einzudringen.

Doch ich wende mich wieder zu meinem Gegenstande und betrachte die unpersönlichen Zeitwörter erstlich überhaupt, in sofern sie entweder Verändrungen außer uns in der Natur, oder Empfindungen und Verändrungen in uns selber bezeichnen, die nicht von unsrer Willkühr abzuhängen scheinen.

Ihren Nahmen haben sie natürlicher Weise daher erhalten, weil man sich unter denselben eine bloße Verändrung, ohne eine handelnde Person denkt, wodurch diese Verändrung hervorgebracht wird: ja man scheinet nicht einmal dabei auf eine nächste Ursach Rücksicht zu nehmen.

Denn wenn ich z. B. sage, *es donnert,* so stelle ich mir unter dem *es* doch eigentlich nichts weiter, als den Donner selber vor, und *es donnert* heißt daher nichts mehr, als *das Donnern geschiehet, oder es ereignet sich eine Verändrung in der Natur, die ich donnern nenne.* Da ich mir also das Donnern nicht als eine Handlung denke, so stelle ich mir auch kein handelndes Wesen vor, sondern es geschiehet, nach meiner Vorstellung, gleichsam vermöge seiner eignen Natur; und in und durch sich selber, weil ich mir keine erste Ursach, oder keinen ersten Anstoß irgend eines freien und handelnden Wesens bei dieser Naturverändrung denke.

Ich höre wohl, daß es donnert, aber wer oder was das Donnern aus *eigner Kraft* hervorbringt, weiß ich nicht: denn bis auf die erste wirkende Ursach desselben kann ich nicht zurückgehn, und die Gewitterwolken, als die nähere Ursach, kann ich mir unmöglich als handelnde Wesen denken, drum sage ich nie, im eigentlichen Verstande: *der Himmel donnert* oder *die Wolken donnern,* sondern, *es donnert.*

Woher mag es aber kommen, daß es der unpersönlichen Zeitwörter in der Sprache verhältnismäßig nur so wenige giebt, da wir uns doch bei so vielen tausend Verändrungen und Erscheinungen in uns und um uns her keiner handelnden Person bewußt sind, welche dieselben hervorbringt? Man sollte denken, daß die meisten Zeitwörter eigentlich unpersönliche seyn müßten: allein weil bei uns jede Vorstellung äußerer Gegenstände erst durch die Vorstellung von uns selber oder von unserm Ich gleichsam durchgehn muß; und wir daher als lebende und denkende Wesen der leblosen Natur so gern unser Bild eindrücken; so ist es kein Wunder, wenn wir uns dasjenige, was eigentlich bloße

Veränderungen und Erscheinungen sind, als Handlungen, und die nächste in die Augen fallende Ursach dieser Verändrungen, als handelnde Wesen denken, und also z. B. sagen: *die Bäume tragen Früchte,* anstatt *die Früchte entstehen auf den Bäumen,* oder *es fruchtet auf den Bäumen.*

Nur im höchsten Nothfalle bedient sich die Sprache der unpersönlichen Zeitwörter, wenn uns nehmlich z.B. selbst die nächste Ursach einer Verändrung oder Erscheinung in der Natur nicht einmal bekannt ist, wie bei den Erscheinungen, die man Geistern zuschreibt, wo man z.B. sagt: *es wandelt, es geht um,* u.s.w., und auf die Weise durch das unpersönliche *es* das *unbekannte etwas* bezeichnet, welches vor uns in Dunkelheit gehüllt ist.

So sagen wir auch, *es ist helle, es ist dunkel, es ist kalt, es ist warm,* u. s. w. und befestigen unsre Vorstellungen von *helle, dunkel, kalt,* und *warm* an dem unpersönlichen *es,* weil wir sonst nichts haben, woran wir sie befestigen könnten. Als man die Kälte zuerst empfand, war vermuthlich nur ein einzelner Laut, wie z. B. *kalt,* dasjenige womit man sie zuerst bezeichnete. Da man aber nachher von der Kälte *reden* wollte, so machte das Bedürfniß die Wirklichkeit der Kälte anzuzeigen, daß man das Wort *ist* hinzufügte. Weil man nun die Kälte selbst nicht sah und nicht hörte, sondern nur empfand, so betrachtete man sie als eine Eigenschaft, welche man irgend einem andern Wesen zuschreiben müsse, und da man ein solches nicht fand, so setzte man an die Stelle desselben das unpersönliche *es,* worunter man sich aber auch im Grunde weiter nichts, als die Kälte selber dachte.

Was nun von den unpersönlichen Zeitwörtern gilt, welche eine Veränderung oder Erscheinung *außer uns* in der Natur anzeigen, das gilt zum Theil auch von denen, welche Verändrungen und Erscheinungen *in uns* selber, entweder im Körper oder in der Seele, die nicht von unserm Willen abhängig sind, bezeichnen, und diese verdienen freilich in psychologischer Rücksicht, die meiste Aufmerksamkeit. — Wie fein ist z. B. die Grenzlinie zwischen den Ausdrücken *es scheinet mir, es däucht mir, es kömmt mir so vor,* u. s. w. und dem Ausdruck *ich glaube,* wo der Wille unsrer vorher schwankenden Meinung gleichsam noch den Ausschlag giebt, so, daß *glauben* etwas gewissermaßen von unsrer Willkühr *abhängiges, scheinen, däuchten, vorkommen* aber etwas von ihr *unabhängiges* zu seyn scheint. —

So sagen wir auch nicht ohne Grund *es schläfert mich,* aber nicht *es schläft mich,* sondern *ich schlafe,* und betrachten das Schlafen als etwas, das von uns abhängt, das Schläfern hingegen, als etwas, wovon wir abhängen: denn wenn wir gleich nicht wider Willen schlafen werden, so kann es uns doch wider Willen schläfern. Auch können wir wohl sagen, *ich will schlafen,* aber niemals, *ich will schläfern.*

Wenn wir aber nun sagen, *es frieret mich, es hungert mich, es dürstet mich, es schläfert mich* u. s. w., so denken wir uns unter dem *es* eigentlich weiter nichts, als das Frieren, Hungern, Dürsten und Schläfern selber. Allein dieses scheinet nicht bei den unpersönlichen Zeitwörtern einzutreffen, welche von uns unabhängige Verändrungen in unserer Seele anzeigen: wir sagen z. B. *es freuet mich, es wundert mich, es gereuet mich, es schmerzt mich, es verdrießt mich,* und wir denken uns unter dem *es* nicht nur das *freuen, wundern, gereuen,* u. s. w. selber, sondern *dasjenige, was* uns freuet, wundert oder gereuet. Daher können wir auch das bei diesen Wörtern nicht füglich weglassen: wir können wohl sagen, *mich hungert, mich dürstet,* aber was würde es heißen, wenn ich sagen wollte, *mich freuet, mich wundert,* ohne noch etwas hinzuzusetzen, was mich freuete oder wunderte.

Wenn ich also sage, *es freuet mich, daß mein Freund wieder gesund ist,* so ist der ganze Gedanke von der Wiederherstellung meines Freundes in dem *es* zusammengedrängt. Nun scheinet es zwar, als ob dieser Gedanke meine Empfindung des Freuens *hervorbrächte*, und das *es* also nicht ganz unpersönlich wäre; allein er bringt sie nicht eigentlich hervor, und ist nicht sowohl die Ursach als vielmehr nur der *Stoff* zu derselben. Denn der Gedanke an irgend eine Sache, die mit unsern Wünschen übereinstimmt, und unsre Empfindung der Freude sind eins, sie ist mit ihm zugleich in der Seele da, und der Gedanke selber scheint gleichsam mit ihr zusammen zu schmelzen.

In dem Ausdruck *es freuet mich,* denke ich mir unter dem *es* eine Gedankenreihe, welche erst in meine Seele *kömmt,* unter *mich* das ganze System der Gedanken, welche schon in meiner Seele *sind,* und unter *freuet* nichts als das Verhältniß zwischen beiden, wodurch in dem letztern Zusammenhang und Harmonie auf eine dunkle und plötzliche Art befördert, oder hergestellt wird.

Um aber *freuen* in ein persönliches Zeitwort zu verwandeln, müßte man die Silbe *er* hinzusetzen. *Erfreuen* kann mich wohl eine Person, aber nicht *freuen:* denn *freuen* zeigt die Empfindung der Freude selber, *erfreuen* aber zugleich ihre Hervorbringung an. Dasjenige, was einer Person begegnet, oder was sie thut, kann uns also wohl freuen, das heißt, es kann mit unserer Empfindung der Freude eins werden, weil es in uns aus einer Reihe von Gedanken besteht, die unsrer Freude Nahrung geben, oder der *Stoff,* nicht aber die Ursach, derselben sind.

Sollte uns die Person an und für sich selber freuen, so müßte sich auch der Gedanke an sie gleichsam in unsre Freude verwandeln können, wie denn dieses der Gedanke an ihre Handlungen wirklich thut; allein wir bemerken hier einen Widerstand. Dieß kömmt vielleicht daher, weil zu der Freude eine Reihe von Vorstellungen gehört, und die Person, an und für sich selber, uns nur eine einzige Vorstellung gewähren kann. Und weil wir überdem auch die handelnde Kraft von der Person nicht absondern können, so kann sich der Gedanke an dieselbe auch niemals in unsre Freude so verweben, daß er *ganz* in Empfindung überginge, und daß wir uns die Person nicht zugleich auch als die hervorbringende *Ursach* unsrer Freude denken sollen.

Ob wir aber gleich einen Widerstand finden, wenn wir sagen wollten, *du freuest mich, ich freue dich,* so finden wir doch keinen Widerstand zu sagen, *ich freue mich über dich.* Dieses heißt soviel, als, die Person, *über* welche ich mich *freue,* bringt eine Reihe von Gedanken in mir hervor, und das Verhältniß dieser Gedanken gegen den Zusammenhang derer, die ich schon habe, ist es, was ich *Freude* nenne. Nun setze ich aber mich selber, oder mein eignes *Ich* an die Stelle der Gedanken, welche durch eine andre Person in mir hervorgebracht sind, und sage, *ich freue mich* u.s.w. *Ich freue dich* aber kann ich deswegen nicht sagen, weil ich mein *Ich* wohl an die Stelle meiner eignen Gedanken und Empfindungen, nicht aber eines andern, setzen kann; um einen andern zu freuen, müßte ich mich in die Gedanken und Empfindungen desselben gleichsam verwandeln können.

Eben so ist es mit *schämen,* welches eigentlich auch ein unpersönliches Zeitwort seyn sollte, weil es eine bloße dunkle Empfindung ohne Rücksicht auf die Entstehung oder Hervorbringung derselben anzeigt, wie es denn bei den Lateinern auch unpersönlich ist. Allein wir setzen ebenfalls unser *Ich* an die Stelle der Gedanken, deren Verhältniß gegen andre Gedanken, eben dasjenige ist, was wir Scham nennen, und scheinen nun das Schämen als *etwas von uns abhängiges* zu betrachten.

Ich schäme mich über mich selber, hieße daher so viel als: ich selber bin die *Ursach* einer Reihe von Vorstellungen, die in mir entstehn, und deren Verhältniß gegen andre, die schon da sind, dasjenige ist, was ich Scham nenne; an die Stelle dieser Vorstellungen aber setze ich *mich selber,* gleichsam als ob dieselben *gegenwärtig mein ganzes Ich* ausmachten. — So wenig wie wir nun einen andern *freuen,* das heißt, uns in seine Empfindung der

Freude verwandeln können, eben so wenig können wir auch jemanden, wie uns selber *schämen,* oder so unmittelbar, wie die Scham selber auf ihn wirken. Alles, was wir thun können, ist, daß wir ihn *beschämen,* oder solche Gedanken in seiner Seele *hervorbringen,* deren Verhältniß mit denen, die schon darinn sind, Scham heißt. Wenn wir mehr thun wollen, so müssen wir uns ganz in ihn *hineindenken,* daher rührt vermuthlich der bedeutungsvolle Ausdruck, *sich in der Seele eines andern schämen.*

Daß wir unser *Ich* an die Stelle unsrer jedesmaligen lebhafteren Gedankenreihe setzen, scheinet auch sehr deutlich in folgenden gewöhnlichen Ausdrücken zu liegen: *ich* freuete mich schon in *meinen Gedanken* darauf, *ich* wunderte mich in *meinen Gedanken* darüber, u. s. w. — *wundern* ist aber ebenfalls ein Verhältniß einer Reihe von Vorstellungen, die erst in meine Seele *kömmt,* zu dem ganzen Zusammenhang derer, die schon darinn *sind,* wie in folgender Darstellung von dem Ausdruck, *es wundert mich, daß ich einen Wagen rasseln höre.*

es	wundert	mich
Eine Reihe von Vorstellungen, die erst in meine Seele *kömmt,* daß etwas wirklich geschehen sey oder geschiehet, daß ich z. B. jetzt einen Wagen rasseln höre.	Das Verhältniß zwischen dem, was unter *es* und *mich* begriffen ist, wodurch in dem letztern durch das erstre die Vorstellung von der Unmöglichkeit des Rasseln eines Wagens, ohnegeachtet ihres *schwachen Zurückstrebens* gänzlich *aufgehoben,* und in dem Zusammenhange aller meiner übrigen Vorstellungen eine augenblickliche nicht gewaltsame Verändrung hervorgebracht wird.	Der Zusammenhang aller übrigen Vorstellungen, die schon in meiner Seele *sind,* worinn auch die befindlich ist, daß jenes, was geschiehet, nicht geschehen könnte oder würde, und daß es z. B. unmöglich sey, gerade zu dieser Zeit oder an diesem Orte einen Wagen rasseln zu hören.

Wenn ich also sage, *es gereuet mich,* so denke ich mir unter dem *es* eine Reihe von Vorstellungen, welche durch die Erinnerung an eine Handlung in mir erzeugt werden, die für mich von schädlichen Folgen ist, und die ich nach meiner Meinung füglich hätte unterlassen können, weil ich mir aller dunkeln Bewegungsgründe zu derselben nicht mehr bewußt bin: unter *mich* denke ich mir den Zusammenhang aller der Vorstellungen, die schon in meiner Seele *sind,* und unter *gereuet,* das Verhältniß zwischen dem *es* und *mich,* wovon das letztre ein unwillkührliches Bestreben hat, das erstre aufzuheben, wenn es möglich wäre. — *Gereuen* ist aber ganz außerordentlich auf mich selber eingeschränkt, denn nicht einmal die Handlung eines andern kann mich *gereuen,* da sie mich doch *freuen* und *wundern* kann: wir müßten uns nothwendig in eines andern *Ich* verwandeln können, wenn uns eine seiner Handlungen *gereuen* sollte.

Daß wir aber bei den unpersönlichen Zeitwörtern den Zusammenhang aller unsrer Vorstellungen unter *mich* begreifen, ist sehr natürlich, weil dieser Zusammenhang eben unser persönliches Bewußtseyn, oder dasjenige, was wir unser *Ich* nennen, ausmacht. — Bei den körperlichen Empfindungen aber scheinet dieses *mich* eine dunkle Vorstellung von dem ganzen Zusammenhange unsres Körpers zu enthalten, welcher auf mannichfaltige Weise zerstört, getrennt, und wieder hergestellt werden kann; und so wie Verwundrung, Freude, u. s. w. bloß verschiedne Verhältnisse der Gedanken gegeneinander sind, so ist auch zu vermuthen, daß alle körperlichen Empfindungen, als Hitze, Frost, Hunger, Durst, u. s. w. ebenfalls nichts, als die verschiednen Verhältnisse der körperlichen Theile gegeneinander sind, welche sich auf mannichfaltige Weise einander aufzuheben, zu zerstören, und wiederherzustellen suchen.

Da nun *hungern, dursten, frieren,* u. s. w. nicht sowohl Resultate von Gedanken, als vielmehr von gewissen Verändrungen in meinem Körper sind, deren nächste

Ursach, oder das *Verhältniß,* wodurch sie bewürkt werden, ausser der Sphäre meines Bewußtseyns liegt, so kann ich mir, wenn ich z. B. sage, *es hungert mich,* unter dem *es* nichts weiter, als die Empfindung des Hungers selber denken, und kann es folglich auch ganz weglassen, und sagen, *mich hungert,* ohne daß mein Gedanke von seiner Vollständigkeit etwas verliert. Freilich würde die nächste Ursach der körperlichen Empfindungen, die wir uns allenfalls unter dem *es* denken könnten, sich auch mit ihnen *in eins verweben,* und wir würden dadurch nur eine genauere Kenntniß von der wahren Beschaffenheit dieser körperlichen Empfindungen erhalten, ohne auf eine würkende Ursach zu stossen, welche sie hervorbringt.

Aus allen diesem erhellet, daß die unpersönlichen Zeitwörter das bezeichnen, was sowohl in unserm Körper, als in den innersten Tiefen unsrer Seele vorgehet, und wovon wir uns nur dunkle Begriffe machen können; und daß wir durch das unpersönliche *es* dasjenige anzudeuten suchen, was außer der Sphäre unsrer Begriffe liegt, und wofür die Sprache keinen Nahmen hat. Eine Vergleichung der unpersönlichen Zeitwörter mehrerer Sprachen würde daher gewiß in dieser Rücksicht eine nützliche Beschäftigung seyn.

Um aber noch einmal die feine Grenzlinie zu bemerken, welche durch die unpersönlichen Zeitwörter zwischen den willkührlichen und unwillkührlichen Veränderungen in der Seele gezogen wird, wollen wir die Ausdrücke *ich denke,* und *es dünkt mich* neben einander stellen. *Dünken* ist etwas, das sich in uns selber und aus dem vorhergehenden Zustande unsrer Seele entwickelt. Es bezeichnet eine dunkle Erinnerung, oder ein dunkles unwillkührliches Urtheil, dessen wir uns selber noch nicht recht bewußt sind, indem wir z. B. sagen, *mich dünkt, Sie haben recht, oder mich dünkt, ich habe Sie irgendwo gesehen.* Wir fällen hier nicht eigentlich das Urtheil, sondern es ist beinahe, als ob es sich selber fällte, und wir uns leidend dabei verhielten. Wenn ich sage, *ich denke,* so ist es, als ob mein Gedanke von mir selber oder von meiner Willenskraft bestimmt wird, sage ich aber, *mich dünkt,* so ist es, als ob ich von meinem Gedanken bestimmt werde.

VII.

(25) Es thut mir leid, daß Herr *Moritz* in Berlin, so sehr ungüthig gegen sich selbst verfahren konnte, mich durch einen eben so unüberlegten als unwürdigen Ausfall in einem der neuesten Stücke des Intelligenzblatts der Jenaischen Litteraturzeitung in die unangenehme Nothwendigkeit zu setzen, sein unredliches Betragen gegen mich, und dadurch leider! auch seine Person und seinen Character in ein öffentliches Licht zu stellen, wobei man seine Ehre in einer gar traurigen Lage und Gestalt erblicken wird. Es wird hierzu weiter nichts, als eine kurze, wahre und schlichte Darlegung des ganzen Vorgangs zwischen ihm und mir erfodert werden; und hier ist sie! Wegen der Schande, welche der Stand der Gelehrten überhaupt und unsere deutsche Litteratur insonderheit in den Augen der feinern und gesittetern Welt davon abermals haben wird, daß ein deutscher Schriftsteller von dem andern *solche* Dinge öffentlich melden muß, wasche ich meine Hände in Unschuld. Sie ruhe auf dem, der durch einen ganz unbegreiflichen Grad von Selbstvergessenheit und Unverstand mir die unumgängliche Nothwendigkeit dazu aufgelegt hat.

Im August des 1786sten Jahrs erschien dieser Herr *Moritz* mir ganz unvermuthet, in meiner damaligen Wohnung zu Salzdahlen; quartierte sich freundschaftlich bei mir ein, und that mir folgende zutrauliche Eröffnung: »Er fühle sich, ich weiß nicht von welchem Geiste, getrieben, ein Wallfahrt nach Rom zu machen, und ein Jahr, vielleicht anderthalb, daselbst zu leben, um die römischen Alterthümer an Ort und Stelle zu studiren und — sie zugleich zu beschreiben. Seine Ruhe und das ganze Glück seines Lebens hinge an der Erfüllung dieses Wunsches; und von mir hinge es ab, ihm durch Geldvorschüsse dazu behülflich zu seyn. Er hoffe, ich halte ihn für einen *ehrlichen Mann,* der dem Vertrauen, welches ich ihm dadurch erweisen würde, durch eine treue und redliche Erfüllung folgender Verbindungspunkte, gewiß entsprechen werde:

1. Er empfinge von mir eine Summe, welche hinreichend wäre, ihn an Ort und Stelle zu bringen und noch ein paar Monate lang ihn daselbst unterhalten.
2. Diese erste Zeit seines dortigen Aufenthalts, wendete er lediglich dazu an, seine Hinreise zu beschreiben, und theils mit diesem Manuscripte, theils mit einer Anweisung auf 100 Thaler, die ein Mann von Ehre, den er mir nannte und der mir als ein solcher bekannt war, ihm terminweise zu bezahlen schuldig wäre, ersetzte er mir dann meine ersten Vorschüsse völlig und unfehlbar.
3. Hierauf würde ich ihm neue Vorschüsse machen, und er widmete sich nunmehr ganz dem Studio der Alterthümer, worüber er denn zugleich ein Werk zu schreiben gedächte, desgleichen noch nie geschrieben wäre.
4. Von diesem unerhört gelehrten und schöngeschriebenen Werke nun wollte er mir denn von dort aus Monat für Monat die fertigen Hefte übersenden; ich würde aber ihm in eben dem Maaße, in welchem dadurch die alten Vorschüsse abgearbeitet würden, jedesmal neue zu machen kein Bedenken tragen.
5. Nach vollendeter Reise wollte er sich in Braunschweig niederlassen, und dann aus Erkenntlichkeit für den ihm jetzt geleisteten Dienst, künftig lediglich für meine Buchhandlung arbeiten.

Dies war sein Antrag.

Nach der bekannten Klugheitsregel, daß man mit excentrischen geniesüchtigen Leuten sich in keine Verbindung einlassen solle, wobei es auf Worthalten und regelmäßige Pflichterfüllungen ankommt, hätte ich ihn mit diesem Antrage abweisen müssen. Allein ich hielt ihn damals wirklich für einen ehrlichen Mann, und hofte, daß er von Leuten seines Schlages wenigstens gegen einen Freund, der ihm in einer ihm wichtigen Angelegenheit Vertrauen bezeigte, hierin eine um so viel rühmlichere Ausnahme machen würde, je seltner sie zu seyn pflegt. Was die römischen Alterthümer betraf, die er zu gleicher Zeit erst studiren und beschreiben wollte: so konnte ich mir freilich kein sehr wichtiges Werk davon versprechen, besonders da er so ganz unvorbereitet hinging, daß ich ihn erst mit einem Handbuche über die römischen Antiquitäten, den *Maternus de Caleno* bekannt machen, und ihm dasselbe mitgeben mußte, um unterwegens die nöthigen Vorkenntnisse daraus zu schöpfen. Es stand indeß zu hoffen, daß die versprochene Reisebeschreibung, auch wenn sie gleich seiner englischen Reise, nur ein unterhaltender Roman werden sollte, meine Buchhandlung für den Verlust, den sie an den Alterthümern leiden konnte, schadlos halten würde. Dies waren die Gründe, die mich geneigt machten, sein Anerbieten, so mislich es auch in so mancher andern Betrachtung damit aussahe, vertrauensvoll anzunehmen.

Aber ehe ich mich noch zu irgend etwas erklärte, legte ich ihm, aus guten Gründen, folgende wohlbedachte Frage und zwar auf Ehre und Gewissen vor: *ob er frei von Schulden und Verpflichtungen gegen andere Buchhändler wäre?* Dies ward betheuert; und zum Beweise, daß seine Versicherung hierüber aufrichtig sey, fügte er hinzu: daß er, um sich schuldenfrei und unabhängig vom Dienstjoche der Berliner Buchhändler zu machen, ein Jahr lang in einem kleinen Gartenhäuschen eingeschlossen, frugal und dürftig wie ein Einsiedler gelebt, und Tag und Nacht so viel und vielerlei für seine Gläubiger geschrieben habe, daß er nunmehr völlig auf freien Füßen stünde. Ich traute der ehrlich scheinenden Miene, womit er dies versicherte, und nach wiederholten Betheuerungen von seiner Seite, *daß es mich nie gereuen sollte, ihm Vertrauen bewiesen zu haben,* empfing er das verlangte Geld und reisete vergnügt von dannen.

Bald darauf trat die Leipziger Michaelismesse ein, nach deren Beendigung der Factor meiner Handlung mir klagte, daß er von verschiedenen Buchhändlern den unverdienten Vorwurf hätte hören müssen, daß man ihnen in der Person des Herrn *Moritz* einen Mann debauchirt habe, welcher dem Einen zu dieser, dem Andern zu jener Schriftstellerarbeit, ich weiß nicht seit wie lange schon, verpflichtet wäre. Einer dieser Herrn, Herr *Himburg,* trat sogar öffentlich auf, und indem er 8 Bogen eines Buchs, wovon Hr. M. 16 zu schreiben sich verbindlich gemacht hatte, als Fragment herausgab: so sagte er ihm zugleich in einer dazu gefügten Vorrede*) von seiner Hand solche Vertraulichkeiten ins Gesicht, welche über das Verhältniß, worin er mit ihm stehen müsse, keinen Zweifel übrig ließen.

Das war also der erste, mir gar nicht unwichtige Punkt, worin Hr. M. mich *hintergangen* hatte. Es zeigte sich bald darauf ein zweiter.

*) Gemeint ist die Vorrede des Verlegers Christian Friedrich Himburg zu den Fragmenten aus dem Tagebuch eines Geistersehers: »Der Verfasser dieser wenigen Bogen, hat sich in seinen gelehrten Arbeiten, deren er seit zehn Jahren die Hülle und Fülle produciret, einen solchen Plan gemacht, daß wenn ihm die Lust anwandeln sollte, Wanderungen zu machen, er nach Belieben abbrechen könne, ohne dem Ganzen zu schaden. Dies ist der Fall bei dieser Schrift, die anfänglich 16 Bogen stark werden sollte und sich nun auf die Hälfte gebracht findet. Wenn der Verfasser einstens seinen vaterländischen Boden wieder betreten sollte und die Sirocco's keinen widrigen Einfluß auf ihn gemacht haben, so wird er sich für Geld und gute Worte wohl zureden lassen, diese Materie fortzusetzen.« *Anm. d. Herausgeb.*

Das Jahr ging nämlich zu Ende; aber die versprochene Reisebeschreibung blieb aus. Zwar ertheilte er mir unterm 11ten Nov. die Versicherung, *daß die Arbeit größtentheils vollendet wäre,* und *daß nun alle Sonnabend ein Theil derselben für mich abgehen sollte:* aber ich erhielt, ein einziges kahles Blatt ausgenommen, welches zur Probe dienen sollte, — *nichts.* Dahingegen liefen noch in eben demselben Monate, unter wiederholten Verheißungen, die dringendsten Bitten um neue Geldvorschüsse ein. Auch diese wurden übermacht; aber die versprochne Reisebeschreibung blieb aus.

Bald nachher deckte sich eine dritte Unwahrheit, womit Herr *Moritz* mich eingewiegt hatte, gleichfalls auf. Der Mann, der mir 100 Thaler für ihn auszahlen sollte, erklärte, unter bittern Klagen über Herrn Moritzens Unzuverläßigkeit, daß er nur 35 Thaler, und auch diese mehr aus Güte, als aus Verbindlichkeit zahlen könnte, weil Hr. M., seinem Versprechen zuwider, von dem, wodurch diese Summe erst verdient werden sollte, *nicht das allermindeste geleistet habe.*

Unterdeß verflossen zwei volle Monate, ohne daß ich von Hr. Mr., der nun gerade keine Bedürfnisse hatte, auch nur eine einzige Zeile erhielt. Aber in der Mitte des Jenners 1787 ward ich, anfangs von einer unbekannten Hand, dann von ihm selbst benachrichtigt, daß er den Arm gebrochen habe, und nun wieder Geld brauchte. Dieser Nachricht war die Versicherung beigefügt, *daß das Manuscript zur Reisebeschreibung binnen 8 Tagen an mich abgehen würde.* Der Unfall rührte mich; ich war sogleich bereit, alles Vergangene zu vergessen und mit meinem Vertrauen wieder von vorn anzufangen: als ich schon 14 Tage darnach eine neue Bestätigung erhielt, daß ich mit einem Menschen zu thun hätte, der mit Versprechungen, wie mit Seifenblasen spielte. Die Veranlassung zu dieser neuen Enthüllung des unzuverläßigen und unredlichen Characters dieses Mannes war folgende.

Einige wackere Männer in Berlin, welche von seinem Unfalle gehört hatten, und ihn in Geldnoth glaubten, stellten eine Collecte für ihn an, und waren, wenn man mich recht berichtet hat, so glücklich, eine Summe von 200 Thalern zusammen zu bringen. Diese ward ihm übermacht; und der edle Mann, der, sobald er nur rechtschaffen handeln wollte, keiner Allmosen bedurfte, es aber bequemer fand, ein ihm geschenktes Capital zu verzehren, als ein geborgtes durch Arbeit wieder abzutragen, nahm das für ihn collectirte Geld ohne zu erröthen freudig an; und schwindelnd vor Vergnügen über den unerwarteten Zufluß eines solchen Schatzes, gab er seine Verpflichtungen gegen mich, gab er seine zehnmal wiederholten heiligen Versprechungen und das dabei verpfändete Ding, welches er *seine Ehre* nannte, allen Winden preis, und — reisete, sobald sein Arm nur wieder geheilt war, frohen Muthes von Rom nach Neapel, um, wie er mir beiläufig zur Entschuldigung schrieb, dort erst noch die römischen Alterthümer zu studiren, wodurch die Beschreibung seiner Reise von Braunschweig nach Rom um so viel interessanter werden würde. —

Vom 3ten Febr. bis zum 15ten Junius, also innerhalb fünftehalb Monaten, erhielt ich abermals keine Zeile von ihm; denn so lange hielt die collectirte Summe vor, und bis dahin hatte er meiner also nicht vonnöthen. Aber kaum war er mit leerer Tasche nach Rom zurückgekehrt, als er auch meiner sich wieder mit Zärtlichkeit erinnerte, und bei unserer Freundschaft mich beschwor, ihm abermals mit 40 Thlrn. auszuhelfen. Diesmal brauchte er, um mich dazu zu bewegen, den wohlersonnenen Kunstgriff, mir vorzuspiegeln, daß er sich jetzt wirklich zur Rückreise nach Deutschland anschicke, um alles, was er nun gesammelt hätte, wo nicht unter meinem Dache, doch in meiner Nähe zu ordnen und auszuarbeiten. Dieser Kunstgriff that die gehofte Wirkung. Ich übermachte ihm mit umgehender

Post, *nicht vierzig, sondern sechzig Thaler,* ermunterte ihn zur baldigsten Abreise und fügte hinzu, daß er disseits der italienischen Grenze das noch sonst Benöthigte an jedem beliebigen Orte auf mich ziehen könnte.

Ich sahe nunmehr fleißig nach ihm aus; hofte wenigstens mit jeder rückkehrenden Post von seiner wirklich angetretenen Rückreise benachrichtiget zu werden: aber beides umsonst! Es verstrichen abermals *drittehalb Monate,* ohne daß ich auch nur das geringste von ihm erfuhr, ohne daß er mir einmal den Empfang der letzten Geldsendung meldete. Erst im September, da es mit seinem Gelde abermals auf die Neige ging, wachte, wie gewöhnlich, seine Freundschaft, seine Dankbarkeit und eine vorübergehende Erinnerung an seine Verpflichtung gegen mich wieder auf; ich erhielt einen Brief, worin er mir — was glaubst du, lieber Leser? — zuvörderst erklärte, daß er noch ein halbes Jahr in Rom zu bleiben beschlossen habe; dann, daß er sich abermals in schrecklichen Geldnöthen befände, und mich daher inständig ersuchte, ihm vor der Hand doch nur erst 10 Ducaten zu schicken; *daß er dafür mit dem fördersamsten mir ein kleines sehr interessantes Werk über die italienische Literatur einsenden würde,* und daß ich dagegen beim Empfang desselben ihm dann den Rest des etwanigen Honorars dafür übermachen mögte. Damit hoffe er denn bis Ostern auszureichen. Von der so oft versprochenen, so oft schon für fertig ausgegebenen Reisebeschreibung kein Wort! Dagegen Versicherung über Versicherung, *daß er seinen guten Nahmen bei mir gewiß behaupten würde, und daß es mich nie gereuen sollte, ihm getraut zu haben.*

Diese neue Wortbrüchigkeit mußte natürlicherweise meinen Unwillen in eben dem Grade vermehren, in welchem der kleine Überrest meines ehemaligen Glaubens an seine Rechtschaffenheit dadurch abermals vermindert ward. Fast war ich schon entschlossen, ihn nunmehr seinem Schicksale zu überlassen: aber bei dem Gedanken an die Noth und das unabsehbare Elend, worein er, sobald ich meine Hand von ihm abzöge, in einem fremden Lande unfehlbar gerathen würde, siegte das Mitleid von neuem über den Unwillen, und ich beschloß noch einmal zu versuchen, ob der Mann, der für Gerechtigkeit und Pflicht so ganz und gar keinen Sinn zu haben nunmehr oft genug bewiesen hatte, nicht vielleicht, als schöner Geist und Romanendichter, durch Großmuth gereizt werden könnte. *Ich schickte ihm daher, statt der verlangten zehn Ducaten, zwanzig,* und suchte ihn dabei durch eine wahre Beschreibung meines gänzlichen Unvermögens, ihm nun noch mehr Vorschüsse zu machen zu bewegen, noch diesen Herbst zurückzukehren, oder, wofern er durchaus noch ein halbes Jahr dort bleiben zu müssen glaubte, mir wenigstens die schon so lange fertig seynsollende Reisebeschreibung, nebst dem neuerdings versprochenen Buche über die italienische Literatur zuzusenden, damit meine Handlung sie zur nächsten Ostermesse könnte drucken lassen. Und was war nun abermals der Erfolg davon?

Dieser: Hr. Mr. dankte mir höchlich für das übersandte Geld; versicherte, daß ihm ein außerordentlicher Dienst damit geschehen sey, weil er, vierzehn Tage vor dem Empfang desselben, schon seine Mundprovisionen so habe eintheilen müssen, wie man es bei einer bevorstehenden Hungersnoth auf Seereisen oder bei Belagerungen zu thun pflege; freuete sich, daß ich die erbetene Summe so gütig habe verdoppeln wollen und versicherte nochmals, daß er mein ihm dadurch von neuem bewiesenes Zutrauen gewiß rechtfertigen würde. Übrigens von seiner Zurückkunft kein Wort! Von dem versprochenen Buche über die italienische Literatur kein Wort! Von der Reisebeschreibung, die ich schon vor einem Jahre mit jeder Sonnabendpost erhalten sollte, kein Wort! Und nun vom 27sten October bis zum 12ten April, also in einem halben Jahre — *keine Silbe mehr von ihm!*

Nenne mir, freundlicher Leser, ein Wort, womit ein solches Betragen sich etwa wol bezeichnen ließe, wenn man die gewöhnlichen, ihm ganz entsprechenden: *Undank, Betrug u. s. w.* ihrer Härte wegen, gern vermeiden mögte?

Das zuletzt übermachte Geld konnte höchstens bis Neujahr reichen. Ich kannte nunmehr die Methode meines Mannes, und erwartete also um die besagte Zeit, aber auch nicht früher, neue Versicherungen seiner Ergebenheit, neue Verheissungen, neue Anträge und — neue Bitten um Geld. Diesmal aber täuschte mich eine Erwartung; vermuthlich, weil er Mittel gefunden hatte, irgend eine andere ihn noch nicht kennende Buchhandlung durch schöne Vorspiegelungen von Reisebeschreibungen, römischen Alterthümern und von Büchern über die italienische Literatur in sein Netz zu ziehn. Der Zeitpunct, da er meiner wieder nöthig hatte, traf erst am 12ten April ein. Von diesem Tage datirt erhielt ich das erste Schreiben wieder, worin er mir meldete, *daß er nun abermals wirklich marschfertig wäre, um seine Rückreise anzutreten, und daß er hoffe, ich werde ihm dazu 30 Ducaten schicken.* An diesen abermaligen Angel hing er diesmal folgende Lockspeise, die aber unglücklicher Weise ihre Wirkung verfehlte: »er habe sich mit einem Zeichner verbunden; mit diesem denke er von Rom aus durch Italien, die Schweitz und Deutschland zu Fuße zu wandern; bei jeder schönen Gegend würde Halt gemacht, und Bleistift und Feder hervorgeholt; der Zeichner zeichnete, er selbst beschriebe: das würde eine malerische Reise geben, dergleichen noch keine vorhanden wäre, und um welche die Leute sich reissen und schlagen würden.«

Noch ehe ich diese herzerhebende Nachricht erhielt, hatte ich mir, einige Tage vorher, die Freiheit genommen, ihm mein Erstaunen über alles das zu bezeugen, was bis dahin zwischen ihm und mir vorgegangen war. Unter den mancherlei gerechten Beschwerden, die ich ihm vortrug, hatte ich, weil mir der Inhalt seines letzten Briefes nicht mehr im Gedächtniß war, irriger Weise auch darüber geklagt, daß er mir nicht einmal den richtigen Empfang des letzten Geldes gemeldet habe, welches zwar bei dem vorletzten Geldposten, aber nicht bei diesem der Fall gewesen war. Diesen Umstand ergriff er nun in seiner Antwort, und indem er betheuerte, daß er mir am 27ten October wirklich geschrieben habe, und sich in Klagen über die Unsicherheit der Posten ergoß, überging er alle meine übrigen Beschwerden, welche weit bedeutender waren, mit tiefem Stillschweigen.

So standen die Sachen, als er Mittel fand, sich Sr. Exc. dem Herrn Staatsminister von *Heynitz* als einen Kunstkenner empfehlen zu lassen, und von diesem nicht nur eine Stelle bei der Berliner Kunstakademie, sondern auch Geld und zugleich die Erlaubniß noch ein volles Jahr in Rom zu bleiben, erhielt. Damit waren seine Verpflichtungen gegen mich, den er nun nicht weiter brauchte, aus seinem weichen Gedächtnisse völlig ausgewischt!

Dennoch fand sich in der Folge noch einmal Gelegenheit, meine Gutwilligkeit zu benutzen; und Hr. M. trug keinen Augenblick Bedenken, auch davon noch Gebrauch zu machen. Er hatte nämlich einen armen brodlosen Bruder, der seine Unterstützung reclamirte. Statt nun diesem von seinem damaligen eigenen Überflusse brüderlich mitzutheilen, hielt er es für bequemer, ihm einen Panisbrief an mich zu schreiben, worin er mich gar zutraulich ersuchte, diesem jungen Menschen, bis zu seiner Zurückkunft aus Italien, monatlich 3 Thaler auszuzahlen, und mit der bekannten Formel schloß, *daß es mich nicht gereuen sollte etc.* Man begreift, daß ich um dieser Formel willen ihm nun freilich keinen Pfennig mehr borgen konnte; aber der Anblick und die Bitten eines armen jungen Menschen, der ohne eigene Verschuldung sich in dem hülflosesten Zustande befand, bewegten mich; und ich zahlte ihm das verlangte Monatsgeld so lange aus, bis ich Nachricht erhielt, daß Hr. M. wohlbehalten in Weimar angekommen sey, um auch da noch erst ein paar Monate lang, die römischen oder weimarischen Alterthümer zu studiren.

Mittlerweile hatte ich durch wiederholte ernsthafte Vorstellungen endlich so viel erreicht, daß er mir noch von Rom aus, nicht etwa seine Reisebeschreibung oder das bewußte Buch über die italienische Literatur — o nein! an diese wurde auf seiner Seite nun gar nicht mehr gedacht, sondern an ihrer Statt anfangs ein paar, nachher in zwei verschiedenen Sendungen mehrere Blätter, überhaupt 3 ½ Bogen zu einer Abhandlung *über die bildende Nachahmung des Schönen* schickte. Der letzten Lieferung dieses ansehnlichen Werks waren zwei Blätter von seinem Buche über die Alterthümer beigelegt, welches er mir von nun an wöchentlich in gleichen Portionen, d. i. Blätterweise zuzuschicken versprach, weil er leicht voraussehen konnte, daß ich dies, des ungeheuern Porto's wegen, verbitten würde.

Die ersten Blätter jener Abhandlung, denn nur diese konnte ich damals überhäufter Geschäfte wegen lesen, schienen mir einen sehr gedachten Inhalt in einer wohlausgebildeten Schreibart anzukündigen: und so unzufrieden ich auch mit dem Verfasser derselben zu seyn nur gar zu gerechte Ursache hatte: so ließ ich mich dadurch doch nicht abhalten, ihm dies zu äußern, wobei ich jedoch wohlbedächtig nicht mehr sagte, als ich, bevor ich das Ganze gelesen hatte, sagen konnte, nämlich: sie *schiene* mir sehr gedacht zu seyn, und eine größere Reife, *als alle seine frühern Schriften,* zu haben; und ich würde das *vielleicht* in einer kleinen Vorrede dazu öffentlich sagen. Als ich aber nachher die *ganze* Abhandlung las, und nach einer dreimal wiederholten Lesung sie endlich *beinahe* zu verstehen glaubte — ein Glück, dessen sich wol nur sehr wenige Leser werden rühmen können: so fand ich freilich noch immer viel Gedachtes, ja sogar manches Vortrefliche, aber auch — wie in allen andern Moritzischen Schriften — viel *Phantasirendes* darin. Es ist nämlich, wie vermuthlich andere Leser seiner Geistesproducte wol auch schon werden bemerkt haben, einer der charakteristischen Eigenthümlichkeiten dieses Schriftstellers, daß sein Abstractionsvermögen und seine Phantasie, so oft er philosophirt, gewöhnlich zugleich arbeiten; daß er sich erst auf den Flügeln von jenem in die Ideenwelt und zwar in *seine* Ideenwelt, d. i. in einen gewissen Bezirk von Lieblingsabstractionen, worunter besonders die Begriffe von *Seyn, Zerstörung, Bildung, Tod, Leben* u. s. w. figuriren, erhebt, und dann seine Phantasie mit diesen von ihr wieder leicht bekörperten, oft personificirten Abstractis, wie mit wirklichen Dingen nach Herzenslust spielen läßt. Von dieser ihm eigenthümlichen Art von Philosophie, die ich nicht passender als mit dem Beinahmen einer *phantasirenden* zu bezeichnen weiß — ein Wort, welches Hr. M. in seiner öffentlichen Klage über mich, nach eben der Redlichkeit, womit er mich immer behandelt hat, in *phantastische* verwandelte; vielleicht, weil sein Selbstgefühl ihm sagte, daß ich auch diesen Ausdruck mit eben so viel Wahrheit hätte brauchen *können* — von dieser phantasirenden Philosophie also fand ich nun auch mehr, als ich zu meiner eigenen und seiner sonstigen Leser Erbauung gewünscht hätte, in der besagten Abhandlung; und es war vorauszusehen, daß diese kleine Schrift deswegen nur sehr wenig Leser finden würde.*) Dies ereignete sich denn auch wirklich; der größere Theil der davon gemachten klei-

*) Da diese Blätter schon unter den Händen des Setzers sind, erscheint die 154ste Nummer der allgemeinen Literaturzeitung, worin ein einsichtsvoller Mann diese Abhandlung recensirt, und der Hauptsache nach gerade eben so darüber geurtheilt hat, als ich. Auch ihm ist manches darin, und zwar besonders auf den letztern Blättern dunkel geblieben; auch er klagt

nen Auflage liegt noch jetzt wie Blei auf unserm Lager da, und von den an Buchhändler von der Michaelismesse aus versandten Exemplaren ist eine beträchtliche Zahl mit Protest zurückgekommen.

Weil indeß der Verlag dieser Schrift, so wie sie selbst, nur eine große Kleinigkeit war; und ein Schriftsteller überdem für den Abgang seiner Werke Niemanden verantwortlich ist: so würde es mir, bei so vielen andern gegründeten und wichtigeren Beschwerden, die ich ihm in jedem meiner Briefe vorzutragen hatte, gar nicht eingefallen seyn, dieses Umstandes gegen ihn nur einmal zu erwähnen. Allein da er mir einigemal äußerte, daß diese kleine Abhandlung die Grundlage zu seinem größern Werke über die Alterthümer enthielte, »ja, *daß alles, was er je über einen Gegenstand schreiben würde, schon in dieser Abhandlung läge, und daß, nach dieser Abhandlung, es ihm stets unmöglich bleiben würde, auch wenn er sich dazu*

über die blendenden Bilder, (also über das eingemischte Phantasirende,) wodurch die Begierde nach Erkenntniß zwar gespannt, aber nicht befriedigt wird. Auch er bedauert, daß die Bestimmtheit und Deutlichkeit des Vortrages sich gegen das Ende immer mehr verliert, weil daselbst Begriffe, welche anfangs unterschieden wurden, wieder miteinander vermischt werden. Aber hier sind seine eigenen Worte: »Dieses scheint der Hauptfaden der Gedanken des Verfassers zu seyn, der aus den letzten Blättern nicht ohne Mühe und häufiges Zurückgehen herausgezogen wird. Denn sie sind oft durch abgebrochene Vorstellungen und durch reizende, aber auch zuweilen blendende Bilder, deren Beziehung nicht immer ganz klar ist, mehr angegeben, als deutlich ausgeführt. Diese Manier aber ist um so viel gefährlicher, je mehr sie durch lebhafte Beschäftigung der Empfindung die Begierde nach Erkenntniß spannt, ohne sie zu befriedigen, und sogar leicht verführt, falsche Wege zu suchen, zu denen die anscheinende Analogie bilderreicher Vorstellungen, so viel Anlaß giebt. Es leidet die Bestimmtheit und Deutlichkeit des Vortrages gegen das Ende noch dadurch, daß das Schöne und das Edle, welche nach des Verfassers Erklärung am Anfange dadurch verschieden sind, daß jenes die äußere Erscheinung von diesem ausmacht, hier wieder vermischt werden.»

zwingen wollte, je etwas Oberflächliches zu schreiben:« so erregte diese gar zu selbstgefällige Äußerung, deren Sinn und Wahrheit ich übrigens dahin gestellt seyn ließ, allerdings die Besorgniß, daß das Werk über die Alterthümer ein Gewebe von gleichem Aufzuge und von ähnlichem Einschlage werden, und dann auch einerlei Schicksal mit der Abhandlung haben dürfte. *Deswegen* hielt ich es weder für überflüssig, noch dem Verhältnisse, worin ich mit Hr. M. bisher zu stehn das Unglück gehabt hatte, zuwider, ihm, da er endlich aus Italien zurückgekehrt war, unter vielen andern, hundertmal bedeutendern und stärkern Dingen, auch folgende Worte zu schreiben, die er nun auf einmal so sehr beleidigend gefunden zu haben *affectirt:* »Ihre Abhandlung über das Schöne hat gar kein Glück gemacht, und ich werde den größern Theil der Auflage ins Makulatur werfen müssen. Die Ursache ist zweifach: erstlich, *das gegründete Misvergnügen verschiedener Buchhändler über Sie,* *) zweitens, das Eigenthümliche Ihrer phantasirenden Philosophie, wobei ihnen wenig Menschen folgen können, noch weniger folgen mögen. Wird ihr Buch über die Alterthümer dasselbe Gepräge bekommen, und nicht vielmehr eine schlichte historische Darstellung, als von jener Art Philosophie enthalten: so wird sie sicher auch das nämliche Schicksal haben.« In einem andern Briefe schrieb ich ihm, in Beziehung auf die nämliche Besorgniß, Folgendes: »Wenn Sie eine italienische Sprachlehre nach dem Muster ihrer englischen**) schrieben: so glaube ich, daß dieselbe einiger-

*) Diesen Zug, der doch, wofern er unwahr wäre, wirklich etwas Beleidigendes enthielte, hat Hr. M. in seiner öffentlichen Anklage wohlbedächtig unterdrückt. Er war aber leider! nur allzuwahr, als daß er ihn hätte aufmutzen dürfen; denn wirklich warfen verschiedene Buchhändler, denen diese Abhandlung auf der Messe vorgezeigt wurde, sie mit Unwillen und Verachtung gegen ihren Verfasser zurück.

**) Die, trotz der vielen Schnitzer, welche Sprachkenner darin nachgewiesen haben, doch eine Zeitlang guten Abgang fand.

maaßen wieder einbringen würde, was ich an den Antiquitäten wahrscheinlich verlieren werde.« *)

Diese beiden Stellen nun sind, laut Hr. M. eigener Anklage, das ganze corpus delicti; das Einzige, wodurch ich mich an seinem erhabenen Genie zu versündigen das Unglück gehabt habe; es sind, laut seiner Erklärung, Äußerungen, welche nur aus einer vom niedrigsten Eigennutz belebten und am Gefühl für das Schöne und Edle völlig abgestumpften Seele kommen können; es sind, nach seiner Sittenlehre, vollkommen gültige Gründe, ihn von aller Dankbarkeit, von allen Verpflichtungen und von jeder Worterfüllung gegen mich, völlig frei zu sprechen. Aber man erlaube mir, erst noch einen Augenblick wieder an den Faden unserer Geschichte zurückzukehren.

Hr. M. war nunmehr im Decembermonate wirklich aus Italien nach Deutschland zurückgekehrt, ohne bis dahin auch nur eine einzige von seinen vielen und großen Vorspiegelungen wahrgemacht, ohne nur eine einzige von seinen vielen, so oft wiederholten und so feierlich bekräftigten Versprechungen erfüllt zu haben; indeß ich von meiner Seite nicht nur alles, wozu ich mich gegen ihn anheischig gemacht, getreulich gehalten, sondern auch noch überdem, trotz allen seinen gehäuften Treulosigkeiten, betrügerischen Versprechungen und überlegten **) Wortbrüchen, fast immer mehr gethan hatte, als er von mir wünschte. Auf seiner Rückreise nun meldete er mir von Regensburg oder Nürnberg aus — denn ich habe den Zettel, den er mir damals schrieb, nicht gleich bei der Hand — daß er bin-

*) Zur Erläuterung dieser Wahrscheinlichkeit dient, daß ich ihm den Bogen mit 10 Thaler zu honoriren versprochen hatte.

**) Denn was kann es anders seyn als überlegter Wortbruch, wenn man, wie Hr. M. mehrmals that, ganz bestimmt versichert, daß ein Manuscript zum Abschicken fertig liege und binnen acht Tagen zuverläßig abgeschickt werden solle, und es gleichwohl niemals schickt?

nen 14 Tagen in Berlin eintreffen würde, und daß er daselbst Briefe von mir vorzufinden hoffe. Ich eilte diese seine Hoffnung zu erfüllen; denn da ich in den letztverflossenen vier oder fünf Monaten abermals keine Zeile von ihm erhalten hatte: so war ich natürlicherweise begierig zu erfahren, was dieser moralische Proteus nun auf deutschem Grund und Boden wol für eine neue Gestalt annehmen würde, um seinen Verpflichtungen gegen mich abermals zu entwischen. Ich schrieb also seiner Anweisung zufolge unter der mir aufgegebenen Adresse mit der nächsten Post nach Berlin: keine Antwort! Ich schrieb nach 14 Tagen noch einmal: keine Antwort! Jetzt hörte ich, daß er in Weimar Quarantaine halte; ich schrieb also auch dahin: aber wieder keine Antwort! Bloß mündlich ließ er mir gegen Ende des Jenners durch einen Reisenden sagen: daß er noch eine Zeitlang dort zu bleiben gedächte, und daß ich versichert seyn könnte, er werde seine Verpflichtungen gegen mich gewiß erfüllen.

Dieses Stillschweigen währte bis zum 31sten März, als ich, statt aller Antwort auf meine Briefe, folgende dürre Erklärung von ihm erhielt:

»Im August 1788 hätte ich ihm nach Rom geschrieben, daß mir seine Abhandlung sehr gedacht zu seyn und eine Reife zu haben schiene, die wol noch keine seiner frühern Schriften gehabt hätte. Im December eben dieses Jahrs hätte ich ihm wieder geschrieben, seine Abhandlung über das Schöne habe gar kein Glück gemacht u. s. w. (Man sehe die schon oben angeführten Stellen.) Aus dieser *verächtlichen* Meinung, die ich von seinen Werken äußerte, folge nun, daß der Contract, den ich mit ihm geschlossen, mich gereuen müsse, und daß es mir lieb seyn werde, nur ohne Schaden wieder zu meinem Gelde zu kommen. So wenig nun dies mir zu verübeln wäre, eben so wenig könnte man es auch ihm verdenken, wenn er jetzt mit einem Buchhändler in Verbindung träte, der mehr Vertrauen zu ihm und seinen Schriften habe. *Dies habe er denn auch wirklich schon gethan;* und er werde mir meine Vorschüsse, nebst den Zinsen, *terminweise* wieder erstatten, so daß die ganze Summe *noch in diesem Jahre* abgetragen werden sollte. Binnen acht Tagen sollte mit der Übersendung der ersten hundert Thaler der Anfang dazu gemacht werden.«

Hier frage ich jeden Mann von Ehre und Rechtschaffenheit, was er zu diesem Verfahren sage? Ich frage Jeden, der moralischen Sinn und moralische Grundsätze hat: ob das, was ich Hrn. Moritz über den schlechten Abgang seiner Abhandlung und über die Ursachen davon schrieb, *ihn berechtigte,* alle seine Verpflichtungen gegen mich eigenmächtig zu zernichten, und, ohne mich erst zu fragen, ob ich es auch genehmige, einen Contract, der auf meiner Seite mehr als gewissenhaft erfüllt, auf der seinigen hingegen so oft und jedesmal auf die unwürdigste Weise gebrochen war, nun auf einmal vollends aufzuheben? Ob es einem Manne, der, wie aus dem Obigen erhellet, so ganz kein moralisches Zartgefühl besitzen muß, gezieme einen so zarten schriftstellerischen Ehrpunkt zu affectiren, um durch das, was ich ihm über seine Abhandlung schrieb, so gröblich beleidiget zu werden? Ob es dem, der nicht beleidiget ward, so oft ich ihm schrieb, daß er mich mit Unwahrheiten *hintergangen* habe, gezieme, sich beleidiget zu stellen, da ich seine, oft phantastische Philosophie nur eine *phantasirende* nannte? Ich erwarte ruhig, daß der unparteiische Leser über diese Fragen entscheide; und fahre fort. — Denn leider! war das Maaß der Vergehungen dieses Mannes gegen mich und gegen sich selbst hiermit noch nicht voll.

Aber ehe ich weiter erzähle, muß ich dem geneigten Leser wol erst erklären, warum ich sagte, daß er jetzt beleidiget zu seyn *nur affectirt* habe. Daß er es in der That nicht war, nicht seyn konnte, ergiebt sich theils daraus, daß mein Urtheil über seine Schrift bei *dem-*

jenigen Verhältniß, worin wir nun schon ins dritte Jahr mit einander standen, ohnmöglich etwas Beleidigendes *für ihn* haben konnte, theils aber auch und vornehmlich daraus, daß er zehnmal bittrere Sachen, die er, während seines Aufenthalts in Italien ihm zu schreiben, mich so oft gezwungen hatte, jedesmal ohne alle Empfindlichkeit, aber freilich auch ohne sich darnach zu bessern, aufnahm. Wie wäre er denn nun auf einmal zu einem so überfeinen Zartgefühl gekommen? Die Sache hing vermuthlich so zusammen.

Er war jetzt eben wieder nach Berlin zurückgekommen, wo so manche alte und neue Verbindlichkeit auf ihn wartete, und wo so mancher Vorwurf auf so manchem Gesichte ihm begegnete, daß er bei aller ihm in solchen Fällen eigenen edlen Entschlossenheit, sich denn doch wohl ein wenig beklommen fühlen mußte. Das Geschenk, welches seine Excel. der Herr Staatsminister *von Heynitz,* ihm nach Rom gemacht hatte, bestand in dem ihm verwilligten jährlichen Gehalte, d. i., wie Leute, die es wissen können, mir gemeldet haben, in 200 Thalern. Diese Summe konnte, nach Maaßgabe dessen, was er vorher verbraucht hatte, ohnmöglich zureichen, ihn vom Mai bis zum November in Rom zu unterhalten, und dann noch oben drein die Kosten der Rückreise und eines zweimonatlichen Aufenthalts in Weimar damit zu bestreiten. Da er es nun nicht wagte, seine Zuflucht noch einmal zu mir zu nehmen: so wandte er sich vermuthlich an einen Andern und lockte ihm, so wie vormals mir, die ihm noch benöthigte Summe durch vorgespiegelte kostbare Werke ab, die er ihm mitzubringen versprach. Er brauchte also jetzt, bei seiner Zurückkunft in Berlin, wenn er sich nicht den größten Ungelegenheiten aussetzen wollte, mehr als jemals Geld und Handschriften. Deswegen wünschte er nun von seinen lästigen Verpflichtungen gegen mich befreit zu seyn; deswegen zerriß er sie, indem er die Gelegenheit dazu, wie man sagt, vom Zaune brach. Daß dies aber nicht bloße *Vermuthung,* sondern *Thatsache* seyn müsse, davon kann und muß uns der Umstand überzeugen, daß er bei jener eigenmächtigen Zerreissung seiner Verbindlichkeiten gegen mich, nicht etwa damit anfing, mir meine Vorschüsse gleich baar und zwar auf einmal zurückzusenden — welches doch wol das Erste und das Wenigste gewesen wäre, was ein Mann von wirklichem Ehrgefühl in einem solchen Falle zu thun, sich stark würde gedrungen gefühlt haben — sondern vielmehr damit, jene Verbindlichkeiten erst zu zerreissen, und dann hintennach und gleichsam nur im Vorbeigehen zu erklären, *daß mir mein Geld vor Ablauf des Jahrs,* wir waren damals noch im ersten Drittel desselben, *terminweise wieder zurückerstattet werden solle.* War es nun wahr, was er mir so oft geschrieben hatte, daß seine Reisebeschreibung, sein Buch über die italienische Literatur und sein Werk über die Alterthümer, bald bis aufs Abschreiben, bald schon wirklich zum Versandtwerden fertig da lägen: was zwang ihn — wofern er nicht in Berlin alte und neue beträchtliche Vorschüsse zu tilgen fand — sich auch noch *dieser* Unwürdigkeit schuldig zu machen, da er jene Handschriften, nur dem ersten besten Buchhändler vorzuzeigen und zu verkaufen brauchte, um eine noch größere Summe, als die mir schuldige, dafür zu erhalten? Hier tritt also der, für seine Ehre auf beiden Seiten gleich traurige Wechselsatz ein, von dessen *Entweder* und *Oder* wir das Eine oder das Andere nothwendig wählen müssen: entweder Hr. M. hat es in der Ertödtung seines Ehrgefühls schon so weit gebracht, daß es ihm gar nichts mehr kostet, Unwürdigkeiten dieser Art *auch ohne Noth* zu begehn; oder er befand sich jetzt wirklich in der dringendsten Nothwendigkeit, das aus seinen mitgebrachten Handschriften gelösete Geld, zur Tilgung solcher anderweitigen Schulden anzuwenden, welche ihn noch mehr, als diejenigen drückten, die er bei mir gemacht hatte. Man wähle! Ich für mein Theil glaube schonender zu handeln, wenn ich das Letztere als wenn ich das Erstere annehme.

Aber wenn dem also war, verdiente der Mann, der in preßhaften Umständen sich zu solchen Unregelmäßigkeiten erniedrigte, nicht vielmehr bemitleidet, als in seiner Blöße dargestellt zu werden, und ist es großmüthig oder nur *menschlich* von mir gehandelt, daß ich das Letztere hiermit dennoch wirklich thue? Gute Seele, die du mir diesen Zweifel vorlegst, sey versichert, daß ich, bevor ich die Feder ergriff, um diese unglücklichen Blätter zu beschreiben, die nämliche Frage mir selbst oft genug vorgelegt und sie oft genug in meinem Herzen erwogen habe, das zur Nachsicht, zur Schonung und zur Verzeihung wahrlich viel aufgelegter, als zur Ahndung ist. Meine nächsten Freunde wissen, daß, wenn ich die Nothwendigkeit, diese Blätter zu schreiben, mit einer beträchtlichen Summe hätte abkaufen können, ich mit Vergnügen dazu bereit gewesen wäre. Auch würde es mir nie eingefallen seyn, Herrn Moritzens unwürdiges Betragen gegen mich öffentlich zu rügen, wenn er nicht selbst, aus ganz unbegreiflichem Unverstande, mich gleichsam bei den Haaren dazu gezogen hätte. Lies nur erst weiter, gutmüthiger Leser; und ich unterwerfe mich, wie ich muß, deinem Urtheile zum voraus!

Ich antwortete Herrn *Moritz* auf seine obige Lossagung, wie man einem Manne ohne sittliches Ehrgefühl und Grundsätze antworten darf und muß; und schloß mit der Versicherung, daß es mir allerdings lieb seyn würde, von einem so undankbaren, wortbrüchigen und treulosen Menschen für immer geschieden zu seyn; daß ich aber auch, weil ich nunmehr vollkommen wüßte, mit wem ich zu thun hätte, mein Geld, nicht terminweise und binnen Jahresfrist, sondern mit der nächsten Post zurückverlangte, widrigenfalls ich ihn durch seine Obern dazu zwingen zu lassen sichere Mittel finden würde.

Diese Drohung wirkte. Ich erhielt mein Geld, wiewol nur erst in zweien Terminen *bis auf 9 Thaler nach, die ich auch bis auf diese Stunde noch nicht erhalten habe, und nicht mehr erhalten mag.* Der Vorwand, den er brauchte, mir diese Kleinigkeit zu kürzen, war folgender.

Ich hatte in meiner Berechnung ihm für diese größtentheils zu Makulatur gewordene Abhandlung, die er mir, ohne mein Verlangen und ohne Accord zugeschickt hatte, den Bogen mit sechs Thalern gut geschrieben, welches, wie alle Schriftsteller und alle Buchhändler wissen, mehr war, als der freundschaftlichste und raisonnabelste Buchhändler für solche Sachen, die so wenig gekauft und gelesen werden, zu geben pflegt, und zu geben vermag. Nun verlangte er aber in seiner trotzigen und unverschämten Antwort, daß ich ihm diese Bogen mit zehn Thalern, nicht honoriren *mögte,* sondern honoriren *sollte,* und zwar aus folgenden wichtigen Gründen: 1. weil ich ihm für seine *Reisen* und für seine *Alterthümer* 10 Thaler Honorar zu geben versprochen hätte, 2. weil ich in meinem anfänglichen Urtheile über diese Abhandlung, (nach Durchlesung der ersten Blätter) erklärt hätte, daß sie mir sehr gedacht zu seyn und eine größere Reife, als seine frühern Schriften, zu haben schiene. Ich stelle Jedem, welcher gesunden Menschenverstand zu gesunden Urtheilen hat, anheim, die Beweiskraft dieser beiden Gründe zu würdigen. Auch stelle ich Jedem, der mehr sittliches Ehrgefühl, als Hr. M. hat, anheim, zu beurtheilen: ob ein Mann, der sich eines so vielfältigen ehrwidrigen Betragens gegen mich schuldig gemacht hatte, noch zuletzt die Stirn haben durfte, mir für eine Abhandlung, die ich nicht verlangt hatte, ein so hohes Honorar abzutrotzen, welches bei Übersendung derselben weder gefodert noch verwilliget war?

Ich schrieb ihm hierauf folgende mit Trotz und unter Schmähungen von mir verlangte Quittung, und ich schmeichle mir, daß selbst die sanftmüthigste Seele unter meinen teilnehmenden Lesern, in Rücksicht auf den ganzen bisherigen Vorgang, keine Härte darin finden werde, die nicht zehnfach verdient war:

»Ich bezeuge hiermit der reinsten Wahrheit gemäß:

1. Daß Hr. Prof. *Moritz* sich von allen, vor drei Jahren gegen mich übernommenen Verbindlichkeiten, *auch nicht Einer* entlediget hat;
2. daß er meine Freundschaft durch Undank, mein Vertrauen durch Wortbrüchigkeit vergolten hat;
3. daß er mir, statt meiner rechtmäßigen Geldforderung von 336 Thaler 2 Ggr. 10 Pf. *), in zwei Posten überhaupt 327 Thaler 12 Ggr., oder vielmehr, nach Abzug der Geldfracht von Halberstadt bis hierher, nur 327 Thaler zugesandt hat; und
4. daß ich mir Glück wünsche, mein bisheriges Geschäftsverhältniß mit einem solchen Manne nunmehr gänzlich und für immer zerrissen zu sehen.

Braunschweig den 17. April 1789.«

Campe.

Auf diese Quittung erhielt ich abermals einen Brief von ihm, worin er, und *zwar mit umgehender Post* eine solche Bescheinigung verlangte, die er gerichtlich brauchen könnte, und im Verweigerungsfalle drohete, daß seine Maaßregeln schon genommen wären. Diese seine Drohung konnte mich natürlicher Weise wenig rühren; denn wo gab es jemals eine reinere Sache, als die meinige gegen ihn, und wo eine unreinere, als die seinige gegen mich? Was konnte ich also von einem solchen Menschen, bei einem solchen Verhältniß der Dinge zu besorgen haben? Aber weil ich jetzt so herzlich wünschte, die ganze ärgerliche Sache, zusammt dem unwürdigen Urheber derselben, aus meinen Gedächt-

*) So viel betrug nämlich, nach Abzug dessen, was mir schon vergütet war, noch meine letzte Foderung.

niß, wo möglich, ganz auszutilgen: so beschloß ich zwar, um alle fernere Gelegenheit, durch die verhaßten Züge seiner Hand an beide noch einmal wieder erinnert zu werden, abzuschneiden, ihm die verlangte Bescheinigung wirklich zu geben; aber auch absichtlich erst einen Posttag vorüber gehen zu lassen, damit er nicht auf die Einbildung gerathen und sich berühmen mögte: »er habe durch seine angedrohten Maaßregeln mich dazu gezwungen.« Dies geschahe; die Quittung, welche den Empfang meiner *ganzen* Geldfoderung, also noch mehr bescheinigte, als ich der Wahrheit gemäß bescheinigen durfte, ging mit der nächstfolgenden Post an ihn ab; und ich hofte nunmehr durch nichts weiter gehindert zu werden, den Mann und sein Betragen gegen mich für immer zu vergessen.

Nun urtheile man, wie groß nach allem diesen mein Erstaunen war, als ich drei Wochen hernach im neuesten Stück des Intelligenzblatts der Jenaischen Literaturzeitung folgenden, eben so unverständigen als hämischen Ausfall las:

»Hr. Campe in Br. nöthigt mich dazu, über mein Verhältniß mit ihm, als Gelehrten und Buchhändler, mich öffentlich zu erklären. Ich hatte, ehe ich im Jahr 1786 nach Italien reisete, mit ihm contrahirt, ein Werk über die römischen Alterthümer, nebst einigen andern Arbeiten in seinem Verlage herauszugeben. Noch während meinem Aufenthalte in Rom, schickte ich ihm eine kleine Schrift unter dem Titel: *über die bildende Nachahmung des Schönen* zu, mit dem Verlangen, dieselbe, als eine Vorläuferin meiner übrigen Schriften, die in seinem Verlage herauskommen würden, drucken zu lassen. Hr. Campe las diese Schrift (nämlich die ersten mir besonders zugeschickten Blätter derselben) ehe sie gedruckt ward, und fand sie *reif* (Nicht doch! nur *reifer als Hrn. M. frühere Schriften,* die größtentheils noch sehr unreif waren) und *durchgedacht* (durchgedacht *scheinend,* nämlich nach der Maaßgabe der gelesenen ersten (Blätter); so bald sie aber gedruckt und verlegt war (schon während der Correctur) und ihm auf der Michaelismesse nicht gleich wieder baaren Gewinn einbrachte,*) fand er sie *phantastisch.* **) Es lohnt sich wohl der Mühe, folgende beiden Urtheile eines und desselben Mannes (aber zu verschiedenen Zeiten und nach ver-schiedenen Prämissen gefällt) neben einander zu stellen:

»Hr. C. der Belehrte, schrieb mir am 25sten Aug. 1788 nach Rom.	»Hr. C. der Buchhändler schrieb mir am 3ten Dec. 1788.
Ihr Abhandlung *scheint* mir sehr gedacht zu seyn und eine Reife zu haben, *die noch wol keine Ihrer frühern Schriften hatte. Vielleicht****) mache	»Ihre Abhandlungen über das Schöne hat gar kein Glück gemacht. Die Ursache liegt in dem Eigenthümlichen Ihrer *phantasirenden* Philosophie,†) wobei Ihnen wenig Menschen folgen können (weil näm-

*) Den sie, auch wenn sie noch so vortrefflich und gangbar gewesen wäre, auf dieser Messe mir gar nicht einbringen konnte: einmal verkauft, sondern größtentheils nur in Commission gegeben wird. Die hier vorgegebene Ursache meines geänderten Urtheils konnte also die wahre nicht seyn.

**) Hin und wieder war dies zwar wirklich der Fall; ich brauchte aber gegen Hr. M. nur das gelinderte Wort phantasirend, d. i. mit Phantasien untermischt.

***) Wenn ich nämlich das Ganze eben so finden würde, als die ersten Blätter. Da ich dieses aber nicht ganz so fand, so machte ich auch keine Vorrede dazu.

†) Diese Stelle hat Hr. M., wie ich schon oben angemerkt habe, weislich castrirt, weil ein anderer, weit bedeutenderer Vorwurf darin lag, auf welchen sein Gewissen nicht zu antworten wußte. Sie lautete in meinem Briefe so: »Die Ursache ist zweifach: erstlich das gegründete Misvergnügen verschiedener Buchhändler über Sie; zweitens das Eigenthümliche Ihrer phantasirenden Philosophie etc.«

lich nur wenige ihre Seelenkräfte so verwöhnt haben, daß ihre Phantasie mit ihrem Abstraktionsvermögen jedesmal zugleich geschäftig ist) noch weniger folgen mögen (weil sie nämlich finden, daß dies nicht die rechte Methode sey, um zu deutlichen Vernunftbegrinen zu gelangen.) Wird Ihr Buch über die Alterthümer dasselbe Gepräge bekommen, *) so wird es sicher auch das nämliche Schicksal haben.«

»In einem andern Briefe schrieb mir H. C. wieder:

»Wenn Sie mir eine italienische Sprachlehre, nach dem Muster Ihrer englischen schrieben: so glaube ich, daß dieselbe einigermaßen wieder einbringen würde, was ich an den Antiquitäten wahrscheinlich **) verlieren werde.«

»Derjenige müßte nun kein Gefühl von Ehre haben, ***) und weder auf sich selbst noch seine Arbeiten den geringsten Werth setzen, der den Verlag seiner

*) »Und — hatte ich hinzugesetzt — nicht vielmehr schlichte historische Darstellungen, als von jener Art Philosophie enthalten.« Diesen Zug hat er vermuthlich deswegen weggelassen, um nicht das Publicum, auf die fehlerhafte Seite seiner Alterthümer schon zum Voraus aufmerksam zu machen.

**) Weil sie nämlich wahrscheinlich das phantasirende Gepräge bekommen werden; ohngeachtet damals, als ich ihm 10 Thaler für den Bogen versprach, nur von einer historischen Darstellung die Rede war.

***) Wer ist der Mann, der hier von einem Ehrgefühle zu reden wagt? Man sehe die vorhergehende Erzählung.

Schriften in den Händen eines Mannes ließe, welcher von diesen Schriften selbst der verächtlichste *) Meinung äußert, und sein Urtheil über Werke des Geistes, nicht bloß als Kaufmann, sondern auch als Denker nach dem Gelde umstimmt, was sie ihm die erste Messe unmittelbar in seinen Kasten bringen. **) Ich habe daher nach den obigen Äußerungen des Hr. C. ihm das mir vorgeschossene Geld mit den Zinsen baar zurückerstattet (nachdem ich NB. mich erst durch Androhung obrigkeitlicher Zwangsmittel dazu bewegen ließ) und den Verlag jener Schriften einer hiesigen Buchhandlung übertragen; weil derjenige, welcher den Werth von einem Producte des Geistes, das er der Welt liefert, zuerst nach dem Nutzen abwiegt, den es ihm selbst unmittelbar einbringt,***) nicht mit Geistesproducten, sondern mit der seinen Ohren am angenehmsten klingenden Münze und wuchernden Zinsen wiederbezahlt zu werden verdient. †) *Diese Gesinnung des Hrn. C., nach welcher*

---

*) Wo liegt denn hierin eigentlich das Verächtliche »für einen Mann, dem man, ohne daß er es verächtlich oder nur befremdend findet, ins Angesicht sagen darf: daß er uns zu wiederholtenmahlen absichtlich hintergangen habe?«

**) Man sehe die obige Auseinandersetzung.

***) Soll dieser elende Vorwurf auf solche Schriften andrer Verfasser gehn, die ich für meine Buchhandlung auswähle: so ist er läppisch; denn welcher vernünftige Buchhändler, welcher gegen andere Menschen nicht etwa so zu handeln denkt, wie Hr. M. gegen mich handelte, wird nicht bei dieser Auswahl, (besondere Fälle ausgenommen) zuerst, und zwar mit allem Fug und Rechte überlegen, ob das angebotene Werk ihm Vortheil oder Schaden bringen werde? Soll aber dieser elende Vorwurf meinen eigenen Schriften gelten, so darf ich ihn, und ich hoffe mit Zustimmung des ganzen bessern Publicums, um so mehr verachten, weil ich ohne Selbstgefälligkeit wenigstens so viel annehmen zu dürfen glaube, daß eine einzige meiner Kleinigkeiten mehr wahren Nutzen für die Welt gestiftet habe, als Hrn. M. bisherige sämmtliche Werke zusammengenommen.

†) Sollte es möglich seyn, daß irgend einer meiner Leser, bevor er zu dieser und der unmittelbar folgenden Schmähung

*er alle wahren Grundsätze vom Schönen und Edlen, das geisterhebende Studium der Alten, alles, was nicht unmittelbar nützlich und vorzüglich ihm selber nützlich ist, verdrängen mögte**) — das ist es,**) was mich früher oder später mit ihm entzweien mußte, weil es mich und meine Arbeiten sowol, als meine Grundsätze***) trift, womit die seinigen freilich nicht bestehen können,†) und die er deswegen gern in das Reich der Phantasie (oder vielmehr in das Reich der Schelmereien) verweisen mögte. Da nun Hr. C., nachdem er den von mir (endlich und nach vielen Drohungen) ihm (beinahe) zurückerstatteten Geldvorschuß mit den Zinsen angenommen hat, demohngeachtet die von mir verlangte Quittung mir verweigert,††) und statt dessen fortfährt, mich mit unwürdigen Schmähungen (d. i. mit hundertfältig verdienten gerechten Vorwürfen) in seinen Briefen zu überhäufen: so bin ich durch diese Verweigerung und durch diese Schmähungen (d. i. durch diese mir bittern

fortgelesen hatte, der Meinung gewesen sey, ich hätte schonender mit ihm verfahren können: so schmeichle ich mir, auch in den Augen dieses Lesers jetzt vollkommen gerechtfertigt zu seyn.

*) Ich würde mich selbst verachten, wenn ich es für nöthig halten könnte, auf diese, aus der Luft gegriffene, eben so abgeschmackte als hämische Schmähung auch nur eine Silbe zu antworten.

**) Nein, nicht das, sondern das innere und äußere »Bedürfniß unredlich zu handeln, um sich aus muthwillig zugezogenen Geldverlegenheiten zu retten.«

***) Schämt dieser — Mann sich nicht, noch von seinen Grundsätzen zu reden?

†) Nein, wahrlich nicht; und Gottlob, daß sie das nicht können! Meine Grundsätze sind: »halte Wort; gieb einem Jeden, was du ihm zu geben schuldig bist; arbeite fleißig und ordentlich, damit du niemanden zu betriegen brauchest; deine sittliche Ehre sey dir über alles heilig, tausendmal heiliger, als deine schriftstellerische Eitelheit u.s.w.« Lauter Grundsätze, welche mit dem, was Hr. M. die seinigen nennt, nicht bestehen können.

††) Der Leser wolle diese Unwahrheit nach der obigen wahren Erzählung des Vorgangs selbst berichtigen.

Wahrheiten) genöthigt worden, mich aus den oben angeführten (höchstunvernünftigen) Gründen öffentlich von ihm los zu sagen, weil ich selbst von ihm nichts Handschriftliches habe, wodurch ich gegen seine künftigen Schmähungen (d. i. gegen seine nur gar zu augenscheinlich gerechten Vorwürfe, die ich jedoch nicht mehr zu besorgen hatte, weil er mich und mein unwürdiges Verfahren zu vergessen wünschte) gesichert bin. Berlin den 2ten Mai 1789.«

Moritz.

Nicht zufrieden, diese mit den gröbsten Unwahrheiten aufgestutzte Schmähung einem weit und breit herumfliegenden öffentlichen Blatte einverleibt zu haben, ließ Hr. M., um meinen guten Nahmen, seiner Einbildung nach, desto sicherer zu untergraben, sie auch noch besonders abdrucken, und auf der Messe unter alle daselbst versammelte Buchhändler austheilen, damit sie durch diese um so viel unfehlbarer nicht bloß durch Deutschland, sondern auch in alle umliegenden Länder, aus welchen Buchhändler zur Messe kommen, verbreitet würde.

Und nun bitte ich den sanftesten unter meinen sanften Lesern, zu entscheiden: ob ich nach einem *solchen* Verfahren, wobei Herr Moritz, nicht etwa meiner *schriftstellerischen* — dies hätte ich ihm leicht verzeihen können — sondern meiner *sittlichen* und *bürgerlichen Ehre* einen tödtlichen Stich zu versetzen suchte, umhin konnte, die Wahrheit oder, welches hier leider! einerlei war, seine Schande, so wie ich gethan habe, öffentlich ans Licht treten zu lassen?

Was in aller Welt bewog doch den unverständigen Mann, mich zu dieser Handlung der Gerechtigkeit gegen mich selbst, der ich so gern überhoben gewesen wäre, so muthwillig und so gewaltthätig zu zwingen? Hatte er nicht alle Ursachen von der Welt, Gott auf seinen Knien zu danken, wenn ich, von dem er wußte, daß ich die Mittel, ihn öffentlich zu Schanden zu machen, in Händen hätte, sein ganzes ehrwidriges Betragen gegen mich, aus Neigung zur Gelindigkeit und aus Schonung gegen die Ehre unsers beiderseitigen Standes, in ewiges Stillschweigen vergrub? Und hatte ich ihm nicht geschrieben, daß ich nichts sehnlicher wünschte, als das? Daß ich mich bemühen würde, mich schon jetzt bemühte, das Andenken an den ganzen Vorgang und an ihn selbst aus meinem eigenen Gedächtniß auszutilgen? Was wollte er also noch? Was anders, als die lange Kettenreihe von Undank und Ungerechtigkeiten gegen mich zuletzt noch dadurch zu krönen, daß er, wo möglich, das Vertrauen derer, welche in Geschäftsverhältnissen mit mir stehen und die Achtung, deren das Publikum mich würdiget, zu schwächen oder ganz zu zernichten sich bemühete!

»Aber vielleicht wollte er sich bloß öffentlich rechtfertigen, warum er mir nicht Wort gehalten hätte!« Gut; aber erstlich hatte ihn ja keiner, am wenigsten öffentlich, deswegen angeklagt, deswegen anklagen wollen: wozu denn also eine *öffentliche* Rechtfertigung? Und zweitens, wie konnte er, auch bei dem seltensten Grade von Unverstand, sich einbilden, daß ein verständiges Publicum, dasjenige, was er in seinem Schmähmanifeste gegen mich vorbrachte, als eine gültige Rechtfertigung *für ihn selbst* ansehen würde? Wenn man auch *mich*, auf seine bloße Versicherung hin, hätte für *schwarz* halten wollen, würde er dadurch *weiß* geworden seyn? Gesetzt es wäre wahr, daß ich allen Empfindungen des Schönen und Treflichen abgestorben sey: würde ihn das berechtigt haben, meiner Handlung Schriften vorzuenthalten, die er ihr zu liefern sich verbindlich gemacht, wofür er die Bezahlung schon Jahre lang vorher empfangen und verzehrt hatte? Gesetzt es wäre wahr, daß ich nicht bloß die geisterhebenden Alten, wie er dem Publico vorzufaseln nicht erröthete, sondern auch die geist- und herzerhebenden Neuern, nicht bloß verdrängen mögte, sondern wirklich schon verdrängt hätte: war er deswegen minder verpflichtet, *mir Wort zu halten?* Oder stand etwa zu besorgen, daß ich auch seine herzerhebenden Schriften, indem ich ihr Verleger ward, verdrängen mögte? Aber da hätte ich ja gegen meinen eigenen Vortheil — das einzige Princip meiner Handlungen, welches Hr. M. mir zu lassen die Großmuth hat — geradezu handeln müssen, und dazu war ich ja, laut seiner Versicherung, unfähig! Gesetzt endlich, ich hätte mein Urtheil über seine Schriften in dem Maaße, wie er vorgiebt, und aus denjenigen Bewegungsgründen, die er mir unterschiebt, geändert: berechtigte dies ihn, unsern Contract, ohne erst eine Erklärung von mir zu fodern, ohne mich erst zu fragen, ob es wirklich der Fall wäre, daß ich von ihm los zu seyn wünschte, eigenmächtig umzustoßen? Berechtigte dies ihn, alle meine Freundschaftsdienste, alle seine Versicherungen gegen mich, alle seine oft wiederholten Verheissungen und Betheurungen wodurch er mich Jahre lang getäuscht hatte, nun auf einmal durch einen einzigen Federstrich zu zernichten? Berechtigte oder nöthigte dies endlich ihn, dem ich in meinem ganzen Leben nichts als Gutes, nichts als Freundschaft, Vertrauen und beträchtliche Dienste erwiesen hatte, wofür er mir Dankbarkeit schuldig war, mich für das Alles nun auf einmal öffentlich anzufallen, um, wo möglich, meine sittliche und bürgerliche Ehre zu morden?

Wo ist in dem allen auch nur ein Funken von Menschenverstand?

Und was kann Hr. M. nun auf dies Alles zu seiner Entschuldigung erwiedern? Vermuthlich wird er neue Schmähungen gegen mich und meine Denkungsart ausstoßen: aber was wird er dadurch gewinnen? Wird man, wenn es auf ein Urtheil über meine literarischen und sittlichen Grundsätze ankommt, eher den Schmähungen eines *solchen* Mannes, als meinen eigenen

Schriften, welche zu Jedermanns Prüfung daliegen, als meiner eigenen Handlungsweise, welche ich Gottlob! noch nie zu verbergen Ursache gehabt habe, als meinem ganzen, gar nicht heimlichen Leben trauen? Und gesetzt, was zu besorgen mir doch wol im Traume nicht einfallen kann, man thäte dies dennoch: würde dadurch auch nur eine einzige von den oben erzählten *Thatsachen* unwahr werden? Würde also Hr. M. *dadurch* auch nur im mindesten gerechtfertiget seyn?

Auf diese Thatsachen, *und auf diese allein,* kommt es an, wenn zwischen Hrn. M. und mir entschieden werden soll, wer von beiden schlecht, wer hingegen rechtmäßig gehandelt habe. Er sage also, was er wolle; er verunglimpfe und schmähe meinen schriftstellerischen, meinen bürgerlichen und sittlichen Character, wie er wolle; dies alles wird ihm, kann ihm, so lange jene Thatsachen Thatsachen bleiben, zu seiner eigenen Rechtfertigung ganz und gar nichts helfen. Keine einzige seiner schlechten Handlungen, wovon ich oben eine so lange Reihe aufstellen mußte, würde dadurch in den Augen eines verständigen Publicums, auch wenn es ihm glauben könnte, nur um ein Haarbreit weniger schlecht erscheinen. Denn auch dem, »welcher alle Grundsätze des Schönen und Edeln zu verdrängen sucht,« muß man Wort halten, besonders wenn man selbst schön und edel zu denken affectirt; auch dem, »welcher die geisterhebenden Alten alle ausrotten und zernichten mögte,« muß man nichts vorwindbeuteln, besonders wenn man sich die Miene giebt, seine eigene Denkungsart nach dem Muster der edlen Alten, welche keine Windbeutel waren, gebildet zu haben; auch dem, welcher uns ein Buch bloß um des Gewinnstes willen, den er sich davon versprach, abkaufte, muß man dies ihm verkaufte Buch geben, und es nicht zum zweitenmale an einen Andern verkaufen, besonders wenn man das dafür empfangene Geld schon Jahre lang vorher verzehrt hat und es, ohne einen Dritten hinters Licht zu führen, nicht einmal wieder erstatten kann; auch gegen den unmoralischen und in jeder andern Betrachtung verächtlichen Menschen, der aber *gegen uns* rechtschaffen handelte und unser Wohlthäter war, muß man dankbar, zum wenigsten gerecht seyn. Also noch einmal: Hr. M. sage, schmähe und lästere was und wie er wolle, so lange er die oben erzählten Thatsachen nicht abläugnen kann, so lange ist und bleibt sein Betragen gegen mich das Betragen eines unwürdigen und verächtlichen Mannes.

Hier also erwarte ich ihn.*) Aber ohngeachtet ich seiner Entschlossenheit recht sehr viel zutraue, so kann ich ihr doch unmöglich das Unmögliche selbst zutrauen. Und unmöglich, geradezu unmöglich ist und wird es ewig für ihn seyn, die von mir erzählten Thatsachen auch nur mit irgend einem Scheine von Wahrscheinlichkeit abzuläugnen. Denn, daß er vor seiner Abreise nach Italien *einen Contract mit mir errichtet* und diesen Contract jetzt, nachdem *ich* alles, *er* nichts von dem darin stipulirten geleistet hatte, *eigenmächtig aufgehoben habe,* das — also die Hauptsache — hat er ja in seinem Schmähmanifeste schon selber eingestanden. Alles übrige aber liegt in seinen eigenen Briefen, von seiner eigenen Hand geschrieben, die ich bei der Abfassung der obigen Geschichtserzählung mit gewissenhafter Ängstlichkeit unverrückt im Auge behielt, so klar, so deutlich, so unwidersprechlich gewiß zu Jedermanns Ansicht da, daß auch der entschlossenste Lügner den Muth verlieren muß, es abzuläugnen. Mancher Andere würde in einem Falle, wie dieser, kein Bedenken ge-

---

*) Und auf diesen Fleck werde ich bei allen seinen zu erwartenden Schmähungen immer wieder zurückkehren, ohne mich durch irgend etwas irre machen zu lassen. Denn so lange jene Thatsachen unwiderleglich wahr sind und bleiben, so lange ist und bleibt Hr. Moritz ein unglaubwürdiger und verächtlicher Mann, dessen Schmähungen keine Antwort, sondern Verachtung verdienen.

tragen haben, diese Briefe, ohne weitere Umstände, gleich mit abdrucken zu lassen. Ich aber, der es immer für eine, eines Mannes von Ehre und sittlichen Grundsätzen unwürdige Handlung hielt, und halten werde, Privatbriefe ohne die allergrößte Noth, d. i. ohne daß der Gegenparth in einem rechtlichen Handel, Thatsachen, die zu unserer Rechtfertigung dienen, abzuläugnen wagte, drucken zu lassen, habe geglaubt mit dieser Bekanntmachung so lange warten zu müssen, bis Hr. M. selbst mich dazu auffoderte.

Ich bin nunmehr mit dem allertraurigsten Werke meines Lebens zu Ende; und gebe Gott, daß, so wie es das erste dieser Art war, es auch das letzte seyn möge, wozu eine eiserne Nothwendigkeit mich gezwungen hat. Es hat mir einen Theil meiner Gesundheit gekostet; es fehlte wenig, so hätte es mir das Leben selbst gekostet. Nicht als wenn Hrn. Moritzens unwürdiger Ausfall mich so sehr gekränkt hätte; o nein! diesen las ich, wie man solche Sachen, bei einem solchen Bewußtseyn, als das meinige war, immer lesen kann, mit der größten Ruhe und Gelassenheit: aber die mir dadurch aufgelegte *unumgängliche Nothwendigkeit,* das ehrlose Betragen dieses unglücklichen Mannes aufzudecken, und der peinigende Gedanke, der wie ein Gespenst mir vor der Seele stand, daß ich dadurch einen jungen fähigen Mann, der mit einigen wirklich schätzbaren Talenten, welche die Natur ihm verwilliget hatte, bei einer guten Anwendung derselben, viel Gutes hätte stiften können, in einem gewissen Grade und auf eine Zeitlang wenigstens, unglücklich und unbrauchbar machen *müßte* — diese Nothwendigkeit und dieser jammervolle Gedanke erschütterten mein Innerstes auf eine so gewaltsame Art, daß ich die paar Tage, die ich brauchte, um diese unseligen Blätter zu beschreiben, kaum zu überleben hoffen durfte. Diesen Umstand wolle denn auch der gütige Leser, indem er sich einige Augenblicke in meinen Gemüthszustand während dieser Arbeit versetzt, mir zu einiger Entschuldigung gereichen lassen, wenn ich, unter solchen Bewegungen, den ruhigen affectlosen Ton, welcher dem gesetzten, seine Unschuld darthuenden Mann nur allein geziemt, nicht immer so behaupten konnte, wie es mir leicht gewesen seyn würde, wenn ich gegen die Folgen, welche diese meine Rechtfertigung für Hrn. M. haben wird, weniger empfindlich gewesen wäre. Mit etwas weniger Moralität im Herzen, würde ich besser geschrieben haben.

Mögte diese meine Nothwehr und der Schmerz, den ich, wider meinen Willen, Hrn. M. dabei zufügen mußte, doch wenigstens *den* guten Erfolg haben, daß er dadurch zum Nachdenken über sich selbst und zu dem Vorsatze veranlaßt würde, sich künftig einer größern Redlichkeit in seinen Gesinnungen und eines regelmäßigeren Betragens in seinen Geschäften befleissigen zu wollen! Und mögten verschiedene andere Männer von ähnlicher Denkungs- und Handlungsart, mit denen mein jetziger, sehr zusammengesetzter Wirkungskreis mich von Zeit zu Zeit in Geschäftsverhältnisse bringt, sich in diesem Vorgange spiegeln, und die Warnung daraus nehmen, daß sie zwar mit einem friedfertigen und nachsichtigen Manne, aber auch mit einem solchen zu thun haben, der, wenn es seyn muß, zu jeder Zeit bereit und darauf gefaßt ist, sich und sein ganzes Betragen in jedem Verhältniß, der ganzen Welt zur Prüfung darzustellen! — Dann würde ich diese sauerste und unglücklichste Art meines Lebens doch nicht ganz ohne allen Nutzen vollendet haben.

(26) Herr Campe behauptet in seiner Schrift, betitelt: *Moritz, ein abgenöthigter trauriger Beitrag zur Erfahrungsseelenkunde,* ich sey durch sein Betragen gegen mich *nicht berechtiget* gewesen, meinen Kontrakt mit ihm aufzuheben.

Mein Kontrakt mit ihm lautete vorzüglich auf ein Werk über die römischen Alterthümer, das ich ausdrücklich *nach meiner eigenen Idee,* keinesweges aber nach seiner Vorschrift auszuarbeiten versprach. Nun betrug sich Herr Campe gegen mich, wie folget, und wie ich dies mit seinen eigenhändigen Briefen beweisen kann: *Er drängte mich zu wiederholtenmalen, bei der Verfertigung meines Werks über die Alterthümer, schon im Voraus auf die Schadloshaltung für den Verlust zu denken, den er durch dies Werk leiden würde, wenn ich es nach meiner Idee, und nicht nach seiner Vorschrift ausarbeitete; denn es würde zu Makulatur werden, wenn es von meiner Art Philosophie, und nicht vielmehr schlichte historische Darstellung enthielte!* Nach dieser wiederholten Äußerung des Herrn Campe schickte ich ihm das mir nach und nach vorgeschossene Geld mit den vollen Zinsen baar wieder zurück, und gab das für ihn bestimmte noch nicht vollendete Werk einer hiesigen Buchhandlung in Verlag. Wer hat nun den Kontrakt gebrochen, ich oder er? —

Wenn der Buchhändler den Schriftsteller wiederholentlich drängt, entweder sein Werk nach der Vorschrift des Buchhändlers auszuarbeiten, oder auf die Schadloshaltung für den Verlust zu denken, den der Buchhändler durch dies Werk zu leiden vorgiebt; macht er dann nicht eben dadurch dem Schriftsteller die Verfertigung seines Werks unmöglich, der nun schon während der Ausarbeitung seine Ideen von dem Werke abziehen, und sie auf die Schadloshaltung für das Werk richten muß?

Oder kann der Schriftsteller sich des Gedankens an diese dringend gemachte Schadloshaltung erwehren; und muß ihm nicht bei jeder Zeile, die er schreibt, der Schadloshaltung fordernde, schon im Voraus über Verlust klagende Buchhändler, und das ganze herabwürdigende Betragen dieses Buchhändlers einfallen, der ihn wie einen gedungenen Tagelöhner betrachtet und behandelt, und geflissentlich ihm den Muth und die *Heiterkeit* des Geistes zu benehmen sucht, welche dem Schriftsteller unentbehrlich ist, dessen Werk seine ganze Denkkraft erfordert; und wenn es nicht mit Begeisterung für den Gegenstand von ihm hinausgeführt werden kann, ihm unter den Händen misrathen und in jeder Zeile sich selbst wieder vernichten muß.

Das Gefühl des geringsten Tagelöhners, der sich von seiner Hände Arbeit nährt, würde sich empören, wenn man ihm täglich wiederholte, daß man durch seine Arbeit Schaden litte; und doch bleibt dieser auch bei der unwürdigsten Behandlung noch zur Arbeit fähig, weil die Herabwürdigung zwar seinen Muth darniederschlagen, aber seinen Arm nicht lähmen kann — er behält zu der ihm angewiesenen Thätigkeit doch immer noch das nothwendige Werkzeug frei. — Wo nun aber statt des arbeitgeübten Arms das Nachdenken und die Empfindung selbst in ihrem zartesten Gewebe zum unmittelbaren Werkzeuge der Thätigkeit wird, da trift ja die Herabwürdigung das Werkzeug selber, womit gewirkt werden soll, und das nun weiter keine Unterlage hat, auf die es sich stützen kann. — Dies ist der Fall des Schriftstellers, und dieser sollte seinen Kontrakt nicht als aufgehoben betrachten dürfen, wenn der Buchhändler von ihm verlangt, daß er sein Werk nun nicht mehr nach seinen eigenen Ideen, sondern nach der Vorschrift des Buchhändlers ausarbeiten, wo nicht, auf die Schadloshaltung für den Verlust bedacht seyn solle, den der Buchhändler durch dies Werk zu leiden vorgiebt. Es sollte dem Buchhändler frei stehen, den Schriftsteller, dessen Kontrakt nach einer solchen Erklärung von Seiten des Buchhändlers sich von selbst aufhebt, öffentlich der Treulosigkeit und Wortbrüchigkeit zu beschuldigen?

Nun behauptet aber Herr Campe in seiner Schrift S. 26: *daß ich einen so zarten schriftstellerischen Ehrpunkt nur affektirt haben könne, weil er mir, ehe er sich über meine Schriften erkläret, öfter geschrieben, daß ich ihn mit Unwahrheiten hintergangen, ich mich aber durch diese Beschuldigungen niemals für beleidigt erkläret habe.* Wenn Herr Campe gerechte Beschuldigungen gegen mich hat, warum behauptet er denn gerade in diesem wichtigsten Punkte eine *Unwahrheit,* die ich ihm durch die ununterbrochene Folge seiner Briefe an mich geradezu wiederlegen kann? — Herr Campe hat mir *vor* der Aufhebung meiner Verbindung mit ihm niemals geschrieben, daß ich ihn hintergangen habe, oder sonst irgend eine Schmähung wodurch meine Ehre gekränkt gewesen wäre in seinen Briefen gegen mich geäussert; *nachdem* aber durch seine Erklärung über meine Schriften meine Verbindung mit ihm sich von selbst aufhob, hat er mich freilich in seinen Briefen mit Schmähungen überhäuft, worüber ich mich öffentlich beklagt habe. — Um also nun zu beweisen, daß ich kein moralisches Ehrgefühl besitzen könne, giebt sich Herr Campe selber Schmähungen Schuld, von denen er mit Unwahrheit behauptet, daß er sie *vor* der Aufhebung meiner Verbindung mit ihm in seinen Briefen gegen mich ausgestoßen habe. Die ununterbrochene Folge seiner vorigen Briefe an mich wird gegen diese Beschuldigung zeugen, die er sich selber macht, um mir mein moralisches Ehrgefühl abzusprechen. Er hat freilich Mißtrauen, aber nie mit der geringsten Schmähung begleitet, gegen mich geäußert, und dieß Mißtrauen, wie die Folge seiner Briefe beweißt, jedesmal selbst wieder zurückgenommen.

Harte und bedrückende Sachen schrieb Herr Campe mir während meiner Verbindung mit ihm freilich zum öftern, aber niemals Schmähungen. Ich hatte ihm kurz nach meiner Ankunft in Rom eine Probe von meiner Reisebeschreibung zugeschickt, mit der ich bald nachher selbst unzufrieden war, und ihn in einem zweiten Briefe bat, er möchte diese Probe unterdrücken, und mich überhaupt mit der Reisebeschreibung nicht zu sehr übereilen, damit es ein solides und bleibendes Werk würde. — Ehe nun Herr Campe diesen zweiten Brief von mir erhielt, schrieb er mir am 15. Jenner folgende zwar harten aber doch nicht schmähenden

Worte: *Alles, mein lieber Freund, kömmt jetzt darauf an, daß das Erste, was von Ihnen erscheinen wird, etwas recht Durchdachtes und Reifes, quoad stilum et materiam sey, sonst ist es mit Ihrer ganzen Reiseunternehmung wahrlich nichts! also lieber etwas langsamer, und um so viel besser gearbeitet.* Und nachdem nun Herr Campe meinen zweiten Brief erhalten hatte, schrieb er mir am 4. Merz wieder: *Ich bat Sie in meinem letztern, sich in Ansehung der Reisebeschreibung nicht zu übereilen, weil ich lieber warten, als Schuld daran seyn will, daß Sie unserm Publikum mißfielen. Nun freue ich mich, aus Ihrem letztern gesehen zu haben, daß Sie von selbst auf den nehmlichen Gedanken gekommen sind.* — Herr Campe schrieb mir ja also damals nicht, daß ich ihn durch die verzögerte Übersendung des Manuscripts zu meiner Reisebeschreibung *hintergangen habe,* sondern giebt zu verstehen, daß er das, was er erst jetzt in seiner Schrift behauptet, auch damals an mich geschrieben habe, blos um seine Behauptung zu beweisen, daß ich den *schriftstellerischen Ehrpunkt* nur affektirt haben könne, weil ich im Stande gewesen sei, solche Schmähungen, als er mir geschrieben zu haben vorgiebt, geduldig von ihm hinzunehmen. Herr Campe schrieb mir jene Worte: *Das Erste, was von mir erschiene, müßte nothwendig etwas recht Durchdachtes und Reifes quoad stilum et materiam seyn, sonst wäre es mit meiner ganzen Reisebeschreibung nichts!* in einem Briefe, worin er mir zugleich sein Beileid über meinen Armbruch bezeugte, von welchem ich damals noch nicht wieder hergestellt war. Gleich nach meiner Wiederherstellung machte ich mich wieder an die Arbeit, und schrieb Herrn Campe, in acht Tagen würde ich Manuscript zu der Reisebeschreibung schicken. Nach Verlauf der acht Tage war ich nun wirklich im Begriff, das Manuscript abzusenden, ward aber beim Durchlesen desselben unzufrieden mit meiner Arbeit, die doch nun einmal etwas Reifes und Durchdachtes quoad stilum et materiam seyn sollte, und behielt sie zurück. Daß nun Herr Campe *diese Zu-*

rückbehaltung meines Manuscripts damals keineswegen für eine Hintergehung gehalten habe, erhellet daraus, daß er mir am 21. Merz schrieb: *Ich will Sie nicht drängen, mein lieber Freund! ich will lieber warten, als Schuld daran seyn, daß Sie sich übereilen und dann mit Ihrer Arbeit keine Ehre einlegen.* In einem andern Briefe, vom 18. Februar hatte mir Herr Campe schon geschrieben: *Die Reisebeschreibung könne doch zur Ostermesse nicht mehr gedruckt werden,* und eben dieser Brief enthielt folgende Stelle, *wenn Sie künftiges Frühjahr mein Schloßzimmer in Wolfenbüttel bewohnen, so werden wir einander um so viel näher seyn, und manches mit einander abhandeln und unternehmen können.* So schreibt man doch wahrlich an keinen, den man beschuldigt, daß man von ihm hintergangen sey. — Ist denn nun dadurch daß Herr Campe durch seine Erklärung über meine Schriften seinen Kontrakt mit mir aufgehoben, dasjenige zur Hintergehung geworden, was vorher nicht Hintergehung war? Und wenn ich ihn durch die Übersendung meines Manuscripts, mit dem ich selbst unzufrieden war, nicht hintergehen wollte, folgt denn daraus, daß ich den schriftstellerischen Ehrpunkt, durch dessen Verletzung meine Verbindung mit ihm sich aufhob, affektirt habe? — Alles beruhte ja nun darauf, daß ich ihm etwas lieferte, das der Mühe des Wartens verlohnte, und dem Stil sowohl als dem Inhalte nach völlig reif und durchdacht war. — Wenn also Herr Campe gerechte Beschuldigungen gegen mich hat, warum dichtet er sich denn selbst eine Beschuldigung gegen mich an, wovon seine Briefe offenbar zeugen, daß er mir sie nie wirklich gemacht habe? — Herr Campe will aber einmal beweisen, daß ich kein moralisches und folglich auch kein schriftstellerisches Ehrgefühl besitze, und dichtet daher sich eine neue Beschuldigung gegen mich an, indem er in seiner Schrift S. 8 behauptet: *Ich habe nach meinem Armbruch ein Geschenk von meinen Freunden zu Berlin, ohne zu erröthen, angenommen, weil ich das von ihm geborgte Kapi-*

tal durch Arbeit nicht wieder abzutragen Lust gehabt habe. So schreibt Herr Campe jetzt in seiner Schrift, und damals schrieb er mir am 18. Februar und 4. Merz 1787: *Er habe mit Vergnügen gehört, daß meine Berliner Freunde mir zweihundert Thaler übersandt hätten, diese müßten jetzt nothwendig in meinen Händen seyn, sonst würde er mir etwas ex propriis übermachen, so wenig er es auch jetzt übrig habe.*

Glaubte Herr Campe nun damals wirklich, daß ich habe *erröthen* müssen, dies Geschenk anzunehmen, so konnte ihm ja die Nachricht davon kein Vergnügen erwecken, und er mußte sich auch diesen Umstand nicht zu Nutzen machen, um mit seinen Vorschüssen auf einmal inne zu halten, sondern mir vielmehr sogleich etwas ex propriis überschicken, um mich nicht in die Verlegenheit zu setzen, jenes Geldgeschenk, über dessen Annahme ich seiner Meinung nach erröthen mußte, doch nun annehmen zu müssen. — Daß ich aber nicht Ursach hatte über dieß Geschenk zu erröthen, davon führe ich die edelmüthige Art zum Beweise an, womit es mir von dem Königlichen Bibliothekarius Herrn Biester mit folgenden Zeilen übersandt wurde: *Es ist keine Schande unglücklich und krank gewesen zu seyn; alle Hiezubeitragende sind Leute von Stande und Ansehen, die keinen andern Dank verlangen, als das eigene Bewußtseyn, einem Landsmanne in der Fremde geholfen zu haben. Lieb soll es mir und uns allen seyn, wenn das Geld Sie schon völlig gesund trift, und Ihnen zur nützlichen Erfüllung des Zwecks Ihrer Reise dienen kann.* Auf diese edelmüthige Weise und zu diesem Zweck übermachte man mir damals jenes Geschenk, und mit folgenden Worten wirft mir nun Herr Campe drei Jahre nachher die Annahme dieses Geschenkes, worüber er mir damals seine Theilnehmung bezeugte, wieder vor: *Der edle Mann, der, sobald er nur rechtschaffen handeln wollte, kein Allmosen bedurfte, es aber bequemer fand, ein ihm geschenktes Kapital zu verzehren, als ein geborgtes durch Arbeit wieder abzutragen, nahm das für ihn kollektirte Geld, ohne zu erröthen, freudig an.* — — Da ich nun Herrn Campe schrieb, daß meine italienische Reisebeschreibung durch eine Reise nach Neapel sehr gewinnen würde, und daß zu der Ausarbeitung meines Werks über die Alterthümer, diese Reise, die ich nun ohne ihm beschwerlich zu fallen, thun könnte, ganz unentbehrlich sey, so war Herr Campe so weit entfernt, diese Reise nach Neapel damals für einen Wortbruch an ihm zu halten, daß er mir vielmehr am 4. Merz 1787 mit folgenden Worten schrieb: *Wenn Sie nach Neapel reisen, so vergessen Sie nicht, mir ein Haus zu nennen, an welches ich meine Briefe adressiren soll. Leben Sie wohl, lieber Freund! wir alle lieben Sie, und wünschen Ihnen so viel Glück und Freude, als uns selbst!* — So schrieb Herr Campe damals und nun schreibt er in seiner Schrift S. 8 folgende Worte über meine Reise nach Neapel nieder: *Schwindelnd vor Vergnügen über den unerwarteten Zuschuß eines solchen Schatzes gab er seine Verpflichtungen gegen mich, gab er seine zehnmal wiederholten heiligen Versprechungen und das dabei verpfändete Ding, welches er seine Ehre nannte, allen Winden Preis, und reisete, sobald sein Arm nur wieder geheilt war, frohen Muthes von Rom nach Neapel.* Ich stelle bloß die Worte des Herrn Campe nebeneinander und fälle kein Urtheil in meiner eigenen Sache. — — Was nun den Mann von Ehre anbetrift, welcher Herrn Campe hundert Thaler für mich auszahlen sollte, und nach S. 7 unter bittern Klagen über meine Unzuverläßigkeit ihm versichert hat, daß er nur fünf und dreißig Thaler und auch diese mehr aus Güte als Verbindlichkeit zahlen könne, weil ich meinen Versprechungen zuwider, von dem, wodurch diese Summe erst verdient werden sollte, nicht das mindeste geleistet habe; was diesen Mann von Ehre anbetrifft, so ist dies niemand anders als Herr Pokels, der während meiner Abwesenheit die Denkwürdigkeiten und das Magazin zur Erfahrungsseelenkunde herausgab; welcher, da er doch den Erwerb für diese Journale durch mich hatte, schon aus Menschlichkeit verpflichtet war, mir die Hälfte des Honorars wenigstens für die ersten Stücke der Journale zu bezahlen, wozu ich deswegen keine Beiträge liefern konnte, weil ich mir den Arm zerbrochen hatte, und über zwei Monathe krank lag. Daß ich nachher keine Beiträge lieferte, kam daher, weil mir Herr Pokels kein einzigmal, wie doch abgeredet war, diese Schriften zuschickte, und ich unmöglich an einer Schrift zweckmäßig arbeiten konnte, die ich gar nicht zu Gesichte bekam. Demohngeachtet kamen ihm die Beiträge, die sonst an mich geschickt wurden, zu statten, und er hatte mir wenigstens einen Theil des Honorars, daß er beinahe drei Jahre über gezogen, und welches jährlich über dreihundert Thaler betrug, der Billigkeit nach auszahlen müssen, welches er aber nicht gethan hat, sondern bloß die obigen fünf und dreißig Thaler an Herrn Campe entrichtet, und demohngeachtet den Verleger der *Denkwürdigkeiten, immer um das Honorarium gedrängt hat, mit dem ausdrücklichen Zusatz, wie die Briefe des Herrn Pokels beweisen, weil sein Verhältniß mit mir ihn dazu nöthige.* — Dieß mußte ich nothwendig über den Punkt sagen, daß ich Herrn Campe durch meine Anweisung auf Herrn Pokels mit Unwahrheit hintergangen habe. — In den Briefen des Herrn Campe an mich ist keine einzige den Herrn Pokels betreffende Stelle, worin nur ein Schatten von der Vermuthung geäußert wäre, daß ich Herrn Campen in Ansehung des Herrn Pokels mit Unwahrheit hintergangen habe: das ist also eine neue Beschuldigung gegen mich, die Herr Campe sich selbst andichtet, und wovon seine Briefe gegen ihn zeugen werden, daß er mir sie nie wirklich gemacht hat, wie folgende Ausdrücke gleich in dem ersten Briefe beweisen: *Pokels arbeitet, wie er sagt, fleißig, bekömmt aber, wie er sagte, gegen Weihnachten erst funfzig Thaler für Sie.* — Ich kann ja also nicht dafür, daß Herr Pokels die funfzig Thaler, die er seiner eigenen Aussage nach, für mich bekommen mußte, an Herrn

Campe nicht ausgezahlt hat. — Herr Campe wußte dieß damals sehr wohl, und war daher auch weit entfernt, mir jemals einen Vorwurf hierüber zu machen. — — Einmal äußerte Herr Campe nun freilich, jedoch in den gelindesten Ausdrücken, auf ein bloßes Gerede hin, ein kränkendes Mißtrauen, wegen meiner Buchhändlerverbindungen in Berlin. Daß diese wegen meiner Verbindungen mit Herrn Campe nicht ganz aufhören konnten, versteht sich von selbst, denn das Magazin zur Erfahrungsseelenkunde bei Mylius, die Denkwürdigkeiten bei Unger dauerten ja fort, und von dem Anton Reiser bei Maurer hatte ich ja den vierten Theil schon angekündigt. Dies wußte Herr Campe, da er mit mir kontrahierte, und es verstand sich schon deswegen von selbst, daß ich nicht lediglich für seine Buchhandlung würde arbeiten können. Nun schrieb mir aber Herr Campe am 15. Jenner 1787, verschiedene Buchhändler, denen ich verpflichtet wäre, beklagten sich laut über ihn, daß er mich abgehalten habe, meine Verpflichtungen gegen sie zu erfüllen. — Daß dies nur ein bloßes Gerede war, erhellet schon daraus, weil keiner der Buchhändler, die sich laut beklagt haben sollten, in dem Briefe des Herrn Campe namentlich genannt war, und Herr Campe keinen Grund hatte, mir diesen Namen nicht zu nennen, wenn er ihn wußte. Herr Campe bedient sich aber dieser freilich harten Äußerung seines Mißtrauens, die sich auch in eben dem Briefe befand, worin er mir sein Beileid über meinen Armbruch bezeugte, keines einzigen schmähenden Ausdrucks, sondern sagte ausdrücklich, — *in dem, was er mir hiervon schriebe, solle kein Vorwurf für mich enthalten seyn.* — Daß Herr Campe sein Mißtrauen gegen mich zurückgenommen habe, erhellet daraus, daß er mir am 21. Merz mit folgenden Ausdrücken schrieb: *Ich bedaure, daß mein Brief vom 15. Jenner Ihnen Unruhe und Mißvergnügen gemacht hat; dies war nicht meine Absicht, und hätte ich vorausgesehen, daß die Sache Sie so sehr afficiren würde, so hätte ich geschwiegen.* In eben diesem Briefe schrieb mir Herr Campe: *Ich will Sie nicht drängen, lieber Freund, arbeiten Sie mit Ruhe und Geistesfreiheit* u. s. w. und am Schluß: *Ich umarme Sie mit unveränderlicher Ergebenheit.* — — Nun umarmt man doch keinen Treulosen, keinen Wortbrüchigen mit unveränderlicher Ergebenheit, und bei einem Treulosen und Wortbrüchigen ist man unbekümmert, die Sache, die man ihn schreibt, mag ihn afficiren oder nicht. —

So schrieb mir also Herr Campe damals, und in seiner Schrift stellt er das zurückgenommene Mißtrauen S. 6 wieder an seinen Platz hin, und fügt die Worte hinzu, daß ich ihn *hintergangen habe,* indem er Herrn Himburg, dessen unverantwortliches Betragen gegen mich schon hinlänglich gerügt ist, zu seinem Gewährsmann nimmt, und nun mit diesem Gewährsmann gegen mich auftritt. — Er sagt, derselbe habe eine Schrift von mir, die ich nicht in meinem Versprechen gemäß vollendet, als *Fragment* herausgeben müssen, da diese Schrift doch von mir selbst auf dem Titel nicht anders als *Fragmente* genannt worden ist. Daß nun Herr Himburg eine beleidigende Vorrede gegen mich zu diesen *Fragmenten* schrieb, beweißt ja eben so wenig, daß Herr Campe zu seinen Beschuldigungen Recht hat, als Herrn Campens Beschuldigungen gegen mich ein Beweiß sind, daß Herr Himburg zu seiner beleidigenden Vorrede berechtigt war, weil Herrn Himburgs Vorrede und Herrn Campens öffentliche Beschuldigungen beide in einerlei Ton, und zwar in einem solchen Tone geschrieben sind, dessen sich derjenige nie bedienen darf, welcher gerechte Beschuldigungen hat. Hat Herr Campe nun gerechte Beschuldigungen gegen mich, warum hebt denn in seiner Schrift, da wo sie eine *wahre* und *schlichte* Darlegung des ganzen Vorgangs zwischen mir und ihm seyn soll, die erste Zeile S. 2 gleich mit einer Unwahrheit an? — Ich erschien ja im August des 1786sten Jahres nicht *unvermuthet* in der Wohnung des

Herrn Campe zu Salzdahlen, sondern er hatte schon vorher bei seiner Anwesenheit in Berlin mir zugeredet, für seine Handlung zu arbeiten, *und mich von den Berliner Buchhändlern nicht ferner übervortheilen zu lassen.* Er hatte mir die Ehre erwiesen, mich an der Bearbeitung des Revisionswerks mit Theil nehmen zu lassen; und unmittelbar vorher ehe ich ihn in Salzdahlen besuchte, schrieb ich ihm, daß ich nun zu ihm kommen, und über ein schriftstellerisches Projekt, das ich hätte, mündlich mit ihm reden würde. Ich erschien ja also nicht *ganz unvermuthet* in seiner Wohnung zu Salzdahlen; *quartierte mich auch nicht bey ihm ein* — denn ich logierte ja in einem Gasthofe in Braunschweig, und Herr Campe nöthigte mich bei ihm zu bleiben, damit wir desto besser Abrede wegen meines Vorschlages nehmen könnten. — Wozu dergleichen kleine Unwahrheiten, die absichtlich so gestellt zu seyn scheinen, um den Schein der Undankbarkeit gleich Anfangs auf mich zu werfen, wenn Herr Campe gerechte Beschuldigungen gegen mich hat, die man geradezu gegen jemanden behaupten kann? — *Ich* sagte ja Herrn Campen nie, daß ich meine Verbindung mit den Berliner Buchhändlern für ein *Dienstjoch* hielte, wie er S. 5 in seiner Schrift behauptet; sondern *er* suchte mir zu beweisen, daß diese Verbindung für mich ein Dienstjoch wäre, damit ich künftig allein für ihn schreiben sollte. Ich sagte ihm ja nicht, daß ich dürftig, sondern daß ich einsam und eingezogen gelebt hätte, um meine angefangenen Schriftstellerarbeiten zu vollenden. Ferner sagte ich auch Herrn Campen nicht, *daß es von ihm abhienge, mir durch Geldvorschüsse zu meiner Reise nach Rom behülflich zu seyn,* sondern daß er sich erklären möchte, ob er meinen Vorschlag für sich vortheilhaft finde, oder nicht, damit ich im letztern Falle keine Zeit verlieren möchte, noch vor meiner Abreise mit einer andern Buchhandlung in Verbindung zu treten; worauf denn Herr Campe meinen Vorschlag annahm, und mir zu hundert Thalern, die ich selbst mitgebracht hatte, noch hundert und funfzig Thaler zu meiner Reise vorschoß. Für diese hundert und funfzig Thaler soll ich mich nun verbindlich gemacht haben, nach vollendeter Reise mich in Braunschweig niederzulassen, und künftig lediglich für die Buchhandlung des Herrn Campe aus Erkenntlichkeit zu arbeiten. Daß ich mich gar nicht verbindlich gemacht haben kann, *lediglich* für die Buchhandlung des Herrn Campe zu arbeiten, erhellet ja schon daraus, weil zwei Journale von mir im Verlage *berlinischer* Buchhandlungen fortdauerten, wovon mir Herr Campe selbst den 21. Merz 1787 schrieb, *sobald ihm Herr Pokels die Hälfte des Honorars für die herausgekommenen Stücke des Magazins zur Erfahrungsseelenkunde, und der Denkwürdigkeiten auszahlte, würde er mir dieses Geld alsobald übermachen.* Daß mir Herr Campe freilich die Herausgabe dieser Journale endlich leid machen wollte, erhellet aus einem Briefe, den er mir am 17ten Juni 1788 nach Rom schrieb, und worin folgende Worte stehen: *daß sie nunmehr auch fleißig an den Pokelschen Journalen* (Herr Campe nennt sie nicht einmal mehr die meinigen) *arbeiten wollen, höre ich nicht gern, weil ich wünschte, Sie widmeten sich jetzt ganz der Arbeit, wobei das deutsche Publikum sie erwartet. Ich rathe recht sehr, daß Sie Ihre Kräfte so viel als möglich ist, konzentriren mögen.* Wenn ich nun lediglich für die Buchhandlung des Herrn Campe zu schreiben verpflichtet war, so durfte er mir ja nicht erst rathen, daß ich meine Kräfte so viel als möglich auf die Ausarbeitung dessen, was in seinem Verlage erscheinen sollte konzentriren *möchte,* sondern er konnte dieß geradezu von mir fordern. — Was es nun aber mit meiner Äußerung, nicht mit einem Antrage, nach vollendeter Reise mich in Braunschweig niederzulassen, für eine Bewandtniß hat, und wie Herr Campe selbst diese Äusserung verstanden habe, erhellet aus folgender Stelle in einem Briefe, den er mir am 10ten Juli 1787 nach Rom schrieb: *Kehren Sie jetzt zurück, so wird die Arbeit weniger Wintermonate hin-*

reichen, um alles zu ersetzen, was die Reise gekostet hat. — — Wenn Sie dann im Schoße der Freundschaft, der Ruhe und der Zufriedenheit ein paar Meisterstücke werden ausgearbeitet haben, dann werden die Könige und Fürsten sich um Sie zanken, und Sie werden unter mehreren Stellen, wenn Sie eine annehmen wollen, die Wahl haben. Also zurück! lieber Moritz! Unsere Arme sind nach Ihnen ausgestreckt. — Diese Stelle beweißt, ohngeachtet ihres scherzenden Tones, doch hinlänglich, daß Herr Campe keineswegs den Gedanken hegte, und ihn freilich auch nicht hegen konnte, mich wegen Annehmung einer öffentlichen Stelle zu geniren. Denn er war ja nur über einige specielle Schriften mit mir einen Akkord eingegangen. Er hatte mir ja nichts fixirtes bestimmt, kein Jahrgeld ausgesetzt, und hielt ja mit seinem Geldermessen inne, sobald er nur hörte, daß ich nach meinem Armbruch von meinen Freunden aus Berlin ein Geschenk erhalten hätte. War nun aber Herr Campe wirklich so freundschaftlich gegen mich gesinnt, daß er sich schon im Voraus auf die Beförderung freuete, wozu ich mir durch die Ausarbeitung meiner Werke für ihn erst den Weg bahnen sollte, so mußte es ihm ja desto lieber seyn, daß ich nun zu der Ausarbeitung dieser Werke noch mehr Aufmunterung durch den unmittelbaren Ruf zu einem öffentlichen Amte erhielt, der das Zutrauen zu mir schon voraussetzte, welches ich mir sonst durch die Ausarbeitung jener Werke erst erwerben sollte. Nun hat mir Herr Campe in seinen Briefen über meinen Ruf nach Berlin zwar nie eine besondere Theilnehmung bezeugt, aber er hat sich auch nie mit einer Silbe noch auf die entfernteste Weise verlauten lassen, als ob er die Annahme dieses Rufes nur im mindesten wie einen Wortbruch an ihm betrachtete. — In seiner Schrift aber schreibt er S. 14 nach andern Beschuldigungen folgende Worte von mir nieder: *So standen die Sachen, als er Mittel fand, sich Sr. Exzellenz dem Herrn Staatsminister von Heinitz als einen Kunstkenner empfehlen zu lassen, und von diesem nicht nur eine Stelle bei der Berliner Kunstakademie, sondern auch Geld und die Erlaubniß noch ein volles Jahr in Rom zu bleiben, erhielt. Damit waren seine Verpflichtungen gegen mich, den er nun nicht mehr brauchte, aus seinem weichen Gedächtniß völlig ausgewischt.* — Herr Campe dichtet sich also auch noch diese Beschuldigung gegen mich an, wovon seine Briefe gegen ihn zeugen, daß er sie mir nie wirklich gemacht hat. Denn hätte er geglaubt, daß durch Annehmung dieses Rufes meine Verpflichtungen gegen ihn aus meinem Gedächtniß ausgewischt gewesen wären, so hätte er mir ja am 25. August 1788, da er diesen Ruf längst wußte, nicht schreiben können: *Ihre Abhandlung über die bildende Nachahmung des Schönen, soll als Vorläuferin Ihres größern Werkes auf der Michaelismesse erscheinen.* Glaubte nun Herr Campe damals wirklich, daß meine Verpflichtungen gegen ihn, durch die Annehmung des Rufes nach Berlin aus meinem Gedächtniß gewischt waren, wie konnte er denn noch voraussetzen, daß ich ihm das größere Werk liefern würde, wovon meine Abhandlung als Vorläuferin erscheinen sollte. Und war ich wirklich verpflichtet, mich in Braunschweig niederzulassen, so durfte er mich ja durch Winke nicht *vor Berlin warnen,* wie er in eben diesem Briefe that, sondern nur geradezu auf der Erfüllung meines Versprechens bestehen. — Warum dichtet sich aber Herr Campe überhaupt in seiner Schrift ein eigennützigeres und für mich herabwürdigenderes Betragen an, als er wirklich gegen mich geäußert hat, indem er S. 4 und 5 behauptet, er habe gleich anfänglich, da er über mein Werk über die römischen Alterthümer mit mir kontrahirte, nicht sowohl auf dies Werk, als vielmehr auf eine *Reisebeschreibung* gerechnet, welche, wenn sie auch nur ein unterhaltender Roman werden sollte, doch seine Buchhandlung, für den Verlust schadlos halten würde, den sie an den Alterthümern leiden könnte, wovon sich Herr Campe schon damals, wie er vorgiebt, kein wichtiges Werk versprach. Herr Campe wollte mich also, wie er sich jetzt selbst beschuldiget, ein schlechtes Werk schreiben lassen, um dadurch ein anderes an sich, seiner vorgegebenen Meinung nach ebenfalls unbedeutendes Werk, das aber für seine Handlung vortheilhaft wäre, in Verlag zu bekommen. — So verächtlich von meinen Schriften, und so eigennützig in Ansehung des Gewinnstes, den er daraus ziehen wollte, dachte Herr Campe damals wirklich nicht. Ihm schien damals nicht bloß an seinem Vortheil sondern auch an meiner Ehre zu liegen, sonst hätte er mir ja am 4. Merz 1787 in dem Briefe, worin er einen öffentlichen Angrif, den Herr Büsching auf mich gethan hatte, mißbilligte, folgende Worte nicht schreiben können: *Dieß muß Ihnen ein neuer Sporn seyn, alle Ihre Kräfte aufzubieten, damit Ihr erstes Buch in Italien geschrieben, etwas so Vollendetes sey, daß auch Büsching es zu loben sich gezwungen sehe.* — Der öffentliche Angriff des Herrn Büsching aber enthielt gerade den Vorwurf, daß ich zu der Ausarbeitung eines Werks über die Alterthümer unfähig und unvorbereitet sey; in diesen Vorwurf stimmte ja Herr Campe nun damals nicht mit ein, sondern spornte mich selbst an, diesen Vorwurf durch etwas *Vollendetes,* das ich in Italien ausarbeitete, zu widerlegen. — Herr Campe mußte mich also doch damals zu der Ausarbeitung von etwas *Vollendetem* fähig halten, und keine so verächtliche Meinung von den, von mir in Verlag genommenen Werken hegen, daß er sich dem innern Werthe nach überhaupt nicht viel davon versprach, aber in Ansehung des Gewinnstes durch das eine sich doch für das andere schadlos zu halten suchte. So dachte Herr Campe damals nicht; er wollte, ich sollte ihm etwas *Vollendetes* liefern, er wollte, daß das, was ich ihm schriebe *reif* und *durchdacht* seyn und daß ich mit meiner Arbeit *Ehre einlegen* sollte. — So schrieb Herr Campe damals, nun aber dichtet er sich in seiner Schrift S. 4 und 5 ein schon damals eigennütziges und für mich herabwürdigendes Betragen gegen mich an, bloß um zu beweisen, daß ich kein moralisches und schriftstellerisches Ehrgefühl besitze, weil ich mir ein solches Betragen, wie es nach seiner Schrift den Anschein hat, von ihm habe gefallen lassen. —

Herr Campe schrieb mir also am 15ten Jenner 1787, da ich ihm eine mißrathene Probe meiner Reisebeschreibung, die ich in einem zweiten Briefe selbst zurücknahm, übersandt hatte: *Alles, mein lieber Freund, kömmt jetzt darauf an, daß das Erste, was von Ihnen erscheinen wird, etwas recht Durchdachtes und Reifes quoad stilum et materiam sey* u. s. w. Am 4. May 1787 schrieb er mir: *In meinem Letztern bat ich Sie, sich in Ansehung der Reisebeschreibung nicht zu übereilen,* u.s.w. In eben dem Briefe mißbilligte Herr Campe einen öffentlichen Angrif, den Herr Büsching auf mich gethan hatte, und setzte hinzu: *Das muß Ihnen ein neuer Sporn seyn* u. s. w. Am 21sten Merz 1787 schrieb er mir: *Ich will sie nicht drängen, lieber Freund! Arbeiten Sie mit Ruhe und Geistesfreiheit;* u. s. w. Nun schrieb mir Herr Campe zwar zum öftern auch, wie sauer ihm die Vorschüsse würden, die er mir machte; wie er das Geld dazu habe zusammenborgen müssen, und wie lange es nun dauern würde, ehe er durch den Verkauf meiner Schriften wieder zu seinem Gelde käme — aber er verlangte doch ausdrücklich, und stimmte darin mit meinen eigenen Wünschen vollkommen überein, daß das Erste, was ich in Italien schriebe, etwas dem Stil und dem Inhalt nach vollkommen *Durchdachtes, Reifes* und *Vollendetes* seyn sollte. — Dazu gehörte ja nun vor allen Dingen, *daß ich meinen Aufenthalt in Italien erst gehörig benutzen mußte, ehe ich schrieb; und daß ich dasjenige was ich schrieb zurückbehalten mußte, sobald ich es nicht reif und durchdacht fand.* — Zu der gehörigen Benutzung meines Aufenthalts in Italien, um in Ansehung der Werke, die ich auszuarbeiten übernommen hatte, etwas *Vollendetes* zu liefern, gehörte ja schlechterdings die Reise nach Neapel, wozu mich nicht Herr Campe durch seine Vorschüsse, sondern meine Berliner Freunde, durch eben das Geschenk in Stand setzten, worüber mir Herr Campe *damals* seine Theilnehmung bezeugte, und sogleich mit seinen Vorschüssen inne hielt. — Um etwas *Vollendetes* zu liefern, dazu gehörte nach meiner Zurückkunft aus Neapel ein längerer Aufenthalt in Rom als ich mir ihn anfänglich vorgesetzt hatte, *das sahe ich selbst erst ein,* da ich den letzten Monath vor meiner bestimmten Abreise noch alles durch meinen Armbruch versäumte so viel wie möglich nachzuholen, und alles das nun mit einem male zusammenzufassen suchte, was bisher meiner Aufmerksamkeit noch entgangen war. Ich sahe nun erst vollkommen die Unmöglichkeit ein, je etwas *Reifes, Durchdachtes* und *Vollendetes* über Rom und Italien liefern zu können, wenn ich es jetzt nach weniger als einem Jahre und gerade in einem Zeitpunkte verliesse, da mir der Aufenthalt in Rom zu der Ausarbeitung von etwas Vollendetem erst anfing unschätzbar zu werden. Und mein Verleger, der sich auch zugleich meinen Freund nannte, *wollte* mich ja nicht drängen; er wollte lieber warten, als Schuld daran seyn, daß ich mit meiner Arbeit keine Ehre einlegte; er hatte mir geschrieben, *es sey mit meiner ganzen Reiseunternehmung nichts, wenn das Erste, was ich schriebe, nicht etwas Reifes und Durchdachtes dem Inhalte und dem Stile nach wäre:* er hatte mich selbst angespornt, etwas Vollendetes zu liefern; ich trug also kein Bedenken ihm zu schreiben: daß ich die letzten Wochen, da ich im Begriff gewesen sey, Rom zu verlassen, geeilt habe, alles Merkwürdige noch einmal mit verdoppelter Aufmerksamkeit zu betrachten, und bei dieser Betrachtung gefunden habe, daß ein Aufenthalt von noch wenigen Monathen in Rom, mir zu meiner schriftstellerischen Laufbahn auf mein ganzes Leben nützlich seyn, und daß es mir unmöglich seyn würde, nachher der Reue zu entgehen, wenn ich diese Gelegenheit meinen Geschmack zu bilden und meine Kenntnisse zu vermehren, itzt aus den Händen ließe; und daß der Gedanke an das Versäumte allein schon hinlänglich seyn würde, mir meine Schriften in Deutschland mißlingen zu machen. Da nun aber Herr Campe mir am 10ten Juli 1787 von seinen *Entreprisen* und von dem Ankauf der Waisenhausbuchhandlung geschrieben hatte, wodurch er genöthigt würde, jeden Pfennig zu Rathe zu halten, so fügte ich meinem Schreiben noch folgendes hinzu: *daß ich zu meinem längeren Aufenthalt in Rom nur in so fern Vorschuß von ihm erwarte, als er diesen Vorschuß zu meinem längern Aufenthalt in Rom selbst zu seinen Entreprisen mitrechnete, wovon er dereinst nicht Schaden zu haben hofte.* Auf welches Schreiben von mir, Herr Campe mir zwanzig Ducaten schickte, die ich durch den Herrn Hofrath Reifenstein in Rom ohne einen Brief, bald aber nachher ein Schreiben von Herrn Campe erhielt, worin er den Inhalt des mir nicht zu Händen gekommenen Briefes wiederholte, und mir aufs neue schrieb, daß der Ankauf der Waisenbuchhandlung, und eine Druckerei, die er angelegt, alle seine Fonds erschöpft habe, so daß er genöthigt gewesen sey, die zwanzig Ducaten, die er mir übersandt habe, zu borgen. Auf meinen Vorschlag wegen des kleinen Werkes über die Italiänische Litteratur antwortete mir Herr Campe in diesem Briefe, worin er doch den Inhalt des mir nicht zu Händen gekommenen Briefes, wiederholte, gar nicht. — Es kam also nun alles darauf an, daß ich meinen längern Aufenthalt in Rom gehörig benutzte, damit das Erste, was ich nun Herrn Campe aus Rom lieferte, etwas Reifes, Durchdachtes und Vollendetes sey. Dazu gehörte Zeit, und es ließ sich nicht wie bestellte Arbeit machen. Herr Campe hatte nun zwar gesagt: *ich will Sie, mein lieber Freund, nicht drängen, arbeiten Sie mit Ruhe und Geistesfreiheit;* aber er drängte mich doch im Grunde dadurch, daß er mir immer schrieb, er habe das mir vorgeschossene Geld für mich borgen müssen; um also Musse zu gewinnen, etwas *Vollendetes* auszuarbeiten, ohne Herrn Campe aufs neue in Verlegenheit zu setzen, Geld für mich zu borgen, wandte ich mich, nicht mit Vorspiegelungen an eine Berlinische Buchhandlung, wie Herr Campe S. 13 in seiner Schrift vermuthet, sondern an meinen vieljährigen Freund, den Herrn Bergrath Standtke in Berlin, der mich durch Darlehn in den Stand setzte, der Forderung des Herrn Campe, ohne ihm beschwerlich zu fallen, ein Genüge zu thun. — Alles kam nun darauf an, nicht Herrn Campe zum wiederholtenmalen zu schreiben, daß ich ihm etwas Vollendetes und Durchdachtes liefern wollte, sondern daß ich es ihm wirklich lieferte. Nun ward ich, während daß ich zu dem Werke über die Alterthümer sammlete und ordnete, und meinen Aufenthalt in Rom benutzte, mit dem ersten, was in Italien von mir erschienen, und was der Forderung des Herrn Campe und meinem Wunsche nach, dem Stil und dem Inhalte nach völlig reif und durchdacht seyn sollte, binnen einem halben Jahre fertig, und schickte es nach Verlauf des halben Jahres Herrn Campen, dem ich während dieser Zeit nie um Vorschuß geschrieben hatte, zu, und berief mich, in Ansehung des Mißtrauens, das Herr Campe wegen meines langen Stillschweigens in einem Briefe vom 16. April 1788 gegen mich geäußert hatte, auf diese Schrift, welche mich deswegen *bei ihm rechtfertigen würde,* und worüber ich nun voller Erwartung wäre, sein Urtheil zu vernehmen; und Herr Campe, der vom Anfang an etwas Reifes und Durchdachtes von mir verlangt hatte, der eine Probe von meiner Reisebeschreibung, mit der ich selbst unzufrieden ward, auch gemißbilliget, und mich angespornt hatte, etwas *Vollendetes* zu liefern, den ich also bis jetzt nicht blos als Buchhändler sondern als Gelehrten betrachten mußte, *und auf dessen Urtheil über meine Schriften, in diesem Falle alles ankam,* ob sie der Mühe seines Wartens verlohnten, schrieb mir am 25. August 1788: *Ihre Abhandlung über die bildende Nachahmung des Schönen soll, als Vorläuferin Ihres größern Werks, auf der Michaelismesse erscheinen. Diese Abhandlung scheint mir sehr gedacht zu seyn und eine Reife zu haben, die noch wohl keine Ihrer frühern Schriften hatte. Vielleicht mache ich eine kleine Vorrede dazu, um dieß mein Urtheil öffentlich zu sagen.* — Da nun auf diesem Urtheile des Herrn Campe alles beruhte, da ich ihm ausdrücklich geschrieben hatte, diese Schrift sollte mich wegen meines langen Stillschweigens bey ihm rechtfertigen, so würde ja Herr Campe, wenn er, wie er jetzt vorgiebt, nur einige Blätter davon gelesen hätte, auch geschrieben haben, und hätte schreiben müssen, *das, was ich von Ihrer Abhandlung gelesen habe scheint mir sehr gedacht zu seyn* u. s. w. und nicht: *Ihre Abhandlung scheint mir sehr gedacht zu seyn.* Nun stützt sich Herr Campe darauf, daß er *nur* geschrieben habe: *Ihre Abhandlung scheint mir sehr gedacht zu seyn;* wie würde es denn aber wohl geklungen haben, wenn er geschrieben hätte: *Ihre Abhandlung über die bildende Nachahmung des Schönen ist sehr gedacht, und hat eine Reife, die noch wohl keine Ihrer frühern Schriften hatte?* — Hätte nun Herr Campe, nachdem er diese Schrift gelesen, sein Mißtrauen wegen meines langen Stillschweigens nicht gänzlich zurückgenommen, wie konnte er denn in eben dem Briefe schreiben: *Diese Schrift sollte als Vorläuferin meines größern Werks erscheinen, und, wenn einer meiner Freunde in Rom eine hübsche Vignette zu meinem Werke über die Alterthümer zeichnen wollte, so würde er die Kosten des Stechens gern übernehmen?* Er mußte doch nun wohl überzeugt seyn, daß ich ihm das Werk liefern werde, auf dessen Verzierung er schon bedacht war, und mußte doch nun wohl keine verächtliche Meinung von meinen Schriften hegen, nachdem er, um mir meine Journale leid zu machen, am 17. Juni 1788 schon folgende Worte an mich geschrieben hatte: *Ich sollte glauben, es wäre für Sie jetzt wohl sehr rathsam, auf die Mitherausgabe* s o l c h e r *Journale Verzicht zu thun, und sie dem Pokels allein zu überlassen. Der Ertrag an Ehre und Geld ist doch in der That zu unbedeutend.* Das für Sie ist in dem Briefe des Herrn Campe unterstrichen, und er fügt hinzu: *Ich sage dies als Freund, und nicht als Buchhändler, der dabei interessirt seyn mag.* Auch mußte er meinen längern Aufenthalt in Italien nicht für unzweckmäßig und unnütz halten, da er seinen Brief vom 25ten August 1788 mit den Worten schloß: *Leben Sie wohl, und kehren Sie bereichert an Kenntnissen zu uns zurück!* Auffallend war es mir freilich, daß Herr Campe, von dem ich seit drei Vierteljahren gar keinen Vorschuß mehr verlangt hatte, denn die mahlerische Reise war ja nur ein Vorschlag, der sich von selbst wieder aufhob, da der Herr Professor und Landschaftsmahler Lüdtke eher als ich nach Berlin reisen mußte; daß Herr Campe also drei Thaler, die ich ihn acht Monathe lang meinem Bruder in Braunschweig monathlich auszuzahlen ersuchte, welches also überhaupt eine Summe von vier und zwanzig Thalern ausmachte, daß mir Herr Campe diese Gefälligkeit in seinem Briefe vom 25sten August 1788 mit folgenden Worten anrechnete: *daß es mir jetzt sauer wird, auch nur einen Thaler zu missen, versichere ich Sie auf Ehre; ich hoffe daher, Sie werden mir auch diesen Dienst in Ihrem Gedächtnisse gut schreiben.* — Eben so auffallend war es mir, daß Herr Campe in eben diesem Briefe von mir verlangte, *ich sollte ihn bei meiner Rückkehr nach Berlin nicht etwa besuchen, sondern meine Reisebeschreibung in seinem Hause ausarbeiten* — und dann am Ende des Briefes eine Äußerung hinzusetzte, *wodurch er mich vor Berlin zu warnen schien.* So unangenehm nun dergleichen Äußerungen in den Briefen des Herrn Campe mir auch seyn mochten, so richtete mich doch der Gedanke wieder auf, daß ich ihm nun etwas geliefert habe, welches seinem eigenen Urtheile nach *reif* und *durchdacht* war, und wodurch mein ganzes Verhältniß mit ihm, das vom Anfang an auf der Lieferung von etwas *Voll-*

endetem beruhte, nun gleichsam gegründet war. Meine neue schriftstellerische Laufbahn war nun eingeleitet, denn Herr Campe wollte meine Abhandlung als *eine Vorläuferin* meines größern Werks drucken lassen; man sollte aus dieser Schrift sehen, was man in Ansehung meines größern Werks von mir zu erwarten habe. Nur als *Vorläuferin* jenes größern Werks wollte also Herr Campe meine Schrift drucken lassen, nicht eigentlich um ihrer selbst willen. Wozu hätte sie Herr Campe also drucken lassen, wenn er sie würklich für eine *schlechte* Vorläuferin jenes Werks hielt? Wozu hätte er sie drucken lassen, wenn er *vor der Messe* wirklich glaubte, daß sie nichts als phantasirende Philosophie enthalte, und also jenem Werke, wovon sie doch eine Vorläuferin seyn sollte, zu einer sehr schlechten Empfehlung dienen würde? wozu hätte er sie drucken lassen, wenn er wirklich *vor der Messe* geglaubt hätte, daß mein Buch über die Alterthümer ein schlechtes Buch werden würde, sobald es dasselbe Gepräge und nicht vielmehr schlichte historische Darstellung, als von jener Art Philosophie enthielte? Ich selbst hatte ja nur verlangt, daß er sie als eine *Vorläuferin* meiner übrigen Schriften, und in so fern er sie hiezu für zweckmäßig hielte, sollte drucken lassen. Die *Messe* stimmte sein Urtheil um, wie folgende Worte aus seinem Briefe vom 3ten December 1788 klar beweisen. *Ihre Abhandlung über das Schöne hat gar kein Glück gemacht, und ich werde den größten Theil der Auflage ins Makulatur werfen müssen. Es sind bis jetzt nicht mehr als zwei hundert und ein paar Exemplare davon abgesetzt.* Und nun enthielt auf einmal meine Schrift, die vorher reif und durchdacht war, eine phantasirende Art von Philosophie, wobey mir wenig Menschen folgen konnten, und noch weniger folgen *mochten;* und nun sollte mein Buch über die Alterthümer auf einmal schlichte historische Darstellung, und nichts von jener Art *Philosophie* enthalten; wo nicht, so sollte ich eine italiänische Grammatik schreiben, um den Herrn

Campe für den Verlust schadlos zu halten, den er an den Alterthümern leiden würde. Von dieser Grammatik glaubte er denn, daß sie ihm *einigermaßen* wieder ersetzen würde, was er an den Alterthümern wahrscheinlich verlieren werde; und um mich ganz niederzuschlagen, fügt Herr Campe noch das *von ihm vorgegebene* Mißvergnügen einiger Buchhändler, welches sich dem ganzen Corps sollte mitgetheilt haben, als eine Ursache der schlechten Aufnahme meiner Schrift hinzu. Dieß ist der Inhalt von zwey Briefen, wovon ich den einen am 5ten November 1788 während den letzten Tagen meines Aufenthalts in Weimar von Rom nachgeschickt erhielt, und den andern vom 3ten December 1788 bei meiner Ankunft in Berlin vorfand. Da nun Herr Campe *meine Art phantasirende Philosophie,* wie er sie nannte, in meinen Schriften nicht mehr haben wollte, sondern statt derselben schlichte historische Darstellung verlangte, und mir es doch unmöglich ist, *ohne meine Art Philosophie* zu schreiben, so hob sich in diesem Augenblick mein Kontrakt mit ihm von selber auf. Ich nahm nun Herrn Campe wie er war, und glaubte wirklich, daß es ihm lieb seyn würde, nur ohne Schaden wieder zu seinem Gelde zu kommen, weil er doch meinem *schriftstellerischen Glück* nicht mehr traute. Ich schrieb ihm daher ganz kaltblütig, da unsere Verbindung durch seine Erklärung über meine Schriften nun aufgehoben sey, so würde ich ihm sein mir vorgeschossenes Geld mit den vollen Zinsen noch binnen einem Jahre in drei Terminen baar wieder zurückerstatten; und fügte hinzu, daß ich wegen der Werke, wovon er so viel Schaden und Verlust befürchtete, mit einem hiesigen Buchhändler in Verbindung getreten sey, der mehr Zutrauen als er zu mir und meinen Schriften habe. Nach der Äußerung des Herrn Campe konnte ihm unmöglich noch ferner an meinen Schriften gelegen seyn, und es mußte ihm nothwendig lieb sein, wieder ohne Schaden zu seinem Gelde zu kommen. Da ich aber die von ihm verworfenen Schriften nicht selbst zurücknahm, und ihm nicht *statt derselben* Werke, die *mehr mechanisch* waren, und einen *sicherern* Gewinn brachten, für ihn ausarbeiten wollte, sondern dieselben Werke, die ihm bestimmt gewesen waren, einer hiesigen Buchhandlung in Verlag gab, welche sie sehr bereitwillig annahm, so wurde Herr Campe hierüber so aufgebracht, daß er mir einen Brief schrieb, worin er, so wie in seiner *gedruckten* Schrift, mich der Treulosigkeit, Wortbrüchigkeit und Unredlichkeit beschuldigte, und leugnete, daß seine Erklärung über meine Schriften, ein hinreichender Grund zu der Aufhebung meines Kontrakts mit ihm gewesen sey, indem er sich folgender Worte bediente: »Pfui, über den hinreichenden Grund; warum schämen Sie sich noch mir den wahren Grund zu gestehen, den, daß Sie das, was Sie mir vor drei Jahren schon verkauft haben, jetzt lieber noch einmal an einen andern verkaufen möchten.« Diesem Briefe war eine Rechnung von den mir *nach und nach* vorgeschossenen Geldern nebst der Berechnung der *vollen Zinsen* für die ganze Summe beigelegt, worauf ich Herrn Campen auch die ganze mir vorgeschossene Summe mit den *vollen* Zinsen baar zurückschickte. Wie ich das Geld schon abgeschickt hatte, erhielt ich einen Brief zur schleunigsten Ablieferung von Herrn Campe, worin die Berechnung der vollen Zinsen für das mir nach und nach vorgeschossene Capital als ein *Rechnungsfehler* angegeben, und was zu viel war, von der Summe abgezogen wurde. Nun hatte ich aber das Geld schon abgeschickt, und in der Rechnung des Herrn Campe den Punkt geändert, wo er mir für den Bogen meiner Abhandlung nur 6 Thaler anrechnete, da wir doch übereingekommen waren, daß ich für *alles* was ich ihm schriebe, und er von mir würklich in Verlag nehmen würde, 10 Thaler Honorar von ihm bezahlt erhalten sollte. Nach diesem Abzuge von der Rechnung von meiner Seite, ließ es denn Herr Campe auch bei den *vollen* Zinsen bewenden. Nachdem ich also Herrn Campe das mir nach und nach vorgeschossene Geld mit den vollen Zinsen baar überschickt, und er es angenommen hatte, so verlangte ich von ihm eine Quittung, die ausführlich enthielte: *daß er nun nichts weiter an mir zu fordern habe,* weil er durch eine solche Handschrift seine Beschuldigungen von Treulosigkeit und Wortbrüchigkeit allein auf eine reelle Weise zurücknehmen, und ich ins künftige dagegen in Sicherheit gesetzt werden konnte. Statt dieser Quittung schickte mir Herr Campe wiederum eine Anzahl geschriebener Schmähungen, die nun in seiner Schrift S. 33 auch gedruckt stehen. Ich verlangte aufs neue eine Quittung von ihm, die ich gerichtlich vorzeigen könnte, und worin ausdrücklich enthalten wäre, *daß er nichts mehr an mir zu fordern habe,* und Herr Campe schickte mir nicht die von ihm verlangte Quittung, sondern einen Zettel, daß er, nachdem er 327 Thaler 12 Groschen zur Tilgung seiner mir gemachten Vorschüsse von mir erhalten, *nunmehr auf alle fernern Ansprüche an mich Verzicht thue,* mit dem Zusatze, *weil er das Daseyn eines Mannes, wie ich, auf immer zu vergessen wünsche.* — Nahm er denn nun durch diesen Zettel seine Beschuldigungen von Treulosigkeit und Wortbrüchigkeit gegen mich zurück? Konnte er nun nicht, so oft ihm mein Daseyn, seinen Wünschen zuwieder in Erinnerung gebracht wurde, seine Schmähungen eben so wie er jetzt gethan hat, laut vor der Welt sagen und drucken lassen? und hatte ich etwas Handschriftliches von ihm, wodurch ich von seiner Forderung an mich losgesprochen wäre, auf die er nur Verzicht gethan haben wollte, um mein Daseyn auf immer zu vergessen? — Konnte er nicht bei jedem ihm bestimmt gewesenen Werke, das nun in einem andern Verlage von mir erschien, ungeahndet behaupten, um dies Werk habe ihn der Verfasser betrogen? Und konnte ich ihm diese Beschuldigungen, wenn er sie mir selbst aufs neue machen wollte, durch seine Handschrift widerlegen? — An mein Daseyn mußte ja Herr Campe doch wieder erinnert werden, so lange meine Existenz als Schriftsteller fortdauerte. Und ich mußte mich ja je eher je lieber, *weil ich noch existirte,* gegen die Schmähungen in Sicherheit setzen, welche auf mir gehaftet haben würden, wenn ich nicht mehr existirt hätte, und mich gegen keine Schmähung mehr hätte vertheidigen können. — Was blieb mir hiezu für ein Mittel übrig, als das Publikum, vor dem wir doch beide existiren und wirken, zum Schiedsrichter über mein Verhältniß mit Herrn Campe und über meine Gründe zu nehmen, nach welchen ich mich öffentlich von ihm lossagen *mußte?* — Und wenn nun Herr Campe mich mit jeder Zeile in seinen Briefen der Treulosigkeit, Wortbrüchigkeit, und eines offenbaren Betrugs an ihm beschuldigte, und diese Beschuldigungen nur mit der *gänzlichen Hinwegdenkung meines Daseyns* zurücknehmen wollte, und sich also alle diese Beschuldigungen vorbehielt, sobald er auf eine oder die andere Weise an mein Daseyn wieder erinnert wurde; wenn er eben diese Beschuldigungen von Wortbrüchigkeit und Treulosigkeit nicht für Schmähungen, die er zurücknehmen mußte, sondern wie er S. 41 und 42 noch jetzt in seiner Schrift behauptet, *für hundertmal von mir verdiente gerechte Vorwürfe,* und für *bittere Wahrheiten* für mich, meine Gründe aber mich von ihm loszusagen, wie er ebenfals S. 42 in seiner Schrift behauptet, für *höchstunvernünftig* hielt; konnte er da wohl erwarten, daß ich schweigen würde, wenn ich mich nicht selbst für das hielt, was er mich zu seyn beschuldigte? Und konnte ich denn nun anders sagen, als daß derjenige, welcher sein Urtheil über Werke des Geistes nicht blos als Kaufmann, *sondern auch als Denker,* nach dem Gelde umstimmt, was sie ihm unmittelbar in seinen Kasten bringen, nicht mit Geistesprodukten, sondern mit der seinen Ohren am angenehmsten klingenden Münze wiederbezahlt zu werden verdiente? Hat denn Herr Campe nicht, wie ich aus seinen eigenhändigen Briefen dargethan habe, sein Urtheil über meine Schrift nach dem Gelde umgestimmt, was sie ihm unmittelbar in seinen Kasten brachte, wenn er mir von meiner Schrift, die er am 25sten August 1788 für *reif* und *durchdacht hielt,* nun am 3ten December 1788 ausdrücklich schreibt: *sie habe gar kein Glück gemacht,* er werde den größten Theil der Auflage ins Makulatur werfen müssen, es wären bis jetzt nicht mehr als 200 und ein paar Exemplare davon abgesetzt, das machte sie sey, (nun nicht mehr reif und durchdacht sondern) phantasirend, und wenn meine Alterthümer eben das Gepräge, und nicht vielmehr schlichte historische Darstellung als von jener Art Philosophie enthielten, so würden sie auch das nehmliche Schicksal haben, und seine Handlung würde, wie er mir am 5ten November 1788 schon geschrieben hatte, schlecht dabei prosperiren; wenn ich ihm aber eine Italienische Grammatik nach dem Muster meiner Englischen, nicht meiner Deutschen für Frauenzimmer schriebe, so würde diese wie er glaubte, *einigermaßen* wieder einbringen, was er an den Antiquitäten wahrscheinlich verlieren werde? — Vorher hatten meine Perioden Herrn Campe wohlgeklungen, denn wie er selbst S. 16 in seiner Schrift sagt, schienen ihm schon die ersten Blätter meiner Schrift einen gedachten Inhalt in einer *wohlausgebildeten* Schreibart anzukündigen. — Da er nun aber sogleich nicht mehr als zweihundert und ein paar Exemplare davon absetzen konnte; und die Schrift ihm also nicht gleich wieder baare klingende Münze einbrachte, so klangen ihm auch meine Perioden nicht mehr, und der Inhalt meiner Schrift war auf einmal so beschaffen, *daß mir wenig Menschen dabei folgen konnten, noch weniger dabei folgen mochten.* — Verdiente denn Herr Campe nun nicht wirklich, statt mit Geistesprodukten, mit der seinen Ohren am angenehmsten klingenden Münze, und wuchernden Zinsen, die er auch annahm, wieder bezahlt zu werden? — Und war er nicht verpflichtet, seine Beschuldigungen von Treulosigkeit und Wortbrüchigkeit durch die von mir verlangte Handschrift wieder zurückzunehmen, worin er ausdrücklich erklären sollte, daß er *nun nichts weiter an mir zu fordern habe?* — Und war ich durch die Verweigerung dieser Handschrift nicht genöthigt, mich öffentlich von ihm loszusagen, wenn ich seine Beschuldigungen von Treulosigkeit und Wortbrüchigkeit nicht immer wollte über mich ergehen lassen, so oft er seinem Wunsch zuwieder, durch die Fortdauer meiner schriftstellerischen Wirksamkeit an mein Daseyn erinnert wurde? — War diese öffentliche Lossagung, die ich nie, wie Herr Campe S. 42 mit Unwahrheit behauptet, auf einem *besonderen Blatte* gedruckt, an Buchhändler ausgetheilt habe; war diese Lossagung eine mit den gröbsten *Unwahrheiten* aufgestutzte Schmähung? — und kann ich die Wahrheit jeder Zeile nicht mit seinen eigenhändigen Briefen darthun? — — Nun schreibt Herr Campe, um sich aus dieser Sache zu ziehen, eine Schrift, unter dem Titel: *Moritz, ein abgenöthigter trauriger Beitrag zur Erfahrungsseelenkunde,* und fängt gleich die erste Zeile seiner Beschuldigungen gegen mich, daß ich *im August des 1786sten Jahres ganz unvermuthet in seiner Wohnung zu Salzdahlen erschienen sey,* mit einer *Unwahrheit* an, an die er eine Folge von Unwahrheiten kettet, welche ich ihm Zeile vor Zeile, aus der *ununterbrochenen Folge seiner eigenhändigen Briefe* an mich widerlegt habe, und durch die Vorzeigung dieser Briefe in jedem Augenblick widerlegen kann. — Seine ganze Schrift drehet sich auf der Behauptung, welche S. 26 und 27 steht, daß ich einen so zarten schriftstellerischen Ehrpunkt nur affektirt haben könne, weil er mir zum öftern geschrieben, daß ich ihn mit Unwahrheit hintergangen, und ich mich niemals dadurch für beleidigt erklärt habe. — Daß sein Urtheil über meine Schrift bei demjenigen *Ver-*

hältniß, worin wir nun schon ins dritte Jahr miteinander standen, ohnmöglich etwas Beleidigendes für mich hätte haben können, und daß ich durch dies Urtheil nur beleidigt zu seyn affektirt habe. — Nun beweisen aber die eigenhändigen Briefe des Herrn Campe an mich, daß ich *gerade meines dreijährigen Verhältnisses wegen,* über sein *nach der Michaelismesse umgeändertes Urtheil* über meine Schrift höchstbeleidigt zu seyn Ursach hatte; denn er verlangte ja schon am 15ten Jenner 1787 ausdrücklich, daß ich ihm etwas recht Durchdachtes und Reifes quoad stilum et materiam liefern sollte, sonst sey es mit meiner ganzen Reiseunternehmung nichts! Er schrieb mir am 4. Merz 1787, er habe mich in seinem letztern gebeten, mich in Ansehung der Reisebeschreibung nicht zu übereilen u. s. w.; in eben dem Briefe: Herrn Büschungs öffentlicher Angrif müsse ein Sporn für mich seyn, etwas Vollendetes zu liefern, u. s. w. Am 21. Merz 1787: Ich will Sie nicht drängen, lieber Freund! Arbeiten Sie mit Ruhe und Geistesfreiheit, u.s.w. Am 17ten Juni 1788: Ich wünschte, Sie widmeten sich jetzt ganz der Arbeit, wobei das deutsche Publikum Sie erwartet, und die Ihren Ruf aufs neue festsetzend oder wankend machen wird. Und endlich am 20sten August 1788: Ihre Abhandlung über die bildende Nachahmung des Schönen scheint mir sehr gedacht zu seyn, u. s. w. Und nun auf einmal am 3ten December 1788: Ihre Abhandlung über das Schöne hat gar kein Glück gemacht, und ich werde den größten Theil der Auflage ins Makulatur werfen müssen; es sind bis jetzt nicht mehr als zwey hundert und ein paar Exemplare davon abgegangen. Das macht Ihre phantasirende Philosophie, wobey Ihnen wenig Menschen folgen können, noch weniger folgen mögen. Wird Ihr Buch über die Alterthümer dasselbe Gepräge bekommen, und nicht vielmehr schlichte historische Darstellung, als von jener Art *Philosophie* enthalten, so wird es sicher das nehmliche Schicksal haben; und in dem Briefe vom 5ten November, der mir aus Rom nachgeschickt wurde, hatte mir Herr Campe schon geschrieben, daß seine Handlung bei dem Buche über die Antiquitäten leider mehr als wahrscheinlich schlecht prosperiren werde, wenn ich dieselbe nicht durch die Erfüllung eines *andern Wunsches* schadlos hielte, welcher darin bestand, daß ich ihm eine *Italienische Grammatik* nach dem Muster meiner englischen schriebe, von der Herr Campe glaubte, daß sie *einigermaßen* wieder einbringen würde, was er an den Antiquitäten wahrscheinlich verlieren werde; und in dem Briefe vom 3ten December war das alles noch einmal wiederholet. Folgt nun aus meinem dreijährigen Verhältniß mit Herrn Campe und aus seinen eigenhändigen Briefen an mich, vom 15ten Jenner 1787 an, *daß ich durch sein Urtheil über meine Schrift beleidigt zu seyn, nur affektirt haben könne?* —— Und wenn ich nun über sein Urtheil in Ansehung meiner Schrift nicht nur Ursach hatte, höchst beleidigt zu seyn, sondern auch durch seine wiederholte Erklärung über meine Schriften, mein Kontrakt mit ihm sich von selbst aufhob, was wird denn aus der Beschuldigung, die Herr Campe, S. 29, in seiner Schrift mit dürren Worten niederzuschreiben wagt: *Ich müsse mich* (weil ich nehmlich doch den schriftstellerischen Ehrpunkt nur affektirt und zum Vorwand gebraucht haben könne) *in der dringenden Nothwendigkeit befunden haben, meine Handschrift an einen andern zu verkaufen, um das aus meinen Handschriften gelösete Geld zur Tilgung solcher anderweitigen Schulden anzuwenden, welche mich noch mehr als diejenigen drückten, die ich bei ihm gemacht habe;* da ich nun mit gültigen Beweisen und gerichtlich darthun kann, daß dem nicht so sey, was wird denn aus dieser Beschuldigung des Herrn Campe, wenn er, S. 28, ausdrücklich behauptet, daß sie nicht bloß Vermuthung, sondern Thatsache seyn müsse, weil ich, da ich aus Rom zurückgereiset sey, und mich zwei Monathe in Weimar aufgehalten habe, ohne von *ihm* Geld zu bekommen, ich nothwendig in den äußersten Mangel müsse gerathen seyn, der mich genöthigt haben müsse, das ihm bestimmte Manuscript an eine andere Buchhandlung zu verkaufen; daß dieß *Thatsache* sey, davon könne und müsse der Umstand überzeugen, daß ich ihm seine Vorschüsse, die ich ihm binnen vierzehn Tagen wirklich überschickte, erst nur in vierteljährigen Terminen habe übersenden *wollen*; und es trete hier der für meine Ehre *gleich traurige Wechselfall ein, daß ich ohne Noth, oder durch Noth und Geldmangel gedrungen, meinen Kontrakt mit ihm gebrochen habe;* denn der dritte Fall, daß durch seine Erklärung über meine Schriften mein Kontrakt mit ihm sich von selbst aufgehoben, könne deswegen nicht statt finden, weil ich kein moralisches Ehrgefühl besitze, und also auch kein schriftstellerisches Ehrgefühl besitzen könne. — Daß ich nun kein moralisches Ehrgefühl besitze, beweißt Herr Campe durch Schmähungen, *die nun erst in seiner Schrift stehen,* und die er in seinen Briefen gegen mich ausgestoßen zu haben vorgiebt. — Und nun sagt er, *aus Schonung* wolle er lieber annehmen, daß ich meinen Kontrakt mit ihm *aus Noth und Geldmangel* als ohne Noth gebrochen habe; und um dieß *schonende* Urtheil auch wahrscheinlich zu machen, rechnet er mir meine Einnahme und Ausgabe nach, und rechnet mir S. 27 nach, daß meine Rückreise aus Rom und ein zweimonathlicher Aufenthalt in Weimar so viel müsse gekostet haben, daß ich bei meiner Ankunft in Berlin, in dem drückendsten Geldmangel *müsse* gewesen seyn.

Was nun meinen Aufenthalt in Weimar anbetrift, wo ich zum öftern des Zutritts zu Personen gewürdiget wurde, denen Herr Campe *Ehrfurcht* schuldig ist, so frage ich nur, ob es einem Manne, der seine Nation gute Sitten lehren will, wohl anständig sey, meinen Aufenthalt in Weimar eine *Quarantaine* zu nennen, wie Herr Campe S. 24 in seiner Schrift wirklich zu thun sich nicht entblödet hat. Und ob ich gleich Herrn Campe von meinem Finanzzustande bei meiner Ankunft in Berlin eben so wenig Rechenschaft zu geben brauche, als er befugt ist, mir meine Einnahme und Ausgabe nachzurechnen, so kann ich, und alle meine hiesigen Freunde ihm doch so viel versichern, daß ich bei meiner Ankunft in Berlin weder seiner noch irgend eines andern Buchhändlers *benöthigt* war, um auf eine vollkommen anständige Weise zu leben. — Herr Campe behauptet aber S. 27 in seiner Schrift: ich müsse bei meiner Ankunft in Berlin nothwendig in dem drückendsten Geldmangel gewesen seyn, und müsse, da ich *seiner gegenwärtigen Schrift zufolge,* kein moralisches Ehrgefühl besitze, auch keine Bedenken getragen haben, mein mitgebrachtes ihm bestimmtes Manuscript zu verkaufen, um anderweitige Schulden, die noch drückender als die seinigen gewesen wären, damit zu tilgen. — Nachdem Herr Campe also durch Schmähungen, die er in seinen Briefen gegen mich geäußert zu haben vorgiebt, und durch Beschuldigungen, die er sich selbst, wie die Folge seiner Briefe weißt, gegen mich *andichtet,* in seiner Schrift erst zu beweisen gesucht hat, daß ich kein moralisches und folglich auch kein schriftstellerisches Ehrgefühl besitze, weil ich solche Schmähungen, als er gegen mich geäußert zu haben vorgiebt, mir habe gefallen lassen, so sagt er: da ich nach den Schmähungen, die ich mir von ihm soll haben gefallen lassen, nun weder moralisches noch schriftstellerisches Ehrgefühl besitzen könne, *wolle er lieber aus Schonung annehmen,* daß ich aus Geldnoth ein beleidigtes Ehrgefühl zum Vorwande genommen habe, um meinen Kontrakt mit ihm zu brechen, als daß ich, ohne durch andere Noth als mein beleidigtes Ehrgefühl selbst gedrungen zu seyn, meinen Kontrakt mit ihm als aufgehoben habe betrachten müssen. Herr Campe will also aus *Schonung* lieber annehmen, daß ich aus Geldnoth, die er mir durch Berechnung meiner Einnahme und meines Gehaltes, in

Ansehung dessen er sich *unrecht hat berichten lassen,* zu beweisen sucht, schlecht und ehrlos soll gehandelt haben, das will Herr Campe aus *Schonung* gegen mich lieber annehmen, als daß ich ohne durch irgend eine andere Noth als durch seine herabwürdigende Erklärung über meine Schriften gedrungen zu sein, meinen Kontrakt mit ihm als aufgehoben betrachtet habe; und daß ich ohne durch eine andere Noth, als seine *nicht zurückgenommenen* Beschuldigungen von Wortbrüchigkeit und Treulosigkeit, gedrungen zu seyn, mich öffentlich von ihm loßgesagt habe. Aus *Schonung* gegen mich, damit ich nicht aus beleidigtem Ehrgefühl, sondern aus Geldnoth gedrungen gewesen seyn soll, meinen Kontrakt mit ihm aufzuheben, dichtet sich also Herr Campe alle die Beschuldigungen und Schmähungen gegen mich an, welche von ihm geduldig hinzunehmen, die Geldnoth mich soll gezwungen haben. — Aus *Schonung* nennt er seine Schrift über mich *einen abgenöthigten traurigen Beitrag zur Erfahrungsseelenkunde* — Aus *Schonung* wirft mir Herr Campe ein Geschenk von meinen Freunden aus Berlin, das mir auf die edelmüthigste Weise übermacht wurde, und worüber er mir damals seine *Theilnehmung* bezeugte, S. 8 in seiner Schrift mit den unwürdigsten Ausdrücken wieder vor. — Und aus *Schonung* dichtet er sich also die ganze Reihe von Beschuldigungen gegen mich an, die jetzt erst in seiner Schrift stehen, und wovon die ununterbrochene Folge seiner Briefe an mich beweißt, daß er sie mir nie würklich gemacht habe. Aus eben dieser *Schonung,* damit ich meinen Kontrakt nur durch Geldnoth gedrungen müsse *gebrochen,* und keine Ursache müsse gehabt haben, durch seine Erklärung über meine Schrift von ihm beleidiget zu seyn, führt er in seiner Schrift S. 18 und 19 aus einer ausführlichen Recension meiner Abhandlung über das Schöne, mit Hinweglassung alles dessen, was zum Lobe dieser Abhandlung gesagt wird, *eine einzige tadelnde* Stelle an, und fügt hinzu: der einsichtsvolle Mann, welcher diese Abhandlung in der allgemeinen Literaturzeitung recensirt, habe der Hauptsache nach eben so darüber geurtheilt als Herr Campe. Ich berufe mich aber auf diese Recension in der 154sten Nummer der Jenaischen allgemeinen Litteraturzeitung, und auf eine andere in dem 62sten Stücke der Göttingischen gelehrten Anzeigen von diesem Jahre, in wie ferne mit diesen beiden Urtheilen über diese Schrift, das herabwürdigende Urtheil des Herrn Campe übereinstimme, der mir schrieb: sie enthalte eine phantasirende Philosophie, wobei mir wenig Leser folgen könnten: noch weniger folgen *möchten;* und wenn mein Buch über die Alterthümer eben das *Gepräge,* und nicht vielmehr schlichte historische Darstellung als *von jener Art Philosophie* enthielte, so würde es schlecht damit gehen. Warum hob denn nun Herr Campe gerade das Ende der Recension in der allgemeinen Litteraturzeitung aus, und schwieg so geflissentlich von dem Anfange, wo gesagt wird, *daß selbst das Dunkle, worin einige Theile gehalten sind, zugleich Denkkraft und Empfindung in dem Leser dieser kleinen Schrift beschäftige, und ihr ein außerordentliches Interesse gebe.* — Stimmt nun Herr Campe, wie er S. 18 seiner Schrift sagt, der Hauptsache nach mit dem in dieser Recension gefällten Urtheile würklich überein, wie konnte er mir denn am 3ten December 1788 schreiben, daß meine Schrift eine solche Art phantasirender Philosophie enthielte, wobei mir wenig Menschen folgen könnten, *noch weniger folgen möchten,* und welche also, wenn selbst diejenigen, die mir folgen konnten, es der damaligen Meinung des Herrn Campe nach nicht *mochten,* zu Makulatur zu werden *verdiente.* — Nachdem nun Herr Campe also hinlänglich bewiesen zu haben glaubt, daß meine Schrift mich gar nicht berechtige, sein *nach der Michaelismesse umgestimmtes Urtheil* über meine Schrift und seine verächtliche Meinung davon so hoch aufzunehmen; und nachdem er hinlänglich bewiesen zu haben glaubt, daß ich kein moralisches und schriftstellerisches Ehrgefühl besitze, weil ich die Beschuldigungen von Treulosigkeit und Wortbrüchigkeit, die er sich in seiner ganzen Schrift gegen mich andichtet, und wovon die ununterbrochene Folge seiner Briefe beweißt, daß er sie mir nie würklich gemacht hat, mir soll haben gefallen lassen; und also in Ermangelung eines andern Beweggrundes aus Geldnoth *müsse* gedrungen gewesen seyn, Herrn Campe zu betrügen; nachdem Herr Campe also dies durch die sich selbst angedichteten Schmähungen, die er in seinen Briefen gegen mich ausgestoßen zu haben vorgiebt, hinlänglich glaubt bewiesen, und also *meine öffentliche Ehre und guten Nahmen auf immer glaubt vernichtet zu haben,* sagt er: S. 50 und 52: er sey nun mit dem allertraurigsten Werke seines Lebens zu Ende; es habe ihm einen Theil seiner Gesundheit und beinahe das Leben gekostet, nicht als ob mein Aufsatz in der allgemeinen Litteraturzeitung ihn so sehr gekränkt habe, nein! diesen habe er mit der größten Ruhe und Gelassenheit gelesen, aber der peinigende Gedanke, der wie ein Gespenst vor seiner Seele gestanden, daß er einen jungen fähigen Mann, der mit einigen würklich schätzbaren Talenten, welche die Natur ihm verwilliget, bei einer guten Anwendung derselben viel Gutes hätte stiften können, in einem gewissen Grade, und auf eine Zeitlang wenigstens unglücklich habe machen müssen — dieser jammervolle Gedanke habe sein Innerstes auf eine so gewaltsame Weise erschüttert, daß er die paar Tage, die er brauchte, um diese unseligen Blätter zu schreiben, kaum zu überleben hoffen durfte. — Andere Männer von ähnlicher Denkungs- und Handlungsart, mit denen sein jetziger sehr zusammengesetzter Wirkungskreiß ihn von Zeit zu Zeit in Geschäftsverhältnisse bringe, *möchten sich in diesem Vorgange spiegeln.* — So schreibt Herr Campe, *nachdem er meinen guten Namen auf immer glaubt vernichtet zu haben, jezt von mir,* und am 15. Jenner 1787 schrieb er mir selbst *noch* fast mit denselbigen

Worten nach Rom, er werde einen Mann, dessen Nahmen ich verschweige, *geradezu moralisch todtschlagen.* — Ich überlasse es nun einem jeden, der diese meine Schrift gelesen hat, zu entscheiden, in wiefern Herr Campe seine Kunst, *die Leute moralisch todtzuschlagen,* auch an mir versucht hat.

VIII.

(27) Es ist wohl wahr, daß wir die *Grenzlinien schärfer ziehen müssen,* als sie in der Natur gezogen sind, sobald wir den Unterschied zweier Dinge zum eigentlichen Gegenstande unsers Nachdenkens machen wollen.

Die Begriffe von Nutzen und Vergnügen aber verlieren sich so sehr in einander, und treffen so nahe zusammen, daß es fast unmöglich ist, sich das Angenehme und Nützliche in einer Gegeneinanderstellung zu denken. Das Nützliche ist so wie das Schöne, nur eine besondere Art des Angenehmen.

Man hat den Grundsatz von der Nachahmung der Natur, als den Hauptendzweck der schönen Künste verworfen, und ihn dem Zweck des Vergnügens untergeordnet, den man dafür zu dem ersten Grundgesetze der schönen Künste gemacht hat. Diese Künste, sagt man, haben eigentlich bloß das Vergnügen, so wie die mechanischen den Nutzen, zur Absicht. —

Nun aber finden wir sowohl Vergnügen am Schönen, als am Nützlichen: wie unterscheidet sich also das erstre vom letztern?

Bei dem bloß Nützlichen finde ich nicht so wohl an dem Gegenstande selbst, als vielmehr an der Vorstellung von der Bequemlichkeit oder Behaglichkeit, die mir, oder einem andern durch den Gebrauch desselben zuwachsen wird, Vergnügen.

Ich mache mich gleichsam zum Mittelpunkte, worauf ich alle Theile des Gegenstandes beziehe, d.h. ich betrachte denselben bloß als Mittel, wovon ich selbst, in so fern meine Vollkommenheit dadurch befördert wird, der Zweck bin.

Der bloß nützliche Gegenstand ist also in sich nichts Ganzes oder Vollendetes, sondern wird es erst, indem er in mir seinen Zweck erreicht, oder in mir vollendet wird. —

Bei der Betrachtung des Schönen aber wälze ich den Zweck aus mir in den Gegenstand selbst zurück: ich betrachte ihn, als etwas, nicht in mir, sondern in sich selbst Vollendetes, das also in sich ein Ganzes ausmacht, und mir um seiner selbst Willen Vergnügen gewährt; indem ich dem schönen Gegenstande nicht so wohl Beziehung auf mich, als mir vielmehr eine Beziehung auf ihn gebe. Da mir nun das Schöne mehr um sein selbstwillen, das Nützliche aber bloß um meinetwillen, lieb ist; so gewährt mir das Schöne ein höheres und uneigennützigeres Vergnügen, als das bloß Nützliche.

Das Vergnügen an dem bloß Nützlichen ist gröber und gemeiner, das Vergnügen an dem Schönen feiner und seltener.

Da das Nützliche seinen Zweck nicht in sich, sondern außer sich in etwas andern hat, deßen Vollkommenheit dadurch vermehrt werden soll; so muß derjenige, welcher etwas Nützliches hervorbringen will, diesen äußern Zweck bei seinem Werke beständig vor Augen haben.

Und wenn das Werk nur seinen äußern Zweck erreicht, so mag es übrigens in sich beschaffen sein, wie es wolle; dies kömmt, in so fern es bloß nützlich ist, gar nicht in Betracht.

Wenn eine Uhr nur richtig ihre Stunden zeigt, und ein Messer nur gut schneidet; so bekümmere ich mich, in Ansehung des eigentlichen Nutzens, weder um die Kostbarkeit des Gehäuses an der Uhr, noch um das Heft an dem Messer; auch achte ich nicht darauf ob mir selbst das Werk in der Uhr oder das Heft an dem Messer gut ins Auge falle, oder nicht. Die Uhr und das

Messer haben ihren Zweck außer sich, in demjenigen, welcher sich derselben zu seiner Bequemlichkeit bedienet; sie sind daher nichts in sich Vollendetes, und haben an und für sich, ohne die mögliche oder wirkliche Erreichung ihres äußern Zwecks, keinen eigenthümlichen Werth.

Mit diesem ihren äußern Zweck zusammengenommen als ein Ganzes betrachtet, machen sie mir erst Vergnügen; von diesem Zweck abgeschnitten, lassen sie mich völlig gleichgültig.

Ich betrachte die Uhr und das Messer nur mit Vergnügen, in so fern ich sie gebrauchen kann, und brauche sie nicht, damit ich sie betrachten kann.

Bei dem Schönen ist es umgekehrt.

Dieses hat seinen Zweck nicht außer sich, und ist nicht wegen der Vollkommenheit von etwas andern, sondern wegen seiner eigenen inneren Vollkommenheit da. Man betrachtet es nicht, in so fern man es brauchen kann, sondern man braucht es nur, in so fern man es betrachten kann.

Wir bedürfen des Schönen nicht so sehr, um dadurch ergötzt zu werden, als das Schöne unserer bedarf, um erkannt zu werden. Wir können sehr gut ohne die Betrachtung schöner Kunstwerke bestehen, diese aber können, als solche, nicht wohl ohne unsre Betrachtung bestehen.

Jemehr wir sie also entbehren können, desto mehr betrachten wir sie um ihrer selbst willen, um ihnen durch unsre Betrachtung gleichsam erst ihr wahres Daseyn zu geben.

Denn durch unsre zunehmende Anerkennung des Schönen in einem schönen Kunstwerke, vergrößern wir gleichsam seine Schönheit selber, und legen immer mehr Werth hinein.

Daher das ungeduldige Verlangen, daß alles dem Schönen huldigen soll, welches wir einmal dafür erkannt haben: je allgemeiner es als schön erkannt und bewundert wird, desto mehr Werth erhält es auch in unsern Augen.

Empfänden wir das Vergnügen an dem Schönen mehr um unsert- als um sein selbstwillen, was würde uns daran liegen, ob es von irgend jemand außer uns erkannt würde?

Wir verwenden, wir beeifern uns für das Schöne, um ihm Bewunderer zu verschaffen, wir mögen es antreffen, wo wir wollen: ja wir empfinden so gar eine Art von Mitleid beim Anblick eines schönen Kunstwerks, das in den Staub danieder getreten, von den Vorübergehenden mit gleichgültigen Blicken betrachtet wird. —

Auch das süße Staunen, das angenehme Vergessen unserer selbst bei der Betrachtung eines schönen Kunstwerks, ist ein Beweis, daß unser Vergnügen hier etwas untergeordnetes ist, das wir freiwillig erst durch das Schöne bestimmt werden lassen, welchem wir eine Zeitlang eine Art von Obergewalt über unsere Empfindungen einräumen.

Während das Schöne unsre Betrachtung ganz auf sich zieht, zieht es sie eine Weile von uns selber ab, und macht, daß wir uns in dem schönen Gegenstande zu verlieren scheinen; und eben dies Verlieren, dies Vergessen unserer selbst, ist der höchste Grad des reinen und uneigennützigen Vergnügens, welches uns das Schöne gewährt.

Wir opfern in dem Augenblick unser individuelles eingeschränktes Dasein einer Art von höherem Daseyn auf. Das Vergnügen am Schönen muß sich daher immer mehr der uneigennützigen Liebe nähern, wenn es ächt seyn soll.

Jede specielle Beziehung auf mich in einem schönen Kunstwerke giebt dem Vergnügen, das ich daran empfinde, einen Zusatz, der für einen andern verloren geht; das Schöne in dem Kunstwerke ist für mich nicht eher rein und unvermischt, bis ich die besondre Beziehung auf mich ganz davon hinweg denke, und es als etwas betrachte, das bloß um sein selbstwillen hervorgebracht ist, damit es etwas in sich Vollendetes sey. —

So wie nun aber die Liebe, und das Wohlwollen dem edlen Menschenfreunde gewißermaßen zum Bedürfniß werden können, ohne daß er deswegen eigennützig werde; so kann auch dem Manne von Geschmack das Vergnügen am Schönen, durch die Gewöhnung dazu, zum Bedürfniß werden, ohne deswegen seine ursprüngliche Reinheit zu verlieren.

Wir bedürfen des Schönen bloß, weil wir Gelegenheit zu haben wünschen, ihm durch Anerkennung seiner Schönheit zu huldigen.

Ein Ding kann also nicht deswegen schön seyn, weil es uns Vergnügen macht, sonst müßte auch alles Nützliche schön seyn; sondern was uns Vergnügen macht, ohne eigentlich zu nützen, nennen wir schön.

Nun kann aber das Unnütze oder Unzweckmäßige unmöglich einem vernünftigen Wesen Vergnügen machen.

Wo also bei einem Gegenstande ein äußerer Nutzen oder Zweck fehlt, da muß dieser in dem Gegenstande selbst gesucht werden, so bald derselbe mir Vergnügen erwecken soll; oder, ich muß in den einzelnen Theilen desselben so viel Zweckmäßigkeit finden, daß ich vergeße zu fragen, wozu nun eigentlich das Ganze soll? Das heißt mit andern Worten: ich muß an einem schönen Gegenstande nur um seiner selbst willen Vergnügen finden; zu dem Ende muß der Mangel der äußern Zweckmäßigkeit ersetzt seyn; der Gegenstand muß etwas in sich selbst Vollendetes seyn.

Ist nun die innere Zweckmäßigkeit in einem schönen Kunstwerke nicht groß genug, um mich die äußere darüber vergessen zu lassen; so frage ich natürlicher Weise: wozu das Ganze? Antwortet mir der Künstler: um dir Vergnügen zu machen; so frage ich ihn weiter: was hast du für einen Grund, mir durch dein Kunstwerk eher Vergnügen, als Mißvergnügen zu erwecken? Ist dir an meinem Vergnügen so viel gelegen, daß du dein Werk mit Bewußtsein unvollkommener machen würdest, als es ist, damit es nur nach meinem vielleicht verdorbenen Geschmack wäre; oder ist dir nicht vielmehr an deinem Werke so viel gelegen, daß du mein Vergnügen zu demselben hinaufzustimmen suchen wirst, damit seine Schönheiten von mir empfunden werden?

Ist das letztere, so sehe ich nicht ab, wie mein zufälliges Vergnügen der Zweck von deinem Werke seyn könnte, da dasselbe durch dein Werk selbst erst in mir erweckt und bestimmt werden mußte.

Nur in so fern du weißt, daß ich mich gewöhnt habe, an dem, was wirklich in sich vollkommen ist, Vergnügen zu empfinden, ist dir mein Vergnügen lieb; dies würde aber nicht so sehr bei dir in Betracht kommen, wenn es dir bloß um mein Vergnügen, und nicht vielmehr darum zu thun wäre, daß die Vollkommenheit deines Werks durch den Antheil, den ich daran nehme, bestätigt werden soll.

Wenn das Vergnügen ein nicht so sehr untergeordneter Zweck, oder vielmehr nur eine natürliche Folge bei den Werken der schönen Künste wäre; warum würde der ächte Künstler es denn nicht auf so viele als möglich zu verbreiten suchen, statt daß er oft die angenehmen Empfindungen von vielen Tausenden, die für seine Schönheit keinen Sinn haben, der Vollkommenheit seines Werks aufopfert? —

Sagt der Künstler aber: wenn mein Werk gefällt, oder Vergnügen erweckt, so habe ich doch meinen Zweck erreicht; so antworte ich: umgekehrt! Weil du deinen Zweck erreicht hast, so gefällt dein Werk, oder daß dein Werk gefällt, kann vielleicht ein Zeichen sein, daß du deinen Zweck in dem Werke selbst erreicht hast.

War aber der eigentliche Zweck bei deinem Werke mehr das Vergnügen, das du dadurch bewirken wolltest, als die Vollkommenheit des Werkes in sich selber; so wird mir eben dadurch der Beifall schon verdächtig, den dein Werk bei diesem oder jenem erhalten hat.

»Aber ich strebe nur den Edelsten zu gefallen.« — Wohl! Aber dies ist nicht dein letzter Zweck; denn ich darf noch fragen: warum strebst du gerade den Edelsten zu gefallen? Doch wohl, weil diese sich gewöhnt haben, an dem Vollkommensten das größte Vergnügen zu empfinden? Du beziehst ihr Vergnügen auf dein Werk zurück, deßen Vollkommenheit du dadurch willst bestätigt sehen.

Muntre dich immer durch den Gedanken an den Beifall der Edlen zu deinem Werke auf; aber mache ihn selber nicht zu deinem letzten und höchsten Ziele, sonst wirst du ihn am ersten verfehlen.

Auch der schönste Beifall will nicht erjagt, sondern nur auf dem Wege mitgenommen seyn.

Die Vollkommenheit deines Werks fülle während der Arbeit deine ganze Seele, und stelle selbst den süssesten Gedanken des Ruhms in Schatten, daß dieser nur zuweilen hervor trete, dich aufs neue zu beleben, wenn dein Geist anfängt, laß zu werden; dann wirst du ungesucht erhalten, wornach Tausende sich vergeblich bemühen. Ist aber die Vorstellung des Beifalls dein Hauptgedanke, und ist dir dein Werk nur in so fern werth, als es dir Ruhm verschaft; so thu Verzicht auf den Beifall der Edlen.

Du arbeitest nach einer eigennützigen Richtung: der Brennpunkt des Werks wird außer dem Werke fallen, du bringst es nicht um sein selbstwillen, und also auch nichts Ganzes, in sich Vollendetes hervor.

Du wirst falschen Schimmer suchen, der vielleicht eine Zeitlang das Auge des Pöbels blendet, aber vor dem Blick des Weisen wie Nebel verschwindet.

Der wahre Künstler wird die höchste innere Zweckmäßigkeit oder Vollkommenheit in sein Werk zu bringen suchen; und wenn es dann Beifall findet, wird's ihn freuen, aber seinen eigentlichen Zweck hat er schon mit der Vollendung des Werks erreicht. So wie der wahre Weise die höchste mit dem Lauf der Dinge harmonische Zweckmäßigkeit in alle seine Handlungen zu bringen sucht; und die reinste Glückseligkeit, oder den fortdauernden Zustand angenehmer Empfindungen, als eine sichere Folge davon, aber nicht als das Ziel derselben betrachtet.

Denn auch die reinste Glückseligkeitslinie läuft mit der Vollkommenheitslinie nur parallel; so bald jene zum Ziele gemacht wird, muß die Vollkommenheitslinie lauter schiefe Richtungen bekommen.

Die einzelnen Handlungen, in so fern sie blos zu einem Zustande angenehmer Empfindungen abzwekken, bekommen zwar eine anscheinende Zweckmäßigkeit; aber sie machen zusammen kein übereinstimmendes harmonisches Ganze aus.

Eben so ist es auch in den schönen Künsten, wenn der Begriff der Vollkommenheit, oder des in sich selbst Vollendeten dem Begriffe von Vergnügen untergeordnet wird.

»Also ist das Vergnügen gar nicht Zweck?« — Ich antworte: was ist Vergnügen anders, oder woraus entsteht es anders, als aus dem Anschauen der Zweckmäßigkeit? Gäbe es nun etwas, wovon das Vergnügen selbst allein der Zweck wäre; so könnte ich die Zweckmäßigkeit jenes Dinges bloß aus dem Vergnügen beurtheilen, welches mir daraus erwächst.

Mein Vergnügen selbst aber muß ja erst aus dieser Beurtheilung entstehen; es müßte also da seyn, ehe es da wäre. Auch muß ja der Zweck immer etwas Einfacheres, als die Mittel seyn, welche zu demselben abzwecken: nun ist aber das Vergnügen an einem schönen Kunstwerke eben so zusammen gesetzt, als das Kunstwerk selber, wie kann ich es denn als etwas Einfacheres betrachten, worauf die einzelnen Theile des Kunstwerks abzwecken sollen? Eben so wenig wie die Darstellung eines Gemähldes in einem Spiegel der Zweck seiner Zusammensetzung seyn kann; denn diese wird allemal von selbst erfolgen, ohne daß ich bei der Arbeit die mindeste Rücksicht darauf zu nehmen brauche.

Stellt nun ein angelaufener Spiegel mein Kunstwerk desto unvollkommener dar, je vollkommener es ist; so werde ich es doch wohl nicht deswegen unvollkommener machen, damit weniger Schönheiten in dem angelaufenen Spiegel verloren gehen? —

(28) Von den Verhältnissen des großen Ganzen, das uns umgiebt, treffen nämlich immer so viele in allen Berührungspunkten unsres Organs zusammen; daß wir dies große Ganze dunkel in uns fühlen, ohne es doch selbst zu *seyn:* die in unser Wesen hineingesponnenen Verhältnisse jenes Ganzen streben, sich nach allen Seiten wieder auszudehnen: das Organ wünscht, sich nach allen Seiten bis ins Unendliche fortzusetzen. Es will das umgebene Ganze nicht nur in sich spiegeln, sondern so weit es kann, selbst dies umgebende Ganze seyn.

Daher ergreift jede höhere Organisation, ihrer Natur nach, die ihr untergeordnete, und trägt sie in ihr Wesen über. Die Pflanze den unorganisierten Stoff, durch bloses Werden und Wachsen — das Thier die Pflanzen durch Werden, Wachsen und Genuß — der Mensch verwandelt nicht nur Thier und Pflanze, durch Werden, Wachsen und Genuß in sein innres Wesen; sondern faßt zugleich alles, was seiner Organisation sich unterordnet, durch die unter allen am hellsten geschliffne, *spiegelnde* Oberfläche seines Wesens, in den Umfang seines Daseyns auf, und stellt es, wenn sein Organ sich bildend in sich selbst vollendet, verschönert außer sich wieder dar.

Wo nicht, so muß er das, was um ihn her ist, durch *Zerstöhrung* in den Umfang seines wirklichen Daseyns ziehn, und verheerend um sich greifen, so weit er kann; da einmal die reine unschuldige Beschauung seinen

Durst nach ausgedehntem wirklichen Daseyn nicht ersetzen kann.

Mit dem sich angeschliffnen Stahle seines eingeschränkten Daseyns nicht mehr froh, strebt er, außer sich selber, ein größeres Ganze, als er selbst, zu seyn; stellt sich, zu einem Volk, zu einem Staat sich bildend, mit Wesen seiner Art zusammen, um Wesen seines gleichen, die sich ihm unterordnend ihm nicht dienen, mit ihm nicht eins seyn wollen, zu zerstören. —

Er steht auf dem höchsten Punkte seiner Wirksamkeit; der Krieg, die Wuth, das Feldgeschrei, das höchste Leben, ist nah an den Grenzen seiner Zerstörung da. —

Kommen dann endlich die strebenden Kräfte wieder in ein glückliches Gleichgewicht; und macht die unruhige Wirksamkeit der stillen Beschauung Platz: so muß nothwendig in dem zum erstenmal in sich versunknen Menschen der Sinn für die umgebende Natur erwachen, die nie zerstört, als wo sie muß, und schonet, wo sie kann. — Er lernt allmälig das *Einzelne im Ganzen,* und in Beziehung auf das Ganze, sehen; fängt die großen Verhältniße dunkel an zu ahnden, nach welchen unzählige Wesen auf und ab, so wenig wie möglich sich verdrängen, und doch so nah wie möglich an einanderstoßen. —

Dann steigt in seinen ruhigsten Momenten die Geschichte der Vorwelt, das ganze wunderbare Gewebe des Menschenlebens in allen seinen Zweigen vor ihm auf. — In allem, was seine ruhige Einbildungskraft ihm spiegelt, sondert sich das Große und Edle vom Gemeinen, nach einem dunkelempfundnen Maaßstabe in ihm selber ab, und strebt aus ihm heraus. —

So geht die um sich greifende, zerstörende Thatkraft, sich auf sich selber stützend, in die sanfte schaffende Bildungskraft, durch ruhiges Selbstgefühl, hinüber, und ergreift den leblosen Stoff, und haucht ihm Leben ein.

Auf diese Weise bildete unter jedem Himmelsstrich

die Natur das Schöne, sich in den reinsten Seelen in ihren ruhigsten Momenten spiegelnd. —

Sie allein führt an ihrer Hand den bildenden Künstler, den Dichter, in ihr innerstes Heiligthum, wo sie dem sich neu entwickelnden Bildungstriebe, schon seit Jahrhunderten vorgearbeitet, und seine Bahn ihm vorgezeichnet hat.

Denn alles, was die Vorwelt erfunden, ist ja in den Umfang der Natur zurücktretend, mit ihr *eins* geworden, und soll mit ihr vereint, harmonisch auf uns wirken. — — Das Schöne der bildenden Künste steht, sobald es einmal da ist, mit ihr auf ihrer großen Stufenleiter, und will nicht mit ihr in ihren einzelnen Theilen verglichen, sondern in ihrem ganzen Umfange, als *zu ihr gehörend,* mitgedacht und empfunden seyn.

Unser Naturgenuß soll durch die Betrachtung des Schönen in der Kunst, verfeinert; und unser Gefühl für das Schöne in der Kunst soll wechselseitig durch den Genuß der schönen Natur *gestärkt,* und zugleich seine Grenzen ihm vorgezeichnet werden.

Strömt dann das Maaß der Empfindung über, und wird zur Bildungskraft, so ahmt es in jedem Einzelnen der Natur nicht mehr das Einzelne, und in dem höchsten Kunstwerke, nicht das Kunstwerk, sondern die große Harmonie des mitempfundenen Ganzen nach, das sich in beiden abdrückt.

Der einmal aufgeweckte, ächte Bildungstrieb findet nichts Einzelnes in der Natur, das ganz ihm gnügte; auch selber das höchste Kunstwerk nicht, das, als der erste Abdruck des höchsten Schönen, doch immer nur Abdruck bleibt.

Das bildende Genie will, wo möglich, alle die in ihm schlummernden Verhältniße jener großen Harmonie, deren Umfang größer, als seine eigne Individualität ist, *selbst umfaßen:* das kann es nun nicht anders, als in *verschiednen Momenten,* schaffend, bildend, aus seiner eignen eingeschränkten Individualität gleichsam heraus, in ein

Werk, daß außer ihm sich darstellt, hinüberschreitend, und *mit* diesem Werke nun das *umfaßend,* was seine Ichheit selber vorher nicht faßen konnte.

Allein der Anblick von dem reinsten Abdruck des höchsten Schönen in dem vollkommensten Kunstwerke, mußte dem Bildungstriebe den ersten Anstoß geben, bloß durch Gefühl der *Möglichkeit,* sich in einem Kunstwerke außer sich selbst zu stellen, und das in einer *Folge von Momenten* bildend und schaffend zu umfaßen, was keine Empfindung auffaßt, wofür das Selbstgefühl zu beschränkt ist, und die Ichheit keinen Raum hat.

Und jeder Stoff, den dann die Bildungskraft ergreift, wird jeden nachfolgenden Versuch vereiteln, denselben Stoff zu einem neuen Werke noch einmal eben so schön zu bilden.

Je mehrere Reize der Stoff an sich hat, um destomehr wird es den nachfolgenden Bildungstrieb in Verzweiflung setzen. Der falsche Bildungstrieb wird am ersten darnach haschen; Anfang, Mitte, und Ende tauschen; und dieß verzerrte, entstellte Ganze, das unverzerrt und unentstellt vor ihm schon da war, als sein eignes Werk betrachten, das ihm sein Daseyn dankt.

Dergleichen Nachäffungen des ächten Schönen könnten nie Beifall finden, wenn Empfindungsfähigkeit und Bildungskraft bei ihrer Entwicklung immer gleichen Schritt hielten, und nicht eins der andern ängstlich nach oder vorzukommen strebte: denn da das Empfindungsvermögen, seiner Natur nach, so nah an die Bildungskraft grenzt, daß diese nur gleichsam die letzte Lücke ausfüllt, deren Ausfüllung dem Geschmack zur eignen Hervorbringung des Schönen aus sich selber fehlt; so muß auch die Empfindungsfähigkeit selbst schon den Sinn für das Schöne haben, das die Bildungskraft hervorbringen soll; sie muß sich mit dieser zugleich, *in ihrem Maaße,* auf gleiche Art entwickeln.

Das Schöne will eben sowohl bloß um sein selbst

willen betrachtet und empfunden, als hervorgebracht seyn. — Wir betrachten es, weil es da ist, und mit in der Reihe der Dinge steht; und weil wir einmal betrachtende Wesen sind, bei denen die unruhige Wirksamkeit auf Momente der stillen Beschauung Platz macht.

Betrachten wir das Schöne nicht um sein selbst willen, sondern um erst unsern Geschmack dafür zu bilden, so bekömmt ja eben dadurch unsre Betrachtung schon eine eigennützige Richtung. Unser Urtheil ist uns alsdann mehr werth, als die Sache, worüber wir urtheilen: und statt daß also unsre Beurtheilungskraft, durch ruhige Betrachtung, sich erweitern sollte, wird vielmehr der Gesichtspunkt für das Schöne nach den zu engen Grenzen unsrer Faßungskraft sich verschieben müßen.

Der Geschmack, oder die Beurtheilung des Schönen, gehört ja eben so, wie das Schöne selbst, zu den Sachen, die wir nicht brauchen, sobald wir sie nicht kennen, und nicht entbehren, sobald wir sie nicht haben; deren Bedürfniß erst durch den Besitz entsteht, wo es sich durch sich selbst befriedigt: geht also das Bedürfniß vor dem Besitz vorher, so kann es nicht anders als eingebildet und erkünstelt seyn.

Was uns daher allein zum wahren Genuß des Schönen bilden kann, ist das, wodurch das Schöne selbst entstand; *vorhergegangene ruhige Betrachtung der Natur und Kunst, als eines einzigen großen Ganzen,* das in allen seinen Theilen sich in sich selber spiegelnd, da den reinsten Abdruck läßt, wo alle Beziehung aufhört, in dem ächten Kunstwerke, das, so wie sie, in sich selbst vollendet, den Endzweck und die Absicht seines Daseyns in sich selber hat. —

(29) In so fern eine Figur sprechend ist, in so fern sie bedeutend ist, nur in so fern ist sie schön. —

Dieß Sprechende und Bedeutende muß aber ja in dem rechten Sinne genommen werden: Die Figur, in so fern sie schön ist, soll nichts bedeuten, und von nichts sprechen, was *außer* ihr ist, sondern sie soll nur von sich selber, von ihrem innern Wesen durch ihre äußere Oberfläche gleichsam sprechen, soll durch sich selbst bedeutend werden.

Daher wird durch *bloß* allegorische Figuren, die Aufmerksamkeit, in Rücksicht auf die schöne Kunst, zerstreuet, und von der Hauptsache abgezogen.

Sobald eine schöne Figur noch etwas außer sich selbst anzeigen und bedeuten soll, so nähert sie sich dadurch dem bloßen Symbol, bey dem es, so wie bey dem Buchstaben, womit wir schreiben, auf eigentliche Schönheit nicht vorzüglich ankömmt. —

Das Kunstwerk hat alsdann nicht mehr seinen Zweck bloß in sich selbst, sondern schon mehr nach außen zu.

Das wahre Schöne besteht aber darin, daß eine Sache bloß sich selbst bedeute, sich selbst bezeichne, sich selbst umfasse, ein in sich vollendetes Ganze sey.

Ein Obelisk bedeutet — die Hieroglyphen daran bedeuten, etwas nach außen zu, das sie nicht selber sind, und erhalten bloß durch diese Bedeutung ihren Werth — weil sie sonst an sich selber ein müssiges Spielwerk wären. —

Soll nun ein schönes Kunstwerk *bloß* deswegen da seyn, damit es etwas außer sich andeute, so wird es ja dadurch selbst gleichsam zur *Nebensache* — und bey dem Schönen kömmt es doch immer darauf an, daß es selbst die Hauptsache sey. —

Die Allegorie muß also, wenn sie statt findet, immer nur untergeordnet, und mehr zufällig seyn; sie macht niemals das Wesentliche oder den eigentlichen Werth eines schönen Kunstwerks aus. —

Wenn der Borghesische Fechter z. B. auch außer sich selbst noch etwas bedeuten sollte, so würden wir doch bei der Betrachtung seiner innern Schönheiten, auf diese äußere Bedeutung wenig Rücksicht nehmen, weil er gar nichts weiter außer sich selbst zu bedeuten braucht, um unsre ganze Aufmerksamkeit auf sich zu ziehen.

Wo die Allegorie statt findet, muß sie immer untergeordnet, sie muß nie Hauptsache seyn — sie ist nur Zierrath — und *bloß* allegorische Kunstwerke sollten eigentlich gar nicht statt finden, oder doch nie vorzüglich um der Allegorie willen für wahre Kunstwerke gelten.

Die Allegorie kann bei großen Gemählden als eine Art von erklärender, höherer Sprache angebracht werden, wie bei der Vermählung der PSYCHE von RAPHAEL; wo unter dem Hauptgemählde rings an den Wänden besondere kleinere Felder angebracht sind, in welchen Amoretten mit den Attributen der höhern Gottheiten spielen, die bey der Hochzeit der PSYCHE zugegen sind. —

Die allegorischen Vorstellungen sollen das Ganze nur umgaukeln; nur gleichsam an seinem äußersten Rand spielen — nie aber das innere Heiligthum der Kunst einnehmen — sobald sie auf die Weise untergeordnet bleiben, und in ihre bescheidene Grenzen treten, sind sie schön. —

Überschreiten sie aber diese Grenzen, wie z. B. die Figur, welche die Gerechtigkeit mit verbundenen Augen, dem Schwerdt in der einen, und der Wage in der andern Hand darstellt, so ist nichts dem wahren Begriff des Schönen mehr widersprechend, als dergleichen Allegorien.

In der allegorischen Darstellung der Gerechtigkeit widerspricht ein Symbol dem andern, sobald die Figur an und für sich kunstmäßig betrachtet wird. —

Der Gebrauch des Schwerdts erfodert ja eine ganz andere Stellung als der Gebrauch der Wage, die Wage eine ganz andere Stellung als das Schwerdt, und der Gebrauch von beiden erfordert offene Augen. —

Nichts ist widriger, als diese Figur; bey ihr erscheint nichts in Bewegung, nichts in Thätigkeit; sie hält bloß maschinenmäßig das Schwerdt und die Wage, und die verbundenen Augen machen sie noch unthätiger. — Die ganze Figur ist überladen und steht von sich selbst erdrückt, wie eine todte Masse da.

Die Bachantin schwingt den Thyrusstab — HERKULES lehnt sich auf seine Keule — DIANA spannt den Bogen. — Die Gerechtigkeit aber hält Schwerdt und Wage, wie eine todte Masse, mit verbundenen Augen, in den Händen.

Sobald die Allegorie auf diese Weise jedem Begriff von Schönheit in den bildenden Künsten widerspricht, verdienet sie gar keinen Platz in der Reihe des Schönen, und hat ohngeachtet alles Aufwandes von Fleiß und Mühe, weiter keinen Werth, als der Buchstabe mit dem ich schreibe.

Die Fortuna von GUIDO, mit fliegenden Haaren, und den Spitzen der Zehen die rollende Kugel berührend, ist eine schöne Figur, nicht deswegen, weil das Glück dadurch treffend bezeichnet wird, sondern weil das Ganze dieser Figur Übereinstimmung in sich selber hat. —

Die rollende Kugel berühret nur immer in einem Punkte, mit einer Spitze, den Boden, so wie die FORTUNA mit der Spitze der Zehen wieder die rollende Kugel berührt, und durch das fliegende Haar den eilenden Lauf bezeichnet. —

Kein Symbol ist hier dem andern widersprechend — Leben, Leichtigkeit, Bewegung, Wechsel, sind hier so harmonisch bezeichnet, daß die Bezeichnung selbst zur Hauptsache wird, *und die Idee sich unterordnet.* — Denn wenn man die FORTUNA von GUIDO erblickt, macht man keine Betrachtungen über den Wechsel des Glücks, sondern ergötzt sich an dem Umriß, und der Fülle, dieser leicht und zart entworfenen Luftgestalt. —

Eben so wenig wird man die AURORA von GUIDO*) betrachten, um dadurch den Gedanken an die eigentliche Morgenröthe in sich zu erwecken — sondern der Gedanke an die Morgenröthe wird nur hinzugebracht,

*) Ein Deckengemählde in dem Pallast Ruspigliosi in Rom.

um das Gemählde selbst zu erklären, welches hier das Herrschende ist, und für sich allein die Aufmerksamkeit fesselt. —

Durch die Macht des Pinsels ist die Idee untergeordnet — sie dient dem Kunstwerke, das Kunstwerk dient nicht ihr. —

Die Morgenröthe wurde von dem bildenden Künstler zum Gegenstande gewählt, weil eine Zusammensetzung schöner Figuren durch diese Idee veranlaßt wurde; und diese Figuren wurden nicht deswegen zusammengesetzt, damit der Gedanke an die eigentliche Morgenröthe dadurch erweckt werden sollte, welche das Auge selbst in der Natur weit schöner sieht, als irgend ein Pinsel sie darstellen kann. —

Die Wiedererinnerung an den eigentlichen Schimmer der Morgenröthe, liegt bey dem Anblick dieses Gemähldes nur gleichsam im Hintergrunde der Einbildungskraft zurückgezogen, und hält sich bescheiden in ihren Grenzen, um den Eindruck dieses schönen Ganzen nicht zu stören. — —

(27) Bei dem wahren Künstler muß das Kunstwerk, was er hervorbringen will, gleichsam erst in seiner Seele reif geworden seyn. Ein Reichthum großer und edler Gedanken, die schon seine frühste Kindheit erzeugte, liegt in ihm da.

Diese Gedanken sind aber in den ganzen Zusammenhang aller seiner übrigen weniger edlen und großen Vorstellungen, — und gleichsam in sein Ich verwebt; er findet ein gewißermaßen eigennütziges Vergnügen darin, indem er sie betrachtet, in wie fern sie zu der Vollkommenheit seines Ichs abzwecken.

Indem nun das Maaß dieser großen und edlen Gedanken gleichsam voll ist, so empfindet der Künstler einen Drang sich mitzutheilen, und seine innere Vollkommenheit gleichsam außer sich zu vervielfältigen.

Ein reineres edleres Vergnügen, das sich der Liebe nähert, ahndet ihm dunkel, wenn er seine eigne subjektive Vollkommenheit, in eine objektive, oder seinen Genuß in Anschauen wird verwandelt sehen.

Diese dunkle Ahndung aber bestimmt sein Werk noch nicht, sondern nun wirken die großen und edlen Gedanken auf einen besondern Zweck, dem sie sich am leichtesten und natürlichsten unterordnen können, und auf die Weise nicht mehr zerstreut als Mittel zur Vollkommenheit eines größern Ganzen abzwecken, sondern selbst in sich vereinigt, ein Ganzes ausmachen: sie müßen gleichsam eine Neigung gegen sich selbst erhalten, und ein Faden nach dem andern muß abgeschnitten werden, der sie mit den übrigen Vorstellungen in der Seele des Künstlers, gleichsam nach einer äußern Richtung, zusammen knüpft.

Was in dem Moment der höchsten Reife der großen und edlen Gedanken die lebhafteste und wichtigste Vorstellung in der Seele des Künstlers ist, sey sie auch nur durch zufällige Umstände veranlaßt worden, an diese schließen sich plötzlich alle seine übrigen großen und edlen Gedanken, und lösen sich verhältnismäßig von dem Zusammenhange der übrigen Vorstellungen ab, je mehr sie sich an der einzigen Hauptvorstellung festhalten.

Sobald Homer nur einen Achilles hat, ordnen sich auch schon seine Schlachten, seine Helden, seine großen und edlen Gesinnungen und Charaktere. Alle seine großen und erhabenen Vorstellungen reißen sich jetzt mit einiger Beschwerlichkeit aus dem Zusammenhange seines Denkens gleichsam aus seiner Ichheit heraus, und neigen sich gegen sich selber, um etwas außer ihm bestehendes, in sich Vollendetes zu seyn.

Nun vergißt er auf eine Zeitlang das dunkle Vergnügen, das ihm ahndete, und hat sein Augenmerk nur auf seinen Achilles gerichtet; des Achilles wegen müßen Griechen fallen, des Achilles wegen müßen die übrigen

Helden im Dunkeln, und Hektor nur in einem etwas schwächern Lichte als Achilles stehen, damit durch seinen Fall, der Held noch mehr gehoben werde. Der Held wird durch die Begebenheiten, und die Begebenheiten durch den Helden in jedem Augenblick wichtiger.

Wenn das Vergnügen, was der Künstler an seinem Werke selbst empfindet der unmittelbare Zweck desselben wäre, so brauchte er das Große und Edle was einmal in seiner Seele da ist, nicht außer sich darzustellen; denn indem es in seine übrigen Vorstellungen Einfluß hat, und also unmittelbar zu seiner Glückseligkeit abzweckt, macht es ihm ja schon Vergnügen; und er bringt gewissermaßen seinem Werke ein Opfer, indem er den großen und edeln Gedanken eine Neigung gegen einander giebt, wodurch sie während dieser Zeit nicht unmittelbar zu seiner Glückseligkeit abzwecken, indem sie aus dem Zusammenhange seiner Ichheit gerissen werden.

In diesem Verstande kann man sagen, daß der Künstler sein Werk aus Liebe zu dem Werke verfertige, indem er sich gleichsam eine Zeitlang für sein Werk aufopfert, sich selbst über dem Werke vergißt.

Die allmälige Neigung der Gedanken gegen einander, oder die allmälige Verwandlung der äußern Zweckmäßigkeit in die innre, oder kürzer das in sich selbst Vollendete, scheinet daher der eigentlich leitende Zweck des Künstlers bei seinem Kunstwerke zu seyn.

Der Künstler muß suchen, den Zweck, der in der Natur immer außer dem Gegenstande liegt, in den Gegenstand selbst zurückzuwälzen, und ihn dadurch in sich vollendet zu machen.

Dann sehen wir ein Ganzes, wo wir sonst nichts als abzweckende Theile erblickten.

Die Begebenheiten der Iliade würden in einer allgemeinen Weltgeschichte, uns nur in so ferne wichtig seyn, als sie mit dem ganzen Lauf der Dinge zusammenhingen, sie würden sich in das Ganze verschwimmen, ihr Zweck würde immer in ihren Folgen außer ihnen seyn, und wir würden in ihnen nie ein Ganzes überschauen.

Der Dichter schneidet sie gleichsam aus ihrem Zusammenhange heraus, und giebt den Begebenheiten eine Neigung gegen sich selber unter einander, die sie in der Natur nicht haben.

Der Zweck aller dieser Begebenheiten fällt in sie selbst zurück; wir vergessen ihren Zusammenhang mit dem großen Lauf der Dinge, und glauben eine Welt, ein Ganzes von Begebenheiten im Kleinen zu sehen.

Der Dichter schneidet die Fäden ab, wodurch die Begebenheiten eine Neigung außer sich bekommen könnten, er läßt dasjenige weg, was in eine andere Sphäre von Begebenheiten eingreift, er rückt Ursach und Wirkung näher zusammen, als sie es in dem gewöhnlichen Lauf der Dinge sind; eine Mannigfaltigkeit von auseinander fließenden Begebenheiten, die sich kaum in Jahrhunderten zutragen, sehen wir hier in einem kurzen Zeitraume zusammengedrängt.

Damit aber die Abweichungen von der Wahrheit nicht zu auffallend werden, so müßen dieselben allmälig geschehen. Zu jeder weiteren Abweichung von der Wahrheit, und zu jeder Ineinanderneigung der Begebenheiten, muß uns der Dichter erst durch eine weniger gewagte, und weniger merkliche vorbereiten, worauf wir unsern Glauben gleichsam stützen können.

Erstlich muß uns etwas vorgestellt werden, was wir an und für sich selber zu glauben nicht abgeneigt sind; dies ist aber ziemlich gleichgültig, weil wir bei den Kunstwerken immer mehr auf die innere, als äußere Wahrheit sehen.

Dann aber muß nicht gleich etwas folgen, was sich etwa alle hundert Jahre einmal in der Folge zuträgt, sondern das Seltnere und Ungewöhnlichere muß durch das Alltäglichere und Gewöhnlichere allmälig vorbereitet werden, so daß die wunderbarsten Verkettungen in der Auflösung der Begebenheiten nicht mehr auf eine unangenehme Art auffallend sind, weil die Kunst uns mit sanfter Hand dazu geleitet, und unser Auge gleichsam an das Neue und Auffallende allmälig gewöhnt hat.

Das Einzige wahre in sich Vollendete, ist nur die ganze Natur als ein Werk des Schöpfers, der allein mit seinem Blick das Ganze umfaßt, und den Zweck dieses großen Gegenstandes in ihn selbst zurückwälzt. In so fern hier also Zweck und Mittel zusammen gedrängt eins ausmachen, stellt sich das allerhöchste Schöne nur dem Auge Gottes dar.

Unser umschränkter Verstand sieht in der großen Natur nichts als Mittel, und ahndet nur die Zwecke.

Wenn wir uns die Natur als einen großen Zirckel denken, deßen Theile insgesammt eine Neigung gegen sich selbst haben, um miteinander ein Ganzes auszumachen, so sind uns wegen der unermeßlichen Größe des Umkreises die Krümmungen fast unmerkbar, und wir glauben da allenthalben nichts als grade Linien, oder bloß *abzweckende Mittel* zu sehen, wo doch eine immerwährende Neigung zum Zweck ist, die uns entwischt, weil wir nicht einmal einen so großen Theil des Zirkels überschauen können, der uns eine wirkliche Krümmung darstellte; wir müßten diese Krümmungen nur ahnden, nur errathen.

Indem wir nun einen Drang empfinden, das höchste Schöne in der allein in sich selbst vollendeten Schöpfung nachzuahmen, so geben wir demjenigen was uns in der Natur *gerade Linien*, oder bloß *abzweckende* Mittel zu sein scheinen, eine allmälige Neigung gegen sich selber, gleichsam als ob wir in dem großen unermeßlichen Zirkel einen kleineren im verjüngten Maaßstabe nachbilden wollten.

Indem wir uns aber die abzweckenden Mittel in der Natur, als gerade scheinende Linien denken, so müßten wir so viele solcher dicht an einander gränzenden Linien annehmen, als es abzweckende Mittel in der Natur giebt.

Soll nun aus dem natürlichen ein Kunstwerk hervorgebracht, oder die höchste Schönheit im verjüngten Maaßstabe dargestellt werden, so muß das gleichsam negativ, oder wie durch einen Schattenriß geschehen; indem ich von der ersten gerade scheinenden Linie einen willkürlichen Abschnitt, von der angrenzenden schon einen etwas stärkern, und von der folgenden noch einen etwas stärkern Abschnitt mache, so daß diese Abschnitte der gerade scheinenden dicht an einander gränzenden Linien, wiederum eine anscheinende krumme Linie bilden, die aber im Grunde nur aus lauter Bruchstücken besteht, und nicht in einem fortgehet.

Wir wollen uns also einen unermeßlichen Zirkel in lauter an einander gränzenden Linien denken, und in demselben eine krumme Linie, die im Kleinen einen Theil des großen Zirkels darstellt, indem sie eine Anzahl der eigentlichen Linien des großen Zirkels durchschneidet. So wie nun hier die an einander gränzenden großen Linien durch ihren allmäligen Mangel oder durch ihre stuffenweisen Abschnitte, eine krumme Linie bilden, wodurch sie selbst durchkreutzt werden, diese krumme Linie aber nur etwas Anscheinendes und Negatives ist; so bekommen auch in den schönen Kunstwerken die abzweckenden Mittel, die wir mit den geradescheinenden aneinander gränzenden Linien verglichen haben, immermehr innre anscheinende Zweckmäßigkeit, jemehr sie äußere wahre Zweckmäßigkeit verlieren, und zuletzt kömmt ein Punkt, wo die äußere Zweckmäßigkeit gänzlich ausgeschlossen, und irgend ein Gegenstand, der in der Natur auch nur Mittel war, selbst zum Zweck gemacht wird, auf welchen sich nun alle die zusammengestellten Mittel wegen des allmäligen Abschnitts ihrer äußern Zweckmäßigkeit zu beziehen scheinen.

Je allmäliger und je sanfter nun der Übergang dieser Mittel von ihrer äussern Zweckmäßigkeit, zu der anscheinenden innern ist, desto geründeter wird die anscheinende krumme Linie, und ein desto getreuerer Schattenriß der höchsten Schönheit wird sie seyn.

Ginge die anscheinende krumme Linie zu gerade hinunter, so würde das Horazische Ungeheuer herauskommen. Ein Kopf vom Löwen, Schwanz vom Fisch, Brüste von einem Weibe; lauter Mittel, wovon die Zwecke in der Natur auf einmal, und auf völlig gleiche Art, ohne allmälige Abstuffung abgeschnitten wären.

Dies kann uns also nicht täuschen, hier ist die fehlende natürliche äußere Zweckmäßigkeit, durch keine anscheinende innere Zweckmäßigkeit ersetzt.

Läuft die krumme Linie zu parallel mit der geraden Linie des großen Cirkels, so kömmt ein langweiliges historisches Gedicht heraus, wo die Erzählung des Trojanischen Krieges von den Eiern der Leda anhebt.

Geht die krumme Linie bis über den Punkt, wo von der äußern Zweckmäßigkeit der stärkste Abschnitt statt findet, so daß sich alles in der innern Zweckmäßigkeit verliert, und muß sie nun auf der andern Seite wieder heruntersteigen, wo die Abschnitte wieder abnehmen, und die äußere Zweckmäßigkeit wieder zunehmen muß, so wird das Kunstwerk matt, indem es sich aus seinem immer in sich selbst vollendetem Zusammenhange, in den äußern Zusammenhang der Dinge wieder verschwimmt.

Diese krummen Linien wollen wir also die Schönheitslinien, und die in dem unermeßlichen Zirkel gerade scheinenden Linien die Wahrheitslinien nennen. Die Schönheit wäre also die Wahrheit in verjüngtem Maaßstabe.

Wir können die Wahrheitslinie nicht selber biegen, sondern nur machen, daß sie sich zu biegen scheinet, indem sie mit den hervorstehenden äußersten Spitzen der angränzenden Wahrheitslinien eine krumme Linie bildet, und auf die Weise das Zusammengesetzte vorgestellt wird, als ob es etwas aus einem Stücke bestehendes wäre.

Das in sich vollendete, was in der Natur durch die Succession bewerkstelligt wird, muß hier auf eine anscheinende Art durch die Zusammenstellung hervorgebracht werden. Die eingebildete Schönheitslinie durchkreutzt eine Anzahl Wahrheitslinien, indem sie denselben allmälig engere Gränzen vorschreibt, welche Gränzen eben das Wesen der Schönheitslinie ausmachen.

So muß also der Dichter bei einem jeden Dialog im Drama, dasjenige gehörig abzuschneiden wißen, was derselbe, der gewöhnlichen Folge der Dinge gemäß, nun noch ferner in sich fassen müßte; und in jedem folgenden Dialog, muß alles, was gesagt wird, immer weniger Beziehung auf irgend etwas anders in der Welt als auf die Katastrophe des Stücks haben; es muß also immer mehr äusserlich Zweckmässiges von jeder Unterredung abgeschnitten werden, je mehr das Drama in sich selbst vollendet seyn, oder innerliche Zweckmässigkeit haben soll.

Je unmerklicher ein Künstler diese Abstufung machen kann, desto vollkommener ist sein Werk. Das Gehörige weglassen ist also eigentlich das wahre Wesen der Kunst, die mehr negativ, als positiv zu Werke gehen muß, wenn sie gefallen soll. Wie jener große Zeichner von sich sagte: er habe einen schönen Kopf mehr durch Auslöschen als durch Zeichnen hervorgebracht.

Die einzelnen Theile in einem schönen Kunstwerke müssen alle aus der Natur genommen, und also wahr seyn, aber ihre Zusammensetzung ist die Schönheit, diese ist also nur eine einzige, dahingegen die Wahrheit mehrfach ist. Je mehrfacher die Wahrheitslinien, welche durch ihre Abstufung die Schönheitslinien bilden, bis auf einen gewissen Punkt, sind, je näher sie aneinander gränzen, desto grössere Ähnlichkeit wird diese mit der unermeßlichen wirklichen Schönheitslinie haben.

Sind der eingeschloßenen Wahrheitslinien aber zu viele, so geht diese Ähnlichkeit wieder verloren: denn die Schönheitslinie weicht von ihrem Urbilde ab, und neigt sich wieder zur Wahrheitslinie.

Wenn ich in einem Drama das Aufeinanderfolgende immer als Ursach und Wirkung ansehen soll, so muß mich der Künstler niemals einen Sprung merken lassen.

Ob ich alsdann gleich das jetzt Gesagte im Dialog auf tausend andere Dinge ziehen könnte, so fühle ich mich doch gedrungen, es auf das folgende zu beziehen, und dasselbe als die Wirkung davon anzusehen, weil gerade so viel äusseres Zweckmässiges von dem Dialog abgeschnitten ist, als nöthig ist mich die zunehmende innere Zweckmässigkeit fühlen zu lassen; und doch immer nur etwas mehr, als in dem Vorhergehenden, damit die Schönheitslinie der Wahrheitslinie in so fern ähnlich werde, daß ihre Krümmung so viel wie möglich unmerklich ist, und ich auf die Weise desto leichter und angenehmer getäuscht werde.

(30) Der *vollständige Begriff des Schönen* setzt die Theorie der schönen Künste, vereint mit der Betrachtung der vortrefflichsten Kunstwerke selbst, voraus: denn ließe sich dieser Begriff in wenigen Worten vollständig geben, so wäre weiter keine ausführliche Theorie des Schönen nöthig. Alles aber was über das Schöne gesagt werden kann, muß immer darauf zurückkommen;
1.) daß das Schöne uns mehr Ordnung, Übereinstimmung und Bildung, in einem *kleinern Umfange* darstellt, als wir sonst gewöhnlich in dem großen Ganzen, das uns umgiebt, hier und da zerstreut, wahrnehmen. Und daß also
2.) das Schöne um desto schöner sey, jemehr das große uns umgebende Ganze sich darinn zusammendrängt, und spiegelt. In so fern nun aber

3.) jedes schöne Kunstwerk mehr oder weniger ein Abdruck des uns umgebenden großen Ganzen der Natur ist, muß es auch als *ein für sich bestehendes Ganze* von uns betrachtet werden, welches, wie die große Natur, *seinen Endzweck in sich selber hat,* und um seiner selbst willen da ist. Und nur auf diese Weise betrachtet, kann
4.) das Schöne wahrhaft *nützlich* werden; indem es unser Wahrnehmungsvermögen für Ordnung und Übereinstimmung schärft, und unsern Geist über das Kleine erhebt, weil es alles Einzelne uns stets im Ganzen, und in Beziehung auf das Ganze, deutlich erblicken läßt. Um nun aber
5.) jedes schöne Kunstwerk, als ein für sich bestehendes Ganze zu betrachten, ist es nöthig, in dem Werke selbst den *Gesichtspunkt* aufzufinden, wordurch alles Einzelne sich erst in seiner nothwendigen Beziehung auf das Ganze darstellt, und wodurch es uns erst einleuchtet, daß in dem Werke weder etwas überflüßig sey, noch etwas mangle.

Diesen wahren Gesichtspunkt für das Schöne *in allen Fällen* auffinden zu lehren, würde also das Geschäft einer vollständigen Theorie der schönen Künste seyn.

(28) Und von sterblichen Lippen, läßt sich kein erhabneres Wort vom Schönen sagen, als: *es ist!*

IX.

(2) Fünf Tage vor seinem Tode kam er in der größten Wallung zu mir, und hatte kaum einige Worte geredet, als er in eine Ohnmacht fiel, aus der er nur mit Mühe zu sich kam, auch gleich Blut auswarf.

Da ich ihn schon oft so elend gesehn hatte, daß ich keine Minute für sein Leben hätte Sicherheit stellen mögen, und er sich doch immer bald wieder erhohlt hatte, so hielt ich auch diesen Zufall nicht für so gefährlich.

Aber er war der Vorbote des Todes. Durch die Erhitzung waren die Geschwüre in der Lunge, die ihn schon viele Jahre gequält hatten, in Eiterung übergegangen. Nur zwei Tage lag er krank. Den dritten Tag — es war der 26te Juny — Nachmittags zwischen fünf und sechs Uhr hatte er ausgerungen.

Ich kam ohngefähr eine Stunde vor seinem Tode. Er kannte mich noch, stammelte, ob ihm gleich schon das Sprechen schwer wurde, meinen Namen und drückte matt meine Hand.

Was ich ihm sagte, weiß ich nicht mehr genau. Von Resignation einige Worte. Er verstand mich, lispelte einige unverständliche Töne und deutete durch Zeichen an, daß er ganz gefaßt sey.

Ich hatte dies nicht erwartet, vielmehr ließ mich seine sehr große Liebe zum Leben befürchten, daß er äußerst ungern und schwer sterben würde. Er behielt aber Seelenruhe bei, bis seine Sinne ihn verließen.

(31) Besonders dank' ich Ihnen für den liebenswürdigen Emmanuel, unter dem Sie sich, wie mir Herr

Matzdorff sagte, oft meinen verstorbenen Bruder gedacht haben. O, wie können Sie treffen! Hörten Sie wirklich *den Tod in ihm arbeiten,* wie er hämmerte, wie er einen Theil nach dem andern aus seinen Fugen trieb, daß es knackte und knarrte, bis der Bau zerstört war? — Nein, Sie erriethen es nur, sonst hätten Sie auch wohl gewußt und beschrieben, wie sein großes Herz, das nur noch Eine Lunge hatte, bei jedem Schlage zweimal ansetzen mußte, ehe es ihn vollbrachte.  diesen Aufdakt seines Herzens hat er mich mannichmal fühlen lassen. *Kuriös!* sagte er dann, und machte Entwürfe, Reise- und Lebensplane, als ob er Hofnung zu dem längsten Leben gehabt hätte, von denen aber natürlich nur wenig ausgeführt wurde. Noch einmal wollt' er nach Italien, dann nach Griechenland, ja, eine Reise nach Amerika, meinte er, möchte auch viel Interessantes haben; was würde er dann nicht erzählen können, wenn er zurückkehrte.

Zurückkehren mußte er, sonst hatte seine Ausflucht kein Interesse für ihn. Von seinen Freunden sich trennen, um sich ihnen in einer interessantern Gestalt aufs Neue *wiederzugeben,* das war das größte Vergnügen, was er sich bei seinen Reisen dachte. Aber ach, wie änderte sich das! wie bald mußte er die Reise machen, von der er nicht zurückkehrt, und seinen Freunden erzählt.

Desto lieber erzähle ich nun aber wieder, was ich von ihm gehört und gesehen habe, und glaube, dem Hesperus zufolge, gerade in Ihnen den Mann zu finden, der Nachsichd genug für ein volles Herz hat, und nichd zu zürnen, wenn es sich vor ihm ergießt. Auch will ich nur kurz seyn, nur etwas Weniges sagen, und bloß von Ihrer Güte erwarten, ob und in welcher Art Sie mir mehr erlauben. Interessirt es Sie, so haben Sie die Güte, mich über das, was Sie gerne von ihm wissen möchden, zu befragen; und ich werde mir ein Vergnügen daraus machen, Ihnen so bestimmt wie möglich zu antworten. Nur die Freude möchte ich Ihnen jetzt noch beschreiben, die mein verstorbener Bruder über Ihre unsichtbare Loge hatte. (Wie würde ihn auch der Hesperus erfreuet haben!) — Bei seiner natürlichen Bereitwilligkeit jedem zu dienen, wurde er zu oft gemißbraucht, als daß sein Eifer nicht zuweilen hätte erkalten sollen, besonders wenn gerade ihn selbst etwas Wichtiges interessirte, welches der Fall war, als Ihr Mspt. von der unsichtbaren Loge ankam. Er war eben im Begrif um den Besitz des Gegenstandes seiner Liebe zu werben. Das Gesicht, was er machte, als er Ihren Brief erbrechen sollte, läßt sich nur sehen, nicht beschreiben. Doch denken Sie sich ein recht großes, breites, ins Schwärzliche fallendes, auf dem sich auch die kleinste Gemüthsbewegung mit den deutlichsten Zügen darstellt; denken Sie sich dieses Gesichd in die verdrießlichsten Falten gezogen, und dabei ein äh!!! so gedehnt wie möglich, so haben Sie eine ohngefähre Vorstellung davon. Mein jüngster, nun auch schon verstorbener Bruder, muste den Brief erbrechen und konnte ihn erst nach einigen Tagen dazu bringen, daß er ihn laß, dann aber auch in der größten Eile das Mspt. von der Post zu holen befahl. Bei den ersten Zeilen Ihres Briefes stellte sein Auge schon die größte Aufmerksamkeit der Seele dar, und am Ende desselben war auch im ganzen Gesicht fast nicht eine einzige Falte mehr zu sehen. Nur verzog es sich etwas wieder, weil der Bote mit dem Mspt. nicht geschwind genug kam. Das ist sonderbar, sagte er, das ist kein unbekannter Gelehrter, das ist Göthe, Herder, Wieland, irgend ein solcher, der mich nur durch eine fremde Hand in Versuchung führen will. Aber nein, fuhr er fort, als er einige Blätter des Mspts. gelesen hatte, das begreif' ich nicht, der ist noch *über* Göthe, das ist ganz was Neues. Seine darüber verwunderten Brüder wollten nun gleich etwas davon lesen, aber, nicht also, gab er ihnen zur Antwort, das ist etwas auf den ersten Pfingsttag, und nach Verlauf von 2 langen Tagen laß er ihnen dann auf einem kleinen Observatorio (auch dies haben sie gewußt?) das er sich über seiner Wohnung hat errichten lassen, zur Feier des Festes die Auferstehungsscene Gustavs vor. Auch war dies das Erste, was er dem nunmehrigen Besitzthume seiner Liebe vorlas. Sie hätten ihn überhaupt auf seine so ganz eigene Art sollen lesen hören; aber wie er dies las, so laß er noch nie.

(32) — — — und ich danke Ihnen für jeden Schrit, den Sie mir entgegenthaten, um mir Ihre warme Hand zu geben und um mich daran in der Westmünster-Abtei Ihres unvergeslichen Bruders herumzuführen. Wir wollen diese zerbrechlichen Ruinen seines entflohenen Daseins bewahren — auch diese fallen zusammen. Wie schnel folgen die Zerstöhrungen im Menschen hinter einander! — Zuerst zerfället seine Hülle — dan unser Zypressenkranz — dan das Grabmal, woran er hieng — und endlich die Hand, die es bauete, und das Herz, in dem er lebte!

Nie hat der Zufal Spiele der Phantasie bitterer realisiert, als die im Hesperus durch den Tod Ihres geliebten Verwandten. Denn über ein Jahr vorher war schon der Plan und also Emanuels Sterben entworfen, das ich beinahe meistens schrieb, damit *Er* es lese. Noch mehr, der Vernichtungstraum im 38 Kapitel, den ich später einfügte, macht' ich gerade an seinem Todesmorgen. So wust' ich von seiner Sternwart nichts. Ich weis mehrere solche traurige Einmischungen des Zufals: z. B. als ich im dritten Theil S. 43 die sechzehnte Zeile schrieb, so unterbrach mich die Nachricht vom Tode einer schönen Freundin, die nach einem Fal in Vitriol-Öl sechs Wochen lang alle Martern des Scheiterhaufens gelitten hatte. Oder am Morgen, wo ich die erste Hälfte des 38ten Kapitels schrieb, starb mir eine andere Freundin. — Lassen wir das: man braucht nicht nasse, sondern helle Augen, um sich durch die Holzwege des Lebens zu finden.

Das Geschenk Ihrer Nachrichten von *Ihm* nehm' ich mit dankbarer Seele an: ich wil weder seine Grösse noch Art selber bestimmen; schreiben sie mir von *Ihm,* was Sie wollen, jede Kleinigkeit, besonders Sonderbarkeiten im Äusserlichen, alles ist mir werth.

(33) Ihre gütige Aufnahme meines Schreibens hat mich so glücklich gemacht, daß ich der Quelle alles Glücks und Frohseyns selbst schon ein Dankopfer gebracht habe, so warm und innig, wie es ihr nur gebracht werden kann; und nun zunächst danke ich eben so herzlich Ihnen, mit dem flehenden Wunsche, daß alle die frohen Empfindungen, die mir Ihre liebreiche Antwort machte, von dem Vergelter alles Guten tausendfältig mögen vergolten werden.

Von meinem Bruder habe ich Ihnen noch Vieles zu schreiben, will aber wieder nur einiges ausheben, was dasjenige angeht, wodurch er selbst und Alles was von ihm zu sagen ist, vorzüglich erst Bedeutsamkeit erhielt: seine Schriftstellerarbeit.

Niemals weiß ich, daß er ein Werk erst ganz fertig geschrieben hätte, eh' er es in Verlag gab. Ein in Gedanken gemachter ohngefehrer Entwurf war es meistens nur, nach dem er die Bogenzahl bestimmte, und um das mäßige Honorar handelte, wobei er denn natürlich sagen mußte, es wäre schon fertig, er müsse es nur erst ausarbeiten; und in gewissem Sinne war es auch so; wenn man nemlich unter fertigseyn das Daseyn desselben in seiner Vorstellung und unter Ausarbeiten das Niederschreiben verstehen will. Dann fing er auch nicht eher an zu schreiben, als bis der Setzer schon auf Mspt. wartete, und schrieb selbst nun noch nicht mehr, als dieser so eben von Tag zu Tag brauchte.

An drei, vier, verschiedenartigen Werken arbeitete er zugleich, wobei er den Grundsatz hatte, man müsse, um nicht einseitig zu werden, die verschiedenen Seelenkräfte, Erinnerungs- Urtheils- und Einbildungskraft in gleichem Maße üben. So schrieb er z. B. einen und denselben Tag am Anton Reiser, an Untersuchungen über die Sprache, (wovon so Manches mit ihm zu Grabe gegangen ist,) an Mythologie, Alterthümern; durch welche gleichzeitige Übung der Seelenkräfte er, und auch wohl nicht mit Unrecht, den Vortheil zu erlangen glaubte, daß sie gleichsam einander immer in der Nähe waren, daß z.B. die nur nach Idealen strebende Einbildungskraft aus seinen Erinnerungen nur das wirklich Interessante, Vorzügliche, ans Licht treten ließ, indeß die strengere, nur nach Wahrheit strebende Urtheilskraft ihre geschäfdige Schwester beobachtete, ob sie auch richtige Züge entwarf und den Pinsel in die rechten Farben tauchte.

Bei seiner ab- und zunehmenden Kränklichkeit fiel das Quantum der Arbeit jedes Tages sehr verschieden aus. Da er nicht wußte, daß er nur noch eine Hälfte der Lunge hatte, so glaubte er oft, seine Unthätigkeit rühre nur von Mangel an Willen zur Thätigkeit her, und wenn dann einmal ein heiterer Tag war, wo er etwas leichter athmete, und dann wirklich viel, zuweilen in einem halben Tage einen gedruckten Bogen schrieb; so war es ihm, als ob er nun den rechten Willen hätte, der so leicht nicht wieder erkalten sollte, berechnete aufs Jahr und Tag voraus, wie viel er schreiben würde, machte Plane, nach welchem er seinen kleinen Erwerb auf die beste und angenehmste Art benutzen wollte, kam darüber auch manchmal auf Unternehmungen, die er sich gleich etwas kosten ließ; und oft schon den andern Tag schrieb er wieder keine Zeile; denn ohne in derselben Stimmung des Gemüths zu seyn, worin er ein Buch angefangen oder entworfen hatte, konnte er nicht daran fortarbeiten, und hätte er auch in mehrern Wochen keine Feder dazu ansetzen sollen.

Auch in mancher guten Stunde strich er ganze Seiten wieder aus, wenn er sie eben seinen Brüdern vorlesen wollte. Diese waren sein Probirstein. Jeden Bogen, den er geschrieben hatte, laß er ihnen erst laut vor; verstanden sie alles, so wurde es gedruckt, verstanden sie etwas nicht, so glaubte er, das Publikum würde es auch nicht verstehen, erklärte es ihnen, und der ihnen verständlichste Ausdruck behielt den Vorzug.

Ob er gleich der festen Meinung war, das Wichdigste, der Schlußstein eines schönen gründeten Werkes habe allemal seinen Platz in der Mitte desselben; so war er doch bei seinen Schrifden gleich mit auf ein interessantes Ende bedacht, und wußte oft am Anfange eines Buchs schon die Worte zu sagen, womit es schließen würde. Hierdurch hatte er bei seiner oft kaum sichdbar entworfenen Arbeit doch eine gewisse Richtung. —

Nun nach Ihrer, und, wenn er es weiß, gewiß auch mit seiner Erlaubniß, noch Etwas von seinen Sonderbarkeiten! — Zu diesen gehören vorzüglich seine Spiele. Stundenlang konnte er, wie ein Kind, Vergnügen daran finden, Kartenhäuser zu bauen. Er formte sich aus Stückchen Papier Häuser und Thürme, bebauete den ganzen Tisch mit einer Stadt, wo, in Straßen gereihet, Haus bei Haus stand, unter denen er sich verschiedene, als ihm interessante Gebäude auszeichnete. Nun brannte er Siegellack an, fuhr damit über die Stadt hin und her, und war dabei in der gespanntesten Erwartung, wo das heruntertröpfelnde Lack zuerst zünden und welchen Weg die weiter um sich greifende Flamme nehmen würde. Das brennende Lack war der Blitz, und irgend ein Gepolter, was seine Brüder dazu machen mußten, war der Donner. Eine sonderbar wehmüthige Empfindung schien es ihm zu machen, wenn die Stadt nun in Asche verwandelt war. —

Seine Bücherrepositoria ließ er immer einander gegenüber stellen; (die Bücher waren nur broschürt; um einen schönen Band wäre es Schade gewesen) an das Eine postirte er sich selbst, und an dem andern mußten ich und mein jüngster Bruder Platz nehmen. Und nun wurde ein Treffen geliefert, mit Büchern, in dem der härteste Wurf der beste war, und das nur mit Ermüdung beider Partheien endigte. —

Einen Pudel setzte er auf den ziemlich hohen Ofen, auf Bücherrepositoria, Schränke pp. stellte dann Fleisch oder Milch an den Boden, machte den Hund darauf begierig, und gab nun Acht, wie er sich half; ob er das Herz faßte herunterzuspringen, oder klug genug war, auf einem ihm errichdeten Gerüste von Tischen und Stühlen herunter zu steigen.

(34) Ich sage Ihnen den wärmsten Dank für Ihre biographischen Hefte, die mir lieber sind als die von Klischnig, der mein Gefühl zu oft mit seinem verlezte. Fahren Sie so fort, Ihren über alle unsere Leichensteine erhabnen Bruder zu palingenesieren durch Briefe und durch Samlung. Sie und unser Freund Mazdorf solten musivische Steingen aus seinem Leben zu seiner Biographie zusammensezen: ich würde den Rahmen, das heist die Noten darum schnizen.

Ich bin seiner Meinung über die Nothwendigkeit der *parallelen* Ausbildung aller Seelenkräfte: nur durch die Schriftstellerei mus es nicht geschehen sollen. *Ein* Buch fodert die ganze Seele, der Fokus derselben auf mehrere Werke zerspalten, wird ein matter Stral und brent nicht. Noch weniger fass' ich, wie man heute etwas schreiben könne, das morgen gedrukt wird. Ein Werk von Zusammenhang fodert eine immerwährende Feile, schneid' ich aber hinten weg, so mus ich ihm das Vordere durch einen neuen Schnit anpassen und wenn der Anfang sich schon im Drukkasten petrifiziert hat: so macht die eine Unveränderlichkeit die andere nothwendig. Indes waren seine Werke selten so zusammengekettet wie dramatische oder wie meine Eier oder wie der Schlangen ihre.

Ich und mein nächster Freund sehen begierig auf jeden neuen Zug auf, den Sie am Bilde Ihres Bruders thun; und nunmehr können wir Ihnen die briefliche Fortsetzung von Anton Reiser nicht mehr erlassen.

(35) Schon Hand und Siegel von Ihnen auf der Umhüllung Ihrer Gedanken machen mir Freude, und wenn sich unter dieser Hülle auch für mich etwas findet, so weiß ich für die erhöhte Freude keinen Nahmen mehr. Mein Daseyn, das ich nach dem Verluste meiner Brüder sonst nur geduldig ertrage, erhält dann wieder Werth und Reiz für mich; besonders wenn Sie mir durch Ihren so vollständigen schönen Glückwunsch zugleich darin beifallen, daß ich den Ersatz alles geträumten und wirklich verlohrnen Glücks in Ruhe und Ergebung suche. Herr Matzdorff und sein ganzes Haus macht mir dies durch fortwährende freundschaftliche Behandlung sehr leicht. Die Geschäfte wozu mich das Schicksal nun einmal bestimmt zu haben scheint schränken mich den Tag über auf Komtoir und Laden ein und lassen mich des schönen Lichts der Sonne nur wenig genießen; dafür aber habe ich Mittags und Abends, nur wenige Stufen dem Himmel näher, andere Sonnen zu erwarten, die mir lächeln, weil sie froh sind und mir wohl wollen, und unter diesen vorzüglich eine noch ganz neue, Hrn. Matzdorfs 3jährigen Sohn, der sich sehr an mich gewöhnt hat, der eben im Stande ist, Alles, ausgenommen das h, auszusprechen, bei dem Geistes- und Körper-Kräfde in beständiger Bewegung sind, und dessen Entwickelung daher ein sehr angenehmes Interesse gewährt. Meine Tage schleichen dabei so sanft gaukelnd vorbei, daß meine sonstige Sehnsucht nach glänzenderm Glück sich schon im Traume verliert. Doch, genug von mir!

Mein Bruder konnte die Ruhe, die er selbst noch suchte, als er sie andern schon anpries, nicht finden, und gab seinen Glauben daran zuweilen gänzlich auf. So schrieb er einst an seinen Vater, der auch nicht viel Ruhe hatte, und sich darüber beklagte: »Sie haben in

Ihrem Leben nicht viel Ruhe gehabt, lieber Vater. Trösten Sie sich mit Ihrem Sohne, es wird ihm nicht besser gehen. Da ich nicht ruhig seyn kann, so glaube ich auch nicht, daß Ruhe hier unser Loos ist. Ruhen werden wir doch einmahl lange genug.« Und nach dieser Prophezeiung kam auch der Sohn so wenig als der Vater im ganzen Leben zur Ruhe. —

Ich höre von Hr. Matzdorff, daß Sie: *Andreas Hartknopf. Eine Allegorie.* und: *Andreas Hartknopfs Predigerjahre.* kennen. Dieses Werkchen ist von meinem Buder, und ist mehr wie alle andren ein treuer Abdruck seines Innern. Wenn ich mich recht erinnere; so ist dieses Buchs auch besonders im 5ten Th. v. *Anton Reiser* erwähnt, zum Beispiele, daß es überhaupt möglich sey, ein Buch ganz ohne Plan zu schreiben. Und es ist wahr, mein Bruder hat es ganz ohne Plan geschrieben, wodurch mancher veranlaßt werden könnte, es für etwas ganz unbedeutendes zu halten; aber er hat alle seine Lieblingsideen darin aufgestellt, und eben wegen dieser Planlosigkeit um so reiner, da nun weder wahre noch erdichtete Ordnung ihn nöthigte, etwas Fremdartiges einzumischen oder etwas Wesentliches zu übergehen. Wenn Mspt gebraucht wurde, so dachte er sich von seinem Helden (das kann wohl immer heißen, von sich selber) ein Bild, wie es ihm gerade am liebsten war, ohne sich groß darum zu kümmern, wie es sich an das vorhergehende anschlösse, oder was sich wieder daran anschließen könne. Umstände, die ihm im wirklichen Leben so manchen Kummer machten, führte seine Phantasie nun selbst herbei, weil sie so gerne sah, wie ihr Liebling sich über sie erhob. Was Wunder denn, wenn dieser auch in der Wirklichkeit oft mit einem gewissen heimlichen Wohlgefallen harte Widerwärtigkeiten des Schicksals erwartete oder gar selbst unvermerkt erregte, um an ihnen Muth und Kräfte zu erproben; da er hingegen seine Schuschnalle, mit der er sich aus eigener Unvorsichtigkeit in die Hand ritzte, an den

Boden warf, mit den Füßen zusammentrat und dabei zornig ereifernd in die Worte ausbrach: Die verfluchden kleinen leblosen Dinger, wenn die sich auch noch gegen einen auflehnen wollen!! — und eben so einen Leuchter erst zusammentrat und dann einschmolz, weil ihm beim Lichtputzen eine Lichtschnuppe auf die Hand gefahren war und ihn gebrannt hatte. Gleichsam, als ob es ihm zu niedrig gewesen wäre, gegen diese kleinen leblosen Dinger irgend einige Stärke der Seele zu zeigen.

Von dem Hartknopf und besonders von dessen Predigerjahren habe ich Ihnen noch zu viel zu schreiben, als daß es den Raum eines Briefes nicht überschreiten sollte, oder ich Sie doch wenigstens vorher nicht fragen müßte, ob Sie das Büchelchen besitzen, oder ich es Ihnen erst senden solle, damit ich nur immer darauf verweisen dürfte.

(36) Die Mauriziana in Ihrem lezten Briefe verdienen mehrere Leser; und ich bitte Sie, im künftigen Kniestük von Reiser sie nicht auszulassen. Ich bitte Sie blos um notas variorum zum Hartknopf, nicht um diesen selber, weil ich ihn wie alle meine Schoosbücher von Herder, Göthe, Sterne, Swift etc. auswendig kan und weil er hier nicht blos *in,* sondern auch *ausser* meinem Kopfe ist. — Es wird, glaub' ich, für das fremde Interesse und für das eigne Erinnern gut sein, wenn der väterliche Dualis, der uns die Fortsezung von Reiser giebt, einzelne Tage — Weihnachts-, Neujahrs-, Abreisetage etc. — wählt und in ihnen durch eine fortgehende Schilderung, die von Morgen gegen Abend geht, Reisers edle Anomalien aufzählt, anstat einen Archipelagus schwimmender isolierter Inseln von Bemerkungen zu liefern. So wird es dramatisch und individualisiert: der Mensch wil nichts ohne Zusammenhang, wenigstens nicht ohne den der Zeit.

Sie verzeihen, ich kleide meinen Wunsch in einen Rath ein, wie andre umgekehrt.

Nur ein Wort auf Ihr Wort über Ihre sogenante Resignazion auf glänzende Pro- und Adspekten. Beim Himmel! wir Menschen kleben troz aller gallischen und stoischen Philosophie noch zu sehr an der Vergötterung der Stände. — Es giebt in der Welt nur zwei Stände, den aufgeklärten und den blinden — den lesenden und den buchstabierenden. — Da Sie so sehr zum erstern gehören — da das Herz eines grossen Bruders und Ihres Sie so bald über die irdischen Nebel erhoben hat — da es troz aller deutschen Ungleichheit der Güter, doch eine Gleichheit der höhern, der Bücher giebt — und da die Sonne des Buchhandels in Buchläden noch eher scheint als in fürstliche boudoirs: worüber hätten Sie zu klagen? Verschmähen Sie den rauschenden Prunk um sich — Ihr Herz bewahre das Lehrgebäude der Weisheit und der Tugend, — alles andere, Ämter und Güter und Titel sind die blossen jämmerlichen *Baugerüste,* die man durch das *Gebäude* schon ersezen kan. Leben Sie wol, mein Freund.

X.

(17) Hartknopf sprach: es werde Licht! und es ward Licht in der trüben Seele des Jünglings. Die Morgendämmerung des reinen Denkens brach hervor: die Nebel der Vorurtheile wälzten sich allmälig von dem hellen Horizont hinweg — und bei dem allen blieb feste Resignation in Ansehung dessen, was einmal nicht zu ändern war. Hartknopf lehrte den Jüngling die Reue überwinden — er ließ ihn einen Blick in die nothwendige Verbindung der Kette der menschlichen Schicksale thun, welcher Trost in seine Seele goß. — Er sprach sich selber frei, ohne das Schicksal anzuklagen. — Er unterwarf sich der Nothwendigkeit, und lernte sie lieben. — —

Und Hartknopf sahe an, alles, was er hervorgebracht hatte, und siehe da es war sehr gut —

Darum glänzte sein Auge so heiter, da ich ihn am Feste des heiligen Bruno in der Kirche des Karthäuserklosters traf. — Er sahe in der Miene des Jünglings, edle Lebenslust, Entschlossenheit und Standhaftigkeit nicht nur auf den kommenden Tag, sondern auf kommende Jahre — und nun sahe er mich da stehen, in dem er seine neue Schöpfung angefangen, aber noch nicht vollendet hatte.

Er fand diesen Ort zu einem wichtigen Fortschritt schicklich — er sagte mir mit einer so kalten, festen, und trocknen Miene, daß ich sterben — sterben müsse — wie es mir noch nie in meinem Leben gesagt war, wie ich es mir selbst noch nie gesagt hatte — es war, als hätte er mich mit diesem Blick von Haut und Fleisch entblößt —

Und indem er meine Hand dabei anfaßte, und schnell wieder fahren ließ — — —

Fuhr mir der Gedanke an die Verwesung durch die Seele, und erschütterte mein Innerstes. —

Also — Staub, wie der, auf den ich trete — ohne Gestalt, ohne Form, ohne Umriß — in der ganzen weiten Welt *gleich* — und *eins* die Todtenasche aller Sterblichen, wenn sie sich zusammenmischt —

Die Schaumblase ist zerplatzt — dem Bilde ist sein Umriß genommen —

Abgeschieden von der Welt, stehen sie hier die geweihten Opfer des Todes, in das weiße Sterbegewand gehüllt, und singen sich selbst ihren Grabegesang —

Hinweg mit dem täuschenden Schleier! Hier ist nicht der Jüngling mit der umgekehrten Fackel — hier ist schreckliche, schändliche Verwesung — das Meisterstück der Schöpfung liegt zertrümmert da, und der Wurm nagt an seinen Überresten — sind denn Augen, wodurch der Geist geblickt hat, weniger werth, als Augen von Glaß geschliffen? daß diese modern, wenn jene dauern?

Ist es möglich, daß dieser Körper, den ich an mir trage, der so nahe in mein Ich verwebt ist, einst ein Auswurf der Schöpfung werde? — Nicht nur möglich, sondern gewiß; so gewiß, daß es itzt schon wirklich ist — und ich sollte nicht vor mir selber zurückbeben? vor mir selber?

Wer bin ich? Wo bin ich selber? Wo nimmt mein eigentliches Ich seinen Anfang? Wo hört es auf? Wo verschwimmt es sich in die umgebende Welt? Kann ich nicht alles mit in den Kreis meines Daseyns ziehen, und kann ich nicht alles wieder heraus denken? Wo nimmt mein Ich seinen Anfang?

Hartknopf faßte meine Hand, und ließ sie schnell wieder fahren, wie die Hand eines Todten. — —

Eins muß mir heraus helfen, oder ich bin auf ewig in diesem Labyrinthe verloren.

Das höchste Studium des Psychologen sind:

die *Verba Auxiliara.*

Hab' ich denn eine Hand? *Hab'* ich einen Körper, so wie ich ein Kleid, und eine Wohnung habe? — *Hab'* ich eine Denkkraft?

Wo hört denn das *Haben* auf? wo nimmt das *seyn* seinen Anfang?

Ich habe — ich bin.

Was hab' ich? was bin ich?

Das ist der Aufschluß:

Ich habe alles, was ich bin; aber ich bin nicht alles, was ich habe. — —

Haben ist der mehrumfassende Begriff — *Haben* bezeichnet: *zusammenhängen; seyn* bezeichnet den *stärksten Grad des Zusammenhanges* — den letzten Knoten, worin sich alles zusammenschlingt.

Das Haben *nähert* sich dem Seyn, je stärker der Zusammenhang wird —

Alles was ich *mein* nenne, oder was ich besitze, nenne ich deswegen *mein,* weil es in nähern Zusammenhang mit mir, als mit sonst irgend etwas in der Welt steht.

Das Kleid, das ich trage ist *mehr* mein, schmiegt sich näher an mein Ich, als das Haus, worin ich wohne, und der Körper wieder *mehr,* als das Kleid, das ich trage, und die Gedanken, womit ich mir meinen Körper vorstelle, wieder *mehr* als der Körper selbst.

Der Zusammenhang wird immer fester, immer in sich gedrängter. —

Das Haben verliert sich unmerklich ins Seyn.

Das Seyn ist der Stift in dem Wirbel. Ohne Mittelpunkt ist kein Cirkel, ohne Seyn ist kein Haben.

Ich kann nicht so gut mehr sagen: ich habe eine Denkkraft oder ein denkendes Wesen, als ich sagen kann: ich habe einen Körper — Ich *bin* ein denkendes Wesen.

Könnte je der innere feste Zusammenhang meiner Gedanken aufgelöst werden, so wie der Bau meines Körpers zerstört wird, dann würde ich aufhören zu seyn —

Hartknopf faßte meine Hand, und ließ sie wieder fallen, wie die Hand eines Todten —— und ich schauderte nicht mehr zurück vor der Verwesung, denn ich fühlte mich in mich selbst zurückgedrängt, fest und unerschütterlich, mein Körper war ausser mir; war ein gleichgültiger Gegenstand meiner Betrachtung.

Je enger der Cirkel von aussen her um mich wird, je mehr diese Denkkraft in sich selber zurückgedrängt wird, desto fester wird der innere Zusammenhang meiner Gedanken in sich selber; desto fester und unerschütterlicher das Gefühl meines Daseyns.

Der Karthäusermönch, den Hartknopf die Weißheit des Lebens lehrte, war fast bis aufs Grab umschränkt, so wenig Zusammenhang mit der äussern Welt blieb ihm übrig, und er fand dennoch Fülle des Daseyns in sich selber.

(37) Die Phantasie herrscht in ihrem eigenen Gebiete nach Wohlgefallen, und stößt nirgends an. Ihr Wesen ist zu formen und zu bilden; wozu sie sich einen weiten Spielraum schafft, indem sie sorgfältig alle abstrakten und metaphysischen Begriffe meidet, welche ihre Bildungen stören könnten.

(18) Ist es denn hart, die Worte wieder zu sagen, die von den Lippen des sanftesten Lehrers tönten? —

Dem die Geschlechter der Menschen nun tief in das zweite Jahrtausend horchen, und horchen, ohne den leisesten Laut, des göttlichen Sinnes zu vernehmen? —

Das Licht wandelte in der Finsterniß, und die Finsterniß erkannte es nicht.

Ist es die Fassungskraft nicht selbst, die sich erweitern muß, um das Edle aufzufassen? —

Soll der Ölbaum seine Fettigkeit, der Weinstock seinen edlen Saft lassen, um über den Bäumen zu schweben? —

Da wo die Stimme vernommen wird, wohnet der Geist, die andern Behausungen stehen öde, und sind wandelnde Massen. — Augen, ohne Sehkraft; Ohren, die nicht hören; Arme, die nicht vermögen; Hände, die nicht würken.

Wie der Wind die Wellen kräuselt, so sind sie ein Spiel des Zufalls. —

Wo die Stimme vernommen wird, da tönet sie mächtig wieder; es zeichnet sich im Blick und Handlung ihre Spur. —

Das Leichte senkt, das Lockre dichtet und ründet sich zu einem festen Kern, aus welchem des Lebens edler Baum erwächst. —

Der Sturmwind rauscht, der Donner rollt, das Meer brauset, die Menschenlippe spricht. —

In Wüsten steigen Städte mit Tempeln, und Pallästen Himmelan. —

Das Schiff mit Mast und Segeln tanzt auf den empörten Wellen. —

In tiefen Schachten liegt des Goldes Spur enthüllt. —

Von dem gespannten Bogen fliegt, der befiederte Pfeil, und eilet dem Gedanken nach, der vor ihm schon das Ziel erreicht.

In seinem Blute sich wälzend ächzt das Wild. —

Die angespannte in sich gedrängte Kraft wirkt durch den Luftraum in die Ferne. —

Sie wohnet in der athmenden Brust des Menschen, und reicht bis an des Himmels Wölbung, und des Oceans ungemeßne Ufer. —

(37) Die Hand, welche den Schleier, der diese Dichtungen bedeckt, ganz hinwegziehen will, verletzt zugleich das zarte Gewebe der Phantasie, und stößt alsdann statt der gehofften Entdeckungen auf lauter Widersprüche und Ungereimtheiten.

(38) Ich bin nun mit dem A B C Buch fertig. Das Lesen geht schon besser. Ich kann nun wohl auch andre Bücher lesen, und will mit diesem neuen Buche dazu den Anfang machen.

Was werde ich aus diesem Buche lernen?

Das kann ich nicht anders erfahren, als wenn ich das Buch erst selber lese.

(37) Um an diesen schönen Dichtungen nichts zu verderben, ist es nöthig, sie zuerst, ohne Rücksicht auf etwas, das sie bedeuten sollen, grade so zu nehmen, *wie sie sind,* und soviel wie möglich mit einem Überblick das Ganze zu betrachten, um auch den entfernteren Beziehungen und Verhältnissen zwischen den einzelnen Bruchstücken, die uns noch übrig sind, allmählich auf die Spur zu kommen.

(19) Aber ist es denn Verschwendung in der Natur, wenn sie einen menschlichen Geist bloß deswegen bis zu einer der höchsten Stufen der Vollkommenheit bildete, damit der hinterbleibende Abdruck desselben noch nach Jahrtausenden sich wieder in andern Geistern abdrückte, die ihre Vervollkommnung wiederum auf kommende Geschlechter fortpflanzen? —

Geht wohl die Spur irgend eines für die Welt verloschnen menschlichen Geistes ganz verlohren? dauert sie nicht in den unaufhaltsamen Folgen seiner geringsten Handlungen fort?

Die Erfindungen und Gedanken der einen Generation pflanzen sich auf die andre fort. — Die Summe der menschlichen Kenntnisse wächst beständig an — Die Natur scheint ihr Absehn vorzüglich auf die Erhaltung und Vervollkommnung *der ganzen Art* gerichtet zu haben.

Sie will nur immer Leben, neues verjüngtes Leben — Es soll nur immer ein Menschengeschlecht da seyn, in dem sie sich auf tausendfache Weise spiegelte, gleich viel, aus was für einzelnen Menschen dieß ganze Geschlecht besteht.

Wenn nur grüne Blätter wieder da sind, so kümmert es uns ja nichts, ob es dieselben, die schon einmal da waren, oder andre sind. —

Die junge Welt steigt empor, und freuet sich ihres Daseyns, ohne darüber zu trauern, daß die Vorwelt nicht mehr da ist, und ohne über den Gedanken zu erschrecken, daß sie auch einst nicht mehr da seyn wird.

In der ganzen Körperwelt ist ohngeachtet des ewigen Kreislaufs von Veränderungen aller Wesen kein Stäubchen mehr noch weniger, als von Anfang darin war. —

Wie ist es denn mit der Geisterwelt? nimmt diese denn ewig an der Anzahl ihrer einzelnen Wesen zu? — Wird sie mit dem Tode jedes Sterblichen neu bevölkert? oder war sie schon von Ewigkeit wie jetzt? — Ist in ihr ein Kreislauf, wie in der Körperwelt, oder ein immerwährendes Fortschreiten? —

Entsteht mit jedem Geiste, der in dem Körper durch die von allen Seiten zuströmenden Ideen genährt und aufgezogen wird, ein Wesen, das vorher nicht da war? — oder war es vorher da? — und wenn es da war, warum ist es sich seines vorigen Zustandes nicht bewußt? — wo ist seine vorige Selbstheit, sein voriges Ich geblieben? —

Wer rettet mich von dieser Fragesucht, die mich so unwillkürlich anwandelt — warum führen meine Gedanken mich in unübersehbare Labyrinthe? — Nie werde ich auf diese Art einen Ausweg finden. —

So will ich denn den Lauf meiner Gedanken hemmen, und meine Sinne dem Genuß der schönen Natur eröfnen — ich will meine große Lehrerin fragen, und auf ihre sanfte Stimme horchen. —

Ich will sie am Wasserfall, in der Dunkelheit des Waldes und in ihren Höhlen und Felsengrotten belauschen — ich will sie beschwören, mir das undurchdringliche Geheimniß meines Daseyns aufzuschließen

— So lange will ich aus ihrem reinen Lichtstrom schöpfen, bis meine Gedanken klar genug sind, um den milden Strahl der Wahrheit aufzufassen.

Morgen in der Frühe will ich jenen Berg besteigen, und der kommenden Sonne entgegen sehen — bis dahin soll es stille seyn in meiner Seele, damit ich durch den erquickenden Schlummer der Nacht zum neuen Denken gestärkt erwachen möge!

(37) Denn wer würde wohl z. B. bei dem Anblick der Bildsäule des Jupiters von Phidias Meisterhand, zuerst an die obere Luft gedacht haben, die durch den Jupiter bezeichnet werden soll, als wer alles Gefühl für Erhabenheit und Schönheit verläugnet hätte, und im Stande gewesen wäre, das höchste Werk der Kunst, wie eine Hieroglyphe oder einen todten Buchstaben zu betrachten, der seinen ganzen Werth nur dadurch hat, weil er etwas außer sich bedeutet.

(20) Das wahre Glück ist in der Einschränkung, nicht in der Ausbreitung zu suchen —

Daher ist nun die reizende Idee von

häuslicher Glückseligkeit

entstanden —

Der Begriff von *Wohnung, Haus* oder *Obdach* führt schon so viele dunkle Nebenbegriffe von Sicherheit, Ruhe, Geselligkeit, Beschützung u.s.w. mit sich, daß die Seele dadurch beständig mit einer Reihe angenehmer Bilder erfüllet wird, so oft man sich diesen Begriff lebhaft denkt.

Das Haus, die Wohnung knüpft schon an sich das Band zwischen den Menschen fester, und ist gleichsam der erste Keim zu der größten menschlichen Verbindung —

Aus einzelnen Häusern entstehen Dörfer und Städte, die mit ihrem Zubehör Länder und Königreiche ausmachen —

Aber die ganze Wohlfahrt von Ländern und Königreichen muß doch immer wieder auf das *einzelne* Haus, und auf die Glückseligkeit, die darin herrscht, zurückgeführt werden —

Denn in dem ganzen Umfange eines mächtigen Königreiches kann doch einer z.B. nur in einer Stadt, und in der ganzen Stadt nur in einem Hause, und in dem ganzen Hause nur in einem Zimmer seinen *jedesmaligen wirklichen Aufenthalt finden* —

In sein eigentliches Wohnzimmer, in dem Schooße seiner Familie, drängt sich sein wirkliches Daseyn, das durch die bürgerlichen Geschäfte gleichsam zerstreut wurde, am meisten wieder zusammen —

Aber der Ort täuscht den Menschen wie die Zeit —

Er glaubt Jahre zu leben, und lebt nur Augenblicke —

Er glaubt ein Land, eine Stadt zu bewohnen, und bewohnt nur den jedesmaligen Fleck, wo er steht oder liegt, das Zimmer, worinn er arbeitet, das Gemach, worinn er schläft —

Diese Täuschung macht, daß der Mensch sein Glück so selten in dem *gegenwärtigen Augenblick* und auf dem *jedesmaligen Fleck seines wirklichen Daseyns* sucht —

Er lernt die Kostbarkeit des gegenwärtigen Augenblicks, und dieses *Flecks,* wo er sein wirkliches Daseyn hat, nicht einsehen — darum sucht er das Glück in der Zukunft, und jagt ihm allenthalben, *außer dem Bezirk seiner Wohnung* nach —

Sich von dieser Täuschung loß zu machen, führt zur wahren Glückseligkeit —

Die geselligen Freuden des Lebens aus den großen Zirkeln wieder in die kleinern zusammenzudrängen, dahin sollte das Bestreben aller gehen, die das kurze menschliche Leben von Langerweile und Überdruß befreien wollten —

Wenn um das *einzelne Haus* auch alles übrige wegfiele, so bleibt rund umher die schöne offne Natur, die eigentlich das wahre Element ist, worinn der Mensch, sobald er aus seiner Wohnung tritt, athmet und sich bewegen sollte —

Sich dieser einfachen Glückseligkeit, ohngeachtet der unauflößlichen Verflechtungen in den menschlichen Verbindungen, die einmal da sind, so viel wie möglich zu nähern, ist das Bestreben des Weisen.

Das höchste Ziel seiner Wünsche ist *häusliche Zufriedenheit, verbunden mit dem ungestörten Genuß der schönen Natur.*

(37) Ein wahres Kunstwerk, eine schöne Dichtung ist etwas in sich Fertiges und Vollendetes, das um seiner selbst willen da ist, und dessen Werth in ihm selber, und in dem wohlgeordneten Verhältniß seiner Theile liegt; da hingegen die bloßen Hieroglyphen oder Buchstaben an sich so ungestaltet seyn können, wie sie wollen, wenn sie nur das bezeichnen, was man sich dabei denken soll.

(21) Als gestern das rothe Gewölk, im Glanz der Abendsonne aufgethürmt über der Stadt ruhte, die mit ihren Mauern und Thürmen im wunderbaren Widerschein da stand, und ich draußen auf dem Felde umher ging, und in die Vergangenheit und in die Zukunft blickte, so wurde mir alles weit lebhafter und rührender, wie sonst. Eine stille Wehmuth bemächtigte sich meiner.

Kann man denn auch durch den Anblick einer schönen Aussicht zu Thränen gerührt werden?

Ja, durch den Anblick einer *dämmernden* Aussicht — — wenn man so weit, so weit, in die Ferne blickt, bis dahin, wo sich der Horizont in dünne Wölkchen und röthliche Streifen verliert; dann ist es, als ob nur noch etwas fehlte, um den Vorhang aufzuziehen, durch den wir gern in eine schönre Zukunft blickten.

Wir fühlten uns hier so umgrenzt, durch diesen umschließenden Dunstkreis, der unsre Aussicht hemmt. —

Wir möchten gern da, und dort, und allenthalben seyn, und sind doch immer nur auf *dem einzigen Fleck,* der unser Daseyn eingeschränkt.

Nie ist ein Blick in die Ferne lebhafter, als des Abends bei Sonnenuntergang, — daher erwacht denn oft mit einmal das ganze Gefühl unserer Einschränkung, wodurch uns die Ferne allein zur Ferne wird, mit der heissen Sehnsucht, diese Ferne in *Nähe* zu verwandeln. — Die Zukunft, so wie die Gegenwart an unsre Brust zu drücken, und auf *einmal* das zu seyn, was wir sind und seyn sollen.

Wenn irgend eine Zeit vorzüglich fähig ist, den Geist mit großen und erhabnen Empfindungen zu nähren, so sind es die Stunden der Abend- und Morgendämmerung, weit mehr als die Stunden der Nacht.

In diesem sanften unmerklichen Übergange vom Lichte zur Dunkelheit, und von der Dunkelheit zum Lichte findet sich die von den Geschäften des Tages zerstreute, oder vom Schlummer der Nacht noch halb betäubte Seele in stille Selbstgefühle wieder, sie sammlet ihre Gedanken zum Gefühl der vorüberfliehenden Gegenwart — sie denkt drei große Begriffe zusammen:

ist — war — und wird seyn

Die Dämmerung ist — die Klahrheit war —
die Nacht wird seyn.

Die Nacht war — die Dämmerung ist —
der Tag wird seyn.

Das Seyn eines Tages wird hier gleichsam in seinem Fluge aufgehalten, und in dem Punkt seines Übergangs vor unsere Augen gebracht.

Wir sehen nach und staunen, und staunen — Nun ist die Sonne untergesunken, das Blendwerk eines Tages ist entflohen, das täuschende Phantom ist verschwunden, und wir blicken ihm voll Sehnsucht nach.

(37) Der müßte wenig von den hohen Dichterschönheiten des Homer gerührt seyn, der nach Durchlesung desselben noch fragen könnte: was bedeutet die Iliade? was bedeutet die Odyssee?

(39) Wenn ihn der Reiz der Dichtkunst unwillkürlich anwandelte, so entstand zuerst eine wehmüthige Empfindung in seiner Seele; er dachte sich ein Etwas, worin er sich selbst verlohr, wogegen alles, was er je gehört, gelesen oder gedacht hatte, sich verlohr, und dessen Daseyn, wenn es nun wirklich dargestellt wäre, ein bisher noch ungefühltes, unnennbares Vergnügen verursachen würde.

Nun war aber noch nicht ausgemacht, ob dies ein Trauerspiel, oder eine Romanze, oder ein Elegisches Gedicht werden sollte; genug, es mußte etwas seyn, das wirklich eine solche Empfindung erweckte, wovon der Dichter gewissermaaßen schon ein Vorgefühl gehabt hatte.

In den Momenten dieses seligen Vorgefühls konnte seine Zunge nur stammelnde einzelne Laute hervorbringen — etwa wie die in einigen Klopstockschen Oden, zwischen denen die Lücken des Ausdrucks mit Punkten ausgefüllt sind.

Diese einzelnen Laute aber bezeichneten dann immer das *Allgemeine* von *groß, erhaben, Wonnethränen* und dergleichen. — Dieß dauerte denn so lange, bis die Empfindung in sich selbst wieder zurücksank, ohne auch nur ein paar vernünftige Zeilen, zum Anfange von etwas Bestimmtem, ausgebohren zu haben.

Nun war also während dieser Krisis nichts Schönes entstanden, woran sich die Seele nachher hätte festhalten können, und alles andre, was wirklich schon da war, wurde nun keines Blicks mehr gewürdiget. Es war, als ob die Seele eine dunkle Vorstellung von etwas gehabt hätte, was sie selbst nicht seyn konnte, und wodurch ihr eigenes Daseyn ihr verächtlich wurde.

Dies ist wohl ein untrügliches Zeichen, daß einer keinen Beruf zum Dichter habe, *als welchen bloß eine Empfindung im Allgemeinen zum Dichten veranlaßt, und bey dem nicht schon die bestimmte Scene, die er dichten will, noch eher als diese Empfindung, oder wenigstens zugleich mit der*

Empfindung da ist. Kurz, wer nicht während der Empfindung zugleich einen Blick in das ganze Detail der Scene werfen kann, der hat nur Empfindung, aber kein Dichtungsvermögen.

Und gewiß ist nichts gefährlicher, als einem solchen täuschenden Hange sich zu überlassen. Die warnende Stimme kann nicht früh genug dem Jüngling zurufen, sein Innerstes zu prüfen, ob nicht der Wunsch bey ihm an die Stelle der Kraft tritt, und, weil er diese Stelle nie ausfüllen kann, ein ewiges Unbehagen die Strafe verbothenen Genusses bleiben wird.

Dieß war der Fall bei *Reisern*, der die besten Stunden seines Lebens durch mißlungene Versuche trübte; durch unnützes Streben nach einem täuschenden Blendwercke, das immer vor seiner Seele schwebte, und, wenn er es nun zu umfassen glaubte, plötzlich in Rauch und Nebel verschwand.

Es sollte nun ein Trauerspiel aus dem *Siegwart* geschrieben werden, das sich mit der Einkehr des Jünglings *bey dem Einsiedler* anhub, welches immer Reisers Lieblingsidee, und die Lieblingsidee fast aller jungen Leute zu seyn pflegt, welche sich einbilden, einen Beruf zur Dichtkunst zu haben.

Dieß ist sehr natürlich, weil der Zustand eines Einsiedlers gewissermaßen an sich selber schon Poesie ist, und der Dichter seinen Stoff schon beynahe vorgearbeitet findet.

Wer aber zuerst auf solche Gegenstände fällt, bey dem ist es auch fast immer ein Zeichen, daß bey ihm keine ächte poetische Ader statt finde; weil er die Poesie in den *Gegenständen* sucht, die in ihm selber schon liegen müßte, um jeden Gegenstand, der sich seiner Einbildungskraft darbietet, zu verschönern.

So ist die Wahl des Schrecklichen ebenfalls ein schlimmes Zeichen, wenn das vermeinte poetische Genie gleich darauf verfällt; denn freylich macht sich hier das Poetische auch schon von selber, und die innere

Leerheit und Unfruchtbarkeit soll durch den äussern Stoff ersetzt werden.

Dieß war der Fall bei Reisern schon in H. auf der Schule, wo er Meineid, Blutschande und Vatermord in einem Trauerspiele zusammenzuhäufen suchte, das der *Meineid* heißen sollte, und wobey er sich dann immer die wirkliche Aufführung des Stücks, und zugleich *den Effekt* dachte, den es auf die Zuschauer machen würde.

Dieß zweyte Zeichen sollte ebenfalls für jeden, der sich wegen seines poetischen Berufes sorgfältig prüft, schon abschreckend seyn. Denn der wahre Dichter und Künstler findet und hoffet seine Belohnung nicht erst in dem Effekt, den sein Werck machen wird, sondern er findet in der Arbeit selbst Vergnügen, und würde dieselbe nicht für verlohren halten, wenn sie auch niemanden zu Gesicht kommen sollte. Sein Werk zieht ihn unwillkürlich an sich, in ihm selber liegt die Kraft zu seinen Fortschritten, und die Ehre ist nur der Sporn, der ihn antreibt.

Die bloße Ruhmbegier kann wohl die Begier einhauchen, ein großes Werk zu *beginnen,* allein die *Kraft dazu* kann sie dem nie gewähren, der sie nicht schon besaß, ehe er selbst die Ruhmbegier noch kannte.

Noch ein drittes schlimmes Zeichen ist, wenn junge Dichter ihren Stoff sehr gerne aus dem Entfernten und Unbekannten nehmen; wenn sie gern morgenländische Vorstellungsarten und dergleichen bearbeiten, wo alles von den Scenen des gewöhnlichen nächsten Lebens der Menschen ganz verschieden ist; und wo also auch der Stoff *schon von selber* poetisch wird.

Dieß war denn auch der Fall bey Reisern. Er gieng schon lange mit einem Gedicht über die *Schöpfung* schwanger, wo der Stoff nun freylich der allerentfernteste war, den die Einbildungskraft sich denken konnte, und wo er, statt des Detail, vor dem er sich scheute, lauter große Massen vor sich fand, deren Darstellung man denn für die eigentlich erhabene Poesie hält, und wozu die unberufenen jungen Dichter immer weit mehr Lust haben, als zu dem, was dem Menschen nahe liegt; denn in dieß letzere muß freylich ihr Genie die Erhabenheit erst hereintragen, welche sie in jenem schon vor sich zu finden glauben.

Was ihm die meiste Quaal machte, war die Beschreibung des Chaos, welche beynahe den ganzen ersten Gesang seines Gedichts einnahm, und worauf er mit seiner kranken Einbildungskraft am liebsten verweilen mochte, aber immer für seine ungeheuern und grotesken Vorstellungen keine Ausdrücke finden konnte.

Er dachte sich eine Art von falscher täuschender Bildung in das Chaos hinein, welche im Nu wieder zum Traum und Blendwerk wurde; eine Bildung, die weit schöner als die wirkliche, aber eben deswegen von keinem Bestand und keiner Dauer war.

Eine falsche Sonne stieg am Horizont herauf und kündigte einen glänzenden Tag an. — Der bodenlose Morast überzog sich unter ihrem trügerischen Einfluß mit einer Kruste, auf welcher Blumen sproßten, Quellen rauschten; plötzlich arbeiteten sich die entgegenstrebenden Kräfte aus der Tiefe empor, der Sturm heulte aus dem Abgrunde, die Finsterniß brach mit allen ihren Schrecknissen aus ihrem verborgenen Hinterhalt hervor, und verschlang den neugebornen Tag wieder in ein furchtbares Grab. Die immer in sich selbst zurückgedrängten Kräfte bearbeiteten sich mit Grimm, nach allen Seiten sich auszudehnen, und seufzten unter dem lastenden Widerstande. Die Wasserwogen krümmten sich und klagten unter dem heulenden Windstoß. In der Tiefe brüllten die eingeschlossenen Flammen, das Erdreich das sich hob, der Felsen der sich gründete, versanken mit donnerndem Getöse wieder in den alles verschlingenden Abgrund. —

Mit dergleichen ungeheuern Bildern zerarbeitete sich Reisers Phantasie in den Stunden, wo sein Innres selber ein Chaos war, in welchem der Strahl des ruhigen

Denkens nicht leuchtete, wo die Kräfte der Seele ihr Gleichgewicht verlohren, und das Gemüth sich verfinstert hatte; wo der Reiz des Wircklichen vor ihm verschwand, und Traum und Wahn ihm lieber war, als Ordnung, Licht und Wahrheit. — —

So suchte er sein Gedicht über die Schöpfung vollends durch das Chaos durchzuführen, und hub mit neuer Quaal an, in der Darstellung von gräßlichen Widersprüchen und ungeheuern labyrinthischen Verwickelungen der Gedanken sich zu verlieren, bis endlich folgende beyde Hexameter, die er aus der Bibel nahm, ihn aus einer Hölle von Begriffen erlößten.

Auf dem stillen Gewässer rauschte die Stimme des Ewgen
Sanft daher, und sprach: es werde Licht! und es ward Licht.

Merkwürdig war es, daß ihm nun die Lust vergieng, dieß Gedicht weiter fortzuführen, sobald der Stoff nicht fürchterlich mehr war. Er suchte also nun einen Stoff aus, der immer fürchterlich bleiben mußte, und den er in mehreren Gesängen bearbeiten wollte. Was konnte dieß wohl anders seyn, als der *Tod* selber?

Dabey war es ihm eine schmeichelhafte Idee, daß er, als ein Jüngling, sich einen so ernsten Gegenstand zu besingen wählte; daher hub er denn auch sein Gedicht an:

Ein Jüngling, der schon früh den Kelch der Leiden tranck
u. s. w.

Als er nun aber zum Werke schritt, und den ersten Gesang seines Gedichts, *wovon er den Titel schon recht schön hineingeschrieben hatte,* wircklich bearbeiten wollte, fand er sich in seiner Hofnung, einen Reichthum von fürchterlichen Bildern vor sich zu finden, auf das Bitterste getäuscht.

Die Flügel sanken ihm, und er fühlte seine Seele wie gelähmt, da er nichts als eine weite Leere, eine schwarze Öde vor sich erblickte, wo sich nun nicht einmal das vergeblich aufarbeitende Leben, wie bey der Schilderung des Chaos, anbringen ließ, sondern eine ewige Nacht alle Gestalten verdeckte, und ein ewiger Schlaf alle Bewegungen fesselte.

Er strengte mit einer Art von Wuth seine Einbildungskraft an, in diese Dunkelheit Bilder hineinzutragen; allein sie schwärzten sich, wie auf Herkules Haupte die grünen Blätter seines Pappelkranzes, da er sich, um den Cerberus zu fangen, dem Hause des Pluto nahte. Alles was er niederschreiben wollte, lößte sich in Rauch und Nebel auf, und das weiße Papier blieb unbeschrieben.

Über diesen immer wiederholten vergeblichen Anstrengungen eines falschen Dichtungstriebes, erlag er endlich, und verfiel selbst in eine Art von Lethargie und völligen Lebensüberdruß.

(37) Alles, was eine schöne Dichtung bedeutet, liegt ja in ihr selber; sie spiegelt in ihrem grossen oder kleinen Umfange, die Verhältnisse der Dinge, das Leben und die Schicksale der Menschen ab; sie lehrt auch Lebensweisheit, nach Horazens Ausspruch, besser als Krantor und Chrysipp.

XI.

— Was sollen wir damit anfangen?
— Nicht darüber nachdenken! schreiben wir es ab!

Gustave Flaubert, *Bouvard et Pécuchet.*

(40) Die Mächte seiner Zeit bestimmten auch ihn.

(41) Moritz gehört durchaus zu den Stürmern und Drängern, unterscheidet sich aber von ihnen dadurch, dass bei ihm die Gefühlswelt nicht so sehr nach aussen explodiert, sondern sich in sein Innerstes hineinwühlt.

(40) Bald Mystiker, bald Rationalist, bald Wertherianer, bald Romantiker — als alles das kann der unstäte Mann uns erscheinen.

(41) Ihm mangelt eben die poetische Gestaltungskraft.

(40) Die wilde Gährung aller Geister hatte auch ihn ergriffen, aber nicht zu jener starken Leidenschaft emporgehoben, welche die That gebiert, sondern in einer peinigenden Unentschlossenheit gelassen, die überall zum Durchbruch gelangte.

(41) — — — und es kommt doch seine Schaffenssehnsucht zu ihrem Recht, nämlich in seiner oft geradezu genialen Intuition.

(40) Etwas Faustisches lag in ihm.

(41) Moritz war ein stummer Dichter, aber immerhin ein Dichter.

(40) Freilich ist es unmöglich, den Lebenssinn dieses seltenen Menschen mit einem Schlagwort auszuschöpfen.

(41) Seine Gedanken wurzelten alle im Gefühl.

(40) Denn dass es nur gleich gesagt sei: Anton Reiser ist keine gesunde Natur.

(42) In seiner Eigenschaft als Autobiographie stellt K. Ph. Moritz' »Reiser« dem Literaturhistoriker besonders schwierige und reizvolle Aufgaben.

(43) — — — hat Eybisch die Grundlage für eine noch fehlende Biographie des Moritz geschaffen; er hat das schwankende Charakterbild des schon von den Zeitgenossen Umstrittenen befestigt — — —

(42) Wenn irgendwo, so liegt bei diesem psychologischen Roman die Möglichkeit und Notwendigkeit vor, Wirklichkeits- und Phantasieelemente reinlich zu sondern und so in die formende und gestaltende Tätigkeit des Verfassers, in ihre Mittel und ihre Ziele tief einzudringen.

(43) Karl Philipp Moritz' Ansichten über die deutsche Sprache sind eng verknüpft mit seinen Gedanken über die Sprache überhaupt.

(42) Ein anderer ist der Knabe und Jüngling, von dem der Roman erzählt, ein anderer der Mann, der ihn schreibt.

(43) Das Wort ist ihm letzten Endes mehr Gedanken- als Gefühlsausdruck.

(42) Ob die ausgeprägte Passivität des Jünglings und des Mannes, die einer der hervorstechendsten Züge seiner seelischen Physiognomie ist und von vielen Beobachtern immer wieder hervorgehoben wird, nicht im letzten Grunde auf Anlage und Vererbung zurückgeht, wer möchte das entscheiden?

(43) Es ist vielleicht ein fruchtloses, verfehltes Bemühen, den *Menschen* Moritz auf eine einheitliche Formel zu bringen; auch Kindt scheint mir die Lösung dieses Problems nicht gefunden zu haben, wenn er in Moritz den »typisch Jugendlichen« sieht.

(42) — — — war er gezwungen, einsiedlerisch alle seine Leiden und Freuden in die Tiefe des Innenlebens zu verschließen, sein Ich zu seiner Welt zu machen.

(44) In Karl Philipp Moritz kam die kristallklare, unwirkliche norddeutsche Seele zu einer ihrer zartesten Inkarnationen.

(42) Dem wirklichkeitsfernen Konstruieren und der schmerzlichen Selbstquälerei, dem Leben in einer Sphäre abstrakter, blutleerer Bücherideale, jener verträumten Müdigkeit, kurz allen Entwicklungskrankheiten seines Alters mußte er deshalb in besonderem Maße erliegen.

(44) Den tieferen Sinn bekommen seine Schriften durch den Zusammenhang mit ihrem Autor und den Zusammenhang mit seiner Umwelt.

(42) Noch der Mann Moritz hat an fast allen entscheidenden Punkten seines Lebens nicht anders gehandelt, wahllos, willenlos dem leichtentflammten Gefühl sich hingegeben, Glück und Gunst von außen immer wieder bedurft, um in den Strudeln, in die er sich stürzte, nicht zu versinken.

(44) Beim stark persönlichen Charakter seiner Schriften hatte Moritz am meisten Aussicht auf dem Gebiet der Seelenkunde.

(42) — — — nicht innere Absichten, verstandesmäßige Überlegung oder zielbewußte Aktivität schreiben die-

sen Fahrten ihren Kurs vor, sondern ein in Liebe und Haß leicht zu entflammendes sensibles Gefühlsleben wird von äußeren Anregungen heftig ergriffen und antwortet auf sie, wo der Druck der Lage Entschlüsse und Taten fordert, ohne viel Besinnen im Augenblicksimpuls des Gefühls.

(44) Selten ist man der Pflanze Mensch mit solcher Leidenschaft bis in ihre feinsten Fasern nachgegangen.

(42) Überraschend extrem und von außen bedingt erscheint uns meist dies Planen und Handeln; stets ist nur ein Schritt vom freudigsten Mut wie zur bittersten Verzweiflung, jäh und unmittelbar schlägt oft das eine in das andere um.

(44) Je bittrer ihm des Lebens Prosa wird, um so holder lächelt ihm die Poesie.

(42) Ohne Ziel nicht bloß, auch ohne Steuer zumeist laviert das leichte Schifflein; Wind und Wellen treiben ihr Spiel mit ihm.

(45) Karl Philipp Moritz (1756–1793), der inmitten frömmelnder Handwerker, innig-verschrobener Gottsucher heranwuchs, dann in das Berlin der Aufklärung kam und zuletzt mit Goethe verkehrte, starb als Hofrat an der Schwindsucht mit noch nicht 37 Jahren.

(42) Nur selten decken gerade bei ihm sich die Worte und die Handlungen, subjektive Wahrnehmung und objektive Wirklichkeit.

(45) Er war aber ein Hofrat von der Art, wie die E. Th. A. Hoffmannschen Sonderlinge es sind; er schrieb Grammatiken, eine »Denklehre für kleine Kinder«, legte mit wuzischer Gründlichkeit Tabellen über sich,

über die Welt an — und lebte gleich darauf wieder rhapsodisch, ergoß hymnisch die Entzückungen seines Gemüts.

(42) Bei allem, was ihm auffällt, ist irgendwie eine Beziehung auf seine Abkunft, seine Interessen, seine Stellung und seine früheren Erlebnisse vorhanden; die äußere Welt erscheint ihm nie objektiv in ihrer bunten Fülle und Mannigfaltigkeit, sondern stets nur in einer subjektiv bestimmten Relation.

(45) — — — aus einem gesetzten Bürger war er immer bereit — meist ohne es zu wollen — sich in einen Bürgerschreck zu verwandeln, und auf seinen Reisen durch Deutschland, durch England, durch Italien fand er sich, einen Horaz oder einen Milton statt eines Geldbeutels in der Tasche, am wohlsten unter Vaganten wieder.

(42) Aus den engen Fesseln seiner Persönlichkeit hat er sich eben nie zu befreien vermocht.

(45) Seiner Anlage nach gehört Moritz zu Naturen wie Günther, Lenz, Grabbe, bei denen eine bittere und geniale Schärfe der Erkenntnis sich mit einem nie gestillten Bedürfnis nach Anschmiegung paart — und ein sehr sicheres, stilles, beharrliches Kreisen um das Wesentliche mit einem plötzlichen planlosen Hin- und Herflattern.

(42) Wenn auch der Flug nie hoch, nie weit ging und oft nur geplant wurde; rastlos und ruhelos hat dieser grüblerisch veranlagte Mensch doch gerungen, geträumt und gedacht, immer wieder Versuche unternommen, selber Enttäuschungen erlebt und anderen Überraschungen bereitet.

(45) Was sie von den Großen, den Vollendeten unterscheidet, ist nicht so sehr eine verschiedene Richtung

des Strebens: es ist das Verzagen und Versagen im entscheidenden Augenblick, dies dumpfe Brüten oder diese düstere Entmutigung: andere heben die Schätze, deren Fundort sie zuerst gewittert haben.

(42) Zeitlebens ist er »ein Wanderer und Waller« geblieben, nie an ein Ziel gelangt, weil er keins suchte oder einem ihm unerreichbaren nachjagte.

(45 Reiht sich Moritz strukturell unter die Halbvollendeten, so ergeben sich zeitgeschichtlich engere Beziehungen etwa zu Lenz, indem er wie dieser Verbindungslinien vom Sturm und Drang zur Romantik, von pietistischer Innerlichkeit zu ironischem Subjektivismus zieht, — wozu bei Moritz allerdings wesentlich ausgeprägtere rationalistische und klassizistische Züge treten, die seine Gestalt noch vieldeutiger erscheinen lassen.

(42) — — — stets blieb er ja der gleiche scheue und grüblerische, leicht verwundbare Träumer, dem nichts ferner lag als die tatsächliche Wirklichkeit, als nüchterne Sachlichkeit und verstandesmäßige Regelung seiner Beziehungen zur Umwelt.

(45) — — — und sogar sein autobiographischer Roman »Anton Reiser« bildet ebenso sehr ein kulturhistorisches als ein schriftstellerisches Dokument.

(42) Vereinigen wir schließlich noch einmal die wichtigsten Züge seines Wesens zu einem Gesamtbild, so ist vor allem jener phthisischen körperlichen Veranlagung zu denken, die von vornherein und entscheidend die seelische Leistungsfähigkeit herabmindern mußte.

(45) Er ist ein universeller Geist, dessen dichterische Gestaltungskraft nicht tief genug wirkte, um sich in

einem Kunstwerk groß und machtvoll auszudrücken, dessen wissenschaftlicher Trieb anderseits nicht sachlich und vor allem nicht stetig genug war, um rein und ruhig hinter sein Objekt zurücktreten zu wollen.

(42) — — — erklärt sich durch sie wenigstens zum Teil Moritz' hoffnungsfreudiger Optimismus, die innere Unruhe und der jähe Wechsel seiner den seltsamsten Schwankungen unterworfenen Gefühle

(45) Man möchte, was die Breite seiner kulturphilosophischen Interessen angeht, an Rousseau denken: aber wenn bei Rousseau (wie bei Goethe) die universelle Veranlagung Anlaß zu steter Selbsterweiterung wurde, organisches Herauswachsen aus einem Kreis, aus einem Ring in einen andern hinein, so wurde sie bei Moritz öfter Anlaß zur Selbstzersplitterung und damit zur Selbstvernichtung, indem die Saat aufgegeben ward, ehe sie ausreifte.

(42) Aber auch noch darüber hinaus gehört er zu jenen passiven und rezeptiven Naturen, die den Eindrücken stark hingegeben und ungewöhnlich heftig durch sie erregbar, vielseitig empfänglich und aufnahmefähig, nur für den Augenblick in Wort und Stimmung reagieren, dagegen selten und bloß unter starkem äußeren Druck zu wirklichem Handeln und fester Gestaltung den Willen und die Möglichkeit finden können.

(46) »Anton Reiser« ist ein Erziehungsroman — — —

(42) Auch werden bei ihm alle diese äußeren Eindrücke nicht von einem bewußt ordnenden Verstand in Zucht genommen und verarbeitet.

(46) In seinem pädagogischen Fragment »Andreas Hartkopf. Eine Allegorie« werden die fortschritt-

lichen Erziehungsmaximen von dem Gastwirt Knapp vertreten — — —

(42) Denn stärker als die reiche intellektuelle Begabung ist doch immer wieder seine ungezügelte, seltsam geschäftige Phantasie.

(46) Er schrieb den »Anton Reiser« als Lehre für Eltern und Erzieher, der Jugend ein anderes, glücklicheres Leben zu schaffen, als er es gehabt hatte.

(42) — — — erschöpft und verzehrt sich über dem Aufnehmen, über der wirren Folge der Bilder und im Spielen mit abenteuerlichen Plänen und Einfällen.

(46) Die Unbestechlichkeit seiner Aussage stellt ihn an die Seite unserer großen Realisten.

(42) Am hellen Tage können Moritz so die trügerischen Träume der Nacht mit greifbarer Deutlichkeit erscheinen.

(46) Die Erfahrenheit von den Nöten und Leiden der werktätigen Menschen, vor allem jedoch die Darlegung ihrer lebendigen Geisteskräfte hebt seinen Humanismus über die bürgerliche Zielsetzung hinaus und verleiht ihm einen über seine Zeit hinausreichenden vorwärtsweisenden Sinn.

(42) Zwingende Einbildungen und quälende Wahnvorstellungen verfolgen ihn und bestimmen sein Tun.

(47) — — — wurde ihm aus dem eigenen frühen Zurückgedrängtsein nicht zuletzt der Wert dessen deutlich, was heute als »Gemeinschaftsgefühl« bezeichnet wird.

(42) Die tiefe, krankhafte Ruhelosigkeit in Moritz' Gemüt, den fieberhaften Drang nach dem Wechsel und der

Veränderung, die Heftigkeit, mit der hier die Stimmungen einander jagen, werden nur verwandte Naturen völlig verstehen und nachzuempfinden vermögen.

(47) »Beschädigt« war Moritz zweifellos; »verwahrlost« hingegen nicht im sittlichen Sinne, wohl aber insofern, als ihm, seinem Leben und seiner Erscheinung, in Goethes Augen die Harmonie des in sich gerundeten Maßes fehlte.

(42) — — — betätigt sich am liebsten in rückschauendem Betrachten und Nacherleben der eigenen Vergangenheit, in genußreicher Selbstbespiegelung und in einem zwischen Schmerz und Lust geteilten Zergliedern der Gegenwart.

(47) Hat Moritz den Frost seiner Kindheit je ganz überwunden?

(42) Durch seine Passivität und solche Energie des Innenlebens ist Moritz' Verhältnis zur Umwelt im ganzen und in seiner durchgehenden Zwiespältigkeit bedingt.

(47) Ein komischer Kauz war er gewiß.

(42) — — — vernichtet ja jene fortwährende Selbstschau und Selbstreflexion alle Naivität, alle Sicherheit und Unmittelbarkeit des Handelns und Wollens.

(47) Die Zerstörungsspiele blieben, kindischer Rest, im Manne haften; Spuren dunkler Verstrickung vielleicht, die aus dem Wurzelwerk kommen.

(42) Seine tiefgründige Selbstbeobachtung bleibt denn auch immer passiv und schreitet nie zu aktiver Zucht und Erziehung fort.

(47) Allein seine Bekenntnisse konnten nur gewinnen, indem sie neben dem Hellen die Schatten nicht ausließen.

(42) Ebenso läßt sich in seinem Lebensgang eine eigentliche Entwicklung nicht gewahren.

(48) Was bleibt, ist das Werk.

(42) Gewiß hat Moritz die typischen Wandlungen von einer Altersstufe zur anderen durchlebt, der Knabe ist zum Jüngling, der Jüngling zum Mann geworden, und hat unter dem Zusammentreffen äußerer Umstände und innerer Veranlagung seine Interessen und Neigungen, seine Gewohnheiten und Überzeugungen mannigfach geändert.

(48) Im Fall Moritz besteht dieses ›Werk‹ aus zwei Büchern.

(42) Aber dennoch kann man in alledem keinerlei innere Folgerichtigkeit, kein tiefer bedingtes Aufsteigen finden.

(48) Alles andere, und ob es 50 Titel sind, groß und klein ineinandergerechnet, ist quantité négligeable: seine einst gerühmte ›Prosodie‹; die ›Götterlehre‹; die ›Reisen in England‹ und in Italien nicht minder, als seine ›Sprachlehren‹; und selbst das Schicksalsdrama ›Blunt oder der Gast‹.

(42) Das Beste, was er besaß, geträumt und gesonnen, gedacht und gewollt, ist mit ihm zu Grabe gegangen.

(48) Dieser ganze Papierwust ist mit Recht in der Versenkung verschwunden.

(42) Wirklich Bleibendes hat er wenig hervorgebracht und gar nichts hinterlassen.

(49) ——— ein Grundproblem der MORITZ-Forschung: Fast mit jedem seiner Werke zeigt uns der Autor ein anderes Gesicht.

(42) Ein hochbegabter, aber schaffensunfähiger, ein genialer, aber kranker Mensch ist er gewesen.

(49) Es muß uns scheinen, als hätten wir es hier mit einer nach den verschiedensten Richtungen hemmungslos zerfließenden Persönlichkeit zu tun, mit einem Kampffeld großen Ausmaßes, auf dem wichtige Antithesen des Lebens und der Kunst in immer neuen Formen und Verbindungen ihre Fehden austragen, ohne jemals eine Entscheidung erzwingen zu können.

(50) Sein schmerzliches, an die Grenzen des Tragischen streifendes Urerlebnis ist die namentlich im Vergleich mit Goethe gewonnene Einsicht, daß ihm die schöpferische Gestaltungskraft des echten Künstlers fehlt.

(49) Die Schwierigkeit einer geistesgeschichtlichen Einordnung, einer Deutung des Entwicklungsganges dieser reizvollen und viele Erkenntnisse späterer Zeiten ahnungsvoll vorwegnehmenden Erscheinung hat allen bisherigen Auseinandersetzungen, allen Bemühungen um ein angemessenes MORITZ-Bild zu schaffen gemacht.

(50) ——— sein Stil im weitesten Sinne des Wortes ist höchst persönlich und eigentümlich ———

(49) Ist diese geringe Faßbarkeit, dieses ständige Auseinanderlaufen, dieses vielfältige Schillern, diese Unvereinbarkeit schlechthin der Wesensgrundzug der MORITZschen Seele, des MORITZschen Geistes und der

Moritzschen Formkraft, oder lassen sich doch verborgene Verbindungslinien erkennen und damit geheime Zusammenhänge im Wesen des Schöpfers wie in seinem Werk?

(50) — — — hat vor allem aus der Besonderheit seiner Anlage heraus ein Kunstmittel entdeckt und entwickelt, das später in der Dichtung der deutschen Romantik zur vollen Entfaltung gelangt ist: das Symbol.

(49) Romantik schien jetzt die Zauberformel zu sein, die man nur auszusprechen brauchte, um das Wesen der Moritzschen Individualität erfassen zu können — bis sich kritische Stimmen meldeten, die hiervor glaubten warnen zu müssen, wie es Franz Schultz tat, der meinte, man sehe ». . . bisher noch nicht recht, an welchem Punkte sich die Spannungen seines einer glühend-bewegten Masse gleichenden Geistes in seiner eigenen Persönlichkeit zusammenschlossen«.

(50) — — — in den »Predigerjahren« alles zu einer bis zur Dunkelheit gehenden und dadurch oft das Verständnis des Geschehens oder des ausgedrückten Gedankens erschwerenden Kürze zusammengedrängt.

(49) Die Möglichkeit, in Karl Philipp Moritz ein Bindeglied sich erst bekämpfender, dann sich gegenseitig durchdringender oder sich ablösender geistiger Epochen zu erkennen, barg nun wiederum eine neue Problematik: Verliert die Figur jetzt nicht ihre eigentümliche Färbung, ihre individuelle Struktur, um deren Erkenntnis man sich auf dem Wege über die Romantik gerade bemüht hatte? Wird sie nicht zum abstrakten Funktionsträger geistesgeschichtlicher Entwicklung?

(50) — — — eine sehr individuell bedingte Kunst, die in ihrer Sonderart weder Vorgänger noch Nachfolger

hat, ganz aus dem eigentümlichen Wesen des Verfassers entstanden — — —

(49) In diesem Stadium der Forschung erschien eine Arbeit von Robert Minder, die in erschöpfender Sicht Moritzens religiösen Weg auf Grund seiner autobiographischen Schriften, zu denen Minder auch die »Hartknopf«-Bände zählt, aufzeigt und damit endlich den lange vergeblich gesuchten Schlüssel zur Erfassung der Moritzschen Individualität findet.

(50) Das Schwergewicht der Darstellung verlagert sich von der Wiedergabe des äußeren Geschehens oder der Zergliederung der inneren Vorgänge auf den symbolischen Ausdruck des Seelischen.

(49) Die Betrachtung der Individualität Moritzens und die Betrachtung seiner geistesgeschichtlichen Stellung laufen jetzt endlich zusammen.

(50) Moritz macht auf seinem Weg zur symbolischen Dichtung eine Entwicklung durch, die, obwohl die zeitliche Spanne, die dem Frühverstorbenen bleibt, sehr klein ist, bis zu einem gewissen Grade auch chronologisch sichtbar wird.

(49) Von einem seine ganze Entwicklung bestimmenden religiösen Grunderlebnis werden nun alle weiteren Bemühungen um die Kardinalfragen seiner Lebensform und seines Werkes auszugehen haben.

(50) Die Übergänge von der Psychologie zur Symbolik sind dabei notwendig fließend.

(49) Wenn die religiöse Ausgangssituation auch den ganzen »Anton Reiser« bestimmt, so sehen wir neben den religiösen Problemen und diese bald überschattend

das Thema »Theater« eine immer größere Bedeutung im Roman erlangen.

(50) Sehr bezeichnend für den gleitenden Übergang von der Psychologie zur Symbolik ist auch das besonders im »Reiser«, aber auch im »Hartknopf« und in anderen Schriften wiederkehrende Motiv der Kirchtürme, die der Wanderer auf seinen Wegen auftauchen und verschwinden sieht, vor allem die Stadttürme Hannovers.

(49) Mit dieser Feststellung befinden wir uns wieder vor einer unüberbrückbaren Antithese: auf der einen Seite äußerste Entselbstung und mystische Versenkung in das Göttliche, auf der anderen leidenschaftlicher Wille zum Leben und Gestalten im Bereich des Theaters.

(50) In der Nähe dieser in der Ferne erscheinenden Türme spielen sich Reisers Leiden und Demüthigungen ab; ihr Anblick verbindet sich also mit den an diesem Orte erlebten Unlustgefühlen.

(49) — — — zeigte sich eine auffallende Bestimmung durch die soziale Problematik der Zeit, die ganz neue, bisher nicht gesehene Perspektiven eröffnet.

(50) Er erlebt Augenblicke einer religiös vertieften Naturverehrung — — —

(49) — — — eine besonders enge und aufschlußreiche Verbindung von gesellschaftlicher Unterdrückung und Theaterleidenschaft.

(50) Es stimmt zu Moritz' persönlicher Eigenart und seiner durchweg melancholischen Seelenhaltung, daß

die Farben in seinen Landschaftsschilderungen fast ganz zurücktreten.

(49) In der Entwicklung MORITZens sehen wir somit religiöse und gesellschaftliche Antriebe am Werke — — —

(50) Erst in den Naturschilderungen der »Predigerjahre« spielen dunkle Farbtöne eine gewisse Rolle.

(49) Die Umwelt seiner Kindheit und seiner Jugendjahre ist wenig dazu angetan, ihm die ersten Schritte aus der Hürde egozentrischer Individualität zu erleichtern: In der gesellschaftlichen Rangordnung der Zeit nimmt das Kleinbürgertum, dem er entstammt, eine besonders benachteiligte Stellung ein.

(50) Die in Moritz' Schriften geschilderten Landschaftstypen sind natürlich durch seinen Lebensgang bestimmt, d. h. er gibt keine Phantasielandschaften wie zuweilen Jean Paul oder die Romantik, sondern nur seine Umwelt.

(49) — — — halb bewußt liegt auch in MORITZ die Vorstellung eines gewaltsamen Ausbrechens aus der Gesellschaft, einer revolutionären Veränderung alles Bestehenden.

(50) — — — ist es im »Anton Reiser« vor allem die norddeutsche Ebene, die zum symbolischen Ausdruck seiner Schwermut wird.

(49) Wie leicht MORITZ bei einer solchen seelischen Disposition in einen gewaltsamen Akt krimineller Art hätte verwickelt werden können, liegt auf der Hand.

(50) — — — z. B. die Beobachtung des tiefliegenden, drückenden Horizontes, die Sinnbildlichkeit der in der

Ferne auftauchenden und wieder verschwindenden Stadttürme, das allgemeine Vorherrschen des Linienhaften und die so bezeichnende Metaphorik der Geometrie und der Perspektive, ferner von Einzelheiten etwa langsam fließende Gewässer, zuweilen auch Sand, Heide und der noch nicht im romantischen Sinne erfaßte Wald.

(49) Rastloses Schweifen kennzeichnet auch MORITZens schöpferische Bemühungen.

(50) Hügel- und Mittelgebirgslandschaften, wie er sie z. B. in seiner Erfurter Studienzeit kennenlernte, werden ästhetisch positiv gewertet, was ganz im Sinne der Epoche ist, nur vereinzelt entsteht, so auf der Englandreise, für einen Augenblick eine Vorahnung romantischer Bewegungslandschaft — — —

(49) Es gibt wohl kaum eine Gattung oder ein Gebiet, dem er sich nicht als Schriftsteller zugewandt hätte.

(50) Auch sonst findet man häufiger den Blick von einer mäßigen Anhöhe, so im vierten Teil des »Reiser« (IV, 20f.), wo auf einer Wanderung im Harz auch die von England kommende Ruinenromantik auftaucht, oder bei dem schon erwähnten Blick von der Höhe des Steigerwaldes bei Erfurt.

(49) In lyrischer, dramatischer, essayistischer, feuilletonistischer, epischer Form hat er sich versucht und die Felder der Grammatik, der Journalistik, der Sprachphilosophie, der Psychologie, der Pädagogik, der Allegorik, der Ästhetik, der Reisebeschreibung, der Literatur- und Theaterkritik und der Theologie beackert.

(50) Symbolisch vertieft erscheint ein solcher Höhenblick im ersten Teil des »Hartknopf« (vgl. unten).

(49) Auch diese scheinbare Zersplitterung muß man aus dem Sehnen nach Ausdehnung und Totalität erklären, denn kein toter Enzyklopädismus wird hier erstrebt, sondern eine Umfassung des Alls im Ich.

(50) Sonst aber spielt das Hoch- oder auch nur das Mittelgebirge in Moritz' Naturgefühl keine wesentliche Rolle.

(49) Hat der Entfaltungstrieb Moritzens über alle verfehlten Verwirklichungsversuche im Du, in der Gesellschaft, in der anonymen menschlichen oder kreatürlichen Gemeinschaft und im Raum hinaus nun zu einem rationalen Enzyklopädismus geführt, wie es bei einem Sohne der Aufklärungszeit wohl begreiflich ist, oder dringt Moritz über die Grenzen von Physis und Ratio zur Metaphysik vor?

(50) Die Italienreise z. B. verweilt nicht beim Alpenübergang, und von einem vorromantischen Gipfelblick in unendliche Landschaft, wie wir ihn etwa bei Heinse oder dem jungen Goethe finden, kann hier nicht die Rede sein.

(49) — — — über Orthodoxie und Pietismus, die Gott noch in faßbaren Bereichen ansiedeln, geht Moritz weit hinaus.

(50) Zum Natursymbol wird in Moritz' Romanen endlich auch die Witterung.

(49) »Ausbreitung« und »Einschränkung« sind die immer wiederkehrenden Begriffe, zwischen denen Moritz hin und her schwankt; sie sind die Pole, die seine Lebensproblematik vor allem bestimmen.

(50) Die für den »Anton Reiser« typische Witterung, die der pessimistischen Verzweiflung seiner einsamen

Gänge am meisten entspricht, ist der norddeutsche Nieselregen oder ein Schnee-Regen-Wetter, das den vor Kälte erstarrten Wanderer bis auf die Haut durchnäßt.

(49) Während der Drang nach »Ausbreitung« der Impuls ist, der dem vitalen Urtrieb nach Wirkung auf die Umwelt entspricht, liegt in der Sehnsucht nach Einschränkung eine Hemmung dieses allgemeinen menschlichen Grundtriebes oder doch dessen Verwandlung in ein passives Sichströmenlassen von den außerhalb des Ichs liegenden Wirklichkeiten der Welt.

(50) Ein Wesenszug im Lebensgefühl des K. Ph. Moritz, der sein Verhältnis zur Natur und damit auch seine Natursymbolik mitbedingt, ist die Unruhe.

(49) Die Auswegslosigkeit aller Bemühungen um eine Synthese ist auch die Ursache des oft peinlichen, niederdrückenden oder sogar abstoßenden Eindrucks, den der »Reiser« auf den naiven Leser ausübt.

(50) Namentlich die Generation der Stürmer und Dränger ist von einer solchen ziellos schweifenden Unruhe erfüllt, vielleicht Ausdruck des seelischen Unbehagens einer Altersgemeinschaft, die zwischen alter und neuer Zeit auf der Grenze steht, und gleichzeitig Vorläufer der Wanderunrast der deutschen Romantik.

(49) — — — wendet sich mit der ganzen Wucht eines jugendlichen Entschlusses jener Lebensform zu, die ihm Expansionsmöglichkeit in höchster Potenz verheißt: der schauspielerischen.

(50) — — — physische und psychische Rastlosigkeit erfüllt Moritz' ganzes Leben.

(49) Es ist kein Zufall, daß sich der Expansionsdrang meist im Kirchturm verbildlicht, fand doch bei Moritz

das Streben nach Ausdehnung nicht in der Sehnsucht nach der Welt Genüge.

(50) Er ist einer der ewigen »Wanderer« im wörtlichen Sinne, d. h. sein kurzes Leben ist durchsetzt von Reisen, meist Fußreisen, die merkwürdig abrupt und oft unter Aufgabe fester beruflicher Bindungen und Sicherheiten begonnen und recht planlos durchgeführt werden, also im Gegensatz zu der üblichen, in den Ausbildungsgang des Menschen eingebauten Bildungsreise der Zeit die Auswirkung eines ausgesprochen unbürgerlichen Triebs des geborenen Vaganten.

(49) Die Kirche aber war sichtbarste Verkörperung des Sehnens nach Transzendenz in der Welt der Realität und ihr Turm wiederum sichtbarstes Symbol für das Hineinreichen der irdischen Welt in das Reich des Jenseitigen.

(50) Diesem Lebensgefühl entsprechend wird die Figur des Wanderers in seinen Romanen zu einem beherrschenden Symbol — — —

(49) — — — läuft in letzter Konsequenz auf einen schrankenlosen Solipsismus hinaus, der die letzten Fäden der Wirklichkeit zerreißt — — —

(50) Die symbolische Sinngebung dieser Motive des Wanderers und der Reise ist uralt: der Mensch als Pilger und Fremdling auf Erden, das Leben als mühevolle Wanderschaft nach fernem, unbekanntem Ziel.

(49) In Moritzens Individualität, die ein reines Bild introvertierten Wesens gibt, gatten sich zwar Innerlichkeit und Bewußtsein, zum Sein an sich jedoch kommt es nie.

(50) Mit diesem Symbol auf das engste verbunden ist das wiederum zugleich individuell bedingte und zeittypische Erlebnis der E i n s a m k e i t.

(49) — — — künstlerische Leistung kann nur auf dem Boden echter künstlerischer Phantasie erwachsen — — —

(50) — — — findet sich das Motiv des Einsiedlers seit den siebziger Jahren auf Schritt und Tritt — — —

(49) — — — ist MORITZ doch von der Aufklärung bereits so weit entfernt, daß ihn ein hemmungsloses Schweifen in den Gefilden der Phantasie bis an die Grenze äußerster Gefährdung zu locken vermochte.

(50) — — — stehendes Motiv im Ritterdrama, und zu den üblichen Requisiten der nach Deutschland verpflanzten englischen Parks zählt die Einsiedelei noch bevor die Romantik diese ganze Thematik zum Gipfel führte.

(49) Mit fortlaufender Profanierung und Säkularisierung schwindet das Gefühl einer metaphysischen Verbindung von Ich und All, Geschöpf und Schöpfer immer mehr; man sieht nur noch eine seelenlose Wirkung seelenloser Ursachen, ja schließlich zerreißt die Verbindung von Wirkung und Ursache völlig, und dem Menschen bleibt nichts, als, ausgeliefert an diese Zufälligkeit des Daseins, vereinzelt, haltlos und verzweifelt dahinzuvegetieren.

(50) — — — finden wir bei Moritz ein E r l e b n i s d e r F e r n e, das zusammen mit der Empfindung einer ziellosen Sehnsucht schon ganz auf das Fernweh der kommenden Romantik vordeutet.

(49) Die unbegrenzte und unbegreifliche Macht des Zufalls ist es deshalb vor allem, die MORITZ immer wieder die Sinnlosigkeit allen Seins und aller Wertungen vor Augen führt.

(50) — — — im besonderen den zentralen Mittelpunktsbegriff*) — — —

*) Diese auf die Ästhetik übertragene Mittelpunktslehre, die Auffassung von der organisch-mikrokosmischen Einheit des Kunstwerks, eine Weiterbildung des vom Neuplatonismus über Shaftesbury zur Geniezeit gewanderten Begriffs der »Inneren Form«, über den zusammenfassend Reinhold Schwinger gehandelt hat (Reinhold Schwinger und Heinz Nicolai, Innere Form und dichterische Phantasie, München 1935), ist in der älteren Forschung öfter erwähnt, wenngleich nie erschöpfend behandelt worden. Ich nenne neben dem eben angeführten Buch von Franz Koch, neben Franz Schulz, Klassik und Romantik der Deutschen, Stuttgart 1935 und 1940, passim, und mehreren Arbeiten O. F. Walzels vor allem R. M. Meyer, Studien zu Goethes Wortgebrauch (Herrigs Archiv, Bd. 96, S. 7f., vgl. auch ders., ZfdW I, 1900, 4ff.), Karl Holl, Goethe, Gehalt, Stoff, Inhalt (Sokrates 1917). Siegmund von Lempicki belegt in seiner »Geschichte der deutschen Literaturwissenschaft« (Göttingen S. 275 und Anmerkung 17, S. 462) den Ausdruck »Mittelpunkt« schon in einem Danteaufsatz J. J. Bodmers aus dem Jahre 1763 und weist darauf hin, daß er in der Brennpunktlehre des Ästhetikers G. F. Meyers weitergebildet worden sei, aber erst durch Shaftesbury seine vertiefte Sinngebung erhalten habe. Auch Alfred Baeumler berührt diese Frage sowohl in seinem Buche über »Kants Kritik der Urteilskraft« (1. Bd., Halle 1923, S. 248, Anmerkung 5) als auch in der großen Einleitung zu Manfred Schroeters Bachofenauswahl »Der Mythus von Orient und Okzident« (München 1926, S. CX, Anmerkung). Nach seiner Meinung hat Moritz den Terminus »Mittelpunkt« oder »Brennpunkt« von Moses Mendelssohn übernommen. Man sieht also, daß dieser Ausdruck in der zeitgenössischen Ästhetik mehrfach vorbereitet ist und von Moritz im Rahmen seiner persönlichen Terminologie vertieft wird. Zu Moritz im besonderen vgl. jetzt auch den oben im Moritzschrifttum genannten Aufsatz von E. Catholy: K. Ph. Moritz. Ein Beitrag zur Theatromanie der Goethezeit (Euphorion 45, 1950, S. 100–123, bes. 106–118 »Der Mittelpunktsbegriff«), der die Ergebnisse der ungedruckten Dissertation des Verfassers

(49) — — — kündigt sich also in Moritz bereits der moderne Mensch des 19. Jahrhunderts an.

(50) Wir finden bei ihm das Strom- und das Brunnenmotiv.

(49) Es bleibt schließlich im unklaren, wo für Moritz der wahre Sinn des Seins liegt: in der Ausbildung des Ichs zur höchsten individuellen Gestalt oder in seiner Hingabe an die auflösende Macht des gestaltlosen Alls.

(50) Auch der Brunnen zählt zu den ältesten dichterischen Symbolen; ein Ursprung ist wohl, wie bei der Wassersymbolik überhaupt, im Religiösen zu suchen.

(49) Offensichtlich ist jedoch eines: die Zusammengehörigkeit von Individuum und All.

(50) Wie der Brunnen so steht auch die Zugbrücke, wenngleich weniger unmittelbar, mit dem Wasser in Beziehung.

(49) Die ersten Empfindungen, derer er sich überhaupt erinnern kann, sind akustische Sensationen: »Die ersten Töne, die sein Ohr vernahm und sein aufdämmernder Verstand begriff, waren wechselseitige Flüche und Verwünschungen des unauflöslich geknüpften Ehebandes.«

(Göttingen 1950) zusammenfaßt. Auch H. Blumenthal geht in seinem oben genannten Aufsatz über K. Ph. Moritz und Goethes »Werther« (Zeitschr. f. Ästhetik u. allgemeine Kunstwiss., 30, 1936, S. 40ff.) auf Moritz' Mittelpunktslehre ein. Auf die Weiterwirkung dieser Moritzschen Theorie auf Fr. Schlegel hat, soweit ich sehe, zuerst O. Walzel, frühere Forschungen zusammenfassend, hingewiesen in seiner »Deutschen Romantik« (I, 5. Aufl., Leipzig 1923, S. 45), vgl. auch das Buch seines Schülers Carl Enders (Fr. Schlegel, Leipzig 1913, Register), der auch sonstige Einflüsse Moritz' auf Schlegel herausarbeitet. Das Problem verdiente eine zusammenfassende Behandlung.

(50) Eine Symbolik der Jahreszeiten gibt es bei Moritz kaum.

(49) Moritz muß sich diese akustische Phantasie über die Jugendjahre hinaus erhalten haben.

(50) Um so wichtiger ist für Moritz die Symbolik der Tageszeiten — — —

(49) Die Existenz dieser akustischen Phantasie Moritzens ist um so schwieriger zu erklären, als ihr durchaus keine »Musikalität« in der engeren Bedeutung des Wortes entspricht.

(50) Auch dieses Thema hat bekanntlich in Dichtung und Kunst eine lange Vorgeschichte — — —

(49) Wenn seine Phantasie immer wieder durch Klänge, durch (oft jeden Sinnes entbehrende) Wortformen angeregt wurde, so müssen wir darin eine ganz ursprüngliche Beziehung zum Akustischen und Musikalischen sehen.

(50) Auch hier steht am Anfang eine sehr alte, religiöse und weltliche Analogie der Tageszeiten zum Menschenleben: Morgen, Mittag und Abend der irdischen Pilgerschaft, die Nacht des Todes und der Morgen einer neuen, ewigen Existenz.

(49) Eine Zuordnung Moritzens zu den Eidetikern läßt sich demnach kaum aufrechterhalten.*)

(50) In den Tagebuchaufzeichnungen des »Geistersehers« und im ersten Teil des »Hartknopf« verbindet

*) Minder, a.a.O., S. 32ff.

sich, wie später in der Romantik, das Motiv des Sonnenaufgangs mit dem des Gipfelblicks.

(49) Minder spricht gelegentlich vom »Farbseher« Moritz und trifft hiermit zweifellos eine auffallende Eigentümlichkeit.

(50) Weniger bedeutend und fast ganz im konventionellen Rahmen der Zeit bleibt bei Moritz die Symbolik des Abends und der Nacht.

(49) Die Empfindung, der Genuß des Alls ist für Moritz nur in der akustischen Sphäre zu verwirklichen, die Symbole seiner All-Sehnsucht zeigen es deutlich: So ist das Wasser vor allem ein akustisches Phänomen; so werden in der Nacht die visuellen Möglichkeiten eingeschränkt oder ausgeschlossen, und die Empfänglichkeit der Seele bleibt ganz auf das akustische Gebiet beschränkt.

(50) Auch das seit langem in Lyrik und Prosa des 18. Jahrhunderts bekannte Motiv der Mondscheinnacht kehrt bei Moritz wieder.

(49) Es erscheint nach diesem Einblick in Moritzens so sehr in der akustisch-musikalischen Sphäre beheimatete Seele erstaunlich, daß seine Schrift »Über die bildende Nachahmung des Schönen«, die wie keine andere den Brennpunkt aller seiner Gedanken und Gefühle darstellt, so ausschließlich vom Gestalthaften und Bildhaften ausgeht und handelt.

(50) Entsprechendes gilt auch vom Motiv des Sternenhimmels, das im Lehrgedicht und in popularphilosophischen Erörterungen des Jahrhunderts sich allgemeiner Beliebtheit erfreute — — —

(49) Die Hinneigung MORITZens zur Welt der Töne wird mit den Jahren immer auffallender.

(50) — — — entwickelt Moritz seine persönlichsten Möglichkeiten in der Symbolik des Mittags.

(49) Selbst in den grammatischen Bemühungen MORITZens, die Müffelmann ganz als Dokument der Berliner Aufklärung deutet, läßt sich der Ausgang der Betrachtung von den Laut- und Klangeindrücken nicht übersehen.

(50) Er hat den Stimmungswert der Mittagsstunde entdeckt — — —

(49) Die Sprachforschung MORITZens ist in ihrer Methode also entscheidend durch seine akustische Disposition bestimmt und weist auf eine irrationale Einstellung auch philosophischen Fragen gegenüber hin.

(50) — — — die Mittagsstimmung selbst erlebt — — —

(49) Es ist fast erschütternd, ihn eine »Kleine praktische Kinderlogik« beginnen zu sehen und dann mitzuerleben, wie bald er die engeren Grenzen, die ihm der pädagogische Zweck des Buches zieht, verläßt, um wieder seine eigensten, außerhalb der Tendenzen der Aufklärung liegenden, psychologischen und metaphysischen Probleme zu umkreisen.

(50) Auf das Fortleben des Themas kann hier nicht eingegangen werden.

(49) Wenn es zunächst also so aussah, als bestünde in der Struktur MORITZens eine Empfänglichkeit für Farbeindrücke beziehungslos neben einer solchen für akustische Reize, so lassen sich nun beide auf einen Nenner

bringen, indem man sie auf eine weitgehend irrationale Grunddisposition zurückführt.

(51) In dem eine Allegorie genannten »Andreas Hartknopf«, der 1784 geschrieben, zwei Jahre später anonym erschien, sprach Moritz die hohe Mission des vierten Standes, zu dem er sich offen bekannte, deutlich aus und noch deutlicher in dem leider Fragment gebliebenen Werk »Andreas Hartknopfs Predigerjahre«, das 1790 herauskam.

(49) Es war Moritz nicht gegeben, Schöpfer einer neuen Objektwelt zu sein, wie es die Aufgabe des Künstlers ist.

(51) Weit vorausschauend erklärte er das Zusammenwirken von Bauern und Arbeitern als die Grundvoraussetzung einer wahren humanistischen Gesellschaftsordnung, in der die Klassenjustiz ein Ende haben wird, weil es keine Klassen mehr gibt.

(49) Ethische Werte sind dem Kunstschaffen wohl immanent, sie können jedoch nur in Erscheinung treten, wenn sie aus ihrer ideellen Sphäre in die Gestalt entbunden werden.

(51) Den letzten Tag des Jahres 1788 mag Goethe mit Moritz und Christiane Vulpius, den beiden Kindern des Volkes, verbracht haben, die ihm Ersatz boten für das natürliche, sorglos sonnige Leben in Italien.

(49) Die Spätphase von Moritzens Entwicklung ist schwer zu durchschauen.

(52) Die unsystematischen und oft widerspruchsvollen Äußerungen Moritz' in seinen Werken ließen dabei eine Fülle von Interpretationen zu.

(49) Er scheint zurückzukehren zur transzendenten Mystik seines Ausgangs — jedoch nicht mit seiner ganzen Existenz.

(52) Es ging ihm immer darum, in der Einkleidung in persönliche Erfahrungen, Aussagen von allgemeiner Gültigkeit zu machen.

(53) Der Verfasser des »Anton Reiser«, der erst gegen Ende seines Lebens zu Amt und Würden gelangte Professor der schönen Künste an der Berliner Akademie, kann keinesfalls für sich beanspruchen, ein für die Entwicklung des Geschichtsdenkens in Deutschland so repräsentatives Werk hervorgebracht zu haben, wie es *J. G. Herder* mit seinen »Ideen zur Philosophie der Geschichte der Menschheit« gelungen ist.

(52) Die Form der Autobiographie war für ihn nur der äußere Rahmen, in den hinein er seine Analyse des Menschen und seiner Zeit stellte.

(53) *Moritz* mißt sein theoretisches Postulat vom Menschen unter zwei Aspekten an der gesellschaftlichen Wirklichkeit seiner Epoche, die aufs engste das Freiheitsproblem im Denken der Aufklärung tangieren: am Verhältnis von Individuum und Gesellschaft, das er allerdings gestört findet, und an der Beziehung des Menschen zur Natur, die ebenfalls problematisiert ist.

(52) Die falsche Gleichung »Anton Reiser« = Karl Philipp Moritz wurde in der Moritz-Forschung immer wieder aufgestellt.

(53) *Moritz* benennt nicht lediglich einzelne Symptome, an denen die Gesellschaft krankt, die den Menschen hindern, um seiner selbst willen zu existieren, sondern er erfaßt mit der Störung des Verhältnisses von Indi-

viduum und Gesellschaft Konsequenzen, die sich aus den ökonomischen Prozessen in der Epoche des Übergangs vom Manufakturkapitalismus zum Industriekapitalismus ergaben, die der große Fußwanderer am gründlichsten in dem industriell fortgeschrittenen England studieren konnte: Durch die Einbindung in die große Produktion wird der Mensch zu einem bloß nützlichen Wesen degradiert, er ist sich selbst nicht mehr der höchste Zweck; zugleich wird die Herstellung materieller Güter zum Endzweck menschlicher Tätigkeit, erkennt *Moritz*.

(52) Statt nur zu fragen, was diese Schriften dem Leser über den Autor aussagen, können wir umgekehrt fragen, was der Autor in diesen Schriften dem Leser sagen will.

(53) *Moritz*, der in wachsendem Maße auf die komplizierte Dialektik der Geschichte aufmerksam wird, muß feststellen, daß die Frage nach den »menschlichen Zwecken« an konkrete, historisch bestimmte Bedingungen der Gesellschaft angebunden und nicht ein für allemal theoretisch fixierbar ist und daß das Problem überdies mitten durch die Gesellschaft hindurchgeht.

(52) Mit anderen Worten: Was sagt Moritz in seinen autobiographischen Schriften über den Menschen und seine Umwelt aus?

(53) *Moritz* erkennt als Ursache dafür, daß »das Band zwischen Geist und Körper« im Menschen zerreißen muß, die Existenz von Privateigentum.

(52) Ein geschlossenes oder gar systematisch dargestelltes Menschen- und Weltbild wird man allerdings bei Moritz vergeblich suchen.

(53) Da er ausdrücklich den ökonomischen Zwang als die Triebkraft angibt, die die unterdrückten Schichten zur nützlichen Arbeit anhält, richtet sich seine Kritik eindeutig gegen Momente der kapitalistischen Ausbeutung und der Arbeitsteilung unter den Bedingungen des sich entwickelnden Kapitalismus.

(52) Er war kein Philosoph und wollte keiner sein.

(53) Zur Sicherung der menschlichen Existenz, vor allem aber auch wegen ihrer persönlichkeitsbildenden Wirkung ist für *Moritz* produktive Tätigkeit unerläßliche Bedingung des gesellschaftlichen Lebens.

(52) Er vermochte die Fülle von Ideen und Einsichten, die er besaß, nie zu einer geschlossenen Darstellung zu vereinen.

(53) Des Pudels Kern liegt natürlich darin, daß *Moritz* die geschichtsbildende Kraft der menschlichen Arbeit vor allem unter diesem Aspekt der Persönlichkeitsbildung begreift und daß der Geschichtsprozeß lediglich als geistiger Vervollkommnungsprozeß des Menschen und der Menschheit erfaßt wird.

(52) — — — muß schon die Tatsache erstaunen, daß Moritz innerhalb der einzelnen Werke doch einen gewissen inneren Aufbau und sogar Ansätze zu künstlerischer Gestaltung erkennen läßt.

(53) Durch seine kritische Sicht auf die Rolle der menschlichen Arbeit unter den Bedingungen des kapitalistischen Privateigentums wie auch durch seine Kunstprogrammatik erfaßte er wesentliche Entwicklungstendenzen einer Epoche, gab er seinen Zeitgenossen wie der Nachwelt wichtige Denkanstöße.

(52) — — — in den autobiographischen Schriften steht der Mensch uneingeschränkt im Mittelpunkt, und zwar ein Mensch, dessen geheimste Gedanken und Absichten der Autor genau kennt, da es sich ja um sein alter ego handelt.

(54) Während der Ästhetiker Moritz in seiner Bedeutung für die Kunst- und Dichtungstheorie der Vor- und Frühklassik von der modernen Forschung mehr oder weniger erkannt worden ist, hat der Stiltheoretiker Moritz bislang kaum Beachtung gefunden.

(52) »In den Tagebuchfragmenten aber kommt der innere Mensch zum unverhehlten Ausdruck«, sagt Naef sehr richtig.

(54) — — — hat Moritzens Behandlung der Fragen des praktischen Stils eher philosophisch-ästhetischen Charakter.

(52) Jeder Versuch einer Erfassung und Deutung der Moritzschen Persönlichkeit muß bei den Jugenderlebnissen einsetzen.

(54) Überdies zeigt er sich als ein erklärter Gegner aller Regeln und Vorschriften für den Stil.

(52) — — — läßt sich bei Moritz auch das seltsame Phänomen beobachten, daß er im Grunde gar keine echte Charakterentwicklung durchgemacht hat.

(54) Moritz erkennt, daß Gedanke und Ausdruck sich decken müssen, daß guter Stil nicht das Ergebnis der gelungenen Nachahmung guter Muster und der genauen Beachtung aller Regeln ist, sondern der sprachliche Niederschlag einer eigenständigen, individuellen Denkleistung.

(52) Zwar hat er sich auf der rein intellektuellen Ebene mit den verschiedenen geistigen Tendenzen seiner Zeit intensiv auseinandergesetzt und dabei manches aufgenommen, aber die intellektuellen Erkenntnisse vermochten nicht seine seelische Grundstruktur zu verändern, sondern blieben an der Oberfläche seines Wesens haften.

(54) Wo aber findet Moritz das verwirklicht, was ihm theoretisch vorschwebt? Seine Antwort ist: Bei den »vorzüglichsten Schriftstellern« — — —

(52) — — — können wir mit Erstaunen feststellen, daß sich der reife Mann im Grunde noch mit denselben Problemen herumschlägt, die den Knaben beschäftigten.

(54) Es liegt auf der Hand, daß die Befriedigung von Moritzens hohen Ansprüchen eine entsprechende Geistesbildung voraussetzte.

(52) Der äußere Rahmen seiner Jugendzeit war mehr als bescheiden.

(55) — — — wir sind der Meinung, daß die Person und das Werk dieses Dichters nur dann vollkommen erfaßt werden können, wenn man sich mit dem zentralen Problem seiner Existenz, — dem unlösbaren Konflikt seines psychischen Erlebens — gründlich auseinandergesetzt hat.

(52) — — — waren die ersten Kindheitserlebnisse zugleich Ursache und Vorwegnahme seines späteren unglücklichen Schicksals.

(55) — — — mußte an den Anfang aller Betrachtungen zum Problem der Moritzschen »Seelenkrankheit« die Frage nach dem *Ursprung* gestellt werden — — —

(52) Zu den ungünstigen Familienverhältnissen, die allein schon genügt hätten, eine lebenslange asoziale Einstellung hervorzurufen, kam eine äußerst unglückliche Erbanlage.

(55) — — — haben aufgrund unserer nachstehenden Untersuchungen eindeutig ermitteln können, daß die Entwicklung der »Seelenkrankheit« in die früheste Jugend des Dichters fällt, und daß sie durch bestimmte Erlebnisse seiner Kindheit, in deren Mittelpunkt ein *ungelöster Vaterkonflikt* steht, hervorgerufen wurde.

(52) Zur unglücklichen Erbanlage und dem unerfreulichen familiären Milieu trat als drittes Negativum eine völlig verfehlte Erziehung.

(55) Die Bedeutung des Vaterkonflikts innerhalb der Moritzschen Problematik wurde bisher von der Forschung nicht beachtet.

(52) Als erschwerender Umstand trat dazu noch seine schwächliche Gesundheit.

(55) Wenn man das neurotische Wesen und das nicht selten durch psychopathographische Züge gekennzeichnete Werk eines Karl Philipp Moritz näher ins Auge faßt, dann dürfte es deutlich werden, daß eine jede Interpretation, die sich mit dem Problem seiner Person befaßt, nur dann zu einem *sinnvollen Ergebnis* gelangen kann, wenn sie sich der Beihilfe psychologischer Erkenntnisse bedient.

(52) — — — gerät er in einen circulus vitiosus, aus dem es kein Entrinnen gibt.

(55) Sollten wir ausgerechnet im Interesse der Literatur auf alles, was zu einer grundlegenden Erschließung der

menschlichen Seele geführt hat, einen freiwilligen Verzicht leisten, und uns mit den engen Horizonten eines *New Criticism* oder eines Formalismus begnügen?

(52) — — — bleibt nur ein Ausweg offen: Der Rückzug auf sich selbst.

(55) Um zu einem allgemein gültigen Ergebnis in der Forschung zu kommen, müssen wir uns also sämtlicher zur Verfügung stehender Mittel bedienen — — —

(52) — — — Moritz sieht sich an der Schwelle des Mannesalters wieder unerbittlich mit der Realität konfrontiert.

(55) Das Anomale dürfte ja wohl zum eigentlichen Wesen eines Genies gehören.

(52) Gerade weil er sich jedoch der enormen Gefährdung seiner Existenz durch sein zerrüttetes Gemütsleben bewußt war, suchte er sich als Gegengewicht dazu eine gefestigte Verstandeskultur zu erwerben.

(55) Die Nachwelt wurde für seinen Mangel an künstlerischer Gestaltungsfähigkeit reichlich entschädigt, denn seine Werke enthalten andere, für uns nicht minder bedeutungsvolle Werte.

(52) Eine zusammenfassende Betrachtung der Persönlichkeit Moritz' ergibt trotz allen negativen Charaktereigenschaften doch das Bild eines Menschen, den vor allem die unglücklichen Erfahrungen seiner Jugend an der Entfaltung seiner reichen Talente hinderten.

(55) Aufgrund seiner geistigen Tätigkeit hat Moritz sowohl einen Platz in der Literatur- und Kunstgeschichte, als auch in der Frühgeschichte der modernen Psychologie errungen.

(52) Daß diese Talente vorhanden waren, bezeugen alle Zeitgenossen.

(55) Die Moritzsche Persönlichkeit ist immer wichtiger, als das, was er im literatur- und kunstheoretischen Sinne jemals geschaffen hat.

(52) Wer sich jedoch in die Persönlichkeit dieses in mancher Hinsicht doch genialen Menschen vertieft, dem erschließen sich verborgene Qualitäten, die angesichts seines widrigen Schicksals um so schwerer wiegen.

(55) Die eigentliche Triebkraft seiner geistigen Tätigkeit liegt im Wesen seiner neurotisch veranlagten Psyche — — —

(52) Daß das Problem der Individualität des Menschen bei einem Autor des ausgehenden 18. Jahrhunderts einen breiten Raum einnimmt, ist selbstverständlich.

(55) Schon 1902 hat Max Dessoir bemerkt: »Moritzens ... Wirksamkeit wird man kaum verstehen können, wenn man sich nicht der beweglichen Hilfstruppen der Lebensgeschichte bedient.«

(52) Die Erfahrung seiner Individualität gehört zu den grundlegenden Erfahrungen des Menschen.

(55) — — — und Thomas Mann hat es einmal so formuliert: »Die nahen Beziehungen zwischen Literatur und Psychoanalyse sind beiden Teilen seit längerem bewußt geworden.«

(52) Eine erste Schranke, die das menschliche Individuum einengt, ist die durch seine Körperlichkeit gegebene Einordnung in den Raum.

(55) — — — Ödipuskomplex, — ein Universalbegriff, der verschieden interpretiert wird.

(52) Aber selbst dem menschlichen Geiste sind durch seine Bindung an die Zeit enge Grenzen gesetzt.

(55) — — — habe ich beschlossen, im Rahmen dieser Arbeit die allgemein bekannte und auf bestimmte Vorbilder hinweisende Bezeichnung »Ödipuskomplex« mit dem Wort »Vaterkonflikt« zu ersetzen.

(52) — — — bleibt der Mensch den unerbittlichen Gesetzen von Raum und Zeit unterworfen.

(55) — — — ein Grundmotiv des Moritzschen Schaffens, das von der Forschung bisher unaufgedeckt blieb.

(52) Das ständige Bemühen des Menschen, die Schranken seiner Individualität zu durchbrechen und in der Umwelt aufzugehen, führt schließlich dazu, daß er die Grenzen seines Ichs nicht mehr genau zu erkennen vermag.

(55) — — — leidet zeit seines Lebens an einem stark ausgeprägten Ödipuskomplex*), der das *zentrale Problem* seiner Existenz und seines dichterischen Schaffens ist.

(52) — — — ist und bleibt eingeschlossen in seine Individualität, sich selbst auf Gedeih und Verderb ausgeliefert, denn Befreiung von der Last der Individualität wird erst der Tod bringen.

(55) Der Konflikt entsteht in seiner frühesten Kindheit, begleitet ihn wie ein dunkler Schatten das ganze Leben

*) Es muß nochmals darauf hingewiesen werden, daß hier unter »Ödipuskomplex« etwas anderes verstanden wird, als im Mythus enthalten ist.

hindurch, und man kann sagen, daß er an den Folgen dieses Konflikts im eigentlichen Sinn des Wortes zugrunde geht.

(52) Die zentrale Stellung, die das Problem der Individualität im Denken Moritz' einnimmt, ließe eigentlich erwarten, daß er auch den Aussagen über das Wesen und die Eigenschaften dieses Individuums in seinen Schriften breiten Raum gewährte, dies ist jedoch kaum der Fall — — —

(55) Somit wird nochmals angedeutet, daß die problematische Persönlichkeit dieses Dichters und ein beträchtlicher Teil seines Werkes kaum richtig erfaßt und interpretiert werden können, wenn man nicht die Erforschung dieses Kernproblems an den Ausgangspunkt aller diesbezüglichen Untersuchungen stellt.

(52) Was ihn in erster Linie und fast ausschließlich interessiert, sind die Probleme, denen er sich in seinem eigenen Leben gegenübersieht.

(55) Es mag einerseits schwer zu begreifen sein, daß Moritz bis heute von diesem Blickpunkt aus nicht erforscht wurde; andererseits muß darauf aufmerksam gemacht werden, daß gerade diese Kernphase seiner Seelenproblematik außerordentlich schwer zugänglich ist.

(52) So finden sich denn bei ihm nur fragmentarische und oft widersprüchliche Ausführungen über das Wesen und die Eigenschaften des menschlichen Individuums.

(55) Es gibt kaum ein Geständnis des Dichters, kaum einen versteckten Hinweis, der uns darüber unzweideutig in Kenntnis setzen würde.

(52) Zu dem fragmentarischen Charakter seiner Äußerungen über Wesen und Eigenschaften des menschlichen Geistes tritt eine sehr willkürliche Terminologie, die ihn oft dieselbe Bezeichnung für zwei oder mehrere verschiedene Begriffe verwenden läßt.

(55) Alles, was sich dazu sagen läßt, muß in mühseliger Arbeit aus dem Ungesagten rekonstruiert werden.

(52) Nur seiner Geistigkeit verdankt der Mensch das Bewußtsein seiner Existenz.

(55) — — — bedarf es nur wenig psychologischer Einsicht, um festzustellen, daß die wesentlichen Probleme niemals zur Sprache kommen.

(52) Da der Mensch seiner Natur nach sowohl dem Bereich des Geistigen wie dem der Materie angehört, muß er danach trachten, diese beiden so grundverschiedenen Elemente seines Wesens zu einer gewissen Harmonie zu bringen.

(55) Die uneingeschränkten Geständnisse seiner Seele sind demnach nicht ganz so glaubwürdig, wie man allgemein vermutet.

(52) Voraussetzung dafür ist allerdings eine positive Bewertung des Körperlichen, wie sie bei Moritz völlig fehlt.

(55) Doch inwiefern ist es für uns heute überhaupt wichtig, den Ursachen der Moritzschen »Seelenkrankheit« nachzugehen?

(52) Angesichts einer so weitgehenden Abhängigkeit des menschlichen Geistes vom Körper wäre eine äußerst sorgfältige Pflege und Betreuung des letztern durchaus am Platze.

(55) Wer ist eigentlich Karl Philipp Moritz, und warum interessiert er uns?

(52) Im Gegensatz zu den seitenlangen Anweisungen zur Erziehung und Bildung des jugendlichen Geistes finden sich kaum je Bemerkungen über eine entsprechende Ausbildung der körperlichen Fähigkeiten.

(55) Lange Zeit begnügte man sich einfach damit, Moritz als Freund Goethes gelten zu lassen.

(52) Von Moritz selber wissen wir, daß er seinen Körper in sträflicher Weise vernachlässigte und ihm Entbehrungen zumutete, die seine vielen Krankheiten als zum guten Teil selbstverschuldet erscheinen lassen.

(55) Heute würdigen wir ihn natürlich aufgrund seiner eigenen Genialität.

(52) Anstelle der Bejahung des Körpers oder gar des Stolzes auf dessen Eigenschaften finden wir bei ihm nur Verachtung für alles Körperliche.

(55) Er gehörte zu den produktivsten und vielseitigsten Schriftstellern seiner ohnehin schon schreibfreudigen Zeit.

(52) Neben der Individuationsproblematik steht das soziale Problem im Mittelpunkt des Moritzschen Interesses.

(55) Was aber war Moritz? War er ein Dichter, der tiefenpsychologische Studien betrieb, oder ein praktischer Psychologe, der gelegentlich auch dichtete? Darüber läßt sich noch heute schwer urteilen. Er war wohl beides, und eine scharfe Trennungslinie kann nie gezogen werden.

(52) Der Mensch ist seiner Natur nach ein soziales Wesen. Von der Wahrheit dieses Satzes ist Moritz, nicht zuletzt auf Grund seiner persönlichen Erfahrungen, zutiefst überzeugt.

(55) Wichtig ist für uns aber, daß im Mittelpunkt seiner Arbeiten immer das Problem der eigenen Person steht.

(52) Es ist erschütternd, zu beobachten, wie verzweifelt die Personen in Moritz' Werken immer wieder versuchen, sich einen wenn auch noch so bescheidenen Platz in der Gesellschaft zu sichern, damit sie nicht gänzlich ausgestoßen und vereinsamt dahinleben müssen.

(55) Darin liegt schließlich die Bedeutung von Moritz: die Seele, die er so erbarmungslos zerlegt, gehört nicht nur ihm allein.

(52) Die Furcht, von der Gesellschaft ausgestoßen zu werden, beherrscht den Moritzschen Menschen ständig.

(55) Wenn wir heute seinen berühmten Roman lesen, so tun wir das nicht, weil wir darin ein großes Kunstwerk erblicken, sondern weil wir schon bei den ersten Seiten mit Verwirrung und mit peinlicher Verlegenheit feststellen, daß wir eigentlich in einen Spiegel hineinblicken, in dem wir die tiefsten Schichten unserer eigenen Seele aufgedeckt vor uns sehen.

(52) Dem Streben nach Abkapselung von der Gesellschaft entspricht auch der unbändige Freiheitsdrang, der bei Moritz selbst und bei den meisten Personen seiner Werke zu finden ist.

(55) Von den Seiten dieses »psychologischen Romans« geht eine magische Kraft aus, die mit der Skala der literarischen Wertung allein nicht gemessen werden kann.

(52) In der Ablehnung jeder dauernden beruflichen und gesellschaftlichen Bindung trifft sich Moritz durchaus mit den Vertretern des Sturm und Drang.

(55) Aus dem bereits Gesagten geht hervor, daß Moritz zu den wenigen Gestalten unserer Literatur gehört, deren Werk sich fast ausschließlich mit der eigenen Person beschäftigt — — —

(52) Mit einer Schärfe, wie sie kaum bei einem seiner Zeitgenossen zu finden ist, geißelt er die ungerechten sozialen Zustände im Deutschland des ausgehenden 18. Jahrhunderts.

(55) Man kann hier demnach das Werk von seinem Schöpfer nicht trennen, ja man muß sogar die Person dem Werk voranstellen, um das, was es aussagt, in seiner Tiefe erfassen zu können.

(52) Moritz ist auf literarischem Gebiet einer der ersten, die sich intensiv mit der unterdrückten Gesellschaftsschicht der kleinen Handwerker und Taglöhner beschäftigen.

(55) Es bleibt nur noch die Frage, mit welch einer Person wir es zu tun haben.

(52) Moritz ist weit entfernt von jeglichem sozialen Utopismus, der von einem bloßen Umsturz der bestehenden Gesellschaftsordnung die Lösung aller sozialen Probleme erhoffen läßt.

(55) Man mag sich in der Forschung über vieles nicht einig sein, aber in einer Hinsicht ist man doch mehr oder weniger einer Meinung: Moritz war ein schwerer Neurotiker!

(52) Von einer »Solidarität der Arbeiterklasse« ist bei Moritz nirgends die Rede.

(55) Sein »Anton Reiser« ist ein einziger, lang anhaltender Aufschrei einer gequälten, kranken Menschenseele.

(52) Besonders der »Anton Reiser« ist im Grunde die Geschichte eines jungen Menschen, der sich durch eigene und fremde Schuld im wirklichen Leben nicht zurechtfindet und sich als Ersatz dafür eine Phantasiewelt aufbaut, die ihm zwar zeitweise eine gewisse innere Befriedigung zu verschaffen vermag, andererseits aber wiederum durch die zunehmende Entfremdung von der Realität mannigfache Leiden verursacht.

(55) Bereits 1906 nennt Otto Hinrichsen das Buch »eine gedruckte Krankengeschichte in vier Teilen«, und 1950 kann Fritz Stemme noch immer sagen: »Moritz hat seinen Roman geschrieben als ein kranker Mensch, krank an Körper und Seele.«

(52) Vermöchte der Mensch sich endgültig zu einem reinen Leben in seiner Phantasiewelt durchzuringen, so wäre er damit den Sorgen und Mühen seines gedrückten Daseins enthoben, und seine Flucht aus der Realität wäre erfolgreich abgeschlossen; dies aber ist selbst dem weltfremdesten Träumer nicht möglich, da die Reize, die er von seiner Umwelt trotz aller Abkapselung ständig empfängt, eine vollständige Lösung von derselben nicht zulassen.

(55) Die »Seelenkrankheit« Moritzens durchläuft die Skala sämtlicher neurotischen Werte, von der höchsten Stufe des scharfsinnigen, ja genialen Intellekts, bis in das Schattenreich der Psychose, oder — wie Rudolf Unger es einmal sagte — »bis an die Grenzen des Wahnsinns«.

(52) Die Flucht in die Phantasie erweist sich also letztlich als untauglicher Versuch, den unbefriedigenden sozialen Verhältnissen zu entkommen.

(55) Es ist eine wohlbekannte Tatsache, daß man zwischen dem, was normal, und dem, was neurotisch ist, nicht scharf trennen kann.

(52) Wenn es einen Ausweg aus der gesellschaftlichen Misere gibt, so muß er auf dem Boden der Wirklichkeit gesucht werden.

(55) »Der Unterschied von einem normalen Menschen ist lediglich quantitativ« sagt Caren Horney, und Norman O. Brown meint dazu: »Neurosis is not an occasional aberration; it is not just in other people; it is in us, and in us all the time.«

(52) Zwar hat das Leben unbestreitbar auch seine positiven Seiten, aber letztlich muß eine Gesamtbilanz des menschlichen Daseins doch höchst unbefriedigend ausfallen.

(55) Sollte es ferner überraschen, daß man sich in der Moritz-Forschung immer wieder bemüht, das rätselvolle Wesen dieses Mannes zu deuten?

(52) Im Endeffekt ist das bescheidene Glück, das sich der Mensch in seinem Leben erwerben kann, kaum größer, wenn er sich in täglichem Streben abmüht, als wenn er sich guten Gewissens dem dolce far niente ergibt.

(55) Man versucht schon seit langem, einen Schlüssel zu finden, der uns den Zugang zu jenen »ersten Keimen von den Handlungen des Menschen« eröffnen würde.

(52) Die Frage nach der Bestimmung des Menschen und dem Sinn seines Daseins bleibt *die* vordringliche Frage, von deren Beantwortung alles übrige abhängt.

(55) Ihm selber war es niemals vergönnt gewesen, diesen Schlüssel zu finden.

(52) Die Unmöglichkeit einer eindeutigen Antwort auf seine bangen Fragen an das Leben läßt den Menschen schließlich in einen Zustand des Zweifelns an sich selbst und seiner Umwelt verfallen, der ihm jede gesicherte Aussage über das Dasein in der Welt als unzulässig erscheinen läßt.

(55) Aber er ahnte, wo er zu finden war.

(52) Die Grundstimmung des Moritzschen Menschen angesichts der Vergänglichkeit und Unergründlichkeit seines Daseins ist eine Art Melancholie — — —

(55) Und wenn er in seinem Unterbewußtsein die Gewalt eines Impulses verspürte, in den Kernpunkt seiner Werke einen Vater-Sohn-Konflikt einzubauen, so war das die Manifestation dessen, was er nicht zu finden geglaubt hatte.

(56) Der Vielschichtigkeit des Phänomens Moritz entspricht eine Vielzahl der Anknüpfungen und Fortführungen in der Moritz-Rezeption, die es unmöglich macht, alle Probleme in der Perspektive eines einzigen Fragezusammenhangs zu behandeln.

(52) Die fast durchgehende Ambivalenz der Moritzschen Aussagen über den Menschen und seine Welt setzt sich auch im Bereich des Metaphysischen fort.

(56) Moritz' exzentrischer Lebensstil, die abenteuerliche Unstetigkeit seines Bildungsweges und die unge-

wöhnliche Wandlungsfähigkeit seines Geistes brachten schon die Zeitgenossen in Verlegenheit, wenn es galt, diesen merkwürdigen Literaten zu beurteilen.

(52) Moritz ist überzeugt, daß das Leben des Menschen von irgendwelchen transzendenten Mächten gesteuert werde, da er nicht an die unbeschränkte Selbstbestimmung des Menschen zu glauben vermag.

(56) Die überlieferten Zeugnisse spiegeln Desorientierung wider.

(52) Über das Wesen dieser Mächte und die Art ihres Eingreifens in das menschliche Leben jedoch macht er höchst widersprüchliche Aussagen.

(56) Die Schwierigkeiten werden nicht geringer bei dem Versuch literarischer Zuordnungen.

(52) Sein äußerst düsteres Weltbild läßt ihn eher an ein blindes Schicksal als an eine zielbewußte Steuerung durch ein höheres Wesen glauben.

(56) Es kommt hinzu, daß Moritz eines jener ganz allen Typisierungen sich entziehenden literarischen Phänomene darstellt, deren überaus reiches geistiges Potential nur partiell in einem Werk feste Gestalt anzunehmen pflegt.

(52) Es kann nach dem Gesagten nicht mehr erstaunen, daß auch der Glaube an die Unsterblichkeit des menschlichen Geistes in Moritz' Schriften nicht durchgehend vertreten wird, sondern bisweilen einer radikalen Ablehnung jeder Fortdauer der Existenz nach dem Tode Platz macht.

(56) Doch wird bei den bedeutenderen Werken sichtbar, daß die einzelnen Epochen- und Stilbegriffe bei

Moritz in einem höheren Grade, als dies sonst zu sein pflegt, transparent werden.

(52) — — — erscheint er als reiner Nihilist, was seinem widerspruchsvollen Wesen einen weiteren charakteristischen Zug beifügt.

(56) So bezeichnen bei Moritz auch die naheliegenden literarhistorischen Zuweisungen nur Möglichkeiten neben anderen.

(52) Eine zusammenfassende Betrachtung des Moritzschen Menschenbildes, wie es uns in seinen autobiographischen Schriften entgegentritt, läßt vor allem eines erkennen: Fast keine seiner Aussagen über den Menschen und seine Welt steht als endgültig gesichert da.

(56) Die Tatsache, daß Moritz in gewisser Orientierungslosigkeit sogleich allem Neuen zugewandt ist, hat seinen Grund in der raschen Folge und dem Nebeneinander vieler innerhalb kürzester Zeit erfahrener Strömungen, in den plötzlichen Verschiebungen seiner literarischen Biographie, der organische Abläufe und evolutionäre Stetigkeit fremd sind.

(52) Die merkwürdig ambivalente Grundhaltung des Autors läßt ihn so gut wie jede Äußerung von einiger Bedeutung früher oder später durch entgegengesetzte Stellungnahmen widerrufen.

(56) Bei Moritz begegnen vielfache Interferenzen von Stilrichtungen, die, nach dem Gesetz der Literaturentwicklung, die Aufnahme des Neuen oft begünstigen.

(52) — — — Widersprüche finden sich oft im gleichen Werk, bisweilen auf derselben Seite vereinigt.

(56) Um 1790, in symptomatischer Ausprägung bei Moritz selbst, greifen Aufklärung, Klassik, beginnende Romantik, reflektierte Empfindsamkeit und verspäteter Sturm und Drang in ähnlicher Weise ineinander wie Naturalismus, Impressionismus, neuromantische Tendenzen und Jugendstil um die Wende zum 20. Jahrhundert.

(52) Angesichts dieses Fehlens wirklich eindeutiger Aussagen fällt jede auch nur oberflächliche geistesgeschichtliche Standortbestimmung äußerst schwer.

(56) Eine gleichsam verspätete und unkonventionelle, überall auf Anschluß bedachte Teilnahme an den maßgeblichen geistigen und literarischen Tendenzen der Epoche sowie deren Reflexion machen Karl Philipp Moritz zu einer typischen Gestalt des Übergangs.

(52) — — — darf dabei wiederum nicht übersehen werden, daß Moritz bei aller Nähe zum Sturm und Drang doch nicht als dessen typischer Vertreter angesprochen werden kann und daß er sich ferner zumal in seinen pädagogischen und psychologischen Schriften als wenigstens zeitweilig recht überzeugter Anhänger der Aufklärung entpuppt.

(56) Persönliche und literarische Beziehungen mit Autoren der noch im Werden begriffenen Romantik rechtfertigen es, daß Moritz als eine solche Übergangsgestalt in einer Geschichte der deutschen Romantik künftig Aufnahme findet.

(52) Am ehesten läßt sich Moritz noch als Vorläufer und Wegbereiter der Romantik in Anspruch nehmen.

(56) Zu den Prädispositionen, die bei Moritz jene betonte Offenheit allem Neuen gegenüber mitbedingen, gehören nicht zuletzt bestimmte psychische und charaktereologische Anlagen.

(52) Die Beziehungen Moritz' zur Romantik wurden denn auch von der bisherigen Forschung oft und gründlich unter die Lupe genommen.

(56) Eine mit Raffinement genossene Sensibilität, eine nervöse Geistigkeit, verbunden mit einem zeitweise ins Pathologische reichenden Todesbewußtsein, verhindern jeden Ausgleich.

(52) — — — wurde freilich die »Nachtseite« der Moritzschen Weltanschauung gelegentlich zu stark betont.

(56) Man erlaubte sich in der Moritz-Forschung unzulässige Harmonisierungen.

(52) Auch als Vorläufer der Romantik kann also Moritz nicht uneingeschränkt bezeichnet werden.

(56) Die Widersprüche finden bei Moritz keine Lösung — — —

(52) — — — bestätigen letztlich, was wir im Verlaufe unserer Untersuchung immer wieder feststellen mußten: Moritz ist ein so vielseitiger, unsteter und innerlich zerrissener Autor, daß er sich jeder festen Einordnung in die Geistes- und Literaturgeschichte entzieht.

(57) Es gibt ja sogar eine medizinische Dissertation, eher eine Kuriosität, die von dem Haarausfall Anton Reisers im vierten Teil des Romans ausgehend, zwei Seiten über Anton Reiser bringt und dann fortfährt, alle

in der Medizin bekannten Arten von Haarausfall anzuführen. *)

(58) Für viele seiner Zeitgenossen war er der Verfasser von populär sein sollenden Aufklärungsschriften über den Gebrauch eines fehlerfreien Deutsch, die aber schon für jene Zuhörer, denen sie zugedacht waren, zumal den weiblichen Lesern, teils schmackhaft, teils, der Schwierigkeit der spekulativen Gedanken wegen, unschmackhaft waren — — —

(59) Es ist dabei im Blick zu halten, daß es sich hier immer um den gleichen Moritz handelt — — —

(58) Dieses Leben war bestimmt, sich früh zu verzehren.

(60) Was macht ihn so unwiderstehlich? Was bringt ihn uns so nah? Das Unfertige? Die ständige Unruhe, die Flucht vor sich selbst? Daß er kein Werk so ganz zu Ende geführt und alles angefangen hat?

(58) So kurz dieses Leben war, es führte den bettelarmen Sohn eines Regimentshautboisten und quietistischen Sektierers, den Hutmacherlehrling, auf die Höhe eines Mitglieds der Berliner Akademie der Wissenschaften und des Senates der Akademie der bildenden Künste — — —

(60) Liegt seine Modernität darin, daß er nicht festzulegen ist, daß seine Werke keiner Gattung zuzuordnen sind? Daß alles, was er unternommen hat, seiner

---

*) Zwetan Sawoff, *Der Haarausfall des Anton Reiser. Über den Zusammenhang des Ausfalles des Kopfhaares mit Erkrankungen des Körpers und die übrigen Alopecien.* Diss. Berlin 1926.

Zeit vorauseilte und in ihr nicht den rechten Platz zu finden vermochte?

(58) Der niederdrückende Dämon dieses Lebenslaufes ist die Lungenkrankheit.

(60) Liebenswürdig ist er wie kein anderer Schriftsteller unserer klassischen Literatur.

(58) Von frühester Jugend her anfällig, provoziert Moritz wiederholte Krankheitsanfälle bis zum Blutsturz durch eine Lebensweise, die sich die gesunden, schlittschuhlaufenden Klopstock und Goethe leisten durften, ihm aber versagt sein mußte.

(60) Vorbehaltlos gibt er sich ganz in seinen Schriften, und gelingt es ihm nicht, so sagt er auch das noch.

(58) Im Todesjahr war Moritz eine überstürzte und unglückliche Heirat mit der Schwester des Verlegers Matzdorf eingegangen, was dem Lebensausgang eine seltsam rätselhafte Belichtung, nicht frei von tragikomischen Zügen, verleiht.

(60) Etwas Dichterisches ist in seinem Wesen.

(58) Der Erbe von Moritz ist Jean Paul.

(60) Etwas Unirdisches, ein Überschwang seligen Gefühls — — —

(58) Todesfurcht hat Moritz lebenslang unterjocht.

(60) Erstaunlich zumal bei der schwachen physischen Konstitution ist es, daß Moritz durch keine Mode angekränkelt wird.

(58) Sein Bestes hat Moritz in seinen mündlichen Erzählungen gegeben, mit denen er in Gesellschaften brillierte.

(60) Er hat sein Elend nie vergessen.

(58) Alle weiteren Fragen könnte nur »Moritzens Geist« beantworten.

XII.

(19) Den Kopf auf die Hand gestützt saß ein *Lebenswandrer* auf dem Stamm einer abgehauenen Eiche, und blickte in den vorbeifließenden Strom.

Der Strom war tief und schnell, das Wasser gelb und leimicht, und hie und da bildeten sich kleine Wirbel auf der fortschießenden glatten Oberfläche.

Seit dem frühen Morgen hatte der einsamtrauernde mit unverwendetem Blick in die Fluth hinabgesehn, und schon neigte die Sonne sich wieder zum Untergang.

Da hob er sein Klagelied an, und sprach:

»Ich weinte, da meine Mutter mich mit Schmerzen gebahr.«

Zum erstenmale habe ich heute die unaussprechliche Seeligkeit empfunden, mich außer mich selbst zu sehen. — —

Ich sah mich in einem Winkel der Stube sitzen, und schreiben, das Licht mir näher rücken, und den Schirm vorschieben. — —

Ich war ein Gott in dem Augenblick, — ich hätte mich können sterben sehen — — hätte meinen Leib zu Asche verbrennen sehen — und gelächelt. — Ich untersuchte meine Gesichtszüge; und fand erst mürrischen Ernst mit Bitterkeit vermischt darinn.

Dann sahe ich mein Auge sich allmählig erheitern, — und wo war ich, da ich dieß sahe? — Wo? — — ich hatte keinen Gedanken mehr für das *wo* — ich war nirgend und doch allenthalben. — Ich fühlte mich aus der Reihe der Dinge herausgedrängt, und bedurfte des Raums nicht mehr.

Nun fühl' ich mich wieder eingekerkert in dieses Beinhaus, in diese zerbrechliche Hütte von Leimen.

Süße Freiheitsstunde, wann erscheinst du wieder?

Nachweise und Zusätze.

(1) T. G. Dittmar, Karakterzüge aus dem Leben des Prof. Hofraths Moritz in Berlin. Morgenblatt für gebildete Stände, Nro. 170 und 171, Sonnabend, 10. Julius, und Montag, 18. Julius 1808, unter den Titeln 1. Der Heuboden, 2. Die Bewegung und 3. Das lebendige Gemählde. Die Serie, es folgten noch 4. Die beyden Schimmel, Nro. 186, Donnerstag, 4. August, und 5. Der Handwerksbursche, Nro. 189, Montag, 8. August 1808, beginnt mit dem Vorspann: »Dieser gutmüthige, phantasiereiche, geniale Gelehrte, welcher vor mehrern Jahren in Berlin als Lehrer am Berlinischen Gymnasium, und als Professor bey der Akademie der Künste mit vielem Nutzen unterrichtete, gehörte wegen der Eigenthümlichkeiten seines Genies und Karakters zur Klasse der Sonderlinge. In dem von ihm herausgegebenen Leben Anton Reisers hat er zwar eine Selbst-Biographie von sich geliefert, die von seinem Freunde Klischnige nach dessen Tode fortgesetzt worden; ich erinnere mich aber nicht, daß ich folgende Karakterzüge von ihm darin gelesen hätte, da sie meine individuelle Erfahrung von ihm sind.«

(2) Erinnerungen aus den zehn letzten Lebensjahren meines Freundes Anton Reiser. Als ein Beitrag zur Lebensgeschichte des Herrn Hofrath Moritz von Karl Friedrich Klischnig. / Anton Reiser. Ein psychologischer Roman. Fünfter und letzter Theil von Karl Friedrich Klischnig. Berlin 1794.

(3) Henriette Herz. Ihr Leben und ihre Erinnerungen. Herausgegeben von J. Fürst. Zweite, durchgesehene und vermehrte Auflage. Berlin 1858. Henriette Herz ist die Freundin, auf deren mündliche Überlieferung Varnhagen von Ense in seiner Passage über Moritz sich beruft; Denkwürdigkeiten und Vermischte Schriften, 1837–1846, Band 4: »Zuweilen war er in seltsame Träume versunken, und lebte mit wunderlichem Eigensinn ganz in seinen Bildern. Die erwähnte Freundin fand ihn einmal in

Berlin auf einer Brücke am Geländer stehen, und übergelehnt unverwandt in das Wasser blicken. Sie redete ihn an, und hegte einige Besorgniß, ihn seinem Tiefsinne so überlassen zu sehen; er aber grüßte sie freundlich, und sagte, auf das Wasser zeigend: ›Da unten sind viele Gesichter, und eins, das mir ganz besonders gefällt, sieht mich immer liebreich an, und wenn's mir noch lange so gefällt, so muß ich zu ihm.‹ — Solcherlei war in ihm der tiefe Ernst, und seine Freundin mußte ihn, trotz aller Bemühungen ihn mitzunehmen, allein auf der Brücke zurücklassen.«

(4) Wilhelm Gabriel Wegener in seiner Selbstbiographie; zitiert nach: Jugendbriefe Alexander von Humboldts an Wilhelm Gabriel Wegener, herausgegeben von Albert Leitzmann. Leipzig 1896.

(5) Johann Wolfgang von Goethe, Italiänische Reise I und III, zitiert, wie auch die Briefe Goethes, nach der Sophien-Ausgabe, Weimar 1887–1916.

(6) Nekrolog auf das Jahr 1793. Enthaltend Nachrichten von dem Leben merkwürdiger in diesem Jahre verstorbener Personen. Gesammelt von Friedrich Schlichtegroll. Vierter Jahrgang. Zweyter Band. Gotha, 1795. Verfasser des nicht gezeichneten Beitrages war der Gothaer Gymnasialprofessor Karl Gotthold Lenz; die einleitende Fußnote lautet: »Diesem Aufsatze liegt zwar Anton Reiser und Klischnigs Fortsetzung zum Grunde: allein durch die handschriftlichen Beyträge mehrerer Männer, deren zuvorkommende Dienstfertigkeit der Verf. nicht genug rühmen kann, ist man in den Stand gesetzt worden, in die Schilderung des Lebens und Charakters dieses Mannes weit mehr Wahrheit und Unpartheylichkeit zu bringen, als in jenen Schriften angetroffen wird. Zur Empfehlung des Aufsatzes wird es vorzüglich gereichen, daß ein Mann, der Moritzen genau kannte, eine sorgfältige Revision desselben übernommen hat. — Gerechtigkeit und Wahrheitsliebe nöthigen den Verf. hinzuzufügen, daß Jemand, der Moritzen kannte, bey dem Lesen dieser Lebensbeschreibung in der Handschrift, die Anmerkung machte, es ließen sich doch noch manche zerstreute Züge zu Moritzens Charakter sammeln, durch deren Vereinigung etwas weniger Schatten in das Gemählde käme. — Wir geben unpartheyisch, was wir bis jetzt haben; vielleicht einst noch manches über ihn in den Nachträgen.« Im Supplementband, Zweyte Abtheilung, Gotha 1798, setzt sich, nach einigen einleitenden Absätzen, »Sie werden sich erinnern, lieber Sch., daß ich aus einer vieljährigen,

genauen Verbindung mit Moritz manche Data und Winke zur Moritzischen Biographie im 2ten Band des vierten Jahrgangs mittheilte; daß aber die Zusammentragung und Verarbeitung des Ganzen das Werk unseres Freundes Lenz ist. Wir stimmten damals überein, daß keine Darstellung eines Lebens tiefer eindringen, mehrere Seiten ihres Gegenstandes auffassen, und lehrreicher seyn könnte. Vor allem aber entzückte mich, daß jeder Reihe der sittliche Character unsers Freundes aufgedrückt ist, und daß man nichts lesen kann, was mehr auffordert und den Entschluß abdringt, den Geboten der Pflicht zu folgen, nie die Würde des Characters aufzugeben, und nur großen Lebenszwekken anzuhängen. Es dauerte mich innigst, daß, in solchem Geist die Dinge sehen und beurtheilen, nothwendig dahin führen mußte, das Kleinliche und Erbärmliche in Moritzens Handlungs- und Lebensweise hervor zu ziehen, und nach seinen tadelnswerthen Ursachen und schädlichen Folgen herab zu würdigen. Aber die Wahrheit muß ihr Recht behaupten, und wir müssen uns mehr gewöhnen, die sittlichen Gesichtspunkte die ersten, die einzigen seyn zu lassen. Von Kindheit an gefiel sich Moritz zu seyn, wie man nicht seyn soll; nur den Schein zu wollen, die Eitelkeit in sich herrschend zu machen, und ihre Nichtbefriedigung einem unglücklichen Gang der Dinge, einem ihm widrigen Schicksal, nicht einer verkehrten Gemüthsstimmung, zuzuschreiben, die in Sachen Werth setzte, welche keinen für uns haben sollen. Diese Verschrobenheit der ganzen Denkungsart war nicht etwa ein verborgener Zug in Moritz, der ihm vielleicht selbst entgehen konnte; er hatte seiner gar kein Hehl — er glaubte durch ihn Interesse einzuflößen, nicht verächtlich zu werden; er entschloß sich, ein ganzes Leben, sein eignes Leben, zusammen gesetzt aus Leiden und Freuden der Eitelkeit, der Welt zu zeigen. Eine solche Eitelkeit kann keinen Bund mit Vernunft eingehen, sie kann nur das Erzeugniß und die Gehülfin einer in uns auf das Kleinliche gehenden Phantasie seyn — und hiermit ist Moritz ganzes Seyn nach allen seinen Richtungen bestimmt. Den Blick des Beobachters hatte Moritz für sein Inneres — aber er konnte nie darauf kommen, es umschaffen zu wollen, in sich selbst die Quelle seiner Leiden und die Mängel aufzusuchen, welche ihn von wahrer Größe entfernt hielten, und ihm die Achtung der Menschen entzogen. Keiner wußte besser, als er, wie es in ihm zuging. Aber die Thatsachen waren ihm nur bekannt; die Grundsätze, nach denen er sie hätte beurtheilen sollen, waren ihm ganz fremd, und er mußte sie zuletzt, wie er auch in Gesprächen that, wenn man sie ihm vordemonstrirte, leugnen; denn sie hätten seinen eignen Werth, den ganzen Moritz, in seinen eignen Augen vernichten müssen, wenn er sie anerkannt hätte. Diese Grundsätze waren keine andern, als die moralischen selbst. Man lese den Anton Reiser. Was er in seine frohesten Begebenheiten hineinlegt, sind nur die Raffinements der Eitelkeit, welcher Phantasie zu Geboth steht — und er wollte den Anfang seines Lebens so erblicken und darstellen, wie es nur in dem Verfolg oder am Ende eines dem Schein, dem Haschen nach Lob und der Selbsttäuschung gewidmeten Lebens hergehen konnte. Daß er so nicht viel leistete, und in die peinlichsten Lagen kam, entging ihm. Er schob die Ursachen davon auf äußere Begebenheiten. Er stellte sich selbst zur Schau und Belehrung dar, und wir sollten nicht an seinem Beyspiel lernen und lehren, daß man sich selbst vergessen muß, wenn man in oder außer sich etwas Großes zu Stande bringen will? daß die Gefallsucht, das Streben nach Lob, nach Glanz, nach Schein, den Egoismus auf seine Höhe bringt und das Grab von Sittlichkeit, von Würde, von Glückseligkeit wird? Aber auch in anderer Rücksicht war es wichtig, mit einiger Strenge des Sittenrichters und Literaten Moritzens Eigenschaften und Verdienste zu zergliedern. Den gewöhnlichen Gang, sich Kenntnisse zu erwerben und auszubilden, verließ er oft und verfolgte ihn nie ernstlich. Er vernachlässigte das Studium der alten Sprachen; von Mathematik, Physik, Naturgeschichte u. s. w. wußte er nichts; nur einige philosophische Schriften hatte er gelesen. Anstrengung konnte er sich nie abgewinnen, und Ausdauer widerstritt seinem Character. Das alles war aller Welt bekannt — und gleichwohl hatte Moritz geschätzte Schriften verfasset, war zu literarischem Ruhm u. s. w. gelangt. Es kam also darauf an, um diesem Beyspiel das Verführerische zu nehmen, an ihm die Folgen des Unfleißes, des vernachlässigten Studiums, des versäumten Wissens u. s. w. auseinander zu setzen«, der Lieferant der Winke mit der »abweichenden Ansicht eines Recensenten in der Oberdeutschen allgemeinen Literatur-Zeitung (Jahr 1796. S. 732 et seqq.)« auseinander, die er im Auszug zitiert und mit hier unangeführt im Kursivdruck wiedergegebenen Zwischenbemerkungen versieht: »Hier wird nicht geschont, sagt der Rec., nicht entschuldiget; jede Blöße des Mannes wird aufgedeckt; keine Schwäche, und wäre sie auch noch so verzeihlich, wird verziehen; sogar das Gute wird ins Arge gezogen. Rhadamanth mag dem Schatten gnädiger seyn.« *»Davon sind wir auf die Beweise begierig.* Wie in dem jungen Moritz die Phantasie zu dem großen Übergewicht über die übrigen Seelenkräfte kam, wird zwar hinlänglich gezeigt; dabey aber nicht bemerkt, daß ein großer Theil seines Lebens in die Periode der gährenden Phantasie überhaupt fällt.« *Die Be-*

merkung ist so übel nicht. Doch verdient erwogen zu werden, daß Moritzens Phantasie das Übergewicht, aber keine Größe erhielt: daß sie damals nichts Bedeutendes hervorbrachte, aber doch den Character mit verunstaltete — von Erwerbung nützlicher Kenntnisse abführte und zu Müssigang und Unleidlichkeit brachte. »Wie viel Entschuldigung liegt nicht schon hierin allein für manche Verirrungen des excentrischen Knaben und Jünglings? Allein der Biograph, weit entfernt, auf dies Rücksicht zu nehmen, rügt es S. 174 bitter, daß Moritz in seinem 13ten Jahre von eigentl. Aufklärung des Verstandes noch so fern sey; daß ihn damals die Predigt eines beredten Mannes so sehr in Feuer setzten konnte, daß er die Nähe seines Todes fürchten, und in einem Anfalle von Lebens-Überdruß sich ins Wasser stürzen konnte. Um das Mitleiden, das bey dieser Stelle sich im Herzen manches Lesers unwillkührlich für das unglückliche Kind regen dürfte, zu ersticken, wird sogleich die Vermuthung geäußert, es könnte vielleicht auch aus erkünsteltem Heroismus geschehen seyn, durch den er Aufsehen oder Mitleiden erregen wollte.« *Was hat hierauf und auf Moritzens damalige Lage überhaupt wohl die Periode der gährenden Phantasie für Einfluß haben können? Vielleicht hätte indes auch unser Biograph von Moritz im 14ten Jahre noch keine eigentliche Aufklärung des Verstandes fodern sollen. Zu Vermuthungen über Erkünsteln giebt indeß M. durch sein eignes Erzählen aus der damaligen Zeit Veranlassung genug.* »Eben so strenge fällt das Urtheil über den 14 – 15 – 16jährigen Moritz, seinen Hang zum Theater, zu Romanen und Werken der Einbildungskraft, sein weniges Ausdauern bey Geschäften einerley Art, sein Mißmuth über fehlgeschlagene Entwürfe u. dgl. aus.« *Das strenge Urtheil ergiebt sich aus den Thatsachen selbst.* »Häßlich ist das Bild, das S. 179 und 180 vom geistigen und körperlichen Zustande des Jünglings entworfen wird.« *Aber dieses Bild wird theils von Moritz selbst im Anton Reiser nicht anders entworfen, theils entwerfen es alle, die Moritzen damals in H a n n o v e r kannten, eben so. Man vergleiche nur, was ein sehr achtungswürdiger Mann darüber in der Biographie S. 258ff. sagt.**) »Die rührende Anekdote, daß Moritz

---

*) Lenz beruft sich dort auf einen »strengen Beurtheiler, der Moritzens Zeitgenosse in Hannover war«; die Passage lautet: »Moritz thut in seinem Reiser, als wäre er in seinen Schuljahren in Hannover verkannt worden; beschuldigt auch verschiedne Personen, daß sie ihn nicht nach seinen Talenten behandelt hätten, und entwirft überhaupt ein Bild von seinem damaligen Zustande, wobey Er gewinnt und Andre verlieren. Es ging hierin dem geschätzten Schriftsteller wie vielen Andern. So wie er durch allmählige Entwicklung zu einem hohen Gefühle seines Werths und seiner Talente gelangte, und aus diesem Gesichtspunkte sein früheres Leben allein betrachtete, so ward er zu einem Anachronismus verleitet. 1770 war Moritz noch nicht Moritz; er glaubte aber, daß alle Menschen dieß damahls

seinen Hunger oft mit dem Teig stillte, worinn sein Vetter das Haar zu den Perücken gebacken hatte, wird auf eine Art hingeworfen, die nicht Mitleiden, sondern Eckel erregt.« *Es liegt nichts in der Erzählungsart, welches Eckel erregen könnte. Mitleiden dürfte aber der Erzähler nicht erwecken wollen, da Moritz durch eignes, großes Verschulden so tief sank.* »Moritz wird sogar S. 181 ein Gegenstand der allgemeinen Verachtung genannt. War Moritz ein Bösewicht? Und ist es erlaubt, Todte so zu mißhandeln?« *Ein Jüngling, welcher so lebte, mußte ein Gegenstand allgemeiner Verachtung werden. Ob er es mit Recht war, darüber entscheidet der Nekrolog nicht. Was sollen also die Fragen: war Moritz ein Bösewicht? Um allgemeine Verachtung zu verdienen, ist es genug, ein Taugenichts zu seyn. Und ist es erlaubt, Todte so zu mishandeln? Mishandelt man sie, wenn man ihre Jugendgeschichte ihnen treulich nacherzählt?* »Um diesem empörenden Urtheil einen Schein von Billigkeit zu geben,

schon hätten anerkennen oder ahnden sollen. Dieß war wirklich unmöglich. Nicht eine Ecke guckte hervor, wodurch sein Genius wenigstens bis in sein sechzehntes Jahr hin verrathen hätte, was demnächst durch sonderbare Schicksale hervorbrach. Es sey denn, daß man einen in allem ganz passiven, trägen, vergeßlichen, in Schmutz und Unreinigkeit aller Art gleichgültig fort vegetirenden und bey allen Reizen zu einiger merklichen Thätigkeit in ewigem Schlummer vergrabenen Burschen als den Vorläufer eines großen Geistes annehmen kann. Aus seinem Munde ging nichts, wenn man auch liebreich und vertraulich mit ihm sprach, als höchstens eine Beschwerde, daß er nicht einmahl sein Pfennigbrod gehabt habe. Sein Rock war mit Federn bedeckt, da er gern und lang schlief. Er schien immer an Unverdaulichkeit und Verschleimung zu leiden. Es fiel keinem seiner Mitschüler ein, über ihn sich lustig zu machen; man fühlte Erbarmen mit dem Geschöpf. Natürlich konnte ein Jüngling der Art nicht sehr drauf rechnen, daß er anziehe und Achtung errege. Dennoch geschah meines Wissens nichts in jenen Jahren, was man als Verfolgung oder unwürdige Behandlung hätte auslegen können. Er ward z. B. nicht so häufig durch Scherze und Schulneckereyen mit genommen, als manche Andre. Er fand unter seinen Mitschülern Freunde, die ihn artig behandelten. Mußten sie bisweilen äußern: Moritz scheine ein Erzdummkopf zu seyn; so waren sie doch gutherzig und ehrlich genug, sich seiner bey verschiednen Gelegenheiten, da er unschuldig verklagt worden war, sehr anzunehmen. Es lag nur an mehrerer eigner, gar nicht übermäßiger Thätigkeit, und Moritz hatte eine vor vielen beneidenswerthe Lage. Wie er von dem Rector Sextro und von der treuherzigen Mutter desselben, der die Reinigung des halben Hottentotten sauer genug werden mochte, in dem Tone, das ist, ohne Dankgefühl sprechen konnte; wie er den für ihn immer väterlich sorgenden, viele erzeinfältige Streiche entschuldigenden, bey dem Prinzen, der ihn oft seinem Schicksale überlassen wollte, für ihn bittenden, jetzt verstorbenen Past. Marquard, nicht wärmer erheben, sondern dafür lieber den Essigbrauer herausstreichen konnte, habe ich nicht begreifen können. Als er mich in seinen letzten Jahren einmahl besuchte, brachte ich ihn zum Gefühl, daß er diese Periode seines Lebens in einer übellaunigen Stimmung bearbeitet habe. Denn das meiste, was er von dieser Lage sagt, ist schief, unwahr und ungerecht.«

wird alles zusammengerafft, was Moritz in den Augen des Lesers verächtlich machen kann, und mit den grellsten Farben ausgemahlt. Versunken in einen dumpfen gedankenlosen Zustand liegt er ganze Tage mit den Genossen seines Elends auf dem Bette, treibt abgeschmackte kindische Spiele, liest Romane und Schauspiele, durch die er einzig zur Äußerung einiger Lebenskraft und eines schwachen Ideenspiels gereitzt oder gekitzelt werden kann, und nährt seinen ausgemergelten Körper kümmerlich u. s. w.« *Der Recensent versuche einmal, diese Lebensperiode Moritzens anders darzustellen. Der Vf. im Nekrolog hat hier nur aus dem Anton Reiser geschöpft.* »Es wird sogar nicht vergessen, daß Moritz das gethan habe, dessen Nahmensvater das 1ste Buch Moses am 38 Kapitel und 9 Verse nennt.« *Möchte das doch nicht in so vielen Biographien vergessen seyn! Überdem sagt der Vf. hier nur nach, was schon Klischnig vor ihm gesagt hatte.* »Moritzens Streit mit Campe wird S. 215, wie leicht zu erachten ist, ganz zum Nachttheile des erstern erzählt. Moritz hätte sich gegen Klischnig geäußert, er habe sich bey seinem Aufenthalte in Braunschweig auf das Zureden mehrerer gemeinschaftl. Freunde mit Campe ausgesöhnt, um nicht für unversöhnlich gehalten zu werden. Dieses Vorgehen wird eine Unwahrheit genannt.« *Es ist eine offenbare Unwahrheit, da Niemand als M. selbst auf den Gedanken der Aussöhnung kam und ihn betrieb.* »Dabey wird die Vermuthung eines Jemands angeführt, die Aussöhnung sey ein Stück aus der großen Komödie seines Lebens gewesen.« *Solche Vermuthungen sind gegen einen Mann erlaubt, der so viel affectirte und Comödie spielte, als M. Der Vf. entschied aber nicht einmal für diese Vermuthung.* »Mit gleichem Rechte versichert der Hr. Verf., daß auch seine Aussöhnung mit seiner Frau von keiner Dauer gewesen seyn würde, wenn er länger gelebt hätte.« *M. war gewiß nicht auf immer in der Ehe zu fesseln.* »S. 243 kommt folgende Anekdote vor: Einst verliebte sich Moritz sterblich in ein Mädchen, dem er auf der Straße begegnet war. Er hatte keine Ruhe, bis ein Freund ihm Gelegenheit machte, mir ihr in Gesellschaft zu kommen. Sie spielte eine stumme Rolle. Ach, wenn sie doch spräche! sagte Moritz seinem Freunde ins Ohr. Endlich hörte er sie sprechen. Ach, wenn sie doch nicht gesprochen hätte! rief er jetzt aus, und damit endigte sich dieser beginnende Roman. Diese Anekdote wird zum Beweise angeführt, daß Moritzens Herz ganz der Vasall der sinnl. Eindrücke war, die seine Einbildungskraft ausmahlte; und daß er ausgebildete Begriffe von Weiblichkeit und dem Glücke einer Ehe nicht hatte. Dem Rec. scheint sie gerade das Gegentheil zu beweisen.« *Ist es nicht gleich tadelnswerth, die ernsthafte Idee einer Heurath auf bloßes, flüchtiges Sehen zu fassen, und wenn man Veranstaltung dazu trift, sie aufzugeben, wenn einem das erste Gespräch misfällt?* »Ebenso tadelt es der Hr. Verf. S. 240, daß Moritz nur erst nach Mendelssohns Tode als sein Freund, als sein Vertheidiger, als sein Verehrer öffentlich auftrat. Dem Rec. hingegen gefällt diese Delicatesse, und er glaubt, dieser Zug mache den beyden edlen Freunden Ehre.« *Der Vf. hatte das Verhältniß zwischen Mendelssohn und Moritz zu bestimmen. Bey Mendelssohns Lebzeiten hätte Moritz nicht wagen dürfen, sich einen Freund desselben öffentlich zu nennen, und als solcher von ihm zu sprechen u.s.w. Nach dessen Tod wollte Moritz sich damit Gewicht geben.* »S. 226 rügt es der Verfasser, daß Moritz sich durch seine Erziehung, durch Menschen, durch Schicksale und Verhältnisse bearbeiten ließ. Rec. wäre begierig, die Menschen kennen zu lernen, die sich weder durch Erziehung, noch durch Menschen, Schicksale und Verhältnisse bearbeiten ließen. Noch hat er dergleichen Wunder nicht gesehen.« *Sehr wahr, in einem gewissen Sinne. Aber so sehr wir auch vom Äußern abhängen, so sollen und können wir doch auch vom Innern auf uns einwirken und jenen äußern Einfluß so modificiren, daß Sittlichkeit und Selbstständigkeit nicht darunter leiden.* »Bald darauf wird Moritzens Leben mit einer Art Drama verglichen, dem es aber an Einheit der Handlung fehlte. Rec. befürchtet, das Leben jedes Menschen dürfte so einem Drama gleichen. Wenigstens ist er geneigt, die Biographie eines Mannes, dessen Leben als eine einige, aus einer Quelle und nach einem Ziele hinlaufende Handlung dargestellt wird, eben deswegen schon für einen Roman zu halten.« *Hier hat der Rec. meinen Beyfall.* »Der Hr. Vf. muß hierüber freylich ganz anders denken. Denn er leitet beynahe alle Handlungen des Moritz aus der Maxime der Eitelkeit ab. Er scheint ganz vergessen zu haben, wie viele Triebfedern gewöhnlich bey einer einzigen Handlung des Menschen in Bewegung; wie selten Handlungen sind, die aus einer einzigen Quelle abgeleitet werden können. Auch der Bösewicht handelt oft gut; und der Eitele nicht immer eitel.« *Mit solchen Räsonnements läßt sich nichts Einzelnes, nichts bestimmt Angegebenes widerlegen.* »Nichts ist leichter, als einen Menschen zu tadeln, selbst unter dem Schilde von Philosophie. Man darf ja nur den Menschen, wie er ist, mit dem, wie er seyn sollte, zusammen stellen. Wie klein wird da der erstere, und wäre er in der Erscheinung auch noch so groß, auf einmal werden! Allein, nichts ist auch unbilliger, als so eine Zusammenstellung. Auf der Wage der reinen Vernunft mag Gott den Werth des Menschen wägen. Menschen hingegen dürfen den Menschen nur nach empirischem Maßstabe schätzen. Moritz hatte früher einen Kampf zu bestehen, den viele edle Jünglinge zu kämpfen haben:

den Kampf mit der ihn in den Staub hinbeugenden Armuth. Er kam nicht ohne Wunden aus diesem Streite. Allein, wäre er auch unter gelegen, so würde er noch immer auf Mitleiden Anspruch machen können. Verachten würden wir ihn gewiß nicht.« *Dieser Kampf pflegt sonst den Character zu stärken, nicht zu schwächen, und Eitelkeit nicht aufkommen zu lassen.* »Moritz lernte frühe, wie verschieden eine Ideenwelt von der wirklichen Welt sey.« *(Das hat er nie gelernt.)* »Und daß die Menschen seiner Phantasie den Menschen in der Erscheinung nicht gleichen.« *Er nahm in seiner Phantasie nur sich selbst auf und von andern Menschen höchstens einen Göthe und Mendelssohn.* »Daher auf einer Seite seine Schüchternheit, seine Menschenscheue, sein Mißtrauen.« *(Gänzlich falsches Räsonnement.)* »Auf der andern sein gänzliches Hingeben an jene Wenigen, die er so fand, wie er sie sich wünschte. Daher betete er Göthe an; und sah an Mendelssohn einen Genius in menschlicher Hülle. Diese beyden Männer waren ihm personificirte Ideale von Tugend und Wahrheit. Mit diesen Männern verglichen, schienen ihm die übrigen Menschen, wenige Ausnahmen abgerechnet, nur ein *profanum vulgus.* Es war eine Ungerechtigkeit, die er an der übrigen Menschheit begieng: *Ignoscenda quidem, scirent si ignoscere Manes!* Daher liebten ihn diejenigen, die ihn näher kannten, so sehr, und suchten es ihm auch zu beweisen.« *(Er war nicht sehr geliebt.)* »In Rom ward er, was auch der Verf. S. 213 dagegen anführen mag, beynahe allgemein geschätzt. Während seiner Krankheit wachten Deutsche wechselweise jede Nacht an seinem Bette.« *Will in der Fremde und bey so einem Unglücksfall nicht viel sagen.* »Diese Seite von Moritzens Charakter, die so vielen Aufschluß über seine Gesinnungen und Handlungen gibt, berührt der Verf. ganz und gar nicht. Sie hätte zu viel Stoff zur Entschuldigung dargebothen; und das war gegen seine Absicht. Er wollte nun einmal an Moritz alles schlecht finden, und sah in dieser feindseligen Stimmung nicht einmal die Widersprüche, in die er sich dadurch selbst verwickelte.« *Sehr harte Äußerungen, die wohl mit bündigen Beweisen zu belegen gewesen wären.* »Er gibt S. 226 als Grundlage von Moritzens Character Schwäche aller Vermögen überhaupt, der Denkkraft, der Gefühlfähigkeit und des Begehrungsvermögens an, die Einbildungskraft ausgenommen; und in der Folge muß er doch wider Willen seinen Scharfsinn, sein natürliches Gefühl fürs Schöne, sein Interesse für Tugend und Wahrheit, seine Empfänglichkeit für das Erhabene S. 245, 252, 266 u. s. w. anerkennen.« *Mit einer natürlichen Schwäche der Seelenvermögen kann es ja wohl bestehen, daß die eine oder die andere Kraft durch ausschließende oder vorzügliche Übung derselben sehr gestärkt werde und zu einer bedeutenden Intension gelange. Überdem war es vornehmlich die Einbildungskraft, durch welche M. sich in mehd als Einem Fache auszeichnete; und daß diese bey ihm hervorstechenr war, ist ja in der Schrift gesagt worden.* »Auf eben der Seite, auf welcher dem verkannten Moritz Gefühl für Freundschaft abgesprochen, und versichert wird, er habe Anhänglichkeit und Liebe eines andern für sich nicht zu schätzen gewußt, erzählt der Verf. mit welcher Innigkeit Moritz an Göthe und Mendelssohn hing, wie er sie von Jugend auf verehrte und vergötterte.« *Der Rec. würde den Vf. widerlegt haben, wenn er den Beweis führte, daß Moritz mit ächter Freundschaft Mendelssohn und Göthe ergeben war. Der Nekrolog sucht zu zeigen, daß Moritz die großen Talente und Verdienste dieser Männer bewunderte, und ihren Beyfall einst zu erhaschen, als ein großes Ziel mit seiner Einbildungskraft sich aufstellte. Hierzu war keine persönliche Bekanntschaft erforderlich, und selbst alle einstweilige Verbindung entbehrlich.* »Baron Hörwart sagte von Moritz: er sey ein roher Diamant; wer ihn nicht kennt, geht kalt vorüber. Wahrhaftig! der Biograph kannte diesen Diamant nicht. Rec. ist es müde, all das Schiefe, Halbwahre und Falsche in dieser zwar künstlichen, aber auch höchst ungerechten Biographie zu rügen. Nur muß er noch dem Verfasser derselben, besonders aber dem Herausgeber des Nekrologs, noch einmal die Frage ans Herz legen: Ist es erlaubt, einen edlen Mann, den Freund Göthe's, Mendelssohns und anderer Edlen — ist es erlaubt, einen Todten so zu mißhandeln?« *Ist es erlaubt, so leichtsinnig in harten Worten Beschuldigungen solcher Art zur Last zu legen?*

(7) Johann Wolfgang von Goethe an Charlotte von Stein, Rom, 20. Januar 1787.

(8) Caroline Herder an Johann Gottfried Herder, Weimar, 5. und 25. Dezember 1788; zitiert nach: Herders Reise nach Italien, Herders Briefwechsel mit seiner Gattin, vom August 1788 bis Juli 1789, herausgegeben von Heinrich Düntzer und Ferdinand Gottfried von Herder, Gießen 1859. Caroline Herder berichtete Herder mehrere Male und ausführlich von Moritz und dessen Aufenthalt in Weimar. Am 5. Dezember: »— — — und drittens ist Moritz vorgestern angekommen. Da Goethe in Gotha war, so kam er gleich zu mir. Ich wollte eben meinen Nachmittagscaffee trinken, als er kam. Du kannst leicht denken, wie mir mein Herz schlug. Er machte es gar hübsch, gab nach gewissen Pausen eins nach dem andern seiner Creditive heraus. — Moritz blieb einige Stunden bei mir, und ich war so bekannt mit ihm, als ob ich ihn lange kennte. Das meiste ward von Dir und Rom gesprochen; nun ging er weg, um auszuruhen und spazieren zu gehen. Ich

lud ihn auf den andern Tag zum Mittagessen; er kam gar gern. Knebel sollte auch dabei sein, er war aber zur Herzogin gebeten; es war auch so besser. Nun ging beim Essen bald die Erzählung von dem alten Rom, auch mitunter von den päpstlichen Ceremonien an; alles horchte. Ihn muß man nur erzählen hören; er ist ein gar trefflicher und verständiger Mensch. Vom Monsignor Borgia und der Propaganda gab er mir auch einen Begriff. Ich hatte einen so köstlichen Mittag; wir waren seine Gäste und er der Wirth.« Am 12. Dezember: »Goethe grüßt Dich herzlich. Moritzens Gegenwart thut ihm sehr gut, und er muß so lange hier bei ihm bleiben, bis der Tasso fertig ist. Ich habe Moritz, seitdem ich Dir geschrieben, den Sonntag Abend bei Frau von Stein und den Dinstag, da er mich besuchte und wir Caffee zusammen tranken, gesehen. Er ist unerschöpflich in seinen Erzählungen, und beschreibt alles so genau, daß man die Sache von der interessantesten und richtigsten Seite weiß.« Am 19. Dezember: »Goethe war vorigen Sonnabend eine Stunde bei mir, es waren aber die Vogelstädts gerade da. Von Moritz wurde viel gesprochen, und ich freue mich recht an seinem metaphysischen Kopf. Er hat uns letzthin mit einer ganz eignen Deutlichkeit und Innigkeit gesagt, nur der sei ein Dichter, Künstler, Schöpfer, der seinem Werk eine vollständige Form und lebendige Gestalt geben könne, in welcher Sache es auch sei. Nie müsse ein Dichter auf Effecte arbeiten; nur das ganze und nicht zerstückelte Geschöpf, das er jetzt hervorbringen will, muß seine Seele erfüllen. Er hat es so bildlich schön gesagt, daß ich kein Wort von ihm wiederhole; auch sagte er zu unsrer Freude, daß er eine Abhandlung darüber geschrieben habe. Er selbst scheint kein erfinderischer Geist zu sein; was ihm aber vorkommt oder was ihn interessirt, welches vorzüglich die Kunst ist, weiß sein Geist auf solche deutliche und anschauliche Grundregeln zu bringen, daß es eine Lust ist ihm zuzuhören.« Am 19. Januar 1789: »Goethe ist fleißig beim Tasso gewesen, wie mir gestern Moritz sagte; er ist aber noch nicht damit fertig, und pausirt ein wenig. Ich habe gestern und vorgestern die Abhandlung von Moritz über die bildende Nachahmung des Schönen gelesen. Die ersten Entwicklungen über Nützlich, Gut, Schön und Edel dünken mich sehr wahr, und das übrige von der Bildungskraft ist mir auch einleuchtend, so wie ich das folgende alles als wahr und vortrefflich empfunden habe, wenn es mir schon nicht völlig klar geworden ist. Knebel hat Zweifel dagegen und wünscht Deine Gegenwart, damit Du das Dunkle aufhellen mögest. Moritz ist der Prophet über Goethe und schließt den eigentlichen Sinn über seine Stücke auf, und weiß den Mittelpunkt. Der regierenden

Herzogin hat der Mittelpunkt von Clärchen im Egmont nicht behagen wollen; ich weiß nicht, ob er sie noch belehrt hat. So viel ist gewiß, er hat eine helle und verständige Vorstellungskraft, und ist ein ächter Metaphysiker. Die Kalb war gestern auch bei mir, da er gerade da war, und da den Tag vorher Cabale und Liebe von Schiller gespielt worden, so mußte sies dulden, daß er das Stück zergliederte, und bewies, daß kein Funke poetisches Drama darinnen sei. Das ganze Gespräch lief darauf hinaus, daß man nichts Schlechtes dulden müsse, und daß man dafür das Gute zehn- und zwanzigmal, ja bis zum Auswendiglernen lesen müsse, wie die Alten es gethan haben. Darunter rechnet er vorzüglich Goethes Werke, den Shakespeare und Homer von Voß übersetzt; die Griechische Schaubühne sei uns vor der Hand noch zu hoch. Ich theile Dir nun so abgerissen die Gedanken mit, und weiß nicht, was sie in der Ferne wirken. Du hast seinen Aufsatz auch gelesen; er sagte mir, Du hättest ihn wahr gefunden. Moritzens Bekanntschaft freut mich um so mehr, da es ein wirklicher Schatz fürs Leben ist, einen verständigen Mann mehr zu kennen, ob ich ihn gleich nicht oft sehe.« Am 30. Januar: »Wie freue ich mich, daß es in Napel so schön ist! Du wirst einen Schatz des Lebens sammeln, den Du jetzt noch nicht berechnen kannst, der aber für Dich und für uns in der Folge gewiß wohlthätig werden kann, je mehr wir unser Dasein in uns selbst befestigen! Darauf wollen wir arbeiten, liebes Herz, und weder zur Rechten noch Linken schauen. Auch macht einen so gar nichts mehr von außen irre oder unruhig; darin liegt die größte und einzige Lebensweisheit. Moritz ist mir ein eindrückliches Bild davon geworden, und seine Abhandlung über die bildende Kunst ist mir ein großes Licht geworden, ein Maaßstab für das Beste. Ich habe mirs abgeschrieben, und dadurch ist mirs sehr klar geworden. Wenn Du wiederkommst, müssen wirs zusammen lesen. Er hat heute Abschied bei mir genommen und geht übermorgen früh mit dem Herzog nach Berlin.« Herder, der es, in dessen Brief vom 27. Dezember 1788, zudem von Goethe hörte, »Moritz ist nun schon 3 Wochen hier und thut uns allen sehr wohl, besonders haben ihn die Frauen sehr in Affection genommen, denen er allerlei Lichter aufsteckt«, hörte es, unglücklich und fremd, wie er sich, getrennt von seiner Familie, in Italien fühlte, »mein erster Fehler war, diese Reise zu thun, und in meinen Jahren sie unter solchen Umständen, so ungewiß zu thun — — — man kommt in Rom zu nichts, und man wird seiner Zeit nicht froh — — — ein Grabmal, aus dem ich mich allmählich herauswünsche — — — ists mit dem Klima hier eine hündische Sache: Kälte und Regen wechseln so schnell mit einander, daß der Körper zu gar keiner Bestandheit kommt; und da man sich gegen keins von beiden schützen kann, so wird man des Lebens nicht froh — — — ein unangenehmer Aufenthalt im Ganzen — — — ich muß mich überall wie ein appendix durchbetteln — — — sehne mich aus Italien und wollte, daß ich schon an der deutschen Gränze wäre — — — What's Hecuba to him or him to Hecuba? sage ich mit dem guten Hamlet, und will mich gern wieder in meine kleine Nußschale einsperren, wenn ich nur schon zu ihr gelanget wäre — — — sind dies alles für mich Pfützen aus einem todten Meer, so sehr sich auch Goethe den Mund aufreißt, ihre Süßigkeit zu loben — — — ein todtes Meer, und die Blasen, die darauf emporsteigen, um bald zu zerknallen, sind für mich nicht erfreulich«, nicht gern. Am 10. Februar, aus Neapel: »Moritz ist ein guter Mensch, auch ein seltner Mensch in der Art, wie er sich seine Ideen stellt und stellen muß; in ihnen ist aber nichts Lichtes, nichts Geendigtes, und mich ärgerts, was die Damen dort für ein Wesen aus ihm machen, und wie sies mit ihm treiben. Auch von Dir hats mich gewundert, daß Du einige seiner Gespräche so hoch und neu aufgenommen hast; sie lassen weder Klarheit noch Erquickung zurück, und im Grunde ist er ein gedrücktes, krankes Wesen, auch in seiner Gedankenreihe, die nicht für mich ist; wir sind weiter.« Und am 27. Februar, aus Rom: »Moritzens Abhandlung ist ein verwirrtes Ding, und ich wundre mich, wie auch Du so viel Geschmack daran hast finden können. Für mich lesen konnte ich sie ganz und gar nicht, und als er sie mir vorlas, sagte ich ihm, bei dem vielen einzelnen Guten, das daran ist, sei sie im Ganzen für mich ungenießbar. Sie ließ eine unangenehme Empfindung in mir zurück, und der Werth, den er aus Goethes Mund darauf setzte, war mir zwar erklärlich, weil es ein Kleid ist, auf Goethe gepaßt und gemacht, aber desto mehr beinahe beleidigend — — — Alle weitern Subtilisationen, Abgöttereien mit sich und andern, Weibertatscheleien u.f. hole der Teufel.« Sie gab klein bei; Weimar, 16. März: »Über Goethe und Moritz hast Du völlig recht.« Am 23. März: »Daß ich so viel Aufhebens davon gemacht habe, rührt bloß daher, weil ich vom Dichter und der Poesie, vom Künstler und der Kunst noch keinen so anschaulichen Begriff gehabt habe, und ich war eben wie ein Kind, das einen neuen Buchstaben hat kennen gelernt.« Und wußte ihn mit der Mitteilung ihres Unmuts über Knebel zu beruhigen, der seine Meinung in entgegengesetzter Richtung geändert hatte; Weimar, 24. April: »Knebel bleibt ein unstetes, unsichres Rohr. Er ist im Grunde gut, aber ein jedes Lüftchen beugt und wendet ihn anders. Das habe ich in den letzten vier Wochen zum Erstaunen bemerkt — — — Er hat ein so großes Maul gegen

Moritzens Abhandlung gehabt, und da Goethe einen nur wörtlichen Auszug gemacht und ihm gegeben hat, da fand er es ganz vortrefflich, golden und verständlich — und es waren Moritzens eigne Worte und Zeilen.«

(9) Friedrich Schiller an Caroline von Beulwitz, Weimar, 3. Januar 1789, zitiert nach der Nationalausgabe, Fünfundzwanzigster Band, Weimar 1979. Schiller wußte um das Interesse der Schwestern Lengefeld am Autor des Anton Reiser, des Buches, das sie, so Charlotte von Lengefeld am 18. Januar 1787 an Fritz von Stein, »manchen Seufzer gekostet«; am 4. Dezember 1788 an Caroline von Beulwitz und Charlotte von Lengefeld: »Seit meinem lezten Brief an Sie hüte ich, halb meiner Geschäfte wegen, halb aus einer gewissen Trägheit, das Zimmer. Ich kann Ihnen also nicht gar nichts von Neuigkeiten berichten, die einzige ausgenommen, daß Moritz seit heut oder gestern hier ist, auch einige Tage noch hier zubringen wird. Ich kenne ihn schon aus einer Zusammenkunft in Leipzig*), ich schätze sein Genie, sein Herz

*) Sommer 1785, im Haus Georg Joachim Göschens in Gohlis. Moritz hatte in der Vossischen Zeitung vom 21. Juli und 6. September 1784 sich höchst unfreundlich gegen »Kabale und Liebe« ausgesprochen: »In Wahrheit wieder einmal ein Product, was unseren Zeiten — Schande macht! Mit welcher Stirn kann ein Mensch doch solchen Unsinn schreiben und drucken lassen, und wie muß es in dessen Kopf und Herzen aussehen, der solche Geburten seines Geistes mit Wohlgefallen betrachten kann! — Doch wir wollen nicht declamiren. Wer 167 Seiten voll ekelhafter Wiederholungen gotteslästerlicher Ausdrücke, wo ein Geck um ein dummes affectirtes Mädchen mit der Vorsicht rechtet, und voll crassen, pöbelhaften Witzes, oder unverständlicher Galimathias, durchlesen kann und mag — der prüfe selbst. So schreiben heißt Geschmack und gesunde Kritik mit Füßen treten; und darin hat denn der Verfasser diesmal sich selbst übertroffen. Aus einigen Scenen hätte was werden können, aber alles was dieser Verfasser angreift, wird unter seinen Händen zu Schaum und Blase — — — ich wasche meine Hände von diesem *Schiller'schen* Schmutze, und werde mich wohl hüten, mich je wieder damit zu befassen!« Klischnig, wie so oft die Harmlosigkeit selbst, berichtet über die Begegnung: »Spät gegen Abend kamen wir nach Leipzig und kehrten in einen Gasthof ein, wo uns hinten heraus auf einer langen schwarzen Gallerie ein schwarz geräuchertes Zimmer angewiesen wurde, aus dessen Fenster wir die reizende Aussicht auf eine unermeßlich hohe Mauer hatten und in Betten schliefen, die einem Sarge so ähnlich sahen wie ein Ey dem andern. Reiser klagte schon am andern Tage über Kopfweh und wäre gewiß, vermöge seiner lebhaften Phantasie, ernstlich krank geworden, wenn wir noch einen Tag in diesem Neste hätten zubringen sollen. Herr Göschen holte uns aber ab, und nahm uns mit heraus in seine Sommerwohnung nach Golitz, wo wir die beiden beliebten Schriftsteller Herrn Schiller und Jünger trafen und in ihrer Gesellschaft eine herrliche Nacht zubrachten. Reiser und Schiller sahen sich hier zum ersten Mahle. Schiller hatte sich durch die harten Reiserschen Anzeigen von seinen beiden dramatischen Stücken, die Räuber und

kenne ich nicht; sonst sind wir übrigens keine Freunde. Erfahre ich mehr von ihm, so theil ich es Ihnen mit.« Am 10. Dezember an Caroline von Beulwitz: »Diese Woche hat mich Moriz besucht, und mir eine sehr angenehme Unterhaltung verschafft, weil wir auf meine Lieblingsideen gerathen sind. Von Göthen ist er nun ganz durchdrungen und enthousiasmirt. Dieser hat ihm auch seinen Geist mächtig aufgedrückt, wie er überhaupt allen zu thun pflegt, die ihm nahe kommen. Aber ich finde, daß er auf Moriz gut gewirkt hat: Moriz hat viel Tiefe des Geists und Tiefe der Empfindung, er arbeitet stark in sich, wie schon sein Reiser beweist, der einen Menschen voraussetzt, der sich gut zu ergründen weiß. Seine Ideen bringt er zu einer anschaulichen Klarheit. Was ihn intereßirt ist ernsthaft und von Gehalt. Er scheint sehr an sich selbst zu verbeßern. Ich fürchte nur, er wählt sich Muster, nach denen er sich bildet, und so vortreflich auch seine Wahl seyn wird und schon ist, so ist doch Nachahmung ein niedrer Grad von Vollkommenheit. Von Göthen spricht er mir zu panegyrisch. Das schadet Göthen nichts aber ihm. Jezt gefällt er mir durchgängig beßer als vor seiner italienischen Reise; da schien er mir zu sehr den starken Geist zu affectiren. Jezt hat eine moderate und wohlthätige Philosophie von ihm Besitz genommen. Ich würde viel Vergnügen von seinem Umgang haben, wenn er hier wohnte. In Rom fand er meine Thalia, und einige ähnliche Empfindungsarten, die im Sonnenwirth (in meinem Verbrecher aus Infamie) ausgestreut sind und mit seinem Reiser übereintreffen überraschten ihn sehr. Er hat eine kleine Schrift drucken lassen, die er selbst für das höchste erklärt, was er leisten könne. Sie handelt von bildenden Künsten. Ich werde sie in Mscrpt von ihm zu lesen bekommen, und Ihnen dann mehr davon schreiben.« Am 11. Dezember an Charlotte von Lengefeld: »Moriz ist eben hier auf

Kabale und Liebe, beleidigt gefunden und stellte ihn also darüber zur Rede. Moritz sagte ihm seine Gründe, warum er die Aufführung solcher Stücke für schädlich halte und brachte es bald so weit, daß Schiller ihm in den meisten Punkten Recht geben mußte. Er gestand beiden Werken große Schönheiten zu, und führte selbst Stellen an, die eines Shakespear würdig wären, zeigte aber auch große Fehler und solche Auswüchse des Genies in ihnen, die offenbar einen schädlichen Einfluß auf die Sittlichkeit machen müßten. Männer wie Reiser und Schiller vereinigen sich bald, wenn sie sich erst näher über diejenigen Punkte erklärt haben, worin sie von einander abgehn. Die Freuden des Mahls erhöhten das gesellschaftliche Vergnügen und die schönste Sommernacht versiegelte den hier geschloßnen Bund der Freundschaft. Schiller las uns am andern Morgen Stellen aus seinem Don Karlos und der Geschichte des Abfalls der vereinigten Niederlande vor, woran er eben arbeitete — — —«.

seiner Rückreise von Italien. Er wohnt bei Göthen. Göthe hat ihm seinen Stempel mächtig aufgedrückt; sie kamen einander in Rom sehr nahe, und Moriz ist über Göthens Humanität panegyrisch entzückt. Ich fand über einige meiner Lieblingsgefühle, davon in Julius Briefen etwas ausgestreut ist, sehr viel Berührungspunkte mit Moriz. Sein Wesen hat viel Tiefe, seine Seele wirkt schwer, aber er bearbeitet seine Ideen zu möglichster Klarheit.« Am 12. Dezember an Caroline von Beulwitz und Charlotte von Lengefeld: »Mein Brief wird Ihnen sagen, daß ich Moriz gesprochen habe; beurtheilen Sie ihn aber nicht gleich nach meiner ersten Schilderung. Wir waren doch nur einige Stunden bei einander, und es begegnet mir gerne, daß ich zu rasch urtheile. Erwarten Sie also erst mehreres von mir über ihn. Ich denke ihn heute zu sehen. Über ein LieblingsThema von mir, davon auch im Julius Spuren enthalten sind, über das Leben in der Gattung, das Auflösen seiner selbst im großen Ganzen, und die daraus unmittelbar folgenden Resultate über Freude und Schmerz, über Tugend und Liebe, über den Tod hat er ausserordentlich klare und erwärmende Begriffe. Wegen seinem Magazin zur ErfahrungsSeelenkunde habe ich ihm einen Rath gegeben, den Sie vielleicht auch unterschreiben werden. Ich fand, daß man es immer mit einer traurigen, oft widrigen Empfindung weglegt, und dieses darum, weil es uns nur an Gruppen des menschlichen Elends heftet. Ich hab ihm gerathen, jedes Heft mit einem philosophischen Aufsatze zu begleiten, der lichtere Blicke öfnet und diese Dißonanzen gleichsam wieder in Harmonie auflöst.« Am 3. Januar 1789 an Charlotte von Lengefeld: »Sie wollten wißen, ob Moritz sich überhaupt für seinen Anton Reiser gehalten lassen will? Aus der Art, wie er davon spricht, sollte ichs fast glauben, und überhaupt ist er der Mensch nicht, der in solchen Dingen an sich hält. Er ist Philosoph und Weltbürger, dem es gar nicht einfällt, sein eigenes Ich zu schonen, wo es darauf ankömmt, der Wahrheit und Schönheit zu huldigen.« Der zitierte Brief an Caroline von Beulwitz vom 3. Januar fährt fort: »Was er mündlich an einigen Orten hier behauptet hat, ist übertrieben und fällt ins Lächerliche. Es scheint, daß er keinen Dichter erkennt als Göthen und allenfalls noch einen. Herdern vielleicht; da doch Göthe (von Herdern mag ich gar nicht reden) bey diesen Foderungen sehr zu kurz kommen würde. Aber Moriz rechnet den Egmont sogar unter diese vollendete Produkte, welchen Göthe selbst hoffentlich nicht für vollkommen hält. Ich ärgere mich über jeden sektengeist und Vergötterung anderer; aber an Moritz ist sie mir doppelt unausstehlich, weil er selbst ein vortreflicher Kopf ist. Ubrigens haben seine philosophischen Untersuchungen, sehr glücklich auf sein Gemüth gewirkt, und ihn aus einer schrecklichen Seelenlage gerissen, wie er selbst gesteht. Sein Geist hat durch anstrengendes Denken über seine Hypochondrie gesiegt, die ihn bey seiner Disposition zur Schwindsucht ohne diese innre Hilfe bald würde aufgerieben haben. Ich bin begierig, was Sie zu seiner Schrift sagen werden; Sie müssen sie sich anschaffen. Es sind nur 3 Bogen. Ich habe jezt leider für solche Materien keine Zeit, sonst würde ich mich kaum überwunden haben, mich auch darein einzulassen. Aber einmal nehme ich sie doch vor, wäre es auch nur, um meine eigene Ideen darüber zu berichtigen.« Am 2. Februar an Körner: »Dieser Tage ist Moritz wieder von hier abgegangen. Du hast mir nicht geschrieben, ob Du seine Broschüre gelesen hast, und was Du davon hältst. Sie schlägt in Dein Lieblingsfach so nahe ein, und würde Dich gewiß nicht gleichgültig lassen. Moritz ist ein tiefer Denker, der seine Materie scharf anfaßt und tief heraufholt. Seine Aesthetik und Moral sind ganz aus einem Faden gesponnen; seine ganze Existenz ruht auf seinen Schönheitsgefühlen. Die Abgötterei, die er mit Goethe treibt, und die sich soweit erstreckt, daß er seine mittelmäßigen Producte zu Kanons macht und auf Unkosten aller anderen Geisteswerke herausstreicht, hat mich von seinem näheren Umgange zurückgehalten. Sonst ist er ein edler Mensch, und sehr drollig-interessant im Umgange.«

(10) Johann Wolfgang von Goethe an Friedrich Leopold Graf zu Stolberg, Weimar, 2. Februar 1789.

(11) Alexander von Humboldt an Wilhelm Gabriel Wegener, Berlin, 27. März 1789.

(12) Johann Wolfgang von Goethe an Johann Friedrich Reichardt, Weimar, 30. Mai 1791.

(13) Friedrich Schiller an Johann Wolfgang von Goethe, Jena, 23. August 1794, Nationalausgabe, Siebenundzwanzigster Band, Weimar 1958. Schiller spricht von dem *Versuch einer deutschen Prosodie.*

(14) Jean Paul, Vorschule der Aesthetik nebst einigen Vorlesungen in Leipzig über die Parteien der Zeit, 1804; zitiert nach der zweiten, verbesserten und vermehrten Auflage, Stuttgart und Tübingen 1813.

(15) J. J. Horner an seinen Bruder Caspar, 25. Oktober 1794; Goethes Gespräche in vier Bänden, Zürich 1965.

(16) *Anton Reiser. Ein psychologischer Roman.* Berlin 1785–1790.

(17) *Andreas Hartknopf. Eine Allegorie.* Berlin 1786.

(18) *Andreas Hartknopfs Predigerjahre.* Berlin 1790.

(19) *Fragmente aus dem Tagebuche eines Geistersehers.* Berlin 1787.

(20) *Versuch einer kleinen praktischen Kinderlogik welche auch zum Theil für Lehrer und Denker geschrieben ist.* Berlin 1786.

(21) *Denkwürdigkeiten, aufgezeichnet zur Beförderung des Edlen und Schönen.* Berlin 1786–1788.

(32) ΓΝΩΘΙ ΣΑΥΤΟΝ *oder Magazin zur Erfahrungsseelenkunde als ein Lesebuch für Gelehrte und Ungelehrte.* Berlin 1783–1793.

(23) Marcus Herz, Etwas Psychologisch-Medizinisches, Moriz Krankengeschichte; Journal der practischen Arzneykunde und Wundarzneykunst, herausgegeben von C. W. Hufeland, Fünfter Band Zweytes Stück, Jena 1798.

(24) *Vorschlag zu einem Magazin einer Erfarungs-Seelenkunde. An alle Verehrer und Beförderer gemeinnüziger Kentnisse und Wissenschaften, und an alle Beobachter des menschlichen Herzens, welche in jedem Stande, und in jeglichem Verhältniß, Wahrheit und Glückseligkeit unter den Menschen thätig zu befördern wünschen.* Deutsches Museum, I, 1782.

(25) Moritz. Ein abgenöthigter trauriger Beitrag zur Erfahrungsseelenkunde. Von Joachim Heinrich Campe. Braunschweig 1789. Im Verlage der Schulbuchhandlung, Oktav. 53 Seiten.

(26) *Über eine Schrift des Herrn Schulrath Campe, und über die Rechte des Schriftstellers und Buchhändlers.* Von Karl Philipp Moritz. Berlin, 1789. Bei Friedrich Maurer. Oktav. 48 Seiten.

(27) *Die große Loge oder der Freimaurer mit Wage und Senkblei.* Berlin 1793.

(28) *Über die bildende Nachahmung des Schönen.* Braunschweig 1788.

(29) *Über die Allegorie.* Monats-Schrift der Akademie der Künste und mechan. Wissenschaften zu Berlin, Zweyten Jahrgangs Zweytes Stück, 1789.

(30) Berlinisches Archiv der Zeit und ihres Geschmacks, 1795, I, März. Unter dem nicht von Moritz stammenden Titel: Bestimmung des Zwecks einer Theorie der schönen Künste. Vom verstorbenen Hofrath Moritz.

(31) Johann Christian Conrad Moritz an Jean Paul, Berlin, 1. August 1795. Johann Christian Conrad Moritz, Angestellter bei Moritz' Schwager, dem Berliner Buchhändler Karl Matzdorff, setzte nach dem Tode des älteren Bruders die Korrespondenz fort, die Jean Paul, als erfolgloser Satirenschreiber, der einen Verleger für seinen ersten Roman suchte, mit dem Brief begonnen hatte, der das Moritz via Göschen übersandte Manuskript der Unsichtbaren Loge begleitete; Schwarzenberg, 7. Juni 1792: »Ich wolte Sie hätten diese Seite schon hinuntergelesen, damit ich nicht erröthete über Ihr Erstaunen bei Anblik des Volumens. Das schwarze Wachstuch umwickelt wie das Leben eines Menschen Karakter, Freude, Schmerz, einen halbabgebrochnen Plan, kurz einen Roman, ich hätte beinahe geschrieben, einen Menschen. ›Warum schikst du (muß ich mich fragen) einen deutschen Roman — da diese durch generatio aequivoca erzeugte Gattung von litterarischen Leseleichen einen Man von Geschmak anekelt — einem Manne, den du so liebst, der dich so oft traurig gemacht, wenn er dir zeigte, was das Leben ist und der Mensch, der sich darin zerblättert, was der dünne spize Augenblik ist, auf dem wir stehen, und wie zwischen unserm kurzen Schlafe und Traum ein Erdbal und zwischen den länger Schlafenden und Träumenden ein wenig Erde liegt?‹ Eben darum, sag' ich. —— Man wird traurig, wenn man ein Buch endigt, weil man an alles denkt, was man noch endigen werde — ich bin jezt nicht heiter genug, um deutlich zu sein. Da ich Ihnen das Buch schicke: so würd' ich die Meinung vergeblich zu verhehlen trachten, die ich von demselben habe und die mir nicht erlaubt, es wie einen amputierten Ldor auf der BuchhändlerBörse zirkulieren zu lassen und es dem gefühllosen Tasten von geistigen Sklavenhändlern anzubieten, die ich nicht kenne. Es ist mir süsser, wenn ich weiß, ich schicke es zu einem Herzen, das, seine Superiorität abgerechnet, dem ähnlich ist, unter dem es getragen und genährt worden. Fanden Sie es nach dem Lesen desselben werth, von den wenigen gelesen zu werden, die Ihnen ähnlich: so bitt' ich Sie ihm durch Ihr Urtheil oder einige Blätter oder das Ganze eine merkantilische Hand zuzuwenden, die es aus der geschriebnen Welt in die gedrukte führe. — Um Ihnen das Lesen des Ganzen zu ersparen oder zu erleichtern, wolt' ich Ihnen ein Inventarium der erträglichsten Stellen schicken; aber diese würden nichts taugen, wenn sie iso-

liert etwas taugten, und im Roman kan wie am Himmel nicht ein Luftsegment sondern nur die Lufthalbkugel die Täuschung des blauen Himmels geben. — Diese Schriften, die einem Publikum nicht gefallen können, dem Kranzische gefielen und das eben so viel Geschmak als Gelehrsamkeit besitzt und nicht einmal die Mythologie (ausgenommen seit einigen Jahren) versteht, die jede Pariser Dame so gut auswendig kan wie die irdische Mythologie, den almanac royal. Nimt diesen Fötus einer an: etc. Da ich nicht weiß, ob Sie oder das Schiksal mir die Erlaubnis an Sie zu schreiben — die ich mir mit zuviel Zudringlichkeit selbst genommen — jemals wieder geben werden: so trenn' ich mich von Ihnen, geliebter Freund — dessen Gange der Ideen ich soviel verdanke wie seinen Ideen und dessen Geschichte soviel wie sein Denken lehrt — mit allen den Wünschen, die in einem Leben, das eine Fortschreitung durch Semitonien ist, die einzige erleichternde Sprache des so oft hintergangnen liebenden Herzens sind — die Wolke des Lebens ziehe langsam und schimmernd und mit sanften Thränen über Ihr Haupt und entblösse spät den Himmel, der auf der zweiten Welt liegt, die so weit zurükliegt und die kaum die Parallaxe einer Terzie hat. — Indem Sie auf dem steinigenden und blizenden Aetna des Lebens stehen, sei es Ihr Trost und meiner auch, daß wir dafür die Sonne schöner kommen sehen.« Karl Philipp Moritz an Jean Paul, Berlin, 16. Juni 1792: »Mit der nächsten Post schreibe ich Ihnen! Lassen Sie mich aber, mein Theuerster, Ihnen noch heute aus der ganzen Fülle der Empfindung sagen, daß, was ich in Ihrem Werke gelesen habe, mich entzückt hat!« Und am 19. Juni: »Und wenn Sie am Ende der Welt wären, und müßt' ich hundert Stürme aushalten, um zu Ihnen zu kommen, so flieg' ich in Ihre Arme! — Wo wohnen Sie? Wie heißen Sie? Wer sind Sie? — Ihr Werk ist ein Juwel; es haftet mir, bis sein Urheber sich mir näher offenbart!« Jean Paul an Karl Philipp Moritz, Schwarzenbach, 29. Juni 1792: »Ihre 2 Blätgen, die ich durch meine Abwesenheit mit einander bekam, überfülten mein zitterndes Herz mit Freude und Blut — — Meine Phantasie that seitdem nichts als Sie empfangen, Sie durch unsre Thäler führen, in alle metaphysische Schachte mit Ihnen fahren, und vor alle ästhetische Perspektiven mit Ihnen treten — Ich verbiet' es ihr sonst, Freuden, die gewis sind, im voraus zu kredenzen, aber in solchen, die so ungewis etc., darf sie schwelgen. O Theuerster, welche Freude macht mir Ihr Beifal und die Ähnlichkeit, die meine Seele vielleicht mit Ihrer hat! Sie solten den thonigten bäotischen Boden kennen, in den mich das Schiksal gepflanzt und gedrükt, die algemeine Kälte um mich her, gegen alles was den Menschen über den Bürger hebt — denn hier versteht man unter dem Herzen, was der Prosektor darunter meinet, den diksten Muskel — und von den wenigen Freunden, in denen es höhere Bewegungen als physische hatte, stehen blos die Gräber neben mir —— Wenn Sie mein Land kenten: so könten Sie verstehen, wie einem Einwohner desselben 2 glühende Blätgen thaten. — Ich weiß recht gut, wieviel der Funke, der eine volle Mine berührt, sich vom Feuerglobus anzumassen hat, den er aufjagt. Die mit allen Saiten der höhern Melodie bespante Seele tönt nicht blos gleichen Seelen sondern auch dissonierendem Geräusche nach. Kuhglocken wirkten oft so viel auf mich als Harmonikaglocken; aber es kam nicht von dem, was ich dabei hörte, sondern was ich dabei dachte. — Ich bin jener dem vornehmen incognito abgelernten disciplina arcani und Plombierung des Namens feind; ein solches Sekretsinsiegel auf dem unbedeutenden Namen ist blos eine unnüze Beleidigung. Ihre Fragen kommen nach meiner Antwort. ›Was ich bin?‹ Nichts, sag' ich sonst; aber blos ein Zähler von Nichts bin ich. Bei meinem unbezwinglichen Hasse gegen alle Brodstudien trieb ich die 3 Fakultätsbrodstudien, aber als Unterabtheilungen der Philosophie und des Spasses, dem ich verdanke, daß ich über den Sturmmonat des Gefühls unversehrt hinüberkam. Meine Anstrengungen zerfielen in Arbeiten für etc. den Teufel, und in einsiedlerisches Lesen. Ich blieb und bleibe bei meinem Verzichtthun auf alle Ämter, das ausgenommen, daß ich 8 Kinder als Mentor unterhalte, deren 3 Eltern in den feurigen Ofen geworfen zu werden verdienen, weil sie eben so gut sind. — Ich wüste nicht, daß ich arm wäre, wenn ich nicht eine betagte Mutter hätte, die es nicht wissen solte. Die Menschen- und AnverwandtenLiebe ist noch das einzige, was uns auf das zerstossende Rad Fortunas flechten kan, indeß die grossen Auen der Wissenschaft mit Bäumen des Erkentnisses samt ihren Früchten und Schatten und Blumen mit irrenden Düften vor uns liegen — ach in einem Leben, das sobald durchflogen ist, ist jeder ein Nar, der mehr Mittel als Zwecke hat oder dem nicht jedes Mittel Endzwek ist. — Miniaturgehenk von Chodowiezkys Medaillons — wo ich Sie mit festern Armen als denen des Traums umfasse. Wir sehen einander bald, entweder in Hof oder in Berlin. An Ihrem Herzen schlage ein eben so schönes, die Erinnerung hülle Ihr Sehnen in einen transparenten umwölkten Himmel ein und du — Genius andrer Erden — gieb ihm, was ihm diese versagt.« Am 6. Juli reichte Jean Paul das Manuskript des Schulmeisterlein Wuz nach: »Ich überfalle Sie recht oft — hier bring' ich schon wieder etwas getragen, eine exzentrische Idylle, ein dessein à la plume von einem Geschöpf, dem der sinliche Freudendünger die höhere Sonne vergütet. Auf

Ihr Urtheil über seinen Werth oder seine Bogenzahl kömt es an, ob es dem Buch sol beigeleimt werden; aber die ›7 Worte‹ werden sich in jedem Falle dazu schicken. Ich werde selten eine Stunde haben, wo mein Herz so hoch schlug, wo mir fast alle Sinnen so vergiengen wie in der Geburtsstunde jener 7 Worte. Ich brenne nach einer Antwort von meinem Freund und bin ewig der Seinige.« Karl Philipp Moritz an Jean Paul, Berlin, 17. Juli 1792: »Ihr Buch, mein Theuerster! wird ganz nach Ihrem Wunsche gedruckt. — Es ist uns unbezahlbar — wir bitten Sie aber, als ein kleines Zeichen unsrer Achtung, hundert Dukaten von uns anzunehmen, wovon dreißig hiebei anfolgen, die übrigen siebenzig aber sogleich nach Beendigung des Druckes entrichtet werden sollen. Der Verleger ist der hiesige Buchhändler HE. Matzdorf, mit dessen Schwester ich seit wenigen Wochen verlobt bin, und in kurzem auf immer verbunden seyn werde. — Der Wutz Geschichte verfaßt hat, ist nicht sterblich! — wir werden und müssen uns bald sehen! — Ihnen sind hier mehr Herzen eröfnet, als Sie wissen und glauben! — fürs erste muß ich nun von Ihrer Zufriedenheit mit meiner Besorgung hören!« Jean Paul an Karl Philipp Moritz, Schwarzenbach, 9. August 1792: »Nicht nur meine Hofnungen, sogar meine Wünsche haben Sie alle erfült — — — — — um Ihnen mein dankendes Herz aufzuschliessen — ach wie wenig kan ein Mensch für den andern thun, die Worte der Liebe sind wie die Umarmung der Liebe: Körperschatten fliessen in einander, aber die inkrustierte Seele schlingt mit vergeblichem Sehnen den Arm um einen — Gedanken. — daß Chodowiezky unter meinen biographischen Lak seine Zeichnungen legen möge. Die Szene, wo die Gesichter und das Schachspiel zerstört waren — Ich sehne mich nach Ihnen, Theuerster: ich würde über diese Sehnsucht so gut wie über die seit vielen Jahren herumgetragene, *Herder* zu sehen, Herr geworden sein, hätten Sie ihr nicht das Ziel so nahe und die Flügel so gros gemacht. Ich habe Stunden, nicht Tage, wo Ottomarische Ideen mich niederfällen; und in dieser Verfinsterung hab' ich kein Licht als das Angesicht eines Menschen, das zweite Ich hebt meines und das fremde Leben wächst in meines; aber wenn ich erst in das Antliz schaue, wo einmal der Wiederschein der Schöpfung Hartknopfs war. Hier fället mir *Sophia* ein; und verwandelt meine eigennüzigen Wünsche in uneigennüzige. Wenn Anton Reiser einmal glüklich ist, so ist ers mehr als ein andrer, weil die Phantasieen, die einmal so kräftig wider den Strom der äussern Lage schwammen, desto schneller mit ihm fliessen müssen. Und du glükliche weibliche Seele, die du ein Herz, das ganz Deutschland lieb geworden, zu deinem Eigenthum bekamest und eine Brust vol Liebe, von der wir nur kurze Ergiessungen erhalten, allein an dich drükst: du verdienst dein Glük, denn sonst hättest du es nicht, der Himmel sinke nicht blos mit seinen Freuden sondern auch mit seiner Ewigkeit in deine Arme und deine zarte, beglükte, beglückende, weinende Liebe belohne ein Herz, das die Menschen so oft zerrissen haben. Ewig Ihr Freund. N.S. Hört denn unser Briefwechsel mit seinem Anlas auf?« Der Brief von Johann Christian Conrad Moritz ist wie seine folgenden und die Briefe von Karl Philipp Moritz nach ihrem Druck bei Hugo Eybisch wiedergegeben, Anton Reiser, Untersuchungen zur Lebensgeschichte von K.Ph. Moritz und zur Kritik seiner Autobiographie, Leipzig 1909; Jean Paul zitiert nach: Die Briefe Jean Pauls, herausgegeben und erläutert von Eduard Berend, München 1922.

(32) Jean Paul an Johann Christian Conrad Moritz, Hof, 12. August 1795.

(33) Johann Christian Conrad Moritz an Jean Paul, Berlin, 22. August 1795.

(34) Jean Paul an Johann Christian Conrad Moritz, Hof, 17. September 1795.

(35) Johann Christian Conrad Moritz an Jean Paul, Berlin, 3. Oktober 1795.

(36) Jean Paul an Johann Christian Conrad Moritz, Hof, 30. Oktober 1795.

(37) *Götterlehre oder mythologische Dichtungen der Alten.* Berlin 1791.

(38) *Lesebuch für Kinder von K. P. Moritz als ein Pendant zu dessen A B C Buch, welches zugleich eine natürliche Anleitung zum Denken für Kinder enthält.* Berlin 1792.

(39) *Warnung an junge Dichter. Ein Fragment aus Anton Reisers Geschichte.* Der Neue Teutsche Merkur vom Jahre 1792.

(40) Max Dessoir, Karl Philipp Moritz als Aesthetiker, Naumburg 1889.

(41) Otto zur Linde, Einleitung zu: Reisen eines Deutschen in England im Jahr 1782; Deutsche Literaturdenkmale des 18. und 19. Jahrhunderts, herausgegeben von August Sauer, Berlin 1903.

(42) Hugo Eybisch, a. a. O.

(43) Friedrich Müffelmann, Karl Philipp Moritz und die deutsche Sprache, Ein Beitrag zur Geschichte der deutschen Sprachwissenschaft im Zeitalter der Aufklärung, Greifswald 1930.

(44) Fritz Ernst, Karl Philipp Moritz, Schriften der Corona IV, München 1933; zitiert nach: Essais, Band II, Zürich 1946.

(45) Robert Minder, Die religiöse Entwicklung von K. Ph. Moritz auf Grund seiner autobiographischen Schriften, Berlin 1936; zitiert nach: Glaube, Skepsis und Rationalismus, Dargestellt aufgrund der autobiographischen Schriften von Karl Philipp Moritz, Frankfurt 1974.

(46) Johanna Rudolph, »Anton Reiser« — Denkmal seiner Zeit, Nachwort zu: Anton Reiser, Berlin 1952; zitiert nach: Lebendiges Erbe, Leipzig 1972.

(47) Max von der Brück, Karl Philipp Moritz, in: Die Sphinx ist nicht tot, Köln 1956.

(48) Arno Schmidt, Die Schreckensmänner, Karl Philipp Moritz zum 200. Geburtstag, in: Dya Na Sore, Gespräche in einer Bibliothek, Karlsruhe 1958.

(49) Eckehard Catholy, Karl Philipp Moritz und die Ursprünge der deutschen Theaterleidenschaft, Tübingen 1962.

(50) August Langen, Karl Philipp Moritz' Weg zur symbolischen Dichtung, in: Zeitschrift für deutsche Philologie, 81. Band, 1962.

(51) Johannes Nohl, Karl Philipp Moritz als Gast Goethes in Weimar, 3. Dezember 1788 — 1. Februar 1789, in: Sinn und Form, Beiträge zur Literatur, 15. Jahr, Berlin 1963.

(52) Josef Grolimund, Das Menschenbild in den autobiographischen Schriften Karl Philipp Moritz', Eine Untersuchung zum Selbstverständnis des Menschen in der Goethezeit, Zürich 1967.

(53) Ingeborg Schmidt, Geschichtsdenken und kulturphilosophische Auffassungen im Werk Karl Philipp Moritz', in: Wissenschaftliche Zeitschrift der Friedrich-Schiller-Universität Jena, Jahrgang 33, 1984.

(54) Reinhard M. G. Nikisch, Karl Philipp Moritz als Stiltheoretiker, in: Germanisch-romanische Monatsschrift, Jahrgang 50, 1969.

(55) Adam John Bisanz, Die Ursprünge der *Seelenkrankheit* bei Karl Philipp Moritz, Heidelberg 1970.

(56) Ulrich Hubert, Karl Philipp Moritz und die Anfänge der Romantik, Frankfurt 1971.

(57) Thomas P. Saine, Die ästhetische Theodizee, Karl Philipp Moritz und die Philosophie des 18. Jahrhunderts, München 1971.

(58) Robert Mühlher, Deutsche Dichter der Klassik und Romantik, Wien 1976.

(59) Hans Joachim Schrimpf, Karl Philipp Moritz, Stuttgart 1980.

(60) Horst Günther, Insel Almanach auf das Jahr 1981, Karl Philipp Moritz, Wer ist das?, Frankfurt 1980.

Editionsplan.

Band I–X,
ΓΝΩΘΙ ΣΑΥΤΟΝ *oder Magazin zur Erfahrungsseelenkunde als ein Lesebuch für Gelehrte und Ungelehrte.*

Band XI,
Kleinere Schriften I.

Band XII,
Deutsche Sprachlehre für die Damen.

Band XIII,
Reisen eines Deutschen in England im Jahre 1782.

Band XIV,
Anton Reiser. Ein psychologischer Roman.
Erster und Zweiter Theil.

Band XV,
Anton Reiser. Ein psychologischer Roman.
Dritter und Vierter Theil.

Band XVI,
Andreas Hartknopf. Eine Allegorie.
Andreas Hartknopfs Predigerjahre.

Band XVII,
Versuch einer kleinen praktischen Kinderlogik welche auch zum Theil für Lehrer und Denker geschrieben ist.
Neues A.B.C. Buch welches zugleich eine Anleitung zum Denken für Kinder enthält.
Lesebuch für Kinder von K. P. Moritz als ein Pendant zu dessen A B C Buch, welches zugleich eine natürliche Anleitung zum Denken für Kinder enthält.

Band XVIII,
Denkwürdigkeiten, aufgezeichnet zur Beförderung des Edlen und Schönen.

Band XIX,
Kleinere Schriften II.

Band XX,
Versuch einer deutschen Prosodie.

Band XXI,
Italien und Deutschland in Rücksicht auf Sitten, Gebräuche, Litteratur und Kunst.

Band XXII,
Götterlehre oder mythologische Dichtungen der Alten.

Band XXIII,
ANΘOYΣA *oder Roms Alterthümer. Ein Buch für die Menschheit.*

Band XXIV,
Mythologischer Almanach für die Damen.

Band XXV,
Reisen eines Deutschen in Italien in den Jahren 1786 bis 1788.

Band XXVI,
Vom richtigen deutschen Ausdruck oder Anleitung die gewöhnlichsten Fehler im Reden zu vermeiden, für solche die keine gelehrte Sprachkenntniß besitzen.

Band XXVII,
Vorlesungen über den Styl oder praktische Anweisung zu einer guten Schreibart in Beispielen aus den vorzüglichsten Schriftstellern.

Band XXVIII,
Die große Loge oder der Freimaurer mit Wage und Senkblei.

Band XXIX,
Kleinere Schriften III und Schriften aus dem Nachlaß.

Band XXX,
Allgemeiner deutscher Briefsteller, welcher eine kleine deutsche Sprachlehre, die Hauptregeln des Styls und eine vollständige Beispielsammlung aller Gattungen von Briefen enthält.
Briefe.

*

Unsere Ausgabe wird die erste Gesamtausgabe der Schriften von Karl Philipp Moritz sein und bis zu dessen 200. Todestag im Juni 1993 abgeschlossen vorliegen. Sie bietet die Texte in angemessener Gestalt, sorgfältig nach den Erstdrucken in der Orthographie des XVIII. Jahrhunderts ediert, aber auch in angemessener Ausstattung: im Bleisatz aus der Monotype Garamond neu gesetzt, im Buchdruck auf gutes Papier gedruckt, in dreißig schön gebundenen Bänden, lieferbar als Leinen- und als Lederausgabe.

*

Die Bände I–X sind nur zusammen in einer Kassette zu beziehen, die folgenden Bände einzeln ab Frühjahr 1987.

Inhalt.

KAPITEL I . . . . Seite 7–30
KAPITEL II 31–60
KAPITEL III 61–80
KAPITEL IV 81–129
KAPITEL V 131–148
KAPITEL VI 149–184
KAPITEL VII 185–255
KAPITEL VIII 257–284
KAPITEL IX 285–298
KAPITEL X 299–317
KAPITEL XI 319–370
KAPITEL XII 371–374

*

Nachweise und Zusätze 375–401

Dieses Buch wurde
in der Werkstatt von Franz Greno
in Nördlingen aus der Korpus Garamond
Monotype gesetzt und auf einer Condor-Presse
gedruckt. Das holzfreie 100 g/qm Werkdruckpapier
stammt aus der Papierfabrik Niefern. Den Einband
besorgte die Buchbinderei G. Lachenmaier in
Reutlingen. 1. Auflage. ISBN 3891900724.
August 1986. Printed in Germany.